21세기의 매체철학

KB192383

지은이 **심혜련**

독일 베를린 홈볼트 대학에서 발터 벤야민의 매체 이론에 관한 논문으로 박사학위를 받았다. 현재 전북대학교 과학학과와 과학문화연구센터에서 예술과 과학기술, 매체에 관한 강의와 연구를 하고 있다. 특히 매체가 공간구조를 바꾸는 방식과 매체로 인해 바뀐 공간이 우리의 신체와 감각에 어떠한 영향을 미치는지 관심을 갖고 지속적으로 연구해 오고 있다. 대표 저서로 『아우라의 진화』(2017), 『20세기의 매체철학: 아날로그에서 디지털로』(2012), 『사이버스페이스 시대의 미학』(2006)이 있으며 옮긴 책으로 볼프강 벨슈의 『미학의 경계를 넘어』(2005)가 있다.

21세기의
매체철학

디지털에서
포스트 디지털로

심혜련 지음

그린비

머리말

하루가 멀다 하고 인공지능과 챗GPT의 활약에 관한 이야기들이 쏟아져 나오고 있다. 이들이 관여하지 않는 분야도 거의 없고, 심지어 관여하고 있는 분야에서 뛰어난 능력을 발휘하고 있다. 이들이 이렇게 빨리 그리고 이렇게 뛰어나게 활약할지는 몰랐다. 적어도 나는 그랬다. 이들은 마치 사전적 의미에서의 '위버멘쉬'(Übermensch), 즉 인간을 넘어선 인간이 된 듯하다. 처음 인공지능이 등장했을 때, 과연 인공지능이 인간처럼 생각할 수 있는지 의심하고, 이에 대해 논쟁했다. 그런데 지금은 이 문제에 대하여 거의 논쟁하지 않는다. 인공지능이 너무나도 앞서가고 있기 때문이다. 오히려 지금은 인공지능의 활동이 논쟁의 중심이다. 특히 인공지능이 만든 음악, 이미지, 동영상, 소설, 시, 시나리오 등등에 대해 논쟁한다. 논쟁의 핵심은 이 모든 창작 행위에서 인공지능을 예술가로 인정할 수 있는지에 관한 것이다.

언제부터인가 '인간 이후' 또는 '인간을 넘어'를 의미하는 '포스트 휴먼' 또는 '트랜스 휴먼'을 둘러싸고 다양한 논쟁들이 오가고 있다. 서로 다른 입장에서 조금씩 다른 주장들을 하고 있음에도 불구하고, 논쟁의 핵심은 분명하다. 그것은 '인간과 기계의 공진화'이다. 인간이 기계의 도움을 받아 자신을 보충하거나 확장하는 것을 넘어 기계와 더불어 공진화하는 단계에 도달했음을 인정해야 하는 것이다. 인간과 기계의 공진화는 '아바타'로 상징되는 또 다른 나를 넘어 '가상 인간'과의 공진화로 나아가고 있다. 가상 공간에서 인간이 또 다른 나로 일상을 보내는 것이 문제가 아니라, 그곳에 등장한 가상 인간과의 관계 맺기가 중요해졌다.

　매체의 변화와 관련해서, 책의 종말이 이야기된 지 오래다. 책은 더 이상 지식과 정보 전달의 영역에서 주도적 역할을 하지 못한다. 지식과 정보는 접속과 검색을 통해 이루어지기 때문이다. 언제 어디서나 접속만 할 수 있다면, 아무 걱정이 없다. 의지적 기억도 무의지적 기억도 별로 중요하지 않다. 접속만 하면, 원하는 정보와 기록을 찾을 수 있다. 이제 인간은 접속이 불가능한 상황에 놓이게 되면 지극히 실존적인 불안의 상태에 놓인다. '사회적 인간'은 접촉이 아니라 접속함으로써 존재하게 되었다.

　매체가 단지 제작 도구가 아니라, 사유 전반을 규정할 수 있는 사유 도구라는 주장도 이미 퇴색된 듯하다. 제작이든 또는 사유든지 간에 도구였던 매체가 스스로 판단하고, 스스로 뭔가를 제작하는 단계에 이르렀기 때문이다. 인간이 몇몇 제시어만 말하면, 매체는 그것을 중심으로 인간이 원하는 것을 만들어 낸다. 인간은 그 결과물을 수용만 하면 된다. 예술을 이야기할 때, 가장 기본이 되는 미메시스(Mimesis)와 포이에시스(Poiesis)도 매체의 능력이 되었다. 그렇다면 과연 인간은 무엇을 할 수 있을까? 매체가 만들어 낸 산물들을 지각하고, 이를 수용만 하면 되는가? 아이스테시스(Aisthesis)만 인간의 영역으로 남겨진 듯하다.

　상황이 이런데, 과연 나는 『21세기의 매체철학』이란 이름으로 무엇을 말할 수 있을까? 『21세기의 매체철학』이라는 제목으로 책을 기획했을 때만 해도, 아직 21세기가 많이 남았는데, 이런 책을 저술하는 일이 너무 이른 것은 아닌지 고민했다. 그런데 지금은 어떤가? 이러한 고민이 무색해졌다. 상황이 너무나도 급변했기 때문이다. '매체'를 중심으로 공간, 인간 그리고 예술을 이야기하고자 하는 작업의 무의미함이 느껴지곤 했다. 이뿐만 아니라, 인간에게 이제 매체가 단지 제작 도구가 아니라 사유 도구라는 주장을 이 책에서 반복하고 있는데, 이 또한 무의미하게 느껴지곤 했다. 왜냐하면 인간이 매체의 매체가 되고 있기 때문이다.

　　매체와 관련해서 나는 오래전부터 매체가 변하면, 인간, 공간, 예술, 지각, 사유 방식 등등 모든 것이 변한다고 주장했다. 매체 결정론자의 관점을 취했다고 볼 수 있다. 그러나 이런 관점에서 늘 인간을 중심으로 사유했다. 새로운 공간에서의 인간의 삶의 방식, 새로운 예술과 이를 수용하는 인간에 대해, 그리고 인간 그 자체를 중심으로 보충, 확장 그리고 또 다른 자아에 대해 고민했다. 그런데 이 책을 마무리하면서 지금까지의 나의 고민에 대한 의문이 생겼다. 앞으로도 이런 문제들에 대해 고민하는 것이 과연 의미가 있을지, 또는 인간의 확장이 아니라 인간의 해체를 고민해야 하는 것은 아닌지라는 의문이 생겼다. 매체 공간에서의 아바타를 중심으로 한 '디지털 페르소나'의 문제도 마찬가지다. 이를 어떻게 인정할 것인가에 대한 논의도 불필요할지 모른다. 문제는 아바타가 아니라 현실에 원본이 없는 가상 인간의 등장이다. 가상이 실재보다 더 실재 같아졌고, 더 나아가 실재를 압도하기 시작했다.

　　인간이 기계의 아바타가 되고, 인간이 기계의 매체가 되는 지금, 이러한 인간 중심적 사유는 매우 고루하게 느껴질 수 있다. 그래도 인간의 고루함을 단번에 버릴 수는 없다. 어떤 시대라도 항상 고루한 인간들은 있다. 나 또한 그러한 고루한 인간에 속한다. 그래서 사유, 회상, 기억 그리고 망각과 기록 대신에 검색이 모든 것을 대신하고 있는 지금, 가장 고루한 매체라고 여겨질 수 있는 '종이'와 '문자'를 중심으로 '책'을 쓰고 있는지 모른다. 그런데 고루한 인간이 의외로 많다. 또 새로움이 이야기될 때도, 고루함이 여전히 요청되기도 한다. 새로운 매체가 등장해도 여전히 낡은 매체들이 남아 있는 걸 보면, 고루함이 가지는 가치와 매력은 분명 있다.

낡음은 쉽게 사라지지 않는다. 책도 마찬가지다. 디지털 매체의 등장과 더불어 이미 오래전부터 이야기된 책의 종말은 오랫동안 인류의 문화를 형성한 문자 문화의 몰락을 의미한다. 새로운 매체가 등장하면, 낡은 매체를 중심으로 '몰락'과 '종말'에 대한 논의는 늘 있었다. 문자로 인한 구어의 종말, 영상 매체의 등장으로 인한 문자 문화의 몰락, 텔레비전의 등장으로 인한 영화의 몰락 그리고 디지털 매체의 등장으로 인한 낡은 매체문화의 몰락 등등 말이다. 이들의 관계들이 카인과 아벨의 이야기로 비유될 정도로 새로움과 낡음 사이에는 애증과 충돌이 있었다. 그러나 충돌이 낡음의 몰락으로 이어지지는 않았다. 왜냐하면 매체들은 새로움과 낡음 사이에서 경쟁하기보다는 서로 공존했기 때문이다.

새로운 매체가 등장했다고 해서 낡은 매체들이 사라지지 않았다. 낡은 매체는 새로운 매체의 내용과 형식으로 작용하기도 하고, 또 새로운 매체는 낡은 매체를 기꺼이 재매개하기도 했다. 이들은 서로 변증법적 관계를 맺으며, 서로 공존했다. 그런데 서로 공존했던 매체 생태계가 흔들리기 시작했다. 매체 생태계를 뒤흔들고 있는 주범은 인공지능이다. 인공지능은 단지 새로운 매체의 등장만을 의미하지는 않는다. 매체 변화에서 특이점으로 작용하기 때문이다. 인공지능은 낡은 매체를 사라지게 할 수도 있다. 그런 상황에서 『21세기의 매체철학』이란 이름으로 책을 썼다. 문자의 소멸과 책의 종말이 현실이 되고 있는 지금, 책을 세상에 내놓는 일은 매우 무모한 일이다. 더구나 그 책이 재미도 없고, 돈을 버는 방법도 출세를 위한 방법도 알려 주지 않는 책일 경우에는 더욱 무모한 짓이다.

다행인지 불행인지 모르겠지만, 아직도 내 주변에는 고루한 인간들이 있어서, 여전히 문자 문화와의 인연을 못 끊어 내는 사람들이 꽤 있다. 그런데 이들 또한 변화와 무관하지 않다. 나도 그렇다. 비록 고루하지만, 변화와 무관하지는 않다. 종이책, 전자책 그리고 검색을 통해 얻을 수 있는 다양한 정보들을 모두 이용하기 때문이다. 아직은 목적에 따라 이것들을 다르게 사용할 뿐이다. 이러한 상황 속에서 책도 새로운 매체와 상호작용하면서, 때로는 선형적 구조에서 벗어나기도 한다. 나 또한 이 책을 쓰면서, 나름대로 전통적인 책의 형식에서는 벗어나고자 노력했다. 그중 하나가 이 책을 꼭 목차 순서대로 읽을 필요가 없게 구성했다는 점이다. 즉 이 책을 선형적으로 읽어야 할 필요는 없다. 하나의 장을 이해해야만 다음 단계로 넘어갈 수 있는 것도 아니다. 읽고 싶은 부분을 먼저 읽어도 된다. 내 나름대로 '혼종화'의 방식을 실천했다.

내가 생각하는 포스트 디지털 매체의 특징은 '혼종화'이다. 혼종화를 중심으로 다양한 현상들을 분석했다. 이 외에도 이 책을 이끌어 가는 몇몇 중요한 이론과 개념들이 있다. 벤야민, 감성학, 매체, 인간, 예술 그리고 공간이 바로 그것이다. 특히 벤야민은 이전의 저서들뿐만 아니라, 이번 저서에서도 일종의 '아리아드네의 실'과 같은 역할을 했다. 미로에 빠져 당황하고 있는 나를 이끌어 주기도 했다. 이 책에서는 어느 장 어느 절에서든 갑자기 벤야민이 튀어나온다. 이는 그의 이론이 여전히 현재성을 갖고 있기 때문이다. 이번에는 그가 남겨 둔 실을 따라 위에서 언급한 개념들 사이를 방황하고 산책했다. 그런데 과거에도 그랬지만, 이번에도 난 게으르고 소심한 산책자였다. 때로는 미로에서 출구 찾기를 포기하기도 했고, 또 출구가 보이지 않으면 과감하게 미로의 벽을 부수고 나갈 수 있어야 했는데 이것도 해내지 못했다. 내 능력 부족이다.

책을 마무리하던 3월 내가 속한 학과가 이사했다. 연구실 이사를 앞두고 자료 정리를 했다. 버릴 책들을 선택하는 문제는 매우 어려웠다. 나만 그런 것은 아니었다. 이사하면서, 자료들과 책들, 용도를 다한 책들, 누군가에게 받은 책들, 구입했으나 읽지 않은 책들, 그럼에도 불구하고 언젠가는 읽을 것이라는 희망 때문에 여전히 가지고 있던 책들 그리고 여러 종류의 학술지들과 논문들이 방마다 쏟아져 나왔다. 폐기물이 된 것이다. 이미 디지털화된 많은 학술지와 논문들은 '책'이라는 형태로 남아 있을 필요가 없게 되었다. 그 외에도 많은 자료가 이미 디지털화되었다. '책'이라는 물질성은 사라지고, '자료'만으로 존재하게 된 것이다.

디지털화된 자료들이 가지고 있는 건 '사용 가치'뿐이다. 사실 책은 '사용 가치'뿐만 아니라, '소장 가치'도 가지고 있다. 예로부터 사물에서 사용 가치를 별로 중요하게 생각하지 않은 수집가는 사물에 다른 가치를 부여했다. 그러한 수집가에게 책은 좋은 수집 대상이었다. 책을 수집하는 이유에는 여러 가지가 있다. 수집가는 자기 자신만의 이유를 내세워 책을 모으곤 했다. 책을 수집하는 일은 매력적이었다. 내적으로 또 외적으로 말이다. 그런데 이런 매력적인 행위가 사라지거나 또는 극소수의 수집가들을 위한 일이 될지도 모른다. 아니, 책을 쓰고 읽는 행위 그리고 책을 구입하고 소유하는 행위, 그 밖에 책을 둘러싼 모든 행위가 수집가의 영역으로 넘어가게 될 것 같다. 그리고 아마도 난 수집가의 영역에 남아 이런 행위들을 계속할 것 같다.

몇몇 수집가들만이 책을 읽는 현실 속에서, 나는 또 무모한 짓을 했다. 무모한 짓의 끝은 늘 그러했듯이 부끄러움이다. 다음에는 조금은 덜 부끄럽기를 소망했지만, 이번에도 부끄러움이 차고 넘친다. 이러한 과정에 함께해 준 사람들에게 감사의 말을 전하고 싶다. 특히 정말 부끄러운 결과물임에도 불구하고 『20세기의 매체철학: 아날로그에서 디지털로』를 읽고 비판해 준 많은 독자에게 감사의 말을 전한다. 그리고 오랫동안 『21세기의 매체철학: 디지털에서 포스트 디지털로』를 기다려 주신 분들께도 감사의 말을 전한다. 그분들 덕분에 나는 또 이러한 무모하고 고루한 작업을 다시 할 수 있었다. 그 외에도 때론 격려라는 이름으로, 때론 위로라는 이름으로, 때론 이해라는 이름으로 힘들어하는 나를 도와준 사람들에게 고맙다는 말을 전한다.

책의 운명 그리고 철학을 비롯한 인문학의 운명이 걱정되는 지금, 『20세기의 매체철학: 아날로그에서 디지털로』에 이어 이번 책도 기꺼이 출판해 준 그린비 출판사에게도 감사의 말을 전하고 싶다. 특히 조금 더 많은 사람들과의 소통을 위해 애를 써 주신 편집팀에 고맙다는 말을 전하고 싶다. 마지막으로 나의 고루함을 걱정하면서 새로움을 보여 주려고 애쓰는 이창신에게도 고맙다는 말을 남기고 싶다. 다음에는 고루함에서 벗어나 좀 더 새로운 방식으로 내 생각을 표현할 수 있기를 조심스럽게 소망한다.

2024년 8월
심혜련

차례

일러두기

1 단행본·정기 간행물 등의 제목에는 겹낫표(『 』)를, 논문·단편·영화·미술작품 등의 제
   목에는 낫표(「 」)를 사용했다.
2 외국어 고유명사는 2017년 국립국어원에서 개정한 외래어표기법을 따랐다.

들어가는 글: 디지털에서 포스트 디지털로

"매체가 우리의 상황을 결정한다. (그럼에도 불구하고 또는 그렇기 때문에)
그 상황을 설명해야 한다." ─프리드리히 키틀러

1. 왜 '21세기 매체철학'인가?

흔히 철학을 동물에 비유해서 이야기할 때, '미네르바의 올빼미'라고
한다. 철학자 헤겔(Georg Wilhelm Friedrich Hegel)은 미네르바의 올빼미
가 해가 지면 비로소 날기 시작한다는 점에 착안해서 철학을 올빼미에
비유했다. 무언가 일어난 후에 그에 대해 사유하는 것을 철학으로 보
았다. 어떤 일이 일어나기 전에 또는 과정이 진행되는 중에 철학은 무
언가를 하기 어렵다. 철학은 프로메테우스처럼 앞으로 일어날 일을 미
리 생각하고 이를 위해 무언가를 하기 어렵다. 오히려 프로메테우스의
동생인 에피메테우스처럼, 자신이 행한 일에 대해 그리고 일어난 일에
대해 나중에 생각하는 것이 철학적 작업이라고 할 수 있다. 지난 일에
대해 반성과 비판을 하는 게 철학의 주된 일이다. 그런데 이 책의 제목
은 '21세기의 매체철학'이다. 21세기가 된 지 30년도 채 지나지 않았
는데, 책 제목이 감히 '21세기의 매체철학'이다. 이뿐만 아니라, 이 책
의 부제는 '디지털에서 포스트 디지털로'이다. 여전히 디지털 매체가
모든 상황을 지배하는 사회에 살고 있는데, '디지털 이후'를 언급하고
있다. 현재 진행 중인 매체 상황에 대해 감히 '철학적 작업'을 시도한
것이다. 지극히 무모하다고 볼 수 있다.

그렇다면 왜 이런 무모한 시도를 하는가? 그것은 바로 지금의 매체 상황에 대한 나의 판단 때문이다. 비록 21세기가 채 반도 지나지 않았지만, 그동안 진행된 변화는 거의 '혁명'에 가깝다. 또 앞으로 다가올 변화도 그러할 것이다. 과거에는 십 년이면 강산도 변한다고 했다. 그런데 지금은 십 년까지 필요 없다. 강산은 매우 빨리 변화할 뿐만 아니라 없었던 강산도 만들어 내고 있다. 물론 강산보다 더 빨리 변하는 것은 우리의 사회 상황과 일상 공간이다. 지난 몇 년만 하더라도 모든 변화는 매우 극적으로 빠르게 진행되었다. 변이와 연속을 찾아보기 어려울 정도로 변하는 경우도 허다하다. 심지어 변화는 자연적 상황과 첨단 과학기술적 상황이 서로 얽혀서 진행되었다. 한쪽에는 전염병이 다시 창궐하고, 또 다른 한쪽에는 '인공지능'(artificial intelligence)이 인간을 대신해 거의 모든 자리에 등장했다. 메타버스(Metaverse)라는 새로운 공간이 등장하고 이에 대한 논의가 오랫동안 지속될 것만 같았다. 인공지능을 넘어 '인공감정'(artificial emotions)이 논의되기도 하고, 얼마 전까지만 해도 존재하지도 않았던 '챗GPT'가 등장해 우리가 정보와 지식 세계를 또 다른 방식으로 경험하게 해 주고 있다.

　　이런 상태라면, 앞으로 또 어떤 변화들이 일어날지 전혀 예측할 수 없다. 한 세기를 묶어서 뭔가를 이야기하기에는 너무나도 많은 변화가 일어날 수 있다. 따라서 지금이 비록 21세기 초반이지만, 21세기의 매체철학을 이야기해도 별로 문제가 되지 않을 것이다. 매체를 둘러싼 상황도 마찬가지다. 디지털 매체가 '새로운 매체'로 논의된 지 그리 오래되지 않았는데, 벌써 '디지털 이후'에 대한 논의들이 쏟아져 나오고 있다. 매체는 너무나도 빠른 속도로 '새로운 매체'에서 '오래된' 또는 '낡은' 매체가 된다. 더 나아가, 지금은 새로움과 낡음을 구분하기 어려울 정도로, 이 둘이 밀접하게 연관되어 있다. 나는 이러한 상황 속에서 지금까지 진행된 매체의 변화에 대한 사유가 필요하다고 보았다. 프리드리히 키틀러(Friedrich Kittler)의 주장처럼, 매체가 우리의 상황을 결정하기 때문에, 현재 진행 중인 매체의 변화에 대해 정리해 볼 필요가 있다. 그렇다면 사실 이 책 제목은 '21세기 초 매체철학'이 되어야 맞다. 그리고 이 책에서 다루는 주된 내용도 20세기 말에서 21세기 초에 일어난 변화다. 이 변화를 중심으로 과거의 매체 상황에 대해서도 현재 관점에서 분석하고 있다. 그러므로 엄격하게 말하면, '21세기 매체철학'은 아니다. 21세기 매체철학이 되기 위해서는 적어도 몇십 년은 더 지나야 가능하다. 내가 21세기 초반에 '20세기의 매체철학'을 이야기했듯이 말이다. 그런데 왜 굳이 '21세기 매체철학'이라고 했을까?

아주 먼 미래의 이야기이지만, 21세기가 지난 후, 세상이 어떻게 변화할지 아무도 모른다. 인간도 마찬가지다. 둘 다 온전히 존재할 수 있을지도 의문이다. 그런데 과연 21세기 후반에 과연 '철학'이라는 학문이 여전히 남아 있을까? 또는 '철학함'이라는 행위가 여전히 가능할까? 철학이 소멸되거나 또는 지금과는 전혀 다른 방식으로 '철학함'이 진행되지는 않을까? 앞으로 다가올 미래에 대해서 뭐라 이야기할 수 없지만, 지금 상황으로 봐서는 이러한 판단이 전혀 근거 없는 우려는 아닐 것이다. 기본적으로 '철학'은 '철학함'이라는 행위를 의미하며, '철학함'의 기본은 생각하는 것이다. 그런데 생각하는 행위는 지금과는 다른 양상으로 진행될 것이다. 이는 지금의 상황만 봐도 잘 알 수 있다. 매체가 변하면, 인간의 존재 방식, 사유 방식 그리고 문화예술을 표현하는 방식 모두 변화하기 때문이다. 디지털 매체를 넘어 인공지능을 둘러싼 담론이 대세가 되었지만, 앞으로 또 어떤 매체가 등장할지 전혀 예측 불가능하다. 또 사람들이 이에 대해 어떻게 사유할지 전혀 알 수 없다.

아니 어쩌면 '사유'라는 행위도 사라질지도 모른다. 인간도 포스트 휴먼 또는 트랜스 휴먼으로 진화되고 있는 지금, 인간의 사유 방식도 함께 변화할 수밖에 없다. 이미 사유의 기본 능력이라고 할 수 있는 '기억'이 '기록'으로 대체된 지 오래되었으며, 경험과 정보와 지식을 기록하던 뇌의 기능이 축소된 지도 오래되었다. 기억 대신 기록이 대세가 되었기 때문에, '상기'도 '회상'도 '망각'도 '무의식'도 점차 사라지고 있다. '무의지적 기억'과 '의지적 기억' 간의 차이도 없어지고 있다. 망각과 무의식의 자리에 '삭제'가 등장했다. '매체에 의한 기록'만이 남아 있을 뿐이다. 각종 기록 장치가 인간의 뇌를 대신하게 되면서, 뇌는 신체와 분리되어, '외재화된 뇌'가 되고 있다. 지금의 상황이 이런데 21세기가 끝날 무렵에는 어떻게 변화될지 전혀 예측할 수 없다. 그 전에 일단 '21세기 매체철학'이라는 이름으로 지금까지 진행된 상황을 정리하고 이에 대해 생각할 필요가 있다. 어쩌면 우리는 이미 인간의 황혼기에 살고 있을지도 모른다.

2. 왜 '포스트 디지털'인가?

이 책의 부제는 '디지털에서 포스트 디지털로'이다. 나는 지금의 매체적 상황을 포스트 디지털(post-digital)이라고 본다. 그런데 사실 '디지털에서 포스트 디지털'로의 전환은 매우 논쟁적인 주제다. 왜냐하면 지금의 매체를 어떻게 이해하고 규정하는지에 따라 전환의 여부를 인정 또는 불인정할 수 있기 때문이다. 인정한다 해도 또 어떻게 이해하고 규정하는지에 따라 '디지털 이후'에 대해 논자들은 상당이 다른 목소리를 낸다. 불인정의 경우도 마찬가지다. 디지털 매체를 둘러싼 논쟁이 이 매체가 가지고 있는 '새로움'의 인정 여부와 긴밀하게 연관되었듯이, '포스트 디지털'이라는 용어도 마찬가지다. 디지털과 포스트 디지털 간의 차이를 인정하는 이론가들은 각자의 강조점에 따라 지금의 상황을 '포스트 디지털', '포스트 미디어' 또는 '포스트 미디엄', '포스트 인터넷' 또는 '포스트 온라인' 등등으로 규정하고, 이에 대한 논의들을 진행하고 있다.[1] 이들이 비록 각각 다른 용어를 사용한다고 해도 공통점은 있다. 즉 이들이 강조하고자 하는 바는 지금의 매체 상황이 '디지털'이 아니라, '디지털 이후'라는 것이다.

이 책에서 나는 용어를 둘러싼 이러한 논의를 본격적으로 다루지 않을 것이다. 왜냐하면 이러한 논의들에서 내가 본 것은 '차이점'보다는 '디지털 이후'라는 '공통점'이기 때문이다. 그 공통점을 중심으로 포스트 디지털 시대에서 매체를 중심으로 일어나는 일련의 변화들과 그 의미를 다루고자 한다. 실제로 각각의 이론가들이 중요하게 생각하는 요소는 조금씩 다르다. 그럼에도 불구하고 '디지털 이후'를 주장하는 이론가들은 다음과 같은 사실을 인정한다. 디지털 문화가 개인용 컴퓨터와 인터넷을 중심으로 형성되었다면, 포스트 디지털은 '스마트폰'과 다양한 프로그램을 생산 그리고 소비할 수 있는 플랫폼을 중심으로 발전하고 있다는 것이다. 이 둘은 '이동성'(mobility)을 중심으로 이전과 다른 매체 공간을 구성하고 있으며, 이 공간을 중심으로 한 소

1) 이와 관련된 다양한 이론들에 대한 소개는 여기서 자세히 언급하지 않겠다. 좀 더 자세한 내용은 다음의 글들을 참조 바람: 김지훈, 「매체를 넘어선 매체: 로잘린드 크라우스의 '포스트-매체' 담론」, 『미학』 제82권 1호, 한국미학회, 2016, 75~78쪽; 도메니코 콰란타, 『뉴미디어 아트, 매체를 넘어서』, 주경란·김정연·주은정 옮김, 칼라박스, 2018, 242~243쪽.

통 방식도 당연히 변하고 있다.[2] 소통이 변하면 교육, 문화 그리고 예술도 당연히 변한다.

포스트 디지털 시대는 '이동성'을 중심으로 시작되었다. 그러나 이동성이 포스트 디지털 시대에만 등장한 것은 결코 아니다. 기본적으로 이동성은 사회적 상황을 변혁시키는 데 결정적인 요소였기에, 늘 새로운 변화는 그 당시 새로운 이동성과 맞물려 있다. 다만 포스트 디지털 시대의 이동성은 이전과 다른 공간과 연결되기 때문에, 이전과 확연히 구별될 뿐이다. 매체 공간에서의 원격현전(telepresence)을 기본으로 한 이동성을 중심으로 매체의 지형도가 다시 그려졌다. 그렇다면 과연 포스트 디지털이라고 규정할 수 있는 특징은 과연 무엇인가? 나는 이 특징을 '혼종화'(Hybridisierung)라고 본다. 포스트 디지털 시대에서의 변화 흐름을 보면, 완전한 '새로움'보다는 '혼종화' 현상이 두드러지게 나타난다. 포스트 디지털 매체 시대에서는 매체를 중심으로 많은 것이 혼종화된다. 새로운 매체와 낡은 매체의 구분도 별 의미가 없다. 혼종화로 인해 포스트 디지털 시대에는 디지털 매체가 다른 매체처럼 기능할 수 있으며, 또 다른 매체가 고유의 특징을 유지하기도 하고, 또 서로 간에 상호 의존적 관계를 갖기도 한다.

이때 혼종화되는 것은 단지 매체만은 아니다. 공간도, 인간도, 사회도 또 문화예술을 둘러싼 상황 모두 혼종화된다. 한마디로 말해서, 포스트 디지털 매체 시대의 특징은 '혼종화'이다. 문화예술을 이끌거나 향유하는 주체들도 굳이 이 둘을 구별하지 않는다. 사실 문화예술 제작자와 수용자도 구별되지 않는다. 누구나 콘텐츠 제작자가 될 수 있으며, 또 누구나 쉽게 콘텐츠에 접근할 수 있다. 예술 장르도 굳이 구

---

2) 참조: 이광석, 『포스트디지털: 토픽과 지형』, 안그라픽스, 2021, 18~24쪽.

별하는 것은 별 의미가 없다. 각 장르는 서로 혼종화되고 있다. 그런데 포스트 디지털 매체 시대의 특징이 혼종화라면, 굳이 포스트 디지털이라는 용어를 사용할 필요가 있을까? 물론, 디지털 매체라는 용어를 사용해도 충분히 혼종화 현상을 설명할 수 있다. 그러나 디지털 매체가 일종의 대중 매체가 되었던 1990년대 상황과 지금의 상황이 다르듯이, 혼종화의 양상도 마찬가지다. 과거 디지털 매체를 중심으로 주로 매체와 문화예술 등이 혼종화되었다면, 이제는 일종의 토대라고 할 수 있는 하부 구조도 혼종화되고 있기 때문이다. 대표적으로 공간의 혼종화가 그 예다. 그리고 공간의 주체들도 혼종화되었다. 이제 주체들은 자기 자신의 몸과 기술을 혼종화하는 것을 넘어, 디지털 페르소나로 분화된 또 다른 자아를 기꺼이 받아들인다. 이러한 상황 전반이 놀라울 정도로 변이에 변이를 계속하고 있으며, 그것을 좀 더 명확히 하려면 '포스트'라는 접두사가 필요하다.

포스트 디지털 외에도 많은 '포스트'들이 있다. 대표적으로 '포스트 모던'이 있고, 그리고 현재 논의되는 '포스트 휴먼'도 있다. 여기에서 포스트는 기본적으로 단절을 의미하지는 않는다. 오히려 연속과 변이를 중심으로 한 '디지털 이후'를 의미한다. 포스트에 대한 이러한 이해는 장 프랑수아 리오타르(Jean-François Lyotard)의 '포스트 모던'에 대한 설명을 따른 것이다. 잘 알려진 것처럼, 그는 모던과 포스트 모던을 구분하면서, 포스트 모던이 '모던'과의 단절 또는 벗어남이 아니라, 연속임을 강조했다.[3] 그와 동시에 '포스트'의 의미 또한 강조했다. 그에 따르면, 포스트는 순차적인 의미에서 모던 다음의 것을 의미하는 것만은 아니다. 물론 연속이라는 의미가 없는 것은 아니지만 말이다.

3) 장 프랑수아 리오타르, 『지식인의 종언』, 이현복 편역, 문예출판사, 2011, 38쪽.

중요한 것은 모던을 전제로 한 일종의 전향(conversion)과 같은 것이다. 그래서 그는 "이전의 것 다음의 새로운 방향"이라고 포스트를 정의한다.[4] 리오타르의 이러한 '포스트'에 대한 설명을 가져와 디지털 매체와 포스트 디지털 매체를 구별할 수 있다. 디지털의 연속이면서, 디지털과는 다른 새로운 방향을 보여 주는 것이 바로 포스트 디지털이라고 말이다. 나는 그 다른 방향을 '혼종화'에서 찾고자 한다.

디지털 매체 시대는 컴퓨터의 등장으로 시작되지는 않았다. 디지털 매체 시대는 PC라는 개인용 컴퓨터가 보급되고, 또 인터넷이라는 새로운 정보 공간이 등장하면서 시작되었다고 볼 수 있다. 개인은 자신의 사적인 공간에 있는 개인용 컴퓨터를 사용해서, 접속을 통해 새로운 정보와 지식의 바다를 항해했다. 이와 더불어 누구나 쉽게 접하고 활용할 수 있는 개인용 컴퓨터를 사용해서 많은 사람이 이미지 생산에 쉽게 뛰어들었다. 곳곳에서 이미지의 범람이 일어났고, 이미지들은 매번 다른 모습으로 자유롭게 변형되기도 했다. 그 결과 예술에서도 디지털 매체를 중심으로 '디지털 매체 예술'이 등장했다. 이 예술에 참여한 작가, 비평가 그리고 관객들은 디지털 매체가 주는 새로움에 매혹되었다. 이전과는 전혀 다른 차원의 예술 세계가 펼쳐졌기 때문이다. 이러한 디지털 매체는 점차 혼종화를 통해 또 다른 사회 그리고 문화예술의 변화를 가져왔다. 그리고 이 변화는 지금도 계속되고 있다.

이 책에서 나는 포스트 디지털에 대해 정의하기보다는 그 현상이 무엇인지를 보여 주고자 한다. 즉 '포스트 디지털이다'(being post-digital)를 시도하고자 한다. 1995년 니콜라스 네그로폰테(Nicholas Negroponte)는 그동안 발표했던 글들을 모아 『디지털이다』(*being digital*)

---

4) 같은 책, 62쪽.

라는 책을 출판했다. 그 후 디지털 매체에 관한 많은 이야기가 오갈 때, 이 책은 자주 등장한다. 이 책은 디지털 시대에 디지털 매체를 중심으로 재편되는 사회적·문화적 제 현상들에 대한 일종의 '선언문'(manifesto)이다. 여기서 그는 다음과 같이 선언했다. "컴퓨팅은 이제 더 이상 컴퓨터에 국한된 문제가 아니다. 그것은 삶이다. 메인 프레임(mainframe)이라는 이름의 거대한 중앙 컴퓨터는 개인용 컴퓨터로 완전히 대체되었다. 컴퓨터는 에어컨이 딸린 방만 한 크기에서 자그만 책장 크기로, 다시 데스크톱으로, 이제는 랩톱과 포켓 사이즈로 작아졌다. 그러나 아직 끝나지 않았다."[5] 그의 말대로 아직 끝나지 않았다. 그 후 세월은 또 흘렀으며, 그의 말은 헛된 예언이 아니었다. 그리고 지금도 이 과정은 계속되고 있고, 또 계속될 것이다.

무엇보다도 가장 큰 변화는 스마트폰의 등장과 이동성이다. 데스크톱은 손에 쥘 수 있을 정도로 작아졌으며, 언제 어디서나 누구나 매체 공간에 접속이 가능해졌다. 접속에 방해가 된 '선'도 사라져, 이제 전방위적인 '무선'의 시대에 들어섰다. '스마트폰'을 중심으로 또 다른 매체 문화의 시대가 열렸다. '유비쿼터스'를 중심으로 한 무선의 시대가 스마트폰과 결합하여 이제 본격적으로 포스트 디지털 시대를 열었다. 이러한 매체적 상황은 2020년 본격적으로 가시화되었다. 2020년 초 우리는 지금까지 경험하지 못했던 시대를 경험했다. 코로나 팬데믹이 바로 그것이다. 코로나 팬데믹은 좀 더 시간이 흐른 뒤 실현될 것이라고 생각했던 매체 문화를 단번에 앞당겼다. 대면 대신 비대면 또는 매체에 의해 매개된 대면이 지극히 일상적인 현상이 되었고, 실제 일상 공간에서는 '사회적 거리두기'를 강요받았다. 매체에 의

---

5) 니콜라스 네그로폰테, 『디지털이다』, 백욱인 옮김, 커뮤니케이션북스, 2010, 8쪽.

해 매개된 공간에서, 매체에 의해 변화된 인간이 전면에 등장해 매체 문화와 예술을 즐기게 된 것이다. 이렇게 변화된 삶은 이제 코로나 팬데믹이 종식된다 해도 유지될 것이다. 이전의 삶으로 돌아가지 못할 것이다. 포스트 디지털 매체는 이제 또 어떤 모습으로 진행될지 그 누구도 모른다. 과거에 지금의 우리 삶을 예측하지 못했듯이 말이다.

3. 포스트 디지털 매체의 특징은 무엇인가?

나는 앞에서 왜 포스트 디지털인가를 이야기하면서, 포스트 디지털 매체 시대의 특징을 '혼종화'로 보고 있다고 했다. 그렇다면, 이러한 현상을 이야기하기 전에 포스트 디지털 매체의 정의와 특징이 무엇인지를 먼저 이야기해야만 했다. 그래야 논리적으로 맞다. 특히 '개념의 작업'을 주로 하는 철학에서는 더욱 그렇다. 그러나 이는 쉽지 않다. 매체 개념의 정의가 어렵듯이, 포스트 디지털 매체 또한 정의하기란 매우 어렵다. 각각의 분야에서 매체를 정의하는 기준과 방법이 다르다. 이런 상황 속에서 다름을 인정하고, 매체에 대한 논의를 시작하는 것도 하나의 방법이다. '매체'를 하나의 통일된 개념과 현상으로 파악하는 것보다, 맥락을 중심으로 다양하게 매체를 정의하고, 또 그 매체가 가져온 변화들 간의 '가족 유사성'(Familienähnlichkeit)을 설명하는 방식이 훨씬 더 적절한 방법이라고 볼 수 있다.[6]

---

6) Alexander Roesler, "Medienphilosophie und Zeichentheorie", in: Stefan Münker, Alexander Roesler, Mike Sandbothe (Hrsg.), *Medienphilosophie: Beiträge zur Klärung eines Begriffs*, Frankfurt am Main: Fischer Taschenbuch Verlag, 2003, S. 39.

잘 알려진 것처럼, 매체는 라틴어 '메디움'(Medium)에서 유래된 말이다. 이 단어가 가지고 있던 가장 기본적인 의미는 바로 '중간'과 '전달'이다. A와 B의 '사이에'(Dazwischen)에 있으면서, 매개(Vermittlung), 전달(Übertragung), 운송(Transport), 표현(Ausdruck)하고 더 나아가 이러한 것들을 '신체화'(Verkörperlichung)하는 것을 매체라고 이해할 수 있다.[7] 이렇게 보면, 매체의 역사는 곧 인간의 역사와 더불어 시작되었다고 볼 수 있다. 그렇다면 매체철학의 역사도 그만큼 오래되었을 것이다. 이러한 오랜 역사 속에서 21세기 매체철학의 핵심적인 내용도 20세기의 매체철학과 마찬가지로 바로 '인터넷'과 연관되어 있다. 매체의 발전과 관련해서 가장 놀라운 발명은 '인터넷'이라고 해도 과언이 아니다. 인터넷의 등장으로 인해, 매체는 전통적인 특징에서 벗어났다. '중간'과 '전달'의 역할에서 벗어나, 스스로 하나의 공간으로 등장했기 때문이다.

공간이라는 형식으로 등장한 디지털 매체도 과거의 매체와 혼종화되어 다양한 공간 형식으로 변주되었다. 사이버스페이스와 가상현실이라는 용어에 익숙해진 지 얼마 되지 않았는데, 또 다른 현실들이 등장했다. 증강현실, 혼합현실, 확장현실 그리고 메타버스 등등의 새로운 공간들이 등장했고, 이러한 공간들은 새로운 현실이 되었다. 새로운 매체적 환경이 등장했다. 그러나 중요한 사실은 그럼에도 불구하고 낡은 매체들이 사라지지 않는다는 점이다. 낡은 매체들은 새로운 기술과의 결합을 통해 새로운 매체로 등장한다. 또 낡은 매체들이 낡은 그대로 재등장하기도 한다. 새로운 매체로의 변환의 과정과 재등장의 과정은 흥미롭다. 형식이 내용으로 내용이 형식으로 전환되기도 하

---

7) Ibid., S. 39.

고, 또 낡음은 새로움에 익숙한 세대에게 또 다른 새로움이 되기도 한다. 또는 낡음과 새로움을 굳이 구분하지 않고, 취향에 따라 다양한 매체들을 사용하기도 한다. 각각의 매체들이 융합의 과정에서 변증법적 매체가 활발하게 진행되고 있다고 볼 수 있다.

많은 매체 이론가들은 이러한 현상을 매체 내용과 매체 형식의 관계로 보기도 하고, 재목적화(repurposing) 또는 재매개(remediation)로 보기도 한다. 또 다른 이들은 매체 간의 융합을 중심으로 인터미디어(intermedia), 트랜스미디어(transmedia) 또는 하이퍼미디어(hypermedia)라는 현상으로 보기도 한다.[8] 이렇듯 지금의 매체 상황은 한마디로 규정할 수 없다. 모든 분화된 매체들이 이미 오래전에 디지털화되었음에도, 여전히 분화된 매체 속성을 고집하기도 한다. 또 몇몇 예술가들은 낡은 매체를 고집하기도 하고, 또 이를 재발견기도 한다. 이러한 매체 간의 매개뿐만 아니라, 매체와 비매체 간의 혼종 또한 활발히 진행되고 있다. 이 과정에서 비매개 또는 탈지각화를 중심으로 인간의 몸 그 자체에 관한 관심이 다시 등장하기도 한다. 몸이 매체라는 가장 기본적인 전제로 돌아가 몸에 대한 탐구를 다시 시작하기도 한다. 매체철학과 더불어 '몸 철학'을 둘러싼 다양한 연구들이 쏟아져 나오는 것만 봐도 알 수 있다.

이렇듯 포스트 디지털 매체 시대에서는 모든 것들이 뒤섞이고 있다. 이러한 혼란스러운 현상들이 '디지털 이후' 시대에 좀 더 본격적으로 그리고 다양한 영역에서 등장했다고 해도 과언이 아니다. 한마디로

8) Andy Blättler, Doris Gassert, Susanna Parikka-Hug, Miriam Ronsdort, "Einleitung. Intermediale Inszenierungen im Zeitalter der Digitalisierung", in: Andy Blättler, Doris Gassert, Susanna Parikka-Hug, Miriam Ronsdort (Hrsg.), *Intermediale Inszenierungen im Zeitalter der Digitalisierung. Medientheoretische Analysen und ästhetische Konzepte*, Bielefeld: transcript Verlag, 2010, S. 9.

들어가는 글: 디지털에서 포스트 디지털로

말해, '포스트 디지털'(post-digital) 시대가 온 것이다. 물론 이러한 현상들을 굳이 포스트 디지털로 받아들이지 않는 이론가도 있다. 어차피 다 디지털 매체가 기본인데, 포스트라는 접두사는 불필요하다고 보는 것이다. 그러나 나는 지금의 매체 상황을 좀 더 분명하게 하기 위해 포스트라는 접두사는 필요하다고 본다. 특히 현재 매체 담론과 매체 예술을 진단하고 이에 대한 여러 가지 이론들을 전개해 나가기 위해서는 지금의 매체 상황에 대한 규명이 필요하다. 이미 오래전부터 지금의 디지털 매체는 '새로운 매체'로 논의되었다. 디지털 매체가 대중적으로 확산된 이후, 우리는 이 새로운 매체에 대해 우려의 눈길을 던지든 또는 환호를 보내든 간에, 이 매체가 새롭다는 것을 인정하고, 새로움의 본질이 무엇인지 연구했다. 이는 상황에 대한 인식과 그에 대한 해명에 많은 도움을 준다. 물론 이론가들마다 자신의 관점에 따라 이 새로움을 다르게 규정하기도 했다. 또는 새로움이 없다고 주장하면서 낡은 매체와의 연속성 속에서 디지털 매체를 논의하기도 했다.

특히 새로움을 강조했던 프랑크 하르트만(Frank Hartmann)은 무엇보다도 문화예술에서 그러한 현상이 두드러지게 나타난다고 보았다. 그는 디지털 매체의 새로움을 다음과 같이 정리했다. 그는 먼저 수용 방식에서의 변화에서 새로움을 찾았다. 기존의 읽고 해석하는 관조적 수용에서 느낌을 중심으로 한 몰입적인 수용으로 전환되었다고 본 것이다. 그리고 제작 방식에서도 중요한 변화가 나타나는데, 그것은 바로 이성적인 표현 방식에서 은유적이며 아이콘적인 표현 방식으로의 전환이다. 수용 방식과 제작 방식이 이렇게 변화했다면, 이를 고찰하는 미학 또한 변화할 수밖에 없다. 따라서 그는 미학 또한 예술문화를 둘러싼 현상들과 거리를 두고 관찰하는 관조적 미학 대신 지각을 중심으로 한 미학으로의 전환, 즉 감성학(Aisthetik)으로 전환되었음을 강조했다. 이뿐만 아니라, 그는 세계이해와 관련해서도 중요한 변화가 발생했다고 보았다. 즉 선형적인 세계이해 대신에 사이버네틱적이며 구성주의적인 세계이해가 등장했고, 단일한 관점의 인식론 대신에 다양한 관점을 인정하는 인식론이 등장했다고 말이다.[9] 물론 나는 이러한 그의 주장을 전적으로 수용하는 것은 아니다. 그러나 그의 주장처럼 각 매체가 가지는 새로움이 있다. 포스트 디지털 매체도 마찬가지다. 위에서 말한 바와 같이 나는 그 특징을 '혼종화'에서 찾았다.

4. 어떻게 포스트 디지털 매체 시대에 혼종화를 다룰 것인가?

포스트 디지털 매체 시대에 혼종화되지 않는 영역은 없다. 나는 그중 특히 변화가 도드라지게 보이는 영역을 중심으로 변화의 양상과 특징을 살펴보고자 한다. 그 영역은 바로 공간, 인간 그리고 예술이다. 따라서 나는 이 책을 3부로 구성했다. I부는 매체와 공간, II부는 매체와 인간 그리고 III부는 매체와 예술로 구성했다. 각각의 부에서 나는 매체가 공간을, 인간을 그리고 예술을 어떻게 변화시키는지를 집중적으로 살펴보았다. 물론 변화의 핵심은 '혼종화'이다. 각 부의 구체적인 내용들은 다음과 같다.

　I부 1장은 매체와 공간 그리고 매체 공간과 현실 공간의 혼종화를 이해하기 위한 이론적 작업에 속한다. 혼종화를 이해하기 위해서 먼저 디지털 매체가 가지고 있는 의미를 '매체적 전회'라는 이름으로, 그리고 일상 공간을 중심으로 진행되는 공간 이론들을 '공간적 전회'라

---

9)　Frank Hartmann, *Mediologie: Ansätze einer Medientheorie der Kulturwissenschaften*, Wien: Facultas Verlags- und Buchhandels AG, 2003, S. 146.

는 이름으로 정리한 후, 이 둘이 혼종화될 수밖에 없는 이유에 관해 설명했다. 특히 공간의 축소와 소멸에 관한 논쟁을 가져왔던 디지털 매체가 어떻게 공간 담론과 만날 수밖에 없는지를 살펴보았다. 이미 오래전부터 매체와 공간은 불가분의 관계를 맺고 있었으나, 이 관계에서 '소멸'과 '확장'을 둘러싼 다른 의견으로 나뉘었을 뿐이다. 그래서 이 장에서는 이 둘 간의 만남의 필연성이 아니라, 본래 밀접한 관계였음을 강조하면서, 디지털 매체 공간을 중심으로 변화되고 있는 시공간에 대한 이해의 필요성에 대해 이야기했다.

그다음 구체적인 공간의 혼종화 현상을 현실 공간의 혼종화 그리고 매체 공간의 혼종화로 나눈 다음, 이를 각각 분석했다. 이 둘의 주제는 사실 같은 내용이다. 동일한 현상을 도시의 측면에서 또 매체의 측면에서 본다는 차이만 있을 뿐이다. 따라서 2장 '현실 공간의 혼종화'에서는 도시의 측면에서 도시가 매체 공간과 만나 어떻게 디지털화되고 있으며, 디지털화된 도시 공간이 가지고 있는 의미와 특징은 무엇인지 분석했다. 특히 이 장에서는 20세기 초 대도시를 분석했던 발터 벤야민(Walter Benjamin)의 이론을 가지고 와 지금의 확장된 도시를 분석할 것을 제안함과 동시에 이를 시도했다. 벤야민의 이론 중, 특히 '다공성'과 '흔적' 그리고 '산책자'를 중심으로 디지털화된 도시를 분석하고자 했다.

3장 '매체 공간의 혼종화'에서는 매체 공간을 중심으로 이 공간이 점차 일상 공간으로 변모하는 과정에 대해 분석했다. 사실 매체 공간은 환영적 성격이 강했다. 일상과 전혀 다른 공간 체험을 매체 공간에서 추구했다. 그랬던 매체 공간이 점차 확장되고, 또 일상 공간과 혼종화되면서, 또 다른 도시가 된 것이다. 즉 '사이버메트로폴리스' 또는 '텔레폴리스'가 되었다. 따라서 이 장에서는 애초에 일상성보다는 환영성이 강조되었던 매체 공간이 점차 일상화되는 과정에 주목했고, 또 이러한 변화의 과정을 이해할 수 있는 이론적 틀을 제시했다. 그 이론적 틀은 매체 이론뿐만 아니라, 도시 이론에서도 찾고자 했다. 이를 위해 특히 일상적인 공간을 분석하는 데 사용되었던 '장소'와 '비장소'에 대한 이론을 중심으로 매체 공간이 일상적 공간이 되면서 장소화되고 있다는 주장을 전개하기도 했다.

마지막 4장에서는 확장된 도시 공간과 혼종화된 매체 공간이 이제 하나의 혼합현실이 되었고, 이 자체가 미셸 푸코(Michel Foucault)가 말하는 헤테로토피아(Heterotopia)가 되었다고 설명하고 있다. 일상에서 헤테로토피아는 말 그대로 '또 다른 공간'을 의미한다. 그런데 매체와 도시의 유기적 결합에 의해 도시 공간도 또 매체 공간도 '또 다른 공간'이 되었다. I부의 2장, 3장 그리고 4장에서는 각 내용에 해당하는 공간에 대해 분석한 뒤, 각 공간에서의 혼종화된 주체에 대해 언급했다. 결국, 공간이 변하면, 그 공간에서 살아가는 인간의 모든 것, 즉 사회적 그리고 문화적 조건뿐만 아니라 인간의 존재 방식과 사유 방식도 변한다고 보았기 때문이다. 매체 공간이 일상적인 공간이 되었다면, 도시의 일상성에 대해 분석한 이론들로 매체 공간을, 반대로 매체 공간을 분석한 이론들로 도시 공간을 분석할 수 있어야 한다. 우리가 사는 도시는 디지털 매체와 분리 불가능하다.

I부의 매체와 공간에 대한 논의는 자연스럽게 II부 매체와 인간으로 넘어간다. 마셜 맥루언(Marshall McLuhan)의 말처럼, 매체의 확장은 곧 인간의 확장이기 때문이다. 이뿐만 아니라, 공간의 변화는 그 공간에서 삶을 살아가는 사람들의 의식도 변하게 만든다. 이러한 전제를 수용하면서, 특히 인간의 몸이 실제로 어떻게 확장되는지, 그리고 이 확장이 인간의 지각, 소통 그리고 사유 과정에 어떤 영향을 주는지를

분석했다. 사실 이러한 과정들의 변화는 명확히 구분되지 않는다. 몸이 변했으니, 당연히 지각도 소통도 사유 방식도 변하기 때문이다. 이 변화를 각각의 단계별로 순차적으로 살펴보았다.

　II부에서는 먼저 인간을 중심으로 인간이 매체에 의해 또는 기술에 의해 어떻게 혼종화되는지를 살펴보았다. 기술과의 결합으로 인해 혼종화된 몸을 갖게 된 인간을 '기술적 키메라'로 규정한 뒤 그것의 의미를 분석했다. 그런데 사실 디지털 매체 공간은 혼종화된 몸을 넘어 인간의 정체성도 혼종화하기에 이르렀다. 단 하나만의 정체성은 이제 존재하지 않는다. 이 장에서는 이러한 분석을 토대로 해서 인간이 이제는 인간 이후의 단계, 즉 '포스트 휴먼'으로 나아갈 수밖에 없음을 강조했다.

　1장이 매체에 의한 인간 그 자체의 변화를 중점적으로 다루었다면, 2장에서는 이렇게 변화된 인간이 변화된 공간적 상황에서 어떻게 소통하고 있는지를 분석했다. 인간을 소통할 수밖에 없는 운명을 지닌 존재라고 규정한 후, 인간의 소통 방식에 대해 분석했다. 사실 소통을 다룬 이론은 너무나 많다. 따라서 불가피하게 하나의 입장만을 선택할 수밖에 없다. 이 장에서는 '코무니콜로기'(Kommunikologie, 소통학)라는 학문을 제안한 빌렘 플루서(Vilém Flusser)의 이론을 중심으로 먼저 소통 형식과 정보 전달 방식을 분석한 후, 포스트 디지털 매체 시대에서의 소통 방식을 기계와 혼종화된 인간과 원격현전을 중심으로 분석했다. 원격현전은 접속을 통해서만 가능한 존재 방식이며, 디지털 페르소나들이 활동할 수 있는 근거가 되는 존재 방식이다.

　3장의 주제는 매체와 지각이다. 매체와 지각의 관계를 지각의 매체화와 탈매체화라는 관점에서 접근했다. 현대 사회에서 거의 모든 지각은 매체 의존적이다. 따라서 지각에 대한 연구는 매체와 분리 불가능하다. 이러한 관점에서 3장에서는 먼저 지각에 대한 재평가와 더불어 매체와 지각 간의 상관관계에 대해 살펴보고, 지나친 매체 의존적 지각에 대한 반발이 어떻게 지각의 탈매체화로 진행되는지를 살펴보았다. 이와 관련해서 3장에서 주로 다루는 이론은 지각을 분석 대상으로 하는 '감성학'(Aisthetik)이다. 따라서 매체와 지각 간의 관계를 본격적으로 다루기 전에 왜 감성학이 등장했는지 그리고 감성학에서 지각을 주로 다룬다는 것이 어떤 의미가 있는지를 분석했다. 그다음 구체적으로 매체와 지각 간의 관계를 다루었다.

Ⅱ부 마지막 장에서는 매체와 사유 문제에 대해 다루었다. 아마도 이 주제는 철학 영역에서 가장 논쟁적인 주제가 될 수 있을 것이다. '이성적으로 생각하는 인간'이 '도구'에 영향을 받아 사유 방식이 변할 수 있다고 생각하는 것 자체가 논쟁적이다. 따라서 이 장에서는 이미 논의되었던 매체와 사유 방식의 상관관계에 대해 언급한 후, 프리드리히 키틀러를 중심으로 기록 매체와 담론 체계에 대해 분석할 것이다. 키틀러는 자신을 '매체 유물론자'로 규정한 후, 매체가 모든 것을 결정한다고 주장한다. 그는 문학을 정신사 측면에서 접근하고 분석하지 않고, 매체 측면에서 지극히 유물론적으로 접근하고 분석한다.

따라서 4장에서는 먼저 키틀러의 이론을 소개하고 이를 토대로 디지털 매체로 인해 변화된 사유 방식에 관해 설명했다. 특히 매체로 인한 이미지의 복제와 변형을 중심으로 이미지의 대중화 현상과 연결해 이미지를 중심으로 사유하는 것에 대한 의미를 정리했다. 그다음 지금 우리가 사는 시대의 사유 방식을 '간헐적 사유'라고 규정하고, 이에 관해 서술했다. 매체가 전달하려고 하는 내용은 점점 짧아지고 있다. 내용이 길면 아무리 좋은 콘텐츠라도 수용자들에게 외면당한다. 숏폼이 디지털 콘텐츠의 대세가 된 지금 상황이 이를 잘 보여 준다. 이러한 상황에서 우리의 사유도 점점 짧아지고 있을 뿐만 아니라, 이마 저도 간헐적으로 드문드문 진행된다고 보았기 때문이다.

마지막 III부에서는 매체와 예술의 문제를 다루었다. 앞에서 이야기한 많은 변화가 주로 예술로 수렴되어 가시화되었다고 보았기 때문이다. 또한 새로운 기술과 이를 토대로 한 예술은 늘 논쟁적 주제가 되기 때문이다. 지금의 상황도 마찬가지다. 최근 예술과 관련해 가장 빈번하게 접하는 문제의식은 '인공지능이 만든 작품을 예술로 인정할 수 있는가?'이다. 그런데 이러한 질문은 이미 1990년대 디지털 매체 예술이 등장했을 때, 특히 예술과 매체 간의 관계 설정이 문제가 되었을 때 제기되었다. 즉 그 당시에도 튜링의 물음, 즉 '기계가 생각할 수 있을까?'라는 물음은 '기계가 예술을 만들 수 있을까?'라는 물음으로 대체되어야 한다는 주장이 있었다.[10] 이미 디지털 매체가 예술 영역에 깊이 관여했을 때, 기계가 생산한 예술을 인간이 인정하고, 이를 수용할 수밖에 없는 시기가 올 것이라고 예상했던 것이다.

예술은 기본적으로 표현해야만 가능하며, 또 표현하기 위해서는 다양한 도구가 필요하다. 표현뿐만 아니라 전송과 전시 그리고 교육 과정에서도 매체 없이는 불가능하다. 따라서 이 책의 뒷부분에서 예술 문제를 다루면서, 디지털 매체로 인해 야기된 예술의 변화를 이미지 생산, 장소, 수행성 그리고 수용 방식의 문제로 나누어 살펴보았다. 먼저 1장에서는 매체와 이미지의 관계를 주로 생산에 초점을 두고 분석했다. 디지털 매체뿐만 아니라, 기술적 복제가 중심이 되었던 아날로 그 매체와 이미지 생산 관계를 분석했다. 매체에 따라 이미지는 복수성으로 존재하기도 했고, 또 복제된 이미지로 존재하기도 했다. 그 후

---

10)   Dieter Daniels, "Strategien der Interaktivität", in: Rudolf Frieling u. Dieter Daniels (Hrsg.), *Medien Kunst Interaktion*, Karlsruhe: ZKM, 1997, S. 157.

이미지는 원본성과 무관하게 변형되기도 하고, 변종되기도 한다. 이미지의 생산도 혼종화되고 있다. 따라서 이 장에서는 특히 지금의 매체적 상황에서 이미지가 어떻게 혼종화되고 있는지를 분석했다.

그다음 2장에서는 매체 예술과 장소의 문제를 살펴보았다. 새로운 공간으로 등장한 디지털 매체 공간 그리고 연이어 등장한 혼종화된 공간들에서 예술은 어떻게 전달, 전시되고 또 어떤 의미를 갖는지를 분석했다. 디지털 매체 공간에 전시되었던 디지털 매체 예술은 어느덧 미술관에 전시되고 있다. 이들은 어느덧 제도화되어 미술관에 간 것이다. 그렇다면 이 경우 디지털 매체 예술을 어떤 기준들로 분석해야 하는지 또 이를 어떻게 수용해야 하는지를 분석했다. 이와 더불어 특정 장소에 설치된 매체 예술의 경우, 어떤 관점에서 분석하고 수용해야 하는지를 설명했다.

3장에서는 디지털 매체 예술이 혼종화된 대표적인 예라고 할 수 있는 미디어 퍼포먼스를 중심으로 매체 예술과 수행성의 문제를 다루었다. 기본적으로 매체는 반복성이 특징이다. 반면 퍼포먼스는 수행성이 특징이다. 이들은 존재 방식과 실행 방식에서 지극히 대립적이다. 그런데 이런 둘이 결합해서 미디어 퍼포먼스라는 새로운 장르가 되었다. 이를 분석하기 위해서는 먼저 매체적인 것과 수행적인 것에 대한 이해가 필요하다. 따라서 이 장에서는 먼저 이에 관해 설명한 후, 그다음 이들을 구별할 때 토대가 되는 신체적 현전과 매체적 현전을 분석했다. 매체 예술과 퍼포먼스는 이질적이지만, 어떤 면에서는 공통점도 갖고 있다. 대표적인 공통점이 '원본성'에 대한 거부와 '실행'을 중심으로 현실화될 수 있다는 점이다. 따라서 이 장에서는 매체 예술과 퍼포먼스 전반에 대해 분석한 후, 마지막으로 이들의 결합물인 미디어 퍼포먼스가 지금 어떻게 수용되는지, 그리고 미디어 퍼포먼스로 인해야기된 예술 수용에서의 변화는 무엇인지를 살펴보았다. 특히 특정 공간에 현전하면서, 그 공간의 분위기를 지각하는 행위를 중심으로 현재 진행되고 있는 매체 예술에 대해 분석했다.

마지막 4장에서는 매체 예술의 수용 방식에 관해 이야기했다. 기본적으로 '감성학'이라고 했을 때, 또는 영역을 조금 좁혀 '매체 감성학'이라고 했을 때, 논의의 핵심은 수용자의 수용 과정이어야 한다. 감성학이 기존의 미학과 달리 일반적인 지각을 다루는 이론이며, 또 매체와 지각 과정의 변화를 중요하게 생각한다면, 이는 너무나도 당연하다. 작가, 작품 그리고 생산 과정을 중심으로 한 미학에서 수용자의 수용 과정과 지각 반응에 관한 관심은 감성학과 매체 감성학의 출발점이기 때문이다. 따라서 4장에서는 이러한 관점에서 매체로 인해 관객의 수용 과정이 어떻게 변화했고, 그 변화의 의미는 무엇인지에 대해 분석했다. 특히 수용자의 태도가 관조에서 관여로 이행한 것을 가장 큰 변화로 보았다. 이미지 앞에서 이미지를 지극히 정적인 관조를 통해 수용하던 수용자가 자신의 행위, 더 나아가 다양한 장치들을 작동하면서, 이미지를 수용하면서 가져온 변화들에 대해 분석했다. 이를 행위를 통한 상호작용과 작동에 의한 상호작용으로 구분한 후, 이들의 의미와 한계점을 언급했다. 특히 감성학적 관점에서 수용 주체를 감성적 주체라고 규정하고, 이들의 지각 작용을 중심으로 예술이 지향해야 하는 상호작용성에 관해 이야기했다.

앞에서도 이야기했지만, 이 모든 분석을 관통하는 핵심어는 '혼종화'이다. 각각의 장들이 모두 결국 지금 어떻게 혼종화되고 있는지를 이야기했다고 해도 과언이 아니다. 공간도 혼종화되고, 그 공간에 거주하는 인간도 혼종화되었다고 말하고 싶었다. 인간은 기계 그리고 다른 종과도 혼종화되고, 지금은 이미지 인간들과도 혼종화되어, 혼종화된 공간에서 더불어 살고 있다. 이런 상황에서 인간의 존재 방식, 사유 방식 그리고 지각 방식이 변하는 것은 너무나도 당연하다. 예술은 말할 것도 없다. 고급문화예술, 하위문화예술, 로테크를 활용한 예술, 하이테크를 활용한 예술, 전통 예술, 첨단 예술 등등의 구별은 이제 별 의미가 없다. 장르 간의 경계도 마찬가지다. 음악, 미술, 공연 예술 등등의 구별도 마찬가지다. 모든 것이 혼종화된 채 '융합 예술'로 그리고 '다원 예술'로 나아가고 있기 때문이다.

이런 혼종화 현상을 어떻게 볼 것인가는 또 다른 문제다. 일단 혼종화 현상이 어떻게 일어나고 있는지에 대한 이해가 먼저 진행되어야 한다. 분석 다음에 판단이 뒤따른다. 이 책의 목적이 바로 판단 이전의 분석이다. 그러나 분석이 경험적이고 객관적인 것은 아니다. 어쩌면 지극히 주관적이고 자의적이라고 볼 수도 있다. 혼종화라는 키워드도 마찬가지다. 그러나 나는 이러한 기준과 상황 인식조차 혼종화되었다고 본다. 혼종화는 지극히 매력적인 현상이다. 순수를 고집하지 않기 때문이다. 일정 정도의 거리를 두고 뒤섞이는 것이 혼종화이다. 혼종화는 완전히 뒤섞여 또 다른 하나를 만들어 내는 것만은 아니다. 그저 혼종된 상태로 인정해도 된다. 혼종된 상태로 있다가 A가 될 수도 있고, B가 될 수도 있다.

사실 이 책에서 시도한 것도 '혼종화된 철학'이다. 일반적으로 생각했을 때, 철학적으로 매체를 다룬다면, 무엇보다도 매체에 대한 개념적 작업에 몰두해야 한다. 전통적 의미의 철학은 '개념의 학문'이라고 할 수 있기 때문이다. 그런데 나는 이보다는 매체가 가져온 변화를 중심으로 이에 대해 '사유하기'를 선택했다. 그것도 매체, 공간, 인간 그리고 예술이라는 영역에서 말이다. 혼종화된 철학은 철학의 확장이다. 일상에서 이미 혼종화가 다양한 영역과 방식으로 진행되고 있는 지금, 혼종화된 철학의 등장은 필연적이다. 혼종화되지 않는 것은 없다. 순수하게 남아 있는 것은 없다. 이러한 상황에서 굳이 구별하기 위해, 다름을 찾는 것은 별로 의미가 없다. 더 나아가 다름을 배제의 이유로 삼을 필요도 없고, 배제를 넘어 다름을 혐오의 대상으로 삼아서는 안 된다. 정말 안 된다.

I. 매체와 공간

"매체는 현실을 구성하고, 우리는 그 안에 산다."
—— 프랑크 하르트만

1장. 매체-공간적 전회

1. 다양한 문화적 전회들

인간은 세계를 어떻게 이해하고 규정할까? 이는 매우 오래된 문제다. 세계를 이해하고 규정하기 위해서는 무엇보다도 세계를 인식하는 관점과 지식이 있어야 한다. 인간은 항상 자신이 처한 상황을 중심으로 또 자신의 인식 체계를 중심으로 세계를 이해하고 규정하려고 했다. 과학과 이성적 사유가 등장하기 이전, 고대 그리스인들은 신화적 방식으로 세계를 이해하려고 했다. 그 후 철학자들은 세계를 신화적으로 설명하려 하지 않고, 합리적으로 설명하려 했다. 그 결과, 뮈토스(Mythos)에서 로고스(Logos)로의 전회(turn)가 일어났다. 이 전회는 인류 역사에서 최초의 세계관(Weltanschauung)의 변화일 것이다. 뮈토스와 로고스적 사유 방식에는 엄청난 간극이 존재한다. 로고스적 사유의 이전과 이후는 전혀 다른 세계라고 할 수 있다. 정말 말 그대로 '전회'가 일어났다. 그 후에도 많은 발전과 변화가 계속되었다. 물론 모든 발전과 변화를 '전회'라고는 하지 않는다. 변화의 폭이 매우 클 경우, 변화보다는 혁명 그리고 '전회'라고 한다. 왜냐하면 '전회'는 세계관의 변혁을 의미하기 때문이다. 너무나도 잘 알려진 '코페르니쿠스적 전회'도 이에 해당한다.

현대 사회가 등장하기 이전에 논의되던 전회는 주로 객관적인 세계를 둘러싼 인식의 변화와 맞물려 있었다. 즉 우주, 자연, 세계, 사물에 대한 인간의 인식과 직접 연결되었다. 토머스 쿤(Thomas S. Kuhn)이 이야기하는 '패러다임의 전회'도 바로 이런 의미로 이해할 수 있다. 잘 알려진 것처럼, 쿤은 『과학혁명의 구조』(The Structure of Scientific Revolutions)에서 새롭게 등장한 '어떤 과학'이 정상과학으로 인정받는 과정을 설명한다. 새롭게 등장한 과학이 처음부터 과학으로 인정되는 것은 결코 아니다. '정상과학에로의 길'은 너무나도 험난하기 때문이다. 새로운 과학이 정상과학으로 인정받기 위해서는 새로운 패러다임으로 인정받아야 하며, 이를 위해서는 기존의 패러다임이 완전히 '전회'되어야만 한다. 새로운 패러다임으로 인정받기 위해서는 '어떤 연구'가 "경쟁하는 과학 활동의 양식으로부터 끈질긴 옹호자 집단을 떼어 내어 유인할 만큼 놀라운 것"이어야 한다.[1] 동시에 그 연구는 "재편된 연구자 집단에게 온갖 종류의 문제들을 해결하도록 남겨 놓을 만큼 충분히 융통성"이 있어야 한다.[2] 즉 기존의 사유 체계와 완전히 결별함과 동시에 새로운 사유체계 안에서 많은 것들이 설명되어야 한다는 것을 의미한다. 이 정도는 되어야 '전회'라는 말을 사용할 수 있다.

현대 사회에 들어와서 전회를 둘러싼 상황들은 변화하기 시작했다. 지나치게 상대적이며 또 빈번하게 전회가 언급되기 시작했다. 때론 전회라는 말이 무색할 정도가 되기도 했다. 1967년 리처드 로티(Richard Rorty)가 '언어적 전회'(linguistic turn)를 이야기한 이후, 각각의 학문 분야에서 나름대로 전회를 이야기하기 시작했다. 특히 1980년대 문화 전반에 관한 관심을 중심으로 '문화적 전회'(cultural

---

1) 토머스 S. 쿤, 『과학혁명의 구조』, 김명자·홍성욱 옮김, 까치, 2014, 74쪽.
2) 같은 책, 74쪽.

turn)에 대한 담론이 본격적으로 등장하면서 다양한 '전회들'(turns)이 논의되기 시작했다. '해석적 전회', '수행적 전회', '도상적 전회' 등등 거의 모든 학문 분야에서 자신의 이론들을 중심으로 '전회'를 선언했다.[3] '매체적 전회'(media turn) 그리고 '공간적 전회'(spatial turn)도 마찬가지다. 그 결과 전회의 의미는 약해졌다. 이제 전회는 그 시대를 대표할 수 있는 하나의 패러다임보다는 각각의 영역에서 세계를, 좀 더 좁혀 이야기하면, 사회와 문화를 바라보는 관점이 되었다고 해도 과언이 아니다. '패러다임의 전회'보다는 '관점의 전회' 또는 '이론적 전회'가 되었다.[4] 전회를 둘러싼 '백가쟁명'(百家爭鳴)의 시대가 도래했다. 그렇다면 정말 이들을 감쌀 수 있는 상위개념과 같은 전회는 없는가? 각자의 신념에 따라 전회를 이야기해도 별 상관이 없는가?

물론 각각 전회들의 존재 이유가 있다. 나름대로 합리적 이유도 있다. 그러나 이들을 아우를 수 있는 상위개념도 분명 있다. 물론 전회들을 위계적으로 줄 세우자는 것이 아니다. 다만 모든 전회 간에 존재하는 '공약수'와 같은 상위 심급의 전회를 찾을 필요가 있다. 그것이 바로 '매체적 전회'와 '공간적 전회'다. 이는 너무나도 당연하다. 사회적으로 소통하면서 살 수밖에 없는 인간은 매체를 사용해서 일상 공간에서 살아가고 있기 때문이다. 현재 논의되고 있는 많은 전회는 매체와 공간의 문제를 포함하고 있으며, 따라서 매체와 공간으로 환원해서 이야기해도 전혀 이상하지 않다. 모든 전회는 매체를 사용해서 공간에서 벌어지는 일종의 사건이다. 다양한 전회를 위해 사용되는 매체들, 이들이 매개하는 공간들은 모든 전회에서 전제로 작용한다. 이미 매체

---

3) Doris Bachmann-Medick, *Cultural Turns: Neuorientierungen in den Kultur-wissenschaften*, Hamburg: Rowohlt Taschenbuch Verlag, 2009, S. 7~8.

4) *Ibid.*, S. 16.

는 도구적 성격에서 벗어나 그 자체가 환경이 된 지 오래다. '매체 환경' 또는 '매체 생태계'라는 용어는 이제 낯설지 않다. 인간이 기술과의 결합을 통해 '사이보그'(Cyborg), '포스트 휴먼'(post-human) 그리고 '트랜스 휴먼'(trans-human)으로 진화되고 있듯이, 인간의 일상 공간도 마찬가지다.

매체와의 결합으로 현실 공간은 혼종화(Hybridisierung)되고, 매체 공간도 혼종화되어 '또 다른 현실 공간'이 등장했다. 인간을 둘러싼 자연환경도 마찬가지다. 자연환경도 다양한 매체 기술과의 결합을 통해 또 다른 생태계로 변화했다. 문화예술 상황은 더욱 그렇다. 다양한 문화예술도 매체 그리고 공간과 긴밀하게 결합하면서, 새로운 모습으로 거듭나고 있다. 그러므로 현재의 문화적 상황에서 다수의 전회를 정리할 수 있는 키워드는 바로 '매체'와 '공간'이라고 볼 수 있다. 그런데 사실 '매체학'에서 또 '공간학'에서도 각자 나름의 근거를 제시하면서 '매체적 전회'와 '공간적 전회'를 이야기하고 있다. 즉 다른 전회들처럼 각각 자신이 현대 문화적 상황에서 모든 변화의 중심에 있고, 또 인식의 기준이라고 생각한다. 그러나 이 둘은 서로 분리된 채 논의하기 어려울 정도로 매우 밀접한 관계를 맺고 있다. 디지털 매체 시대에서는 이 둘의 관계는 분리 불가능하다. 처음 디지털 매체 공간의 특별한 이름이었던 '사이버스페이스'(Cyberspace)만 봐도 그렇다. 말 그대로 공간이다.

이뿐만 아니라, 매체 발전으로 새롭게 등장한 '가상현실'(virtual reality), '증강현실'(augmented reality), '혼합현실'(mixed reality), '확장현실'(extended reality) 그리고 '메타버스'(metaverse) 등은 또 다른 일상 공간이 되었다. 이미 매체를 둘러싼 변화들에서 공간적 전회가 진행되고 있다고 볼 수 있다.[5] 공간적 전회도 마찬가지다. 공간의 내부적 확장과 외부적 확장 그리고 또 다른 매체 공간의 등장 등이 공간 이론 내부에서 활발히 논의되고 있는 지금, 매체와 공간이 따로 매체학(Medienwissenschaft)에서만 또는 공간학(Raumwissenschaft)에서만 다루어져서는 안 된다. 이 둘은 때로는 분리된 채 분석될 필요가 있지만, 기본적으로 동시에 연구되어야 한다.[6] 즉 '매체적-공간적 전회'(media-spatial turn)라는 이름으로 말이다. 매체학에서 이미 진행되고 있는 '공간적 전회'를 그리고 공간학에서 진행되고 있는 매체학을 통합해서 지금 여기의 문화 사회적 상황을 분석해야 한다.

통합적 분석을 시도하기 이전에 먼저 매체적 전회와 공간적 전회에서 어떤 논의들이 오고 갔는지 분석할 필요가 있다. 즉 각자의 영역에서 어떤 근거로 전회를 이야기했는지를 살펴봐야 한다. 각각의 전회를 분석한 이후, 앞에서 이야기한 것처럼, 이 둘을 '매체적-공간적 전회'라는 이름으로 통합할 것을 제안하며, 또 통합적으로 접근해서 이를 다루어야 한다. 매체와 공간의 관계, 매체 공간의 변화 그리고 매체로 인한 현실 공간의 변화 등등을 분석할 필요가 있다. 이러한 시도는 다른 학문 영역에서 비판받을 수 있다. 매체를 중심으로 공간, 인간 그리고 예술을 분석하고자 하는 시도가 과하게 여겨질 수 있기 때문이다.[7] 특정 기술을 중심으로 한 '매체 결정론적인 오류'를 범하고 있다는 비판도 받을 수 있다. 매체와 공간이론 내부에서도 비판이 제기될

5) 외르크 되링·트리스탄 틸만, 「서문: 우리는 공간에서 무엇을 읽는가? 공간적 전회와 지리학자들의 내밀한 지식」, 외르크 되링·트리스탄 틸만 엮음, 『공간적 전회』, 이기숙 옮김, 심산, 2008, 12쪽.

6) 참조: 슈테판 귄첼, 『토폴로지: 문화학과 매체학에서 공간 연구』, 이기흥 옮김, 에코리브르, 2010, 11~16쪽. 여기서 귄첼은 공간 그 자체와 공간의 관계를 문화적이고 매체학적으로 연구해야 한다고 강조한다. 이는 공간성이 형성되는 조건을 중심으로 연구하는 것이기 때문에, 공간학의 기본이 된다고 보았다.

수 있다. 매체적 전회에서 '공간의 소멸'이 논의되고, '공간적 전회'에서 공간의 재발견이 논의되고 있는데, 그럼에도 불구하고 이 둘을 무리하게 연관시키고 있다는 비판도 있었다.

그러나 이러한 비판은 과거가 되었다. 이미 매체학 내부에서도 그리고 공간학 내부에서도 매체와 공간의 분리 불가능한 관계에 대해 인정하는 것을 넘어 이미 이를 다양한 측면에서 분석하기 시작했기 때문이다. 매체 공간이 사이버스페이스, 가상현실을 넘어 증강현실과 메타버스로 발전되고, 또 우리 일상의 많은 부분을 이러한 새로운 공간에서 보낼 수밖에 없는 지금, 매체와 공간은 동시에 분석될 수밖에 없다. 디지털 매체 시대에서 대표적인 매체 공간은 사이버스페이스를 중심으로 한 가상현실이었다. 현실은 현실인데, '가상'이었다. 지금은 상황이 또 달라졌다. 포스트 디지털 매체 시대라고 할 수 있는 지금, 그 누구도 대표적인 매체 공간을 가상현실이라고 보지 않는다. 가상현실은 이미 실제 공간과 긴밀하게 결합하기 시작했고, 그 결과 증강현실을 넘어 '혼합현실'이 되었다. 실제 공간도 가상현실과의 적극적인 결합을 통해 또 다른 '혼합현실'이 되었다.[8] '가상', '증강', '혼합', '확장' 또는 '실제' 등등은 별 의미 없다. 중요한 것은 '현실'이다. 이제 모든 현실은 '혼합현실'이다. 이러한 혼종화된 공간은 '매체-공간적 전회'가 다루어야 할 핵심 문제다.

---

7) 매체와 장치를 중심으로 예술을 이해할 경우, 예술에서 나머지 요소들이 부차적인 것으로 취급되기 때문에, 지나친 매체 중심적 분석을 지양해야 한다는 주장들이 있다. 참조: Hans Belting, *Bild-Anthropologie*, München: Wilhelm Fink Verlag, 2011, S. 9~13.

8) Mark Hansen, *Body in Code: Interfaces with Digital Media*, New York: Routledge, 2006, p. 1.

I. 매체와 공간

2. 매체적 전회

"매체가 우리의 상황을 결정한다." 1986년 프리드리히 키틀러(Frie-
drich Kittler)는 자신의 책 『축음기, 영화, 타자기』(*Grammophon, Film,
Typewriter*)를 위의 문장으로 시작한다. 연이어 그는 다음과 같이 이야
기한다. "(그럼에도 불구하고 또는 그렇기 때문에) 그 상황을 설명해야
한다."[9] 매체가 우리의 상황을 결정한다는 키틀러의 말은 매체적 전회
의 핵심 주장이다. 이러한 주장은 단지 키틀러만의 주장은 아니다. 많
은 매체 이론가들의 이론적 전제도 '매체가 모든 것을 결정한다'에서
출발하기 때문이다. 이러한 인식이 바로 매체적 전회를 중심으로 한
'매체학'(Medienwissenschaft)의 시작이라고 볼 수 있다. 매체학은 단일
분과 학문이 아니다. 단일 분과 학문일 수도 없으며, 그래서도 안 된다.
다양한 분과에서 각자의 학문적 방법론을 이용해 매체에 관한 연구를
할 수 있으며, 또 각각의 분과들이 상호작용하면서 연구를 할 수 있기
때문이다. 사실 매체의 영향을 받지 않는 분야는 없다. 특히 디지털 매
체의 영향은 전방위적이다. 정도의 차이만 있을 뿐이다. 각자의 방법
론을 가지고 연구할 수 있는 매체학이지만, 그럼에도 불구하고 공통의
출발점을 가지고 있다. 그것은 컴퓨터의 대중적 보급이다.

컴퓨터가 PC라는 이름으로 보급된 이후, 컴퓨터는 도구나 계산기
가 아니라, 매체로 인식되기 시작했다.[10] '매체로서의 컴퓨터'라는 인
식으로부터 매체적 전회에 대한 본격적 사유가 시작된다.[11] 매체로서

---

9) Friedrich Kittler, *Grammophon, Film, Typewriter*, Berlin: Brinkmann & Bose,
1986, S. 3.
10) 노르베르트 볼츠, 『미디어란 무엇인가』, 김태옥·이승협 옮김, 한울아카
데미, 2011, 32쪽.

의 컴퓨터와 더불어 '뉴미디어 시대' 또는 '디지털 시대'라는 새로운 매체 시대가 본격적으로 시작된다. 컴퓨터는 매우 강력한 매체였으며, 아주 빠르게 다른 매체들을 디지털화했다. 그 결과 개별 매체들 간의 구분은 사라지고, 모든 매체가 컴퓨터로 통합되었다. 음향, 이미지 그리고 문자의 통합뿐만 아니라, 기록과 저장 그리고 전송까지 컴퓨터로 모두 통합되었다. 숫자로 불가능한 것은 아무것도 없게 되었다.[12] 이와 더불어 매체에 대한 본격적인 사유도 시작된다. 주변에 늘 존재했기 때문에, 새삼 분석의 대상으로 삼지 않았던 매체와 매체 현상에 주목하면서 이를 본격적으로 분석하기 시작한 것이다.

이 과정에서 매체는 단지 '제작 도구'(Werkzeug)가 아니라, '사유 도구'(Denkzeug)로 인식되었다.[13] 매체가 사유 도구란 말은 매체가 사유 방식을 규정한다는 의미다.[14] 디지털 매체 이전에도 다른 매체들, 즉 언어, 문자, 종이, 타자기 등등의 매체는 사유 방식의 전제로 작용했다. 다만 이를 인정하지 않고, 도구보다는 '사유 내용'을 중심으로 매체에 관해 접근하고 분석했을 뿐이다. 즉 보조적인 역할로서 매체를

11) 철학에서도 '매체철학'은 뒤늦게 등장했다. 매체를 근본적으로 도구로 인식하는 오래된 전통이 있었기 때문이다. 그러나 매체적 전회가 논의되기 시작한 후, 철학은 더 이상 매체에 대한 문제를 다루지 않을 수 없었다. 매체철학은 매체에 대한 정의에서부터 매체 실천의 영역에 이르기까지 다양한 문제를 다루기 시작했다. 이와 관련해서는 다음을 참조 바람: Stefan Münker, "After The Medial Turn: Sieben Thesen zur Medienphilosophie", in: Stefan Münker, Alexander Roesler, Mike Sandbothe (Hrsg.), *Medienphilosophie. Beiträge zur Klärung eines Begriffs*, Frankfurt am Main: Fischer Taschenbuch Verlag, 2003, S. 16~25.

12) Friedrich Kittler, *Grammophon, Film, Typewriter*, S. 8.

13) Oliver Grau, *Virtuelle Kunst in Geschichte und Gegenwart: Visuelle Strategien*, Berlin: Reimer Verlag, 2002, S. 147.

14) 매체와 사유의 관계에 대해서는, 이 책의 II부 4장에서 본격적으로 다룰 예정이다.

I. 매체와 공간

인정했다. 그러나 그 당시에도 알았다. 다양한 매체들이 사유 방식의 전제로 작용하고 있음을 말이다.[15] 사유 방식으로 작동하는 매체의 역할은 특히 문화예술 영역에서 두드러지게 나타난다. 생각을 표현해야지만 가능한 문화예술은 그럴 수밖에 없다. 그러므로 매체학은 문화예술 현상에, 그리고 문화 이론들은 다양한 매체 현상에 주목할 수밖에 없다.[16]

물론 매체학 이전에도 '매체에 대한 이론'도 '철학'도 있었다. 다만 그렇게 분류되지 않았을 뿐이었다. 플라톤(Platon)의 「파이드로스」 (Phaidros)편에 등장한 문자에 대한 소크라테스의 우려도 매체 이론이다.[17] 그것도 매체적 전회의 시기에 보일 수 있는 대표적인 매체에 대한 태도라고 볼 수 있다. 문자의 등장 이전과 이후에 대한 고찰이 담겨 있기 때문이다. 소크라테스는 그 당시 새로운 매체인 문자가 가져올 수 있는 근본적인 변혁에 대해 정확히 인식했다. 그 이후 다양한 매체들의 발전과 더불어 이와 관련된 이론들이 등장했다. 이러한 이론들이 매체학의 역사를 이루었다. 그러나 매체적 전회와 직접 연결된 연구들은 그다지 많지 않았다. 매체를 특정 도구로 인식하고 접근했던 연구들이 많았던 것과는 달리 말이다. 특히 철학과 미학 분야에서는 더욱 그렇다. 그렇다면 현재 논의되는 '매체학'의 이론적 선구자는 과연 누구인가? 누구를 이 분야의 선구자라고 주저 없이 말할 수 있을까? 과

---

15) Matthias Vogel, "Medien als Voraussetzungen für Gedanken", in: Stefan Münker, Alexander Roesler, Mike Sandbothe (Hrsg.), *Medienphilosophie. Beiträge zur Klärung eines Begriffs*, S. 108.

16) Lorenz Engell, Joseph Vogl, "Vorwort", in: Claus Pias, Joseph Vogl, Lorenz Engell, Oliver Fahle und Britta Neitzel (Hrsg.), *Kursbuch Medienkultur: Die maßgeblichen Theorien von Brecht bis Baudrillard*, Stuttgart: DVA, 2000, S. 8.

17) Platon, "Phaidros", in: *Sämtliche Werke Bd. 2*, Übersetzt von Friedrich Schleiermacher, Hamburg: Reinbek Verlag, 1994, S. 603~604.

연 누가 매체적 전회를 인식하고 이에 대해 사유했을까?

기술 발전이 예술에 혁명적인 변화를 가져올 수 있음을 일찍이 인식한 발터 벤야민(Walter Benjamin)은 이 분야의 대표적 선구자라고 할 수 있다. 그의 논문 「기술 복제 시대의 예술작품」(Das Kunstwerk im Zeitalter seiner technischen Reproduzierbarkeit)은 철학적 매체학을 이야기할 때 반드시 언급되어야 하는 중요한 글이다. 이 글에서 그는 이후 매체학 내부에서 논쟁이 될 수 있는 많은 문제를 제기하고 있다. 그는 이미지의 기술 복제, 즉 사진의 등장 이전과 이후의 차이에 대해 정확히 인식했다. 이를 토대로 그는 매체와 지각, 매체와 예술, 매체와 관객의 수용 태도 등등에 대해 분석했다. 특히 기술 복제 시대의 예술작품의 특징을 '아우라의 몰락'(Verfall der Aura)이라고 규정한 것은 지금도 여전히 활발하게 논의되는 주제이다.[18]

벤야민이 1930년대 사진과 영화를 중심으로 매체가 예술에서 결정적인 요인으로 작용하고 있음을 밝혔다면, 마셜 맥루언은 1960년대 전자매체를 중심으로 이와 유사한 관점에서 이야기를 전개한다. 그 또한 전자매체의 등장과 이후, 특히 대중매체의 등장과 이후에 대해 정확히 인식했다. 더 나아가 그는 매체와 인간 존재의 상관관계에 대해서 인식했다. 그의 저서 『미디어의 이해』(Understanding Media)의 부제는 바로 '인간의 확장'이다. 그는 매체가 인간의 지각에 어떤 영향을 미치는지 다양한 방식으로 분석했다. 이뿐만 아니라, 기존의 매체 연구가 지나치게 내용 중심이었음을 지적하고, 형식을 중심으로 매체 연구의 방향성을 전환해야 한다고 강조했다. 이로써 그는 매체 이론의 또

---

18) 참조: 심혜련, 『20세기의 매체철학: 아날로그에서 디지털로』, 그린비, 2012, 38~72쪽. 여기서 나는 벤야민의 매체철학 중, 특히 예술의 기술적 재생산과 아우라의 몰락을 집중적으로 분석했다.

다른 지평을 열었다고 볼 수 있다.[19] 벤야민과 맥루언은 일찍이 매체와 지각의 관계에 주목했다는 점에서 현재 논의되는 '감성학'(Aisthetik), 특히 '매체 미학'(Medienästhetik)의 선구자임이 틀림없다.[20]

　니클라스 루만(Niklas Luhmann)도 마찬가지다. 그의 커뮤니케이션 이론은 매체적 전회라고 할 수 있는 내용들을 충분히 포함하고 있다.[21] 특히 사회를 인간들 간의 커뮤니케이션으로 구성되는 것으로 파악한 점은 사회적 체계에 대한 새로운 관점을 열었다고 볼 수 있는 것이다.[22] 그의 이러한 접근 방식은 매체가 모든 것을 결정한다는 명제를 주장하는 데 많은 도움이 되었다. 이뿐만 아니라, 그는 대중매체 외에도 사랑이나 예술 등도 일종의 매체로 파악함으로써 매체 개념을 확대했다. 마지막으로 빌렘 플루서를 언급하지 않을 수 없다. 맥루언이 텔레비전을 중심으로 한 전기 시대에서 매체적 전회와 같은 사유를 했다면, 플루서는 비로소 컴퓨터를 중심으로 한 디지털 매체에 대해 본격

---

19)　참조: 같은 책, 125~151쪽.

20)　나는 이 책에서 '매체 미학'이라는 용어를 어떤 경우에는 '매체 감성학'이라는 용어로 사용할 것이다. 주로 '감성'과 '지각'을 강조할 때, 매체 감성학이라는 용어를 사용할 것이다. 감성학이 가지고 있는 본래의 취지에 따르면, 매체 미학 대신 매체 감성학이라는 용어를 사용하는 것이 더 타당하다. 그런데 기존의 언어적 사용으로 인해, 감성학을 주장하는 이론가들도 '매체 감성학'(Medienaisthetik) 대신에 '매체 미학'(Medienästhetik)이라는 용어를 사용했다. 기존의 이론들과 완전히 단절할 수 없기 때문이었다.

21)　올리버 팔레는 매체학이라는 분야를 이야기할 때 이론적 지평을 제공해 준 대표적인 대가들로 벤야민, 맥루언, 루만 그리고 드브레 등을 들고 있다. 이와 관련해서는 다음을 참조 바람: Oliver Fahle, "Zur Einführung", in: Claus Pias, Joseph Vogl, Lorenz Engell, Oliver Fahle und Britta Neitzel (Hrsg.), *Kursbuch Medienkultur: Die maßgeblichen Theorien von Brecht bis Baudrillard*, Stuttgart: DVA, 2000. S. 13~17.

22)　Ibid., S. 15.

적으로 사유했다.[23] 디지털 가상을 중심으로 가상과 실재에 대한 재평가 또한 시도했다.[24] 그러나 그의 사유는 디지털 매체에 한정되지 않고, 과거의 지난 매체들을 새로운 시각으로 접근한다. 이미지, 문자 그리고 기술적 이미지에 대한 그의 사유가 바로 그 결과다. 그는 기술적 이미지를 다시 사진기, 비디오 그리고 컴퓨터 그래픽으로 세분화해서 본격적으로 분석한다. 이러한 매체 분석을 통해 그는 매체가 사회 상황을 결정한다는 것을 보여 주었다.

맥루언과 루만의 경우 매체를 포괄적으로 이해하고 있다. 이 둘은 매체를 '전달', '매개' 그리고 '중계' 등의 의미를 갖는 라틴어 'medium'이라는 단어로 이해하고 있다.[25] 한마디로 말해서 A와 B의 '사이'에서 이를 매개, 전송, 전달, 표현 그리고 체화시키는 것이라는 매체의 개념을 수용하고 있다.[26] 이렇게 되면, 존재하는 모든 것은 매체가 된다. 또 매체의 개념도 정의하기 어려워진다. 특히 '개념 작업'을 무엇보다도 중요하게 생각하는 철학에서는 상황이 더 복잡해진다. 이 경우 각각의 영역에서 개념 규정만 하다가 구체적인 이론 발전에 진전이 없을 수도 있다. 심층적인 분석이 이루어져야 함에도 불구하고 말이다.

---

23) Frank Hartmann, *Medienmoderne: Philosophie und Ästhetik*, Wiesbaden: Springer VS, 2018, S. 133. 여기서 프랑크 하르트만은 맥루언과 플루서야말로 기존의 매체철학이라고 할 수 있는 이론들이 가지고 있는 한계를 넘어서, 진정한 의미에서의 매체철학을 전개했다고 본다.

24) 참조: 심혜련, 『20세기의 매체철학』, 216~243쪽.

25) 참조: 안드레아스 뵌·안드레아스 자이틀러, 『매체의 역사 읽기』, 이상훈·황승환 옮김, 문학과지성사, 2014, 41~43쪽.

26) Alexander Roesler, "Medienphilosophie und Zeichentheorie", in: Stefan Münker, Alexander Roesler, Mike Sandbothe (Hrsg.), *Medienphilosophie. Beiträge zur Klärung eines Begriffs*, S. 39.

이런 어려움 때문에 현대 매체 이론은 먼저 자신의 분과 이론을 중심으로 매체를 규정하고, 이를 중심으로 매체학을 발전시키고 있다. 각각의 이론들은 '매체학' 아래 모여 '매체'라는 '가족 유사성'을 공유하면 된다. 매체를 어떻게 규정하는지에 따라 매체학의 범위가 달라지기도 한다. 매체를 커뮤니케이션과 관련된 것으로 보면, 좁은 의미에서의 매체 이론이 된다. 그러나 매체학이라는 이름으로 매체를 분석하는 경우, 좁은 의미에서의 접근보다는 확대된 의미에서 매체를 규정하고 분석한다. 범위뿐만 아니라, 매체의 역할을 일반적으로 어떻게 규정하는지도 매체학에서는 매우 중요하다. 앞에서도 이야기했듯이, 도구적 매체 이해에서 벗어나, 사유 도구 또는 문화의 결정적 요인 그리고 환경으로서의 매체 이해가 매체학의 출발점이 되는 것이다.

일찍이 매체의 중요성을 인식해서 '매개학'(Mediologie)이라는 학문을 제안했던 레지스 드브레(Régis Debray)는 매체와 관련된 이론을 더욱 확장한다. 그에 따르면, 매개학(또는 매체학)은 매개되는 모든 것을 대상으로 한다. 특히 그는 사회의 기능과 전송의 기술적 관계를 연결해서 분석하는 것을 매개학의 주된 영역이라고 한다. 이뿐만 아니라, 그는 종교, 문화와 예술 그리고 이데올로기 등을 포함한 인간의 상징적 활동과 그것을 기록하고 저장하고 전달하는 모든 것들도 매개학(매체학)에 포함시킨다.[27] 구어로, 문자로 또는 정적인 이미지 또는 움직이는 이미지로 어떻게 기록되고 저장되고 전달되는지가 각각의 주제가 될 수 있었다. 물론 통신수단뿐만 아니라 교통수단의 발전도 매체학의 오랜 주제다. 교통수단들은 단순히 사람들과 물건들을 이동시

---

27) Régis Debray, "Für eine Mediologie", in: Claus Pias, Joseph Vogl, Lorenz Engell, Oliver Fahle und Britta Neitzel (Hrsg.), *Kursbuch Medienkultur: Die maßgeblichen Theorien von Brecht bis Baudrillard*, Stuttgart: DVA, 2000, S. 67.

키는 것이 아니다. 교통수단들은 이동의 과정에서 일상의 시간과 공간을 재구성한다. 좀 더 빠른 교통수단이 등장할수록 시간과 공간은 극적으로 구성된다. 전통적인 지금과 여기의 관계가 해체되기 때문이다. 교통과 통신수단의 결합 그리고 더 나아가 영상 수단의 결합은 또 다른 '매체 공간'과 '매체 시간'을 구성한다. 즉 매체가 현실을 구성하고, 우리는 그 현실에 살게 된 것이다.[28] 이것이 바로 우리가 살고 있는 '매체계'(Mediensphären)라고 할 수 있다.[29]

사실 인간의 몸을 비롯해서 매체가 아닌 것은 없다. 따라서 매체학의 대상이 아니라고 배제할 수 있는 것은 아무것도 없다고 해도 과언이 아니다. 다만 어떻게 접근하는가의 문제가 중요하다. 접근할 때, 무엇보다도 중요한 것은 매체학의 대상이 될 수 있는 모든 것들이 상호작용하고 있다는 점을 인식해야 한다. 상호학문적 접근이야말로 매체학의 방법론이다. 다양한 학문 간의 교집합으로서 매체학이 성립할 수 있다. 매체학의 대상들, 방법론들 그리고 사유들은 결국 '혼종화'된다.[30] 매체학은 다양한 학문 분야들이 서로 교차되는 지점이며, 그 결과 매체학적 사유는 혼종적일 수밖에 없다. 매체에 대한 상호학문적이며 혼종적인 사유의 출발은 근본적이며 역사적으로 규정된 매체 개념을 부정하는 것이다. 그것이 바로 "매체학의 제일 공리"(ein erstes medientheoretisches Axiom)다.[31] 매체를 특정 분야로 환원해서 재현 매체, 기술 매체 그리고 상징 매체로 연구할 수 있다. 그러나 이러한 접근이 매체에 대한 포괄적 이해는 아니다. 오히려 매체가 메시지이

---

28) Frank Hartmann, *Medienmoderne: Philosophie und Ästhetik*, S. 7.

29) *Ibid.*, S. 32.

30) 참조: Régis Debray, "Für eine Mediologie", S. 72.

31) Lorenz Engell, Joseph Vogl, "Vorwort", in: *Kursbuch Medienkultur: Die maßgeblichen Theorien von Brecht bis Baudrillard*, S. 10.

며, 또 동시에 우리의 상황을 결정할 수 있으며, 우리는 매체를 통해서만 무언가를 경험할 수 있다는 사실을 인정하는 것이 무엇보다도 중요하다.[32] 이것이 바로 매체적 전회다.

3. 공간적 전회

공간은 철학의 오래된 주제다. 매체와 달리 철학자들은 공간 그 자체를 사유했다. 각각의 시기마다 그리고 각각의 철학자마다 당대의 세계관을 중심으로 공간에 대해 사유했다. 사유의 대상으로서의 공간은 처음에는 자연공간이었다. 그다음 절대적이며 추상적인 공간이 오랫동안 철학의 대상이었다. 지리학이 등장하기 이전까지 공간에 대한 이러한 철학적 전통은 지속되었다. 지리학의 등장 이후 비로소 공간은 경험적 공간으로 전환된다. 경험적 공간은 일종의 문화적 공간이다. 따라서 철학적 대상으로서의 공간은 자연공간에서 문화공간으로 전환된다.[33] 그러나 대상이 전환되었지만, 문화공간을 중심으로 한 경험적 공간에 관한 연구는 철학 내부에서 그다지 활발하지는 않았다. 특히 구체적이며 일상적인 공간에 관한 관심과 연구는 거의 없었다. 공간의 개념이 중요하지, 그 공간에서 어떤 일이 벌어지고 있는지에는 별 관심이 없었다. 구체적이며 일상적이며 사소한 문제들에 대한 철학적 무관심, 이는 오래된 문제였다.

　20세기에 와서 상황은 급변한다. 끝도 없이 계속될 것만 같은 '개

---

32) 참조: Ibid., S. 10.

33) Stephan Günzel, "Einleitung", in: Stephan Günzel (Hrsg.), *Raumwissenschaft*, Frankfurt am Main: Suhrkamp Verlag, 2009, S. 9~10.

넘'과 '정의'를 중심으로 한 철학에 지친 지식인들이 등장하기 시작했다. 일상적이며 사소한 것에 관심이 있는 철학자들이 등장하기 시작한 것이다. 공간의 문제도 마찬가지다. 추상적이며 절대적인 공간이 아니라, 지극히 일상적인 공간, 특히 새롭게 등장한 대도시를 중심으로 이를 연구하는 사상가들이 등장했다. 대표적으로 게오르크 짐멜(Georg Simmel)과 발터 벤야민이 그 예다.[34] 이들은 일상 공간에 대한 철학적 사유가 거의 없었던 시절, 이미 일상 공간으로서의 도시에 대한 사유를 시작했다.[35] 짐멜은 대도시라는 공간에서 도시인들의 정신적 삶을 '신경과민'이라고 규정한다. 그다음 도시의 어떤 요소들이 도시인들을 신경과민으로 만드는지를 분석했다.[36] 짐멜의 이러한 연구는 벤야민을 비롯해 도시 공간에 대해 관심 있는 이들에게 중요한 이정표 역할을 했다. 짐멜에게 영향을 받은 벤야민은 도시 공간에 대한 좀 더 본격적인 연구를 한다. 그에게 도시 공간은 읽고 해석해야 하는 '텍스트'였던 것이다.[37] 이들의 사유는 일상 공간에 대한 본격적인 철학적 연구의 시작을 의미할 뿐만 아니라, 지금까지도 일상 공간을 연구하고자

34) 참조: 마이크 새비지, 「발터 벤야민의 도시 사상: 비판적 분석」, 마이크 크랭·나이절 스리프트 엮음, 『공간적 사유』, 최병두 옮김, 에코리브르, 2013, 71~76쪽; 존 앨런, 「게오르크 짐멜에 관해: 근접성, 거리, 이동」, 『공간적 사유』, 99~102쪽. 이 글들에서 저자들은 각각 도시 공간에 대한 사유를 본격적으로 시작한 사상가들을 벤야민과 짐멜이라고 보고, 이들의 이론들을 현대적 관점에서 분석하고 있다.

35) 이와 관련해서는 다음을 참조 바람: 심혜련, 『아우라의 진화: 현대 문화 예술에서 아우라의 지형도 그리기』, 이학사, 2017, 73~79쪽.

36) 게오르크 짐멜, 「대도시와 정신적 삶」, 『짐멜의 모더니티 읽기』, 김덕영·윤미애 옮김, 새물결, 2005, 36쪽.

37) 벤야민의 도시 공간에 대한 분석은 다음 장에서 좀 더 집중적으로 다룰 예정이다.

할 때 중요한 이론적 이정표의 역할을 한다.[38] 이들의 문제의식과 연구는 시대를 앞서갔으며, 또 시대를 초월할 만큼 탁월했다고 볼 수 있다.

공간학의 영역에서 '공간적 전회'가 시작되기 이전, 철학에서도 공간에 관한 연구에 새로운 전기를 맞이한다. 1967년에 발표한 미셸 푸코(Michel Foucault)의 '헤테로토피아'(Heterotopia)를 중심으로 한 공간 연구가 결정적 계기를 제공한다.[39] 이 글에서 푸코는 19세기에는 역사에 대한 강박관념이 있었다고 지적하면서, 이제는 그 시대와 작별했다고 주장했다.[40] 역사를 중심으로 한 시간의 시대에서 공간의 시대로 전환한 것이다. 그는 다음과 같이 말한다. "현시대는 아마도 공간의 시대일 것이다. 우리는 동시성의 시대, 병렬의 시대, 가까운 것과 먼 것의 시대, 인접성의 시대, 분산의 시대에 살고 있다."[41] 그에 따르면 인간은 지금까지는 "발전과 정체, 위기와 순환, 과거의 축적" 등과 같은 질서 담론에 사로잡혀 있었다.[42] 공간의 시대를 알린 푸코의 짧은 글은 공간에 대한 철학적 관심과 담론을 재활성화시켰다. '공간의 르네상스' 시대가 열렸다고 볼 수 있다. 그러나 이전과는 달리 관심 대상이 된 주된 공간은 주로 일상생활에서 체험할 수 있는 공간들이었다.[43]

철학에서 푸코가 담론 영역에 다시 공간을 불러들였다면, 사회학

---

38) 이와 관련해서는 다음을 참조 바람: 김성도, 『도시 인간학』, 안그라픽스, 2014, 369~412쪽.

39) Marc Jongen, *Philosophie des Raumes: Standortbestimmungen ästhetischer und politischer Theorie*, München: Wilhelm Fink Verlag, 2010, S. 10.

40) 미셸 푸코, 「다른 공간들」, 『헤테로토피아』, 이상길 옮김, 문학과지성사, 2014, 41쪽.

41) 같은 글, 41쪽.

42) 같은 글, 41쪽.

43) Rudolf Maresch und Niels Werber, "Permanenzen des Raums", in: Rudolf Maresch und Niels Werber (Hrsg.), *Raum Wissen Macht*, Frankfurt am Main: Suhrkamp Verlag, 2002, S. 7.

분야에서는 앙리 르페브르(Henri Lefebvre)가 일상 공간에 관한 관심과 연구를 불러일으켰다. 그는 자신의 저서 『공간의 생산』(*La production de l'espace*)에서 전통적인 공간에 대한 접근 방식을 비판한다. 그에 따르면, 공간은 고립되거나 정적인 상태로 남아 있는 것이 불가능하다. 공간이라는 개념은 전적으로 변증법적인 것이다. "공간은 생산물이자 생산자이고, 경제적 관계, 사회적 관계의 토대"인 것이다.[44] 그렇기 때문에 공간은 사회와 더불어 변화하는 것이다. 이러한 공간 이해를 바탕으로 해서 르페브르는 일상 공간에 관심을 갖고 분석하기 시작한다. 푸코와 르페브르는 본격적으로 공간적 전회가 시작되기 전에, 이미 공간적 전회에 대한 사유를 시작했다고 볼 수 있다.

이를 토대로 1980년대 중반부터 본격적으로 '공간적 전회'에 대한 논의가 시작되었다. 매체적 전회가 논의되기 시작한 시기와 거의 유사하다. 푸코에서 시작된 공간 담론에 대한 르네상스가 본격적으로 시작된 것이다.[45] 잘 알려진 것처럼, 공간적 전회라는 개념은 에드워드 소저(Edward Soja)의 저서 『포스트모던 지리학』(*Postmodern Geographies*)에서 사용되기 시작했다.[46] 매체적 전회와 마찬가지로 공간적 전회에서도 '공간' 그 자체에 대한 물음보다는 공간을 중심에 두고 무엇이 어

---

44) 앙리 르페브르, 『공간의 생산』, 양영란 옮김, 에코리브르, 2011, 27쪽.

45) Doris Bachmann-Medick, *Cultural Turns*, S. 286.

46) 에드워드 소저는 자신의 저서 『포스트모던 지리학』에서 공간적 전회라는 개념을 공식적으로 사용했지만, 이 개념에 대한 구체적 설명을 한 것은 아니다. 오히려 이 개념은 그 이후 담론의 전개 과정에서 구체화되고 다양화되었다고 볼 수 있다. 이 책에서는 매체적 전회와 마찬가지로 공간적 전회라는 용어의 역사와 용어 탄생의 맥락에 대해서는 자세히 다루지 않겠다. 공간적 전회라는 용어와 관련된 부분은 다음을 참조 바람: 외르크 되링·트리스탄 틸만, 「서문: 우리는 공간에서 무엇을 읽는가? 공간적 전회와 지리학자들의 내밀한 지식」, 『공간적 전회』, 7~17쪽.

떻게 변화하는가를 연구한다. 즉 매체학에서 매체가 모든 것을 결정한다고 보는 것처럼, 공간 없는 인간의 삶은 불가능하다고 보고, 이를 연구한다. 특히 공간적 전회 이후 등장한 공간학에서는 추상적, 관념적 그리고 절대적인 공간 개념에서 벗어나 사회와의 긴밀한 관계 속에서 공간을 파악한다. 공간학의 기본 출발점은 공간이 사회를 구성하고, 인간의 의식도 규정함과 동시에 사회로부터 영향을 받아 재구성된다는 사실이다.

4. 매체적 전회와 공간적 전회의 만남

매체 공간이 대표적 일상 공간이 된 지 이미 오래되었다. 일상 공간이 디지털화된 지도 이미 오래다. 일상 공간이 '체험 공간'이라면, 매체 공간이야말로 대표적인 체험 공간이 되었다. 이뿐만 아니라, 대화의 중심이 되는 대부분의 체험은 매체 체험이다. 일상 공간에서 할 수 있는 거의 모든 일을 이제 매체 공간에서 한다. 은행, 쇼핑, 사무, 교육, 놀이, 친목 그리고 우정과 사랑도 매체 공간에서 가능하다. 이 모든 변화의 중심에는 '인터넷'이 있다. 1990년대 이후 등장한 인터넷은 이전의 매체가 주로 '기록'과 '전송'과 관련된 일을 했던 것과는 달리, 공간의 형식을 가지고 등장했다.[47] 인터넷을 중심으로 한 매체 공간은 매우 중요한 일상 공간이자 활동 공간이 된 것이다. 매체학 내부에서의 공간 이론에 관한 관심이 본격적으로 시작된 것은 우연이 아니다. 이는 당연한 논리적 귀결이다. 사실 매체학 내부에서 이러한 변화가 일어나기

---

47) 마루타 하지메, 『'장소'론: 웹상의 리얼리즘과 지역의 로맨티시즘』, 박화리·윤상현 옮김, 심산, 2011, 10쪽.

전에는 '매체 공간' 그 자체에 관한 연구는 거의 없었다. 매체 공간에서 무슨 일이 일어나는지에 대한 분석은 많았으나, 매체 공간 그 자체에 대한 연구는 없었던 것이다.

이는 일상 공간에 관한 연구에서도 마찬가지다. 그 누구보다도 도시 공간 그 자체에 관한 연구를 강조한 도시 이론가 데이비드 하비(David Harvey)의 주장은 그대로 매체 공간에도 적용될 수 있다. 그는 도시 내에서 무슨 일이 일어났는지 설명하는 이론은 많은데, 도시 그 자체에 대한 이론이 없다고 지적한 바 있다.[48] 이렇게 지적한 이후 그는 도시에서 벌어지는 일들을 중심으로 한 이전의 이론과 달리, 도시 그 자체를 연구 대상으로 삼아 도시를 연구했다. 그렇다면 디지털 매체 공간이 도시의 역할을 하고 있는 지금, 하비의 이론은 매체 공간에도 적용되어야 한다. 매체 공간을 둘러싼 연구도 도시 연구의 상황과 거의 유사하다. 즉 공간의 형식으로 등장했고, 일상 공간의 역할을 하고 있음에도 불구하고, 매체 공간 그 자체에 관한 연구는 드물었다. 매체 공간에서 일어나고 있는 일들에 대해서는 많은 연구가 있었던 것과는 다르게 말이다. 공간학에서도 상황은 다르지 않다. 매체 공간이 이미 일상 공간이 된 지 오래되었음에도 불구하고, 공간학의 대상으로 적극 수용되지 않았다.

그러나 상황은 빠르게 변화했다. 매체 공간의 혼종화와 현실 공간의 디지털화는 빠르게 진행되었기 때문이다. 이 둘을 분리해서 사유하는 게 불가능해졌다. 매체적 전회와 공간적 전회의 만남을 이야기하기도 전에 이 둘은 이미 혼종화되기 시작했다. 이 둘의 만남이 필연적이라고 해서 혼종화에 대한 평가와 연구가 순탄했던 것은 아니다. 이

---

48) 데이비드 하비, 『모더니티의 수도, 파리』, 김병화 옮김, 생각의나무, 2007, 32쪽.

둘은 서로를 경계의 대상으로 취급했다. 아니, 이 둘은 처음에는 서로 첨예하게 대립하기도 했다. 특히 공간학의 입장에서는 매체의 발전으로 인해 공공연하게 '공간의 소멸'이 논의되고 있었기 때문에, 매체적 전회와의 만남이 쉽지 않았다. 그 결과 공간학 내부에서 매체적 전회에서 이야기하는 '공간의 소멸'을 중심으로 한 논의에 대한 반발이 생겨, 이를 연구하기 시작했다. 연구가 진행되면서, 매체 공간과 일상 공간에 대한 평가가 달라지기 시작했다. 매체 공간을 또 다른 일상 공간으로 인정하면서, 이를 공간의 소멸이 아니라 공간의 확장으로 보기 시작했기 때문이다.[49] 그러나 이러한 시도가 처음은 아니다. 매체 발전과 공간 문제에 관한 연구는 이미 있었다.

잘 알려진 것처럼, 산업혁명은 일상 공간을 외부로 계속 확장했다. 전기 시대에서 상황은 또 달라졌다. 맥루언의 주장처럼 공간이 외부가 아니라 내부로 확장되기 시작했기 때문이다. 디지털 매체의 등장으로 상황은 또 달라졌다. 공간의 확장이 아니라 소멸이 문제가 되기 시작했다. 내부 공간이라고 할 수 있는 매체 공간은 계속 확장되고, 외부 공간이라고 할 수 있는 현실의 일상 공간은 소멸되고 있다는 분석이 등장했다. 물론 이러한 외부 공간의 소멸을 보는 매체 이론가들의 관점은 양극단으로 대립된다. 매체 공간의 확장이 자연스럽게 외부 공간의 소멸을 가져왔으며, 이는 필연적인 현상이라고 파악하는, 즉 상황 진단은 동일하다. 그러나 그에 대한 평가는 다르다. 한쪽에서는 이를 긍정적인 현상으로, 또 다른 한쪽에서는 이를 부정적인 현상으로 보고 있기 때문이다. 이러한 대립적인 논쟁은 매체 이론의 역사에서 늘 등장한다. 물론 논쟁의 주제가 바뀌기는 하지만 말이다. 이는 단지

---

49) 외르크 되링·트리스탄 틸만, 「서문: 우리는 공간에서 무엇을 읽는가? 공간적 전회와 지리학자들의 내밀한 지식」, 『공간적 전회』, 17~19쪽.

매체뿐만이 아니라, 과학기술 발전 전반에 걸쳐서 반복적으로 등장하는 '기술 낙관론'과 '기술 비관론' 사이의 논쟁이라고 볼 수 있다.

기술 낙관론적 입장에서 매체와 공간의 문제를 분석하고, 공간의 소멸을 강하게 주장하는 매체 이론가들은 공간 대신 시간이 중요한 문제가 되었다고 주장한다. 다른 공간에 있다는 사실이 소통에 전혀 제약이 되지 않기 때문이다. 세계 전체가 하나의 커뮤니케이션 사회로 작동하고 있는 지금, 얼마나 빠르게 접속해서 빨리 소통할 수 있는지가 가장 중요한 문제가 되었다고 한다.[50] 공간적 제약 없이, 서로 다른 시간대에 매체 공간에서 만나 무엇이든 할 수 있기 때문에 현실 공간의 중요성은 점점 축소될 것이라고 본 것이다. 이러한 현상을 비관적인 시각에서 볼 필요는 전혀 없다. 새로운 매체를 중심으로 새로운 공간 그리고 새로운 세상이 열렸기 때문이다. 이와 달리, 이러한 새로운 세상을 지극히 비관적으로 보는 사상가들도 여전히 있다.[51] 이들에게 공간의 소멸, 그것도 일상적 공간의 소멸은 비극 그 자체였다. 현실적인 일상 공간의 소멸은 접촉을 통해 형성되던 유대, 공존, 공감의 소멸을 초래할 수 있다. 매체가 발전되면 될수록 현실 공간은 의미가 없어지며, 원격을 토대로 한 통신수단에 의해서 물리적 거리도 결국 실종될 것이라고 전망하기도 했다.[52] 진정한 비극이 시작된 것이다.

사이버스페이스를 중심으로 한 매체 공간이 현실적인 일상 공간이 된 지금, 지나친 낙관론도 비관론도 지양해야 한다. 이제는 이에 대한 평가보다는 상황에 대한 정확한 인식을 토대로 이러한 현상을 어떻

---

50) 노르베르트 볼츠, 『세계를 만드는 커뮤니케이션: 세계사회와 네트워크의 사회적 영향』, 윤종석 옮김, 한울아카데미, 2009, 9쪽.
51) 폴 비릴리오, 『속도와 정치』, 이재원 옮김, 그린비, 2004, 243쪽.
52) 디터 메르쉬, 『매체이론』, 문화학연구회 옮김, 연세대학교출판부, 2009, 187쪽.

Ⅰ. 매체와 공간

게 이해할 것인가의 문제를 다루어야 한다. 어느 한쪽의 주장만이 옳다고 볼 수 없다. 중요한 사실은 어느 입장이 맞거나 틀리는 게 아니라, 이러한 문제 제기로 인해 매체 공간과 현실 공간에 대한 다른 시각이 생겼다는 것이다. '매체로 매개된 현실 공간' 또는 '실제화된 매체 공간'이 바로 이것이다. 한마디로 말해서 현실 공간과 매체 공간 둘 다 '혼합현실'(mixed reality)이 되었다. 현실, 가상현실 그리고 증강현실은 이제 모두 현실이 되었고, 이 현실들은 '혼합현실'이 되었다. 이로 인해 일상 공간은 확장되었다. '현실 같은 가상'이 또는 '가상 같은 현실'이 등장하고, 이 둘을 굳이 구별하지 않는다. 이제 문제는 공간의 '혼종화'이다. 혼종화된 혼합현실은 또 다른 공간, 즉 '헤테로토피아'가 된 것이다.

2장. 현실 공간의 혼종화[1]

1. 혼종화된 도시의 등장

산업혁명 이후, 도시는 대도시(metropolis)가 되었다. 많은 사람들이 다양한 이유로 점점 더 도시로 이주했다. 그 이후 대도시는 삶의 중심이 됨과 동시에 애증의 공간이 되기도 했다. 대도시는 점점 더 확장되어 주변의 다른 공간들을 잠식해 더 거대한 도시인 '메갈로폴리스'(megalopolis)가 되었다. 대도시에 거주하고자 하는 욕망은 점점 더 커졌다. 대도시가 등장한 이후, 그 공간이 가지고 있는 '판타스마고리아'(Phantasmagoria)적 특징이 부각되었다. 사상가들과 예술가들은 이러한 특징 때문에 대도시 공간에 매혹당하기도 하고, 또 비판하기도 했다. 대도시에서의 삶은 야누스적이다. 편안함과 동시에 불편함을 준다. 불편함에 지친 대도시인들은 그곳으로부터의 탈주를 꿈꾸기도 한다. 한마디로 말해서 대도시는 '문제 공간'이다. 디지털혁명 이후 또 다른 대도시가 펼쳐졌다. "사이버메트로폴리스"(Cybermetropolis)라고

---

1)　이 장은 다음의 논문을 수정·보완한 것임을 밝힌다. 심혜련, 「확장된 도시 읽기: 벤야민의 도시 인상학을 중심으로」, 『도시인문학연구』 제14권 1호, 서울시립대학교 도시인문학연구소, 2022, 31~55쪽.

할 수 있는 일상 공간이 등장했다.[2] 대도시에서 행해지던 많은 일들이 이곳에서 벌어지고 있다. '메트로폴리스에서 사이버메트로폴리스'로의 이행이 현실화되었다. 이제 매체 공간은 단지 정보와 소통의 공간이 아니라, 도시 공간과 같은 일상의 공간이 되었다.

일상 공간이 된 매체 공간도 대도시와 마찬가지로 판타스마고리아적 특징을 갖고 있다. 대도시 공간과 다를 바가 없다. 판타스마고리아적 매체 공간은 한마디로 정의하기 힘들다. 현실과 가상, 상품과 이미지, 집단과 개인 그리고 현실과 또 다른 자아가 맺는 관계 등등이 뒤엉킨 혼종화된 공간이기 때문이다. 디지털 매체 공간은 처음부터 공간적 성격을 가지고 있었으며, 이 공간은 다양한 매체, 역할 그리고 기능 등등이 혼종화된 채 모습을 드러냈다. 2020년 코로나 팬데믹 동안 혼종화된 매체 공간은 또 다른 현실 공간이 되었다. 팬데믹 이후 매체 공간이 어떻게 일상 공간을 대체할 수 있는지 보여 주었다. 팬데믹 동안, 가장 중요한 행동 규칙으로 강요된 것은 바로 '거리두기'였다. 거리두기는 하나의 규범이 되었다. '사회적 인간'이라는 인간의 본질과 반하는 '사회적 거리두기'의 삶이 강제적으로 펼쳐졌다. 사회적 거리두기는 인간이 생존을 위해 정말 필요한 행위 이외의 것들을 금지했다. 모든 모임은 수적으로 제한받았다. 거리두기를 강요당한 인간들이 다른 공간으로 몰려 갔다. 그 다른 공간이 바로 매체 공간이다. 또 다른 현실 공간이 된 매체 공간은 폭발적으로 활성화되었다. 그 결과, 우리는 이전에는 결코 경험할 수 없었던 공간을 체험하게 되었다.

대학의 예를 들어 보자. 2020년 3월의 모습은 예전과 전혀 달랐

---

2) Lutz Ellrich, "Die Realität virtueller Räume: Soziologische Überlegungen zur ›Verortung‹ des Cyberspace", in: Rudolf Maresch und Niels Werber (Hrsg.), *Raum Wissen Macht*, Frankfurt am Main: Suhrkamp Verlag, 2002, S. 99.

I. 매체와 공간

다. 매년 3월이면 학생들의 활기가 넘치던 대학의 교정은 '텅 빈 공간'이 되었다. 공간은 그대로인데, 어느 순간 그 공간들을 채우던 사람들이 사라진 것이다. 대학 건물들은 텅 빈 채 온기를 잃었다. 곳곳에 방치된 자전거들과 킥보드들 그리고 오고 가는 자동차들이 만들어 내는 모습은 무척 기괴했다. 그 모습은 마치 조르조 데 키리코(Giorgio de Chirico)의 작품인 「거리의 우울과 신비」(The Mystery and Melancholy of a Street, 1914)와 매우 유사했다. 이 작품에서 지극히 일상적인 거리는 매우 낯설고 기이하게 표현되어 있다. 거리에는 사람이 거의 없고, 건물들도 원근법과 상관없이 표현되어 있다. 그런데 현실의 대학 교정이 그렇게 보였다. 학생들이 사라진 학교는 초현실적이며 멜랑콜리한 이미지 그 자체였다. 그 당시 대학은 '익숙하지만 낯선'(unheimlich) 공간이 되었다. 하멜른의 피리 부는 남자가 아이들을 데리고 사라진 것과 같았다. 아니, 실제로 사라졌다. 사라진 아이들은 어디로 갔을까?

　　그들은 또 다른 현실 공간이 된 매체 공간에서 생활하고 있었다. 그곳에서 수업을 듣고, 놀고, 소통하고 있었다. 또 다른 우주인 메타버스가 그들에게 펼쳐진 것이다. 현실의 대학이 텅 빈 공간으로 남은 것과는 달리 매체 공간은 너무나도 붐볐다. 매체 공간으로 진입하기 위한 접속이 어려울 정도로 말이다. '코로나19'는 실외 공간만 극적으로 변화시킨 것은 아니다. 실내 공간의 모습도 익숙하지만 동시에 낯설게 변했다. 강의실은 텅 비었고, 복도에는 혼자 온라인으로 실시간 강의를 하는 교수들의 목소리만 들리곤 했다. '원격현전'(telepresence)이 '현전'을 대체하게 된 것이다. 원격현전을 위한 무대가 된 실내 공간도 두렵고 낯설었다. 원격현전을 중심으로 일상 공간들이 재편되기 시작했다. 일찍이 디지털 매체를 중심으로 새로운 사회가 시작되었음을 알린 빌렘 플루서의 주장이 현실화된 것이다. 즉 진정한 의미에서의 '텔레마틱'(Telematik) 사회가 시작되었다. 그는 이러한 사회에서는 멀리 있는 사람들이 가까이 오게 되고, 또 현실적 거리와 무관하게 서로 소통할 수 있다고 보았다.[3]

멀리 있던 사람들, 사물들 그리고 상황들이 가까이 오게 되면서, 가까이 있던 사람들과 사물들은 멀어졌다. 원격현전을 중심으로 한 소통은 '접촉' 대신 '접속'을 통해 이루어지고 있다.[4] 모든 것들이 '접속' 해야지만 가능하게 되었다. 이러한 상황 속에서 도시는 텅 비게 되었다. '텅 빈 도시'는 매체 공간과의 적극적인 결합을 통해 빠르게 디지털화되었다. 인터넷이 공간의 모습으로 등장하고, 또 디지털 매체를 기반으로 한 다양한 가상 공간들이 등장하면서, 도시의 모습은 상상할 수 없을 정도로 변화할 것이라는 예측들이 이미 있었다.[5] '사이버메트로폴리스', '텔레폴리스', '디지털 도시화', '정보 도시' 등등의 다양한 이름으로 '미래의 도시'들이 논의되곤 했다.[6] 코로나19 이후 이러한 미래의 도시가 현실화되었다. '공간적 전회'가 일어난 것이다. 따라서 일상 공간에 대한 패러다임을 전환해야만 한다. 이제 우리는 결코 코로나19 이전 사회로 돌아갈 수 없다. 물질적인 현실 공간과 매체 공간

---

3) 빌렘 플루서, 『피상성 예찬: 매체 현상학을 위하여』, 김성재 옮김, 커뮤니케이션북스, 2004, 233쪽.

4) 이와 관련해서는 II부 2장 '원격현전 시대에서의 소통과 관계 맺기'에서 좀 더 자세히 다룰 예정이다.

5) Florian Rötzer, "Telepolis: Abschied von der Stadt", in: Ursula Keller (Hrsg.), *Perspektiven metropolitaner Kultur*, Frankfurt am Main: Suhrkamp Verlag, 2000, S. 28.

6) 디지털 매체 공간과 도시 공간의 상관관계에 관해서는 다음의 글들을 참조 바람: 심혜련, 「매체 공간의 혼종화와 지각의 확장에 관하여」, 『시대와 철학』 제28권 4호, 한국철학사상연구회, 2017, 39쪽; 김용찬, 「도시의 디지털화: 인공지능 기반 '디지털 도시'의 커뮤니케이션 이슈들」, 『언론정보연구』 57권 4호, 서울대학교 언론정보연구소, 2020, 96쪽.

의 혼종화로 인한 공간의 재편이 본격적으로 등장했기 때문이다.[7] 이렇게 혼종화된 두 공간은 상호작용하면서 '확장된 도시'(extended city)를 형성하였다. '도시와의 결별' 또는 '도시의 죽음'이 아니라, '도시의 확장'이 이루어진 것이다.

이제 우리는 본격적으로 '두 도시'에서 현전과 원격현전의 방식으로 살아가야 한다. '디지털화된 도시 공간'과 '도시화된 매체 공간'에 각각 한 발씩 딛고 살아가야 한다. 도시에 관한 사유는 필연적으로 이 '두 도시'를 모두 포함해야 한다. 일상 공간으로서의 도시를 분석할 때, 그 도시는 '확장된 도시'여야 한다. 따라서 기존의 도시에 대한 이론들은 매체 공간을 포함하고 있는 '혼종화된 도시'를 분석해야 한다. 그래야 진정한 도시에 대한 사유가 될 수 있는 것이다. 즉 매체 이론과 도시 이론적 접근 방식을 융합해서 지금의 혼종화된 도시에 대해 연구해야 한다. 이뿐만 아니라, 매체 공간을 도시 이론으로, 도시를 매체 이론으로 분석할 수 있다. 이러한 작업과 관련해서 그 누구보다도 치열하게 도시에 대해 그리고 '도시적'으로 사유했던 발터 벤야민의 철학을 중심으로 지금의 혼종화된 현실 공간을 읽을 수 있을 것이다. 그렇다면 먼저 도시 공간을 중심으로 한 벤야민의 사유를 살펴본 다음, 그의 분석 방법을 따라 현실 공간의 혼종화 현상을 분석해 볼 필요가 있다.

잘 알려진 것처럼, 벤야민은 도시라는 일상 공간과 그곳에서 관찰될 수 있는 소소한 것들에 대해 사유했다. 물론 지금의 혼종화된 도시를 읽을 때 그의 이론이 문제가 전혀 없을 수는 없다. 그러나 도시를

7) 참조: 심혜련, 같은 글, 37~66쪽. 이 글에서 나는 매체 공간이 현실 공간과 상호작용하면서, 매체 공간은 '현실화된 매체 공간'으로 그리고 현실 공간은 '매개된 현실 공간'이 되었다고 서술하였다.

보는 관점과 분석의 주요 개념들은 혼종화된 도시들을 읽을 때, 여전히 매력적인 방법론이 될 수 있다. 특히 그가 '나폴리'라는 도시를 읽을 때 사용했던 '다공성'(Porosität, 多孔性)을 비롯해 '흔적'(Spur) 그리고 '산책자'(Flaneur) 등은 혼종화된 현실 공간을 읽을 때 중요한 이정표 역할을 할 수 있다. 지금의 혼종화된 도시는 과거의 대도시처럼 미로처럼 복잡하게 구성되었고, 지금도 계속 구성되고 있다. 이러한 혼종화된 도시에서 도시인들은 헤맬 수밖에 없다. 벤야민이 말했듯이, 사실 어떤 도시든 그곳에서 길을 잃고 헤매는 것은 별일이 아니다.[8] 그러나 미로와 같은 도시에서 헤매는 기술에 대한 교육은 필요하다. 그 교육의 출발점은 미로에서 길을 찾는 데 결정적 역할을 하는 '아리아드네의 실'을 주는 것이다. 그의 '도시 인상학'은 도시에 대한 철학적 사유를 하고자 하는 많은 이들에게 '아리아드네의 실'과 같은 역할을 했다. 그리고 이제는 혼종화된 도시 공간을 읽는 데 그 못지않은 역할을 할 것이다.

2. 다공적 도시

일찍이 벤야민은 도시를 텍스트로 인정하고, 이를 읽기 시작했다. 이것이 그의 '도시 인상학'의 출발점이다. '인상학'(Physiognomik)이란, 말 그대로 개인 얼굴의 골상과 인상을 중심으로 그 사람의 성격 등등을 파악하는 것이다. 얼굴 인상에 한 개인이 살아온 삶의 여정이 남아 있다고 본다. 따라서 눈에 보이는 얼굴을 통해 사람의 본질을 파악하

---

8) 발터 벤야민, 「1900년경 베를린의 유년시절」, 『발터 벤야민 선집 3』, 윤미애 옮김, 도서출판 길, 2007, 35쪽.

려고 하는 시도가 바로 인상학이다. 벤야민은 이러한 인상학의 대상을 도시로 확장했다. 즉 도시가 가지고 있는 인상을 중심으로 도시의 본질을 파악하려고 했다. 그에게 도시는 책으로 가득 찬 도서관이자 문화적 기록이다. 도시라는 이 커다란 도서관에서 특히 벤야민이 주목했던 자료들은 거창한 사건이나 이정표가 될 수 있는 문화적 기록물들이 아니었다. 그가 세심하게 읽고 해석하고자 했던 것들은 도시에서의 소소한 일상들이었다. 그는 일반적으로 역사에서 하찮은 것으로 배제된 것들을 주로 읽었다. 바로 이러한 읽기가 벤야민의 도시 인상학의 출발점이다.

그렇다면 이렇게 소소하고 하찮은 것들을 도시에서 어떻게 읽을 수 있을까? 벤야민은 바로 도시 공간에서의 '흔적'을 중심으로 이러한 읽기를 시도한다. 도시에 흔적으로 남아 있는 것들에 대한 읽기를 시도한 것이다.[9] 벤야민의 말처럼, "흔적은 흔적을 남긴 것이 아무리 멀리 떨어져 있더라도 가까이 있는 것의 현상"이기 때문에,[10] 지금 여기의 도시 공간에서 읽기가 가능하다. 일상적 공간에서 다양한 흔적들을 쉽게 만날 수 있다. 그런데 쉽게 읽히지는 않는다. 매우 주의 깊게 주목해야만 읽을 수 있는 게 흔적이다. 쉽게 읽히지 않는 이유는 현재 존재하지 않기 때문이다. 흔적은 과거의 사물과 행위 그리고 체험 등이 현재에는 부재하지만 과거에는 존재했다는 것을 의미한다. 부재하면서 동시에 현존해야 흔적이라고 할 수 있다. 이렇듯 흔적의 존재 방식은 모호하다. 따라서 주의 깊게 읽어야만 하는 것이다. 벤야민은 이러한

---

9) 벤야민의 도시 공간에서의 흔적 읽기에 대해서는 다음의 글에서 좀 더 자세히 분석했다: 심혜련, 「도시 공간과 흔적 그리고 산책자」, 『시대와 철학』 제19권 3호, 한국철학사상연구회, 2008, 113~123쪽.
10) 발터 벤야민, 『아케이드 프로젝트 1』, 조형준 옮김, 새물결, 2006, 1026쪽.

혼적 읽기야말로 도시가 가지고 있는 인상을 '잘' 읽을 수 있는 방법으로 보았다.

벤야민에게 도시는 '체험 공간'(Erlebnisraum)이다. 체험 공간은 "우리의 삶이 진행되는 현실의 구체적인 공간"을 의미한다.[11] 그런데 19세기에 등장한 대도시는 이전의 체험 공간과는 전혀 다른 모습을 하고 있으며, 이전과는 전혀 다른 체험을 제공하기도 했다.[12] 다양한 건물들과 그 건물들의 기능 그리고 그 공간의 사람들 모두 이전의 일상 공간과는 많이 달랐다. 화려함, 혼란스러움, 혼잡함, 익명성과 외로움 등등이 새로운 공간으로서의 대도시에서 체험할 수 있는 것들이었다. 이러한 대도시 그 자체가 판타스마고리아처럼 작용했다. 대도시는 단지 일상을 영위하는 공간을 의미하진 않는다. 대도시는 그 자체가 커다란 환영 공간이다. 현실과 가상, 꿈과 깨어남, 생산과 소비, 상품과 예술 그리고 온갖 욕구와 욕망이 뒤엉켜 있는 미로와 같은 공간이다. 한마디로 말해서, 대도시는 판타스마고리아 그 자체다. 이러한 현상에 결정적인 역할을 한 것은 상품의 대량 생산이다. 대량 생산된 상품들은 팔려야만 했다. 상품들을 팔기 위해 아주 특별한 공간들이 만들어졌다. 파사주와 백화점들이 바로 그것이다. 이 공간들은 그 자체가 특별했다. 유리와 철로 만들어진 이 공간들은 안과 밖의 경계를 해체했고, 그 자체가 마치 상품의 성전과도 같았다. 대도시는 이러한 공간들이 파노라마처럼 나열되어 있었다.

교통수단의 발전도 대도시 공간을 특별한 체험의 장소로 만들었

11) 오토 프리드리히 볼노, 『인간과 공간』, 이기숙 옮김, 에코리브르, 2011, 19쪽.

12) 벤야민의 판타스마고리아적 도시와 도시 체험에 대한 자세한 내용은 다음의 글을 참조 바람: 심혜련, 「초현실주의적 도시와 도시 체험」, 『범한철학』 제56집, 범한철학회, 2010, 223~229쪽.

다. 대도시를 산책하는 사람들은 때로는 매우 놀라기도 하고, 때로는 여유 있게 산책하면서 공간을 체험하고 흔적을 남겼다. 과거와 현대가 동시에 공존하는 이러한 대도시 공간에서 도시인들은 과도기적 체험을 한다. 그 과도기적 체험이 바로 '문지방 경험'(Schwellenerfahrung)이다.[13] 문지방은 공간에 경계가 있음을 일깨워 준다. 이뿐만 아니라, 자신이 어떤 공간에 있는지도 자각하게 도와줄 수 있다. 자신이 구분되는 다른 두 공간에 동시에 공존하고 있음도 알게 해 주는 특별한 장치다. 대도시가 형성되던 시기 도시인들은 한 발은 전통적 도시 공간에, 또 다른 한 발은 새로운 도시 공간에 두고 살 수밖에 없었다. 이들에게 도시는 '두 종류의 도시'였던 것이다. 근대와 현대 그리고 과거와 현재가 동시에 존재하는 도시에서 도시인들은 체험하고 그 흔적을 남긴다. 또 그 체험과 흔적들은 공간에 대한 기억을 형성한다. 벤야민 자신도 자신이 체험했던 다양한 도시들의 인상들을 각기 다른 형식의 글들로 표현했다. 에세이, 자서전, 일기, 논문 그리고 책 등으로 말이다. 도시에 대한 인상을 풀어 가는 방식도 다양했다. 자신이 체험한 각 도시들에 대한 인상과 이미지들이 달랐기 때문이다. 각각의 도시에 대한 인상들은 제각기 다르게 펼쳐진다.

예를 들면, 베를린에 관한 글에서는 어린 시절에 대한 '회상'을 계기로 삼아, 도시에서 체험할 수 있었던 다양한 사물 세계와 도시 현상에 관해 서술한다. 이때 핵심은 '문화적 기억'이라고 할 수 있다. 나폴리에 관한 글에서는 전형적인 유럽 남부 도시에서 볼 수 있는 여러 현상들을 '다공성'이라는 특징으로 파악하고 있다. 모스크바에 대한

---

[13] 발터 벤야민, 『아케이드 프로젝트 1』, 1119쪽. 이 책에서 역자는 'Schwellenerfahrung'을 '문턱을 넘는 경험'이라고 번역하고 있다. 나는 이 용어를 역자의 번역어와는 달리 '문지방 경험'으로 수정해서 사용할 것임을 밝힌다.

체험은 새로운 정치체제에서 비롯된 여러 변화를 중심으로 서술한다. 그에게 매우 중요한 도시였던 파리는 위의 도시들에서의 체험 모두와 관련되지만, 무엇보다도 특히 상품 세계에 대한 경험을 중심으로 서술되었다. 그에게 파리는 '19세기의 수도'이자 '상품의 성전'이었다. 이렇듯 그는 각 도시의 특징들을 중심으로 '도시 인상학'을 시도했다.[14] 텍스트가 된 도시에서 그가 읽은 것은 '도시의 특징'과 그곳에 남겨진 '흔적'이었다. 이것들을 읽으면서 그는 도시에 대해 사유했다. 더 나아가 그는 도시의 특징과 흔적들을 도시인들이 어떻게 수용하는지에 관해서도 사유했다. 도시인들의 지각 방식과 경험 방식에 대한 논의가 바로 그것이다.

벤야민의 도시 인상학에 많은 영향을 준 짐멜이 대도시에서의 정신적 삶을 분석했던 것처럼,[15] 그도 도시 생활에서의 체험에 관해 서술한다. 도시에 대한 사유는 필연적으로 그곳에서 살아가고 있는 사람들과 연결될 수밖에 없다. 왜냐하면 한 도시의 특징은 그곳에서 사는 사람들이 상호작용하면서 만들어질 수 있기 때문이다. 도시의 다공성이 특히 그렇다. 이와 관련해서 그의 「나폴리」(Neapel)란 에세이를 주목할 필요가 있다.[16] 이 글은 벤야민의 『사유이미지』(Denkbilder)의 제일

14) 참조: 심혜련, 「문화적 기억과 도시 공간 그리고 미적 체험」, 서울시립대학교 도시인문학연구소 엮음, 『도시적 삶과 도시문화』, 메이데이, 2009, 20~33쪽. 여기서 나는 '벤야민과 세 도시 이야기'라는 절에서 베를린, 모스크바 그리고 파리에 대한 글을 중심으로 각 도시에 대한 그의 인상과 사유를 분석한 바 있다.

15) 참조: 게오르크 짐멜, 「대도시와 정신적 삶」, 『짐멜의 모더니티 읽기』, 김덕영·윤미애 옮김, 새물결, 2005, 35~53쪽.

16) Walter Benjamin, "Neapel", in: Unter Mitwirkung von Theodor W. Adorno und Gershom Scholem, Hrsg. von Rolf Tiedemann und Hermann Schweppenhäuser, *Gesammelte Schriften Band IV.1*, Frankfurt am Main: Suhrkamp Verlag, 1991, S. 309~316. 이 글은 1925년 8월 19일 『프랑크푸르트 신문』에

I. 매체와 공간

앞에 등장한다. 『사유이미지』는 하나의 체계로 완성된 책이 아니다. 그가 여행했던 장소들 그리고 사물 세계에서 받은 인상들에 관해 쓴 글들을 모은 것이다. 이 글모음의 여는 글이 바로 「나폴리」이다. 이 글에서 벤야민은 '다공성'이라는 개념을 가지고 와 나폴리에 대한 인상을 표현했다.[17] 그가 도시에 사용한 개념 중 다공성은 상대적으로 잘 알려지지 않았다. 짧은 에세이에 체계적인 정의가 아니라 다소 비체계적으로 묘사되었기 때문에 주목을 덜 받았을 수 있다고 본다. 그럼에도 불구하고 다공성은 그의 도시 인상학 전반 또는 그 결과물들인 글들에서도 하나의 내재적 방법론으로 관철되고 있다고 해도 과언이 아니다.[18] 왜냐하면 벤야민의 도시에 대한 인상은 결국 도시의 다공성에 대한 인상이기 때문이다. 벤야민의 논쟁적 개념인 아우라를 사용할 때처럼, 그는 다공성을 명확히 정의하기보다는 다공적 느낌과 분위기에 대해 묘사했다. 사실 '다공성' 그리고 '다공적'이란 말은 일상적으로 잘 사용되지는 않는다. 어원적으로 보면, '다공적'(porös)이란 단어는 그리스어 'porós'에 기원을 두고 있다. '포로스'는 '통과'(Durchgang),

발표되었다. 당시 벤야민은 여러 달 카프리섬에 머물렀으며, 그 기간 동안 나폴리를 방문했는데, 그곳에서 받은 인상이 매우 강렬했다고 한다. 그래서 그는 나폴리에서 많은 관찰들을 했으며, 그 결과 많은 자료들을 남겼는데, 그 중 일부를 출판한 것이라고 한다(참조: Roger W. Müller Farguell, "Städtebilder, Reisebilder, Denkbilder", in: Burkhardt Lindner, *Benjamin Handbuch. Leben-Werk-Wirkung*, Stuttgart·Weimar: Verlag J. B. Metzler, 2011, S. 626).

17) 참조: 수전 벅모스, 『발터 벤야민과 아케이드 프로젝트』, 김정아 옮김, 문학동네, 2004, 46~48쪽; 앤디 메리필드, 『매혹의 도시, 맑스주의를 만나다』, 남청수·김성희·최남도 옮김, 시울, 2005, 36~140쪽; 윤미애, 『발터 벤야민과 도시산책자의 사유』, 문학동네, 2020, 70~73쪽.

18) Roger W. Müller Farguell, "Städtebilder, Reisebilder, Denkbilder", S. 626. 그램 질로크 또한 다공성이야말로 벤야민의 도시 이론, 더 나아가 그의 다른 글에서 핵심적 역할을 하는 개념이라고 강조한다(그램 질로크, 『발터 벤야민과 메트로폴리스』, 노명우 옮김, 효형출판, 2005, 76쪽).

'엶'(Öffnung), '뚫고 들어가다'(durchdringen), '이쪽으로 가지고 오다'(herüberbringen) 그리고 '구멍을 뚫다'(durchbohren) 등등의 의미를 갖는다.[19] 말 그대로 해석하면, 구멍이 많아서 투과와 침투가 용이하다는 뜻이다. '구멍이 많아서 상호 침투가 용이하다'는 의미는 경계가 모호하다는 것을 의미한다. 그렇다면 도시가 다공적이라는 말은 무엇을 의미하는 것일까? '다공성의 도시'는 어떤 특징을 갖는 것일까? 벤야민은 나폴리 거리의 인상을 서술하면서, 이 도시에서 건축물들과 특정 장소들이 다공적이라고 한다. 고정된 장소 그리고 그 장소에서 요구되는 특정 행위가 없기 때문이다. 따라서 그곳에서의 행위들은 마당, 아케이드 그리고 계단들을 넘나든다고 한다. 이러한 과정 속에서 규정된 것 또는 각인된 것과 같이 고정된 것은 없다.[20] 본래의 모습을 고집하는 것도 없다고 한다. 어떤 개인의 집 마당이 공적 영역이 될 수도 있으며, 또 골목에 있는 계단이 때로는 무대로 또 때로는 상품 좌판대가 될 수도 있는 것이다.

건물들과 장소들이 특정 역할을 중심으로 고정되지 않고, 상황에 따라 매번 다르게 구성될 수 있는 것이다. 도시의 건축물들과 장소들은 매우 유동적이다. 더 나아가 사적인 공간과 공적인 공간의 경계도 의미가 없다. 공적인 거리가 어느 가정의 사적인 부엌이 되기도 하고, 거실이 되기도 한다. 사적인 공간도 마찬가지다. 상호 침투하는 공간에 기반을 둔 사적인 삶(Privatleben) 역시 '다공적'이라고 벤야민은 말한다.[21] 친밀성과 공공성 또한 상호 침투하기 때문이다. 친밀성의 영역 안에 깊숙이 놓여 있던 것들이 밖으로 나오고, 공적인 영역에 속하는

19)   Roger W. Müller Farguell, "Städtebilder, Reisebilder, Denkbilder", S. 626.
20)   Walter Benjamin, "Neapel", S. 309.
21)   Ibid., S. 314.

I. 매체와 공간

것은 다시 친밀성의 영역으로 들어간다. 안과 밖, 도시의 기능들, 사적인 공간과 공적인 공간의 경계가 나폴리에서는 더 이상 의미가 없다.[22] 심지어 종교적인 것과 세속적인 것의 경계도 의미가 없다.[23] 대립 항으로 존재하던 것들이 이제 서로 '상호 침투'(Durchdringung)한다. 낮과 밤, 소음과 고요함, 외부의 빛과 내부의 어두움 그리고 거리와 집 등등이 말이다.[24]

도시의 모든 것이 단순하게 '병존'하지 않고, 각각의 상황에 따라 또는 거주민의 행위에 따라 다르게 구성될 뿐이다. 서로가 서로를 변화시키기도 한다. 어떻게 연관되는지가 무엇보다도 중요하다. 이에 따라 매번 다른 성좌가 만들어질 뿐이다. 여기서 또 다른 다공성의 특징을 읽을 수 있다. 그것은 매번 다른 성좌를 형성하는 '즉흥성'과 '연극성'이다. 벤야민의 나폴리에서 다공성이 가능한 이유는 남부지역 장인의 무관심(Indolenz)에서 기인하는 것이 아니라, "즉흥성에 대한 정열"(die Leidenschaft für Improvisieren)에서 비롯되는 것이라고 보았다.[25] 도시를 각각의 기능에 맞게 애초부터 구획하기보다는 즉흥적으로 다르게 형성하고자 하는 욕구가 나폴리를 '다공성의 도시'로 만든 것이다. 그 결과 나폴리 도시 곳곳은 나폴리인들에게 하나의 무대와 같은 역할을 한다.[26] 무대처럼 구성되는 도시 공간은 일종의 '미로'와 같다.[27] 미로에서 길을 잃고 헤매는 것은 너무나도 당연하다. 이곳에서 도시적 삶은 유동적으로 연출된다.

22) Ibid., S. 314.
23) Ibid., S. 307.
24) Ibid., S. 315.
25) Ibid., S. 310.
26) Ibid., S. 310.
27) Ibid., S. 316.

벤야민은 다공성의 도시 나폴리에 이질감을 느낌과 동시에 매혹 당하기도 한다. 마치 그가 상품의 판타스마고리아인 파리에서 그런 감정을 느꼈듯이 말이다. 벤야민이 여행했던 당시 나폴리는 가난하고 시끄럽고 거칠지만 즐겁고 자극적인 곳이었다. 다공적 도시에 대한 양가감정, 이것이야말로 벤야민의 도시에 대한 글에서 항상 드러난다. 이러한 도시에 대한 감정은 그의 '도시 인상학'의 출발점이라고 할 수 있는 나폴리에 관한 글에서부터 그의 유작이라고 할 수 있는 『파사젠베르크』(Passagen-Werk)에 이르기까지 관철되고 있다.[28] 재미있는 점은 도시에 관한 벤야민의 많은 글들이 도시의 특징을 다공적으로 묘사함과 동시에 그의 글 자체로도 다공적이라는 사실이다. '어린 시절의 기억'과 연관된 『1900년경 베를린의 유년 시절』(Berliner Kindheit um Neuzehnhundert)과 도시에서 볼 수 있는 모습들을 서술한 『일방통행로』(Einbahnstraße)가 대표적으로 그렇다. 두 저서 모두 도시 현상과 사물세계의 인상들에 대한 짧은 단편들로 구성되어 있으며, 각각의 단편들은 유기적으로 연결되어 있기 때문이다.[29]

특히 『파사젠 베르크』에서는 이러한 성격이 더욱 두드러지게 나타난다. 이 저서는 비록 완성된 책은 아니지만, 그 형식적인 면에서 어쩌면 대도시에 가장 적합한 형식을 띤 것이라고 볼 수 있다. 도시에서 맞닥뜨릴 수 있는 각종 현상에 대한 다른 이들의 논평과 이에 대한 벤야민 자신의 논평들로 구성된 이 책은 일종의 '다공적' 체계를 갖추고 있다고 볼 수 있다. 벤야민은 이 책에서 대표적인 도시 현상들을 36개

---

28) 국내 번역본은 『아케이드 프로젝트』로 번역되었다.
29) 이 장에서는 이에 대한 자세한 분석을 하지 않겠다. 이와 관련해서는 다음의 글을 참조 바람: 심혜련, 「문화적 기억과 도시 공간 그리고 미적 체험」, 23~26쪽.

I. 매체와 공간

항목으로 나누고, 이들에 대한 인상을 타인의 글과 자신의 글로 구성한다. 36개 각각의 항목과 이에 대한 인용문과 자신의 글들은 상호작용한다. 이 분절된 방대한 자료들과 글들은 마치 몽타주처럼 작용한다. 때로는 병렬의 몽타주처럼 또 때로는 충동의 몽타주처럼 작용하면서, 독자에게 적극적인 참여를 유도하기도 한다. 몽타주와 몽타주 사이에는 틈이 있다. 이 틈을 중심으로 독자는 벤야민과 그가 인용한 또 다른 저자들과 상호작용할 수 있다. 이뿐만 아니라, 도시의 다공성에 대한 그의 분석은 그의 분석 대상인 20세기 초반의 대도시뿐만 아니라, 현재의 도시 그리고 매체 공간과의 혼종화를 통해 확장된 도시에도 적용 가능하다. 지금의 '확장된 도시'야말로 지극히 '다공적'이기 때문이다.

3. 확장된 도시

일찍이 마셜 맥루언은 전자매체의 등장 이후 매체의 발전을 '인간 지각의 확장'으로 보았다. 이러한 그의 주장은 매체를 둘러싼 논쟁에 커다란 전환점을 가져왔다. 매체 또는 기술을 도구나 수단이 아니라, 인간 그 자체의 확장으로 파악했기 때문이다. 이러한 그의 주장은 매체와 기술, 더 나아가 인간에 대한 사유의 전환을 의미한다. 기술에 의해 확장될 수 있는 인간, 즉 지금 논의되는 포스트 휴먼 또는 트랜스 휴먼에 대한 사유가 이미 맥루언의 매체 이론에 내포되어 있었다. 그런데 맥루언의 이러한 명제 뒤에는 또 다른 확장이 포함되어 있다. 그것은 바로 '공간의 확장'이다. 맥루언에 따르면, 전자매체가 등장하기 이전의 기술들은 일상 공간을 외부로 확장했다. 즉 '외파'(explosion)가 일어난 것이다. 이와 달리 전자매체가 등장한 이후에는 내부에서의 확장, 즉 '내파'(implosion)가 발생했다고 보았다.[30] 이제 공간이 외부로 확장되는 대신 내부에서 압축되면서, 지구 그 자체가 '하나의 촌락'이 된다는 것이다.[31]

　매체 공간 내부에서 발생하는 내파는 한계가 없는 공간의 확장이다. 이러한 공간의 확장이 '외파'를 중심으로 한 전통적인 도시를 재편했다. 교통수단의 발전으로 인한 도시 공간의 외파와 매체의 발전으로 인한 내파가 상호작용하면서 말이다. 이러한 재편의 과정은 디지털 매체의 등장 이후 더욱 극적으로 전개되었다. '도시의 디지털화'와 '디지털 매체 공간의 도시화' 현상이 매우 빠르게 진행되었기 때문이다.[32] 이미 앞에서 이야기했듯이, 매체 공간과 도시 공간의 혼종화 현상이 본격적으로 시작된 것이다. 혼종화 과정에서 자연스럽게 도시 공간은 확장되었다.[33] 비로소 확장된 도시가 본격적으로 제 역할을 하기 시작했다. 확장된 도시는 두 개의 층위, 즉 기존의 도시 공간과 매체 공간에서 구성된다. 코로나19로 인해 확장된 도시는 전면에 등장함과 동시에 빠른 속도로 기존의 도시 공간을 잠식해 들어갔다. 원격현전과 현전을 동시에 요구하는 삶의 방식을 맞이할 준비가 안 된 세대들도 어쩔 수 없이 확장된 도시에서 살 수밖에 없게 된 것이다.

　매체 공간을 배제한 전통적인 도시는 이제 가능하지 않다. 21세

30)　마셜 맥루언, 『미디어의 이해』, 김성기·이한우 옮김, 민음사, 2007, 29쪽.

31)　같은 책, 32쪽.

32)　도시의 디지털화와 관련해서는 다음의 논문을 참조 바람: 김용찬, 「도시의 디지털화: 인공지능 기반 '디지털 도시'의 커뮤니케이션 이슈들」, 95~149쪽. 이 글에서 저자는 도시 디지털화가 논의되는 방식들 그리고 주된 논쟁점들을 잘 정리하고 있다.

33)　Florian Rötzer, *Die Telepolis. Urbanität im digitalen Zeitalter*, Berlin: Bollmann Verlag, 1997, S. 8.

I. 매체와 공간

기 초 무렵에 윌리엄 미첼(William J. Mitchell)이 말했듯이, 전통적인 도시는 마침내 숨을 거두고 말았다. 그는 전통 도시의 소멸을 이야기하면서,[34] 디지털 매체 시대에서 각종 네트워크와 연결된 도시는 살아남을 것이라고 이야기했다.[35] 그리고 그 도시는 과거와 현재 우리가 살고 있는 모습들을 대부분 유지한 채, 그 위에 매체에 의해 연결된 새로운 도시 체계들이 더해질 것이라고 보았다. 그 결과 도시의 구성 요소들과 도시의 기능과 가치 등등 모든 것들이 변화할 것이라고 보았다. 이것이 바로 그가 예견한 "2000년 이후의 세상"이다.[36] 그리고 그러한 세상이 현재 우리가 살고 있는 세상이다. 21세기에 들어서면서 전통적인 도시 공간만이 급격하게 변화한 것은 아니다. 매체 공간도 상황은 마찬가지다. 이미 매체 공간은 기존의 도시 기능의 많은 부분을 넘겨받았다. 많은 사적 영역과 공적 영역이 매체 공간으로 넘어갔다. 교육, 종교, 은행, 쇼핑, 행사, 공연 등등을 포함해서 각종 놀이도 이제 매체 공간에서 벌어진다. 매체 공간에 없는 것 그리고 할 수 없는 것이 없다고 해도 과언이 아니다. 매체 공간에 접속만 된다면, 접촉 없이 얼마든지 살 수도 있다. 아니, 그렇게 믿는 사람들이 대거 등장했다.

사실 매체 공간이 확장된 도시 공간으로 처음부터 인식된 것은 아니다. 오히려 가상적인 '이미지의 세계'로 인식되면서, 평가절하되곤 했다. 현실처럼 작용하는 또는 마치 현실처럼 보이는 합성 이미지

---

34) 윌리엄 미첼이 이야기하는 도시의 소멸은 도시 일반의 소멸이 결코 아니다. 그는 디지털 매체로 인한 공간과 거리의 소멸을 이야기하고, 모든 것들이 가상화될 것이라고 주장하는 이론가들을 사이버광이라고 비판하면서, 이러한 태도는 지금의 네트워크로 확장된 도시를 이해하는 데 결코 도움이 되지 않는다고 강조한다(윌리엄 미첼, 『e-토피아』, 강현수 옮김, 한울, 2001, 59쪽).
35) 같은 책, 21쪽.
36) 같은 책, 28쪽.

의 세계로 인식되었다. 그러나 디지털 합성 이미지의 세계는 기존의 이미지 세계와는 달리, 단순한 재현의 세계를 벗어났다. 원본 없이 이미지만으로 가능한 세계와 그리고 그곳에서의 거주민이 등장한 것이다. 가상 모델 '로지'가 바로 그 경우다. 디지털 가상 인물인 로지는 광고 모델과 인플루언서로 맹활약 중이다. 심지어 그녀는 은행 광고의 모델이기도 하다. 이미지의 신뢰성을 제일 덕목으로 여기는 은행에서 가상 인간을 모델로 선택한 것이다. 가상의 입지가 전도되었다. 매체 공간 그 자체도 존재론으로 변화하고 있다. 원본 없는 세계인 디지털 매체 공간에서 원본성의 생산과 인정이 이미 시작되었기 때문이다. NFT(non fungible token) 등이 바로 이러한 새로운 흐름을 이끌고 있다. 이미지의 세계가 이제 가상을 넘어, 현실 그 자체가 된 것이다.[37] 또 다른 확장된 도시가 등장한 것이다.

한스 울리히 렉(Hans Ulrich Reck)도 디지털 매체 공간을 이미 확장된 현실로 인식하고, 또 다른 현실 공간으로 수용해서 이 공간들에 대한 논의를 진행해야 한다고 강조했다. 그의 주장은 지극히 타당하다. 매체 공간을 기존의 공간과 공존하는 "공-현실들"(Ko-Realitäten)로 파악해야만 하는 것이다.[38] 가상 공간은 이제 컴퓨터에 의해 만들어진 또 하나의 자연이다.[39] 우리는 지금 한 발은 기존의 도시 공간에, 다른 한 발은 매체 공간에 두고 살아가고 있다. 두 발 모두를 한쪽으로 움직일 수도 있고, 아슬아슬하게 두 발 사이를 유지하면서 두 도시에서 살아갈 수밖에 없게 된 것이다. 이질적인 현상들이 공존했던 대도시에서

---

37) Florian Rötzer, *Die Telepolis. Urbanität im digitalen Zeitalter*, S. 33.

38) Hans Ulrich Reck, *Kunst als Medientheorie*, München: Wilhelm Fink Verlag, 2003, S. 447.

39) *Ibid.*, S. 449.

I. 매체와 공간

벤야민이 '문지방 경험'을 했듯이, 21세기의 확장된 도시에서도 이와 유사한 경험을 할 수밖에 없다.[40] 벤야민에게 대도시가 새로운 체험의 장이 된 새로운 공간이었듯이, 이제 확장된 도시는 또 다른 새로운 체험의 장이다.

새로운 일상 공간으로 등장한 도시는 벤야민에게 경험의 장소이자 놀이 공간이었다. 왜냐하면 도시는 스펙터클을 끊임없이 제공하기 때문이다. 이러한 구경거리들은 도시를 산책하는 사람들에게 예고 없이 '충격'으로 다가온다. 도로 곳곳에서, 건물 사이에서 또는 군중들 사이에서 말이다. 도시에 새롭게 등장한 군중(Masse)들은 익명성 뒤에서 유동적이며 불확정적으로 움직인다. 이들에 의해서 도시는 매번 다르게 구성된다. 익숙하지 않은 장면에서 많은 사람은 머뭇거린다. 문지방 경험이 시작되는 것이다. 오래된 것과 새로운 것 사이의 경계, 꿈과 깨어남 사이의 경계, 세속적인 것과 종교적인 것 사이의 경계, 군중 속으로의 몰입과 거리두기 사이의 경계 그리고 상품 세계에 대한 매혹과 경멸 사이의 경계에서 주저하며 갈등하게 된 것이다. 지금 디지털 매체로 인해 확장된 도시 또한 벤야민이 체험한 도시와 매우 유사하다. 우리는 벤야민과 마찬가지로 매우 다공적인 이 도시에서 길을 잃고 헤맨다. 미로가 더욱 확장되고 복잡해졌다. 다공성도 확장된 것이다.

이렇게 확장된 도시에서는 안과 밖의 경계, 성과 속의 경계, 사적인 것과 공적인 것의 경계 등이 없다. 모든 것들이 상황에 따라 재배치될 뿐이다. 벤야민이 본 나폴리처럼, 이 도시에서도 즉흥성과 연극성을 중심으로 많은 것들이 구성되고 해체된다. 아니, 다양한 상호작용적 침투는 더욱 다양해지고, 심지어 매우 쉬워졌다. 두 개의 차원으로

---

40) Florian Rötzer, "Telepolos: Abschied von der Stadt", S. 29.

구성된 확장된 도시는 상호작용적 침투도 두 개의 차원으로 진행된다. 전통적으로 도시에서 행해졌던 많은 일이 현재 매체 공간에서 행해지고 있다. 공적 영역에서도 사적 영역에서도 이제 '오프-라인'보다 '온-라인'이 더 익숙해진 것이다. '온'과 '오프'도 명확히 구별되지 않는다. 경우에 따라 '재배치'될 뿐이다. 재배치 과정에서 도시의 거주민들은 여전히 문지방 경험을 한다. 확장된 도시가 기존의 도시와 매체 공간 사이에 걸쳐 있기에, 문지방 경험은 더 아찔해지고 혼란스러워졌다. 매체 공간은 공간적 변형이 쉬운 곳이다. 공간적 변형이 자유로운 이 공간에서 거주민들의 정체성마저도 자유롭게 변형될 수 있다.

  매체 공간의 거주민들은 기존 도시 공간에서의 '정체성'을 그대로 유지할 수도 있고, 아니면 '디지털 페르소나'(digital persona)를 내세워 다양한 정체성을 가진 존재가 될 수도 있다.[41] 자신이 '제페토'가 되어 많은 피노키오를 만들어 낼 수 있게 된 것이다. 또 다른 공간이 된 매체 공간에서 디지털 페르소나는 쇼핑도 하고, 친구들과 다양한 이야기도 나누며, 또 다른 디지털 페르소나에게 영향력을 행사하는 인플루언서가 되기도 한다. 드러내기, 엿보기 그리고 뽐내기 등등 모두 가능하다. 주체와 그 주체의 페르소나가 매체 공간에서 반드시 일치할 필요는 없다. 이곳에서 발생하는 탈신체화는 일종의 '탈주체화'(Entpersonalisierung)이기 때문에, 디지털 매체 공간에서의 주체와 페르소나의 분리를 자연스러운 현상으로 이해해야 한다.[42] 이들을 일치시키려는 관점들은 오히려 확장된 도시가 된 매체 공간를 협소하게

41) 이와 관련된 논의는 이 책의 II부 1장 '혼종화된 주체'에서 좀 더 자세히 살펴볼 것이다.

42) 참조: Sybille Krämer, "Verschwindet der Körper? Ein Kommentar zu computererzeugten Räumen", in: Rudolf Maresch und Niels Werber (Hrsg.), *Raum Wissen Macht*, Frankfurt am Main: Suhrkamp Verlag, 2002, S. 61~64.

I. 매체와 공간

이해하고 있다고 볼 수 있다.[43] 상호 침투하는 매체 공간의 다공성을 닫힌 체계로 만들어 버리는 실수를 범하는 것이다. 그렇게 되면 결국 매체 공간과 결합하면서 확장된 도시가 된 기존 도시의 다공성마저도 닫힌 세계로 이해하게 된다. 이렇게 확장된 도시를 닫힌 세계로 이해하면, 산책자는 산책에 흥미를 잃게 될 것이다. 흥미를 잃은 산책자들은 더 이상 공간을 배회하지 않는다. 단지 관광객으로서 공간을 소비할 뿐이다. 산책자가 없는 도시는 죽은 도시다.

4. 혼종화된 도시에서의 산책자

새로운 공간의 등장은 그곳에서 살아가는 거주민들을 재구성한다. 또 그 거주민들의 의식을 규정하기도 한다. '새로운 주체'의 등장이라고 이야기할 수 있는 수준으로 말이다. 벤야민이 도시 공간과 더불어 주목했던 것도 그 공간에서의 새로운 인간 유형과 그들이 공간을 경험하는 방식이었다. 그가 주목했던 인간 유형은 개별적 인간 유형인 '산책자'와 새로운 집단 유형인 '군중'으로 나누어 볼 수 있다. 그는 일찍이 도시 공간에서의 산책자와 군중에 주목했던 보들레르의 시를 통해 대도시에서의 산책자와 군중을 새롭게 조명했다. 도시 공간에서 산책자

43) 매체 공간을 중심으로 한 디지털 도시화에서의 젠더 문제와 관련해서 이현재의 주장을 살펴볼 필요가 있다. 그녀는 디지털 도시화가 새로운 육체와 경험을 낳았음에도 불구하고, 많은 경우 이 새로움이 이질적인 것으로 수용되었다고 한다. 그 결과 한국에서의 사이보그 페미니스트들이 기존 공간에서의 정체성을 중심으로 디지털 세계를 이해함으로써, 그 공간을 오해하고 협소하게 만들었다고 비판한다. 이와 관련해서는 다음의 논문을 참조 바람: 이현재, 「디지털 도시화와 사이보그 페미니즘 정치 분석」, 『도시인문학연구』 제10권 2호, 서울시립대학교 도시인문학연구소, 2018, 127~151쪽.

는 새로운 개인 유형이며, 군중은 새로운 집단 유형이다. 도시에서의 군중은 유동적이며 익명적인 집단이다. 이 군중은 마치 너울처럼 도시 곳곳을 부유하듯 떠돌아다닌다.[44] 산책자는 때로는 군중의 일부가 되기도 하고, 또 때로는 군중과 거리를 두고 이들을 비판하기도 한다. 산책자는 또 다른 산책자에게 군중이 되기도 한다. 산책자와 군중의 관계도 지극히 다공적이다.

산책자는 개인적으로 도시 공간을 보고, 느끼고 읽는다.[45] 산책자는 독자이자 관객이다. 산책자는 도시 현상들에 대해 무관심하기도 하고 또 관심을 갖기도 한다. 산책자는 도시 현상들에 대해 스쳐 지나가듯 보기도 하고, 또 때로는 매우 어려운 텍스트를 읽듯이 꼼꼼히 읽기도 한다. 때로는 탐정처럼 도시 공간에 남겨진 흔적들을 추적하며, 읽기를 시도한다. 이때 흔적들은 특별하기보다는 일상에서 흔히 발생할 수 있는 사소한 행위 그리고 사물들에 대한 경험이다. 사소하며 일상적인 것들이 보기와 읽기의 대상이 된 것이다. 산책자는 판타스마고리아와도 같은 도시 공간에서 산책자와 군중 사이의 경계에서, 예술의 상품화와 상품의 예술화의 경계에서, 공적 영역과 사적 영역의 경계에서 그리고 실내와 실외의 경계에서 산책한다. 경계는 카오스일 수 있다. 왜냐하면 아직 철저하게 구획되지 않았기 때문이다. 벤야민의 산책자는 문지방 경험에서 오는 혼란을 두려워하지 않고, 도시 공간 안

44) 발터 벤야민, 「보들레르의 작품에 나타난 제2제정기의 파리」, 『발터 벤야민 선집 4』, 김영옥·황현산 옮김, 도서출판 길, 2010, 114쪽.

45) 나는 다른 글에서 산책자를 도시 공간에서 흔적을 찾아내고 읽는 자라고 서술한 바 있다. 산책자는 도시 공간에서 흔적을 남기는 행위자임과 동시에 자신의 흔적뿐만 아니라 타인의 흔적을 읽는 독자이기도 한 것이다(참조: 심혜련, 「도시 공간과 흔적 그리고 산책자」, 『시대와 철학』 제19권 3호, 한국철학사상연구회, 2008, 123~131쪽).

I. 매체와 공간

에서 그 공간이 주는 것들을 체험한다.

　기존의 도시 공간에서의 산책자도 여전히 존재한다. 그들은 여전히 도시를 천천히 걸으면서 도시의 모든 것들을 눈에 담는다. 그런 산책자들에게 도시의 풍경은 달라졌다. 너울처럼 떠돌고 또 시끌시끌하던 군중들은 조용해졌다. 도시 공간에서의 거리들, 특정 장소들 그리고 교통수단들에서 사람들은 침묵한다. 이러한 장소들은 이제 "보기의 장소"(Orte des Schauens)가 되었기 때문이다.[46] 이들은 현실 공간에서 지극히 부주의하다. 이러한 새로운 유형의 산책자들에 대해 부정적 시각만을 가질 필요는 없다. 미셸 세르(Michel Serres)가 이야기했듯이, 이들은 머리를 손에 들고 다니는 새로운 세대이기 때문이다.[47] 머리를 손에 들고, 주변 환경에 무관심한 '새로운 유형의 산책자'가 지금 우리가 살고 있는 확장된 도시에 등장한 것이다. 이들은 과거의 산책자들처럼 확장된 도시의 두 영역 모두에 양가감정을 가지고 있다. 기존 도시 공간에서 침묵하고 있는 군중들은 이제 매체 공간에서 목소리를 높이고 있다. 신변잡기와 같은 잡다한 수다에서 정보의 교환과 정치적 의견을 그곳에서 적극적으로 주장하고 있다. '디지털 아고라'가 세를 점점 더 확장하고 있다. 공공장소들은 '재구성'되고 있다.[48]

　확장된 도시 공간에서 흔히 볼 수 있는 산책자는 몸은 지금 여기에 있지만, 지금 저기에서 소통하고 놀고 정보를 취득하고 있다. 현재

46)　Richard Sennett, "Gesellschaftliche Körper. Das multikulturelle New York", aus dem Amerikanischen von Linda Meissner, in: Ursula Keller (Hrsg.), *Perspektiven metropolitaner Kultur*, Frankfurt am Main: Suhrkamp Verlag, 2000, S. 79.

47)　참조: 미셸 세르, 『엄지세대, 두 개의 뇌로 만들 미래』, 양영란 옮김, 갈라파고스, 2014, 59~66쪽.

48)　윌리엄 미첼, 『e-토피아』, 156쪽.

우리가 살고 있는 거리의 많은 산책자는 손에 스마트폰을 들고 이것만 보고 걷고 있다. 주변 도시 풍경에 '삽화적 시선'을 던지며,[49] 도시의 다공성을 읽고 있던 산책자들은 이제 매체 공간에 삽화적 시선을 던지며, 그곳의 다공성을 읽고 있다. 동시에 이들은 도시 곳곳을 마치 탐정처럼 탐색하기도 한다. 탐정들은 감시자가 가지고 있는 긴장된 주의력을 가지고 흔적을 읽어 내려간다.[50] 이들은 매체 공간에서 일어나는 여러 가지 불합리한 일들에 대해 그리고 디지털 아고라에서 형성되는 다양한 의견들에 관심을 가지고, 때로는 어떤 의견에 대해 동조하기도 하고 때로는 비판하기도 하고, 또 때로는 무시 또는 비난하기도 한다. 여기서 잊지 말아야 할 점은 벤야민이 말했던 산책자의 자세다. 도시 현상에 대해 매혹당함과 동시에 비판했던 그런 자세 말이다. 확장된 도시에서도 이러한 산책자의 자세는 여전히 필요하다.

앞에서 이야기했듯이 코로나19 이후 우리가 살고 있는 일상 공간과 그 공간에서의 삶의 방식은 혁명적으로 변화했다. 현실이 된 또 다른 공간에서 사람들은 만나고, 소통하고, 놀고, 공부한다. 이곳에서 안 되는 건 없다. 기존의 일상 공간에서 '사회적 거리두기'를 할 수밖에 없는 사람들이 이제 이곳에서 거리를 두지 않고 소통하고 있다. 매체 공간이 매체가 매개된 소통 또는 '매체적 지각'이 전제된 공간이기 때문에 '비매체화된 소통'과 '비매체화된 지각'과 질적으로 다르다고 생각해서는 안 된다. 이와 더불어 소통에서 그 무엇보다 중요했던 '접촉'이 '접속'으로 바뀌면서 발생할 수 있는 문제들에 대해서도 여전히 고민해야 한다. 특히, '원격 촉각' 등을 비롯해 '원격'이 가져올 수 있는 변화에 대해 주목해야만 한다. 이와 더불어, 조르조 아감벤(Giorgio

---

49) 발터 벤야민, 『아케이드 프로젝트 1』, 968쪽.
50) 같은 책, 1015쪽.

Agamben)의 주장처럼, "합법적 정지 상태"가 된 지금, 사회적 거리두기의 의미 그리고 접속에서 배제된 자들에 대한 고민이 그 어느 때보다도 필요하다.[51] 디지털 격차는 삶의 질의 격차와 밀접하게 연관되어 있다. 그러므로 확장된 도시에서 자발적 또는 비자발적으로 배제된 사람들에 대한 배려와 고찰이 도시 인상학 내부에서 함께 진행되어야 한다. 현실의 노숙인들은 매체 공간에서도 그리고 확장된 도시에서도 노숙인일 것이다. 또 다른 디지털 '호모 사케르'(homo sacer)가 등장하는 것은 아닌지 지켜봐야 할 때다.

---

51) 조르조 아감벤, 『얼굴 없는 인간: 팬데믹에 대한 인문적 사유』, 박문정 옮김, 효형출판, 2021, 28~29쪽.

3장. 매체 공간의 혼종화

1. 환영 공간에 대한 오래된 꿈

인간은 아주 오래전부터 환영 공간과 인공 낙원에 대한 꿈을 가지고 있었다. 몸과 정신이 분리된 채, '이곳'이 아닌 '저곳'에서의 삶 그리고 '저곳'에서 '현실의 나'로 살아가는 것을 꿈꾸기도 하고 또는 '또 다른 나'로 살아가는 삶을 꿈꾸기도 했다. 인간은 이러한 꿈들을 때로는 문학으로, 때로는 이미지로, 또 때로는 음악으로 표현했다. 영화는 그러한 표현의 정점이었다. 특히 조르주 멜리에스(Georges Méliès)는 영화를 환영 공간으로 발전시킨 대표적 인물이다. 그는 초기 영화가 가지고 있었던 '현실의 재현'이라는 사명에서 과감히 벗어나, 편집 기술과 특수효과를 적극 사용해 영화에서 인간의 이러한 오래된 꿈을 현실화했다. 그의 대표적인 영화 「달나라 여행」(Le voyage dans la lune, 1902)이 바로 그것이다. 이 영화를 시작으로 해서 최근에 이르기까지, 다른 공간에서의 삶을 그리는 영화는 계속 등장하고 있다.

2009년 제임스 캐머런(James Cameron)의 「아바타」(Avatar)도 대표적인 예가 될 수 있다. 제목 그대로, 영화는 '판도라'라는 가상 세계에서 살아가는 아바타들의 삶을 그리고 있다. 이 영화의 주인공인 제이크 설리는 전쟁에서 하반신이 마비되었다. 그러나 그는 판도라에서 아바타로 변신하면, 현실과 다르게 놀라운 신체적 능력을 갖게 된다. 영화의 마지막 부분에서 제이크는 판도라와 현실의 삶 중 하나를 선택해야만 했을 때, 그는 기꺼이 판도라에서의 아바타의 삶을 선택했다. 현실 대신 가상의 삶을 선택한 것이다. 그는 현실로 되돌아오지 않는다. 이 영화의 놀라운 점은 바로 여기에 있다. 2022년 「아바타: 물의 길」(Avatar, The Way of Walter)에서 보면 제이크는 그곳에서 여전히 가족과 함께 살고 있다. 아바타로 존재하는 그곳이 제이크에게는 가정이 있는 곳이었다. 물론 고향은 아니지만 말이다.

2018년 개봉한 스티븐 스필버그(Steven Spielberg)의 영화 「레디 플레이어 원」(Ready Player One)은 2045년 미래를 배경으로 한다. 이 영화에서는 '오아시스'라는 가상현실 게임이 등장한다. 영화 속 많은 사람들은 자신이 현재 있는 곳과 상관없이 고글을 끼고 가상현실로 들어간다. 그곳에서 게임 캐릭터로 살아간다. 그들에게 현실은 그저 '몸'이 '정주하는 곳' 외에 별다른 의미가 없어 보인다. 그들이 들어간 가상현실의 세계는 자신들이 사는 세계와는 완전히 다르며, 그들 자신도 현실과는 전혀 다르게 살아갈 수 있다. 이 영화의 등장인물들은 현실의 세계보다는 가상현실의 세계가 훨씬 더 마음에 든다. 그러나 결말은 「아바타」와는 다르다. 이 영화의 주인공들은 현실과 가상이 모두 중요하다는 것을 깨닫는다. 현실의 삶이 존재해야 가상현실에서의 삶 또한 가능하다는 것을. 그래서 그들은 혼종화된 일상 공간에서 경계를 잘 유지하면서 살기로 한다.

이 두 영화는 모두 가상현실과 그곳에서의 '또 다른 나'의 삶을 보여 주고 있다. 이 영화들의 주인공 모두 현실에서의 삶은 보잘것없다. 현실보다는 가상현실에서 더 뛰어난 능력을 발휘한다. 그래서 두 영화의 주인공들은 '여기'보다는 '저기'에서의 삶을 더 좋아한다. 두 주인공의 선택 모두 이해된다. 이 영화들은 디지털 매체 환영 공간의 특징과 그 공간을 대하는 사람들의 태도를 잘 보여 주고 있다. 매체 기술의 발전은 늘 환영 공간에 대한 인간의 욕구를 충족시켰다. 특히 결정적 역할을 한 것은 디지털 매체다. 언제, 어디서나 그리고 누구나가 접근이 가능한 디지털 매체 공간은 과거 기술적 제약으로 꿈으로만 남을 수밖에 없었던 인간의 욕구들을 빠르게 실현시켰다.

현실과 다른 것, 상상적인 것 그리고 환영적인 것들이 디지털 이미지로 '쉽게' 표현될 수 있고, 디지털 이미지 공간에서는 모든 일들이 가능하게 되었다. 이제 디지털 매체 공간은 대표적인 환영 공간이 되었다. 인공 낙원에 대한 인간의 오래된 꿈이 디지털로 실현된 것이다. 맨정신에 황홀경, 환각 또는 감각을 극대화할 수 없기에, 사람들은 약물이 가져올 비참한 결과를 알고 있음에도 불구하고, 때론 금지된 약물에 손을 댄다. 환각제를 사용해서라도 인공 낙원에 도달하고 싶기 때문이다. 디지털 인공 낙원은 이러한 금지된 약물 없이 환각적이며 환영적인 공간을 제공한다.[1] 몸은 여기에 둔 채, 그곳에서는 또 다른 주체로 변신도 가능하며, 자유로운 놀이와 황홀경 체험도 가능하다. 심지어 디지털 환영 공간에서는 누구나 원하면 '제페토'가 되어 자신만의 피노키오를 만들어 낼 수 있게 되었다. 그 공간에서 상상했던 모든 것들이 가능하게 되었다.

동굴 벽화에서 메타버스에 이르기까지 다양한 기술을 토대로 한 환영 공간이 등장했다는 사실만 봐도 환영 공간에 대한 인간의 오래된 욕구를 알 수 있다. 동굴 벽화, 프레스코 벽화, 원근법을 사용한 그림들, 눈속임 회화 그리고 평면에 움직임과 공간감을 표현하려고 했던

---

1) 볼프강 벨슈, 『미학의 경계를 넘어』, 심혜련 옮김, 향연, 2005, 299~300쪽.

미래파와 입체파의 그림들도 일종의 환영 공간을 구현한 것으로 볼 수 있다.[2] 이러한 환영 공간은 평면에 이미지만으로 환영 효과를 극대화하는 방식으로 구성되었다. 환영 공간은 새로운 기술이 등장할 때마다 새로운 모습으로 등장했다. 그때마다 환영 이미지를 구현하는 방식 그리고 그 공간으로의 몰입감 등이 달라졌다. 환영의 정도도 점점 강화되었다. 기술적 장치들과 이미지의 만남은 기존의 환영 이미지 공간을 완전히 변화시켰다. 공간 효과가 아니라, 실제 공간을 중심으로 환영 이미지 공간을 구축했다. 이러한 환영 이미지 공간은 공간 안으로의 몰입을 중심으로 이미지를 더욱 환영적으로 만들었다.

　이제 인간은 다양한 매체들을 활용해 원하는 이미지 공간으로의 진입이 가능해졌다. 환영 공간에 대한 인간의 오래된 꿈은 매체의 도움으로 실현되었다. 그런데 매체 공간을 둘러싼 상황이 변하기 시작했다. 이미 앞에서 살펴본 것처럼 공간의 혼종화로 인해 매체 공간의 역할이 환영에서 일상으로 빠르게 변화했다. 매체적 전회가 논의되기 시작한 것도 이러한 변화와 맞물려 있다. 물론 일상 공간으로 변모한 매체 공간이 환영의 역할을 다 버린 것은 결코 아니다. 때로는 좀 더 나은 일상을 위해 현실보다 더 현실 같은 이미지로 구성되기도 하고 또 때로는 현실과 완전히 다른 '판도라' 또는 '오아시스'와 같은 이미지 공간을 구성하기도 한다. 그러므로 이 글에서는 먼저 환영 이미지 공간으로 등장한 매체 공간들에 대해 살펴보고, 그다음 매체 공간의 혼종화 현상에 대해 간략하게 살펴보고자 한다. 사실 매체 공간의 혼종화

2)　Oliver Grau, *Virtuelle Kunst in Geschichte und Gegenwart. Visuelle Strategien*, Berlin: Reimer Verlag, 2002, S. 18. 그라우는 지금의 가상현실을 비롯한 다양한 환영 공간의 계보학을 그릴 때, 동굴 벽화를 비롯한 조형적 이미지 공간 모두를 포함해서 살펴봐야 한다고 강조한다.

현상은 앞에서 이야기한 현실 공간의 혼종화와 겹치는 내용이 많다. 따라서 여기서는 주로 장소 이론을 중심으로 확장된 도시 공간이 된 매체 공간과 그 공간에서의 산책자의 모습에 관해 이야기하고자 한다. 매체 공간이 일상 공간이 되었다면, 이 공간에서의 거주민에 대한 분석은 매우 중요하다.

2. 매체적 환영 공간

기술적 장치들로 만들어진 대표적인 이미지 공간은 '파노라마'(Panorama)다.[3] 18세기 말 무렵 등장한 파노라마는 말 그대로 '모든'(pan) '경치'(horama)를 볼 수 있는 장치다. 360도의 입체적 이미지 환영 공간들이 기술적 장치들의 도움으로 물리적으로 구현되었다. 입체적 공간 안에서 말 그대로 모든 것들을 볼 수 있게끔 만든 장치가 파노라마다. 이 공간의 목적은 분명하다. 수용자에게 인공적인 이미지 공간이 아니라, 실제로 그 공간에서 느끼고 있다는 '현전감'을 주는 것이다. 파노라마 제작자들은 이러한 현전감을 위해 다양한 방법을 모색했다. 단지 느끼는 것에 그치지 않고, 그 공간에 '몰입'(immersion)할 수 있는 방법에 대해 모색했다. 대표적인 것이 '원형 파노라마'(Panorama-rotunda)다. 19세기에 만들어진 원형 파노라마는 사람들이 많이 오가는 역이나 광장 주변에 설치되었다.[4] 이미지의 몰입감을 높이기 위해 극장은 원형으로 만들어졌다. 그 당시 원형 파노라마는 대표적인 대중 매체였다. 대중이 쉽게 접근할 수 있는 장소에 있었고, 입장료도 그리

---

3) *Ibid.*, S. 17~18.
4) *Ibid.*, S. 83.

비싸지 않았다.

관객들은 환영 이미지 체험을 위해 파노라마를 찾았다. 그 당시 대중들이 원했던 환영 이미지는 크게 두 개로 나뉘었다. 하나는 역사와 관련된 이미지 체험이었고, 또 다른 하나는 가 보지 못한 낯선 곳의 풍광 이미지를 체험하는 것이다. 대중들은 이러한 이미지 공간 안으로 몰입해서 자신들이 체험하지 못했던 것들을 이미지로 체험하기를 원했다. 파노라마 제작자들은 몰입감을 위해 이미지들을 좀 더 환영적으로 표현했을 뿐만 아니라, 다른 방법들을 활용하기도 했다. 밝은 곳에서 갑자기 어두운 곳으로 들어가는 방식과 이미지 공간을 실제의 공간처럼 수용할 수 있도록 다양한 모조 지역(Faux Train)들을 만들기도 했다. 전쟁을 보여 주는 파노라마의 경우, 실제의 전쟁터처럼 느껴질 수 있도록 다양한 모조 지역을 만들어 놓은 것이다.[5] 실제 전쟁터에 없지만, 실제 전쟁터에 있는 것처럼 느끼게 하는 것이 무엇보다도 중요했다. 그러기 위해서는 파노라마 공간은 그럴듯한 사실성을 가지고 있어야 했다.[6] 모조 지역은 파노라마의 이미지적 특징을 가능한 최대한 은폐시킨다. 이미지를 산출한 매체와 이미지를 체험하는 매체 공간의 매체적 특징이 최대한 은폐되면, 이미지는 현실처럼 기능할 수 있기 때문이다.[7]

모조 지역에는 이미지 공간과 연결된 다양한 사물들이 배치된다. 전쟁을 보여 주는 파노라마에서는 총과 군모 등을 배치하기도 했다. 이 외에도 사실성을 강조하기 위해 청각적·후각적 효과가 더해지기도 했다. 그 결과 파노라마의 환영 효과는 점점 더 커졌다. 파노라마의 최

5) *Ibid.,* S. 72~77.
6) *Ibid.,* S. 82.
7) *Ibid.,* S. 96.

　　　　　　　　　　　　　　　　　　　　　I. 매체와 공간

종 목적은 환영 공간 안에 존재하는 느낌을 갖게 하는 것이다. 이를 위해, 환영 이미지 '밖에서' 이미지와의 '거리두기'를 통해 이미지를 수용했던 것과는 달리, 이미지 공간 '안에서' 이미지를 체험하게 하면서 공간으로의 몰입감을 극대화했다.[8] 그러나 파노라마의 전성기는 그리 길지 않았다. 이상할 정도로 짧았다. 짧은 시간 안에, 파노라마 대신 영화가 대표적인 매체적 환영 공간으로 등장했다. 그 당시 많은 사람이 파노라마 대신 영화관을 찾은 이유는 간단하다. 파노라마가 더 이상 당시 사람들의 환영 욕구를 만족시키지 못했기 때문이다. 특히 이미 대도시에서의 판타스마고리아적인 체험을 경험한 대도시인들의 변화된 지각 방식에 조응하지 못했다. 동시대인들의 욕구와 일상적인 지각 방식과 동떨어진 파노라마는 대중매체로서 별 매력이 없었다.

이미 대도시의 등장과 교통수단의 발전으로 인해 빠른 속도감에 익숙해진 대중들에게 정적인 파노라마 이미지들은 더 이상 재미있는 구경거리가 아니었다. 스펙터클도 센세이션도 주지 못했다. 대중들은 자신의 도시 경험에 상응하는 새로운 예술이 필요했다. 또 다른 이유는 비록 파노라마가 공간으로 구성되어 있고, 또 때로는 관객에게 움직임을 허용하긴 했지만, 파노라마 이미지 자체에 관여할 수 있는 기회는 철저하게 봉쇄되어 있었기 때문이다. 즉 행위에 의한 이미지와의 상호작용이 불가능했기 때문이다. 이미지 공간 안에서의 움직임, 이게 다였다. 그렇다면 관객이 굳이 파노라마를 찾을 필요가 없는 것이다. 도시 공간에서 체험할 수 있는 빠른 속도감을 그대로 이미지로 재현하

8) 이러한 시도는 지금의 가상현실과 다르지 않다. 가상현실 예술의 역사를 정리한 올리버 그라우(Oliver Grau)가 파노라마를 중요하게 여기는 이유가 바로 여기에 있다. 그는 파노라마 그리고 리하르트 바그너(Wilhelm Richard Wagner)의 '총체예술작품'(Gesamtkunstwerk)을 가상현실의 다른 기술적 버전으로 보았다.

는 영화로 관객들이 이동하는 것은 너무나도 당연한 현상이었다. 심지어 영화는 역사적 사건을 중심으로 한 파노라마와는 달리 새로운 이야기들을 보여 주기도 했다. 또 때로는 자신의 삶과 비슷한 이야기들을 영화관에서 볼 수도 있었다. 그 결과, 영화는 빠르게 파노라마를 밀어낼 수 있었다.

이제 파노라마 대신 영화가 대표적인 매체적 환영 공간이 된 것이다. 그 이후 오랫동안 영화는 대표적인 이미지 환영 공간으로 남아 있었다. 그러나 텔레비전이 등장하면서, 영화를 둘러싼 상황이 급변하기 시작했다. 영화의 몰락이 본격적으로 이야기된 것이다. 그러나 영화는 몰락하지 않았다. 텔레비전과 영화는 서로 공존하면서 경쟁하기 시작했다. 이 둘은 각각 차별화될 수 있는 이미지 지각 방식에 대해 모색했다. 특히 영화는 환영 효과를 높이기 위해 다양한 시도를 했다. 그 중 하나가 스크린을 확장해서 시각 중심의 지각 방식에서 벗어나는 것이다. 이러한 시도와 관련된 재미있는 글이 있다. 살로모 프리들랜더(Salomo Friedlaender)가 쓴 「신기루 기계」(Fatamorganamaschine, 1920년경)라는 소설이 바로 그것이다. 이 글은 키틀러의 『축음기, 영화, 타자기』에 실려 있다. 이 소설의 주인공은 프쇼르 교수인데, 이 사람은 영화와 관련된 새로운 기계를 발명하고자 했다. 그의 꿈이 소설에 다음과 같이 묘사되어 있다.

"그의 이상은 입체적 영사 기계를 통해 우선 자연을, 그리고 예술과 환상을 광학적으로 재생산하는 것으로, 이 영사 기계는 자신의 생산물을 입체적이고 구상적으로 스크린 없이 공간 한가운데에 영사할 수 있어야 했다. 지금까지의 영화와 그 외의 사진들은 이에 비하면 한쪽 눈으로만 보아 온 것이나 다름없었다. 프쇼르는 곳곳에 입체적

I. 매체와 공간

이중렌즈를 사용해, 마침내 영사 스크린 표면에서 벗어난 삼차원의 형상을 얻어 냈다."⁹

프쇼르 교수는 입체적 영사 기계를 통해 순수하게 시각적으로만 존재하는 세계를 만들고자 했다고 한다. 이 세계는 볼 수는 있지만 만질 수는 없는 세계다. 그러나 이 시각적 세계가 환영인지 아니면 진짜 존재하는지 알 수 없다고 한다. 그는 이 기계를 다른 사람들에게 대여해 준다. 그 결과 어떤 귀족은 '시각적 배우자'에 만족하기도 하고, 또 어떤 노동자는 '시각적인 성'에 살기도 하고, 또 어떤 부자들은 자신의 성을 시각적 오두막으로 변신시켜 보호하고자 했다고 한다. 물론 이 이야기는 소설 속 이야기다. 그러나 소설은 소설로 끝나지 않았다. 실제로 프쇼르 교수가 했던 시도들이 영화를 둘러싼 현실에서 일어났기 때문이다. 입체 영화관, 시네오라마, 아이맥스 영화관 등등이 바로 그것이다. 파노라마 이후, 환영 이미지를 만들고자 하는 기술의 발전은 계속되었다.¹⁰

특히 1950년대 당시의 영화를 비판하면서 미래의 영화를 이야기했던 모턴 하일리그(Morton Heilig)의 시도가 영화 내부의 이러한 변화들에 큰 영향을 주었다. 그의 주장에 따르면, 미래의 영화는 시각 중심에서 벗어나 다양한 감각을 체험할 수 있는 영역이 되어야 한다는 것

9) 프리드리히 키틀러, 『축음기, 영화, 타자기』, 유현주·김남시 옮김, 문학과지성사, 2019, 247쪽.
10) 그라우는 파노라마 이후, 이를 토대로 한 다양한 이미지 환경 공간들이 등장했음을 밝히고 있다. 예를 들어, 입체경, 시네오라마(cinéorama), 입체 시각 텔레비전, 센서라마(sensorama), 확장형 영화, 원형 영화, 3차원 영화, 옴니맥스(omnimax) 영화, 아이맥스(IMAX) 영화 그리고 현재의 가상현실에 이르기까지 모두 파노라마의 후속 모델로 보고 있다(Oliver Grau, *Virtuelle Kunst in Geschichte und Gegenwart*, S. 20).

이다.[11] 시각에서 벗어나 다양한 감각을 활용하는 미래의 영화가 등장하면, 관객들은 이전과는 전혀 다른 새로운 환영 공간을 체험할 수 있게 될 것이라고 한다.[12] 그는 다음과 같이 주장한다. "눈을 뜨고, 듣고, 냄새 맡고, 느껴 보라. 세상의 모든 훌륭한 색깔들, 깊이, 음악, 향취, 질감을 느껴 보라. 이것이 바로 미래의 영화다."[13] 이렇듯, 새로운 매체가 등장하면 낡은 매체의 운명을 걱정하지만, 매체의 역사를 보면 이는 걱정할 문제가 아님을 잘 알 수 있다. 매체들은 서로 경쟁하기보다는 공존하는 방식을 택하기 때문이다.[14] 또는 몰락했다고 생각하는 매체가 후에 새로운 매체와 결합하면서 다른 형식으로 재탄생하기도 한다. 과거의 매체가 새로운 매체의 내용으로 재매개화 또는 재목적화가 되기도 한다.[15] 매체의 진화가 일어나는 것이다.

　　디지털 이전의 많은 매체는 환영 공간을 구현했다. 매체 공간은 환영 공간으로서의 역할을 충분히 해냈다. 환영 공간으로서의 매체 공간은 디지털 매체 시대에 와서 정점을 맞이하게 된다. 디지털 매체가 만들어 내는 환영 공간은 이전보다 훨씬 공감각적이다. 디지털 매체가

---

11) 모턴 하일리그, 「미래의 영화」, 랜덜 패커·켄 조던 엮음, 『멀티미디어: 바그너에서 가상현실까지』, 아트센터 나비 학예연구실 옮김, 나비프레스, 2004, 386쪽.

12) 같은 글, 389쪽.

13) 같은 글, 387쪽.

14) Heinrich Klotz, "Für ein mediales Gesamtkunstwerk", in: Florian Rötzer (Hrsg.), *Digitaler Schein Ästhetik der elektronischen Medien*, Frankfurt am Main: Suhrkamp Verlag, 1991, S. 361.

15) 참조: 제이 데이비드 볼터·리처드 그루신, 『재매개: 뉴미디어의 계보학』, 이재현 옮김, 커뮤니케이션북스, 2006, 62~69쪽. '재매개'(Remediation)는 볼터와 그루신이 디지털 매체를 분석할 때, 가장 중요한 키워드로 삼은 개념이다. 이들은 모든 매체가 재매개체(remediators)로 기능한다고 주장한다. 즉 모든 매개가 재매개라는 것이다.

축음기, 영화 그리고 타자기 등 분리되었던 매체들을 통합했듯이, 다양한 환영 이미지 공간을 구축하려는 시도들도 모두 통합했다. 가상현실은 그 통합의 결정체다. 가상현실은 컴퓨터 시뮬레이션으로 만들어진 현실이다. 사이버스페이스(Cyberspace)도 마찬가지다. 잘 알려진 것처럼, '사이버스페이스'는 1984년 윌리엄 깁슨(William Gibson)이 자신의 SF소설 『뉴로맨서』(Neuromancer)에서 처음 사용한 용어다. 이 소설에서 깁슨은 사이버스페이스를 정보로 이루어진 새로운 공간으로 묘사했다. 사이버스페이스는 이미지를 중심으로 구현되었기 때문에 환영 공간으로 주로 이해되었다. 현실과 가상이 상호작용하며, 이곳과 다른 세계가 가능한 환영 공간으로 수용된 사이버스페이스는 곧 디지털 매체 공간을 대표하는 용어가 되었다.

사이버스페이스는 일상적으로 '공감각적 환상 체험'을 가능하게 한다.[16] 이런 사이버스페이스는 "군실험용인 머리에 쓰는 잭과 기초적인 그래픽 프로그램의 결합"으로 구성된다.[17] 기술적 장치와 디지털 이미지의 결합이 사이버스페이스를 구성하는 것이다. 사이버스페이스는 정보 시스템 안에서 공감각적으로 구현된 가상현실이다.[18] 이렇게 구현된 가상현실은 철저하게 감각의 세계로서, 향상된 감각이 환영을 더욱 고양한다. 한마디로 말해서 가상현실은 체험자가 현실의 몸과 동떨어진 다른 장소에 있는 듯한 환상을 만들어 내는 장치이다.[19]

---

16) 윌리엄 깁슨, 『뉴로맨서』, 노혜경 옮김, 열음사, 1996, 80쪽.
17) 같은 책, 80쪽.
18) 마르코스 노박은 사이버스페이스가 인간과 정보의 관계를 역전시켰다고 한다. 즉 지금까지 정보가 인간 외부에 있었다면, 사이버스페이스는 인간을 정보 안에 존재하게 만든 것이라고 한다(마르코스 노박, 「사이버스페이스에서의 유체 건축」, 『멀티미디어: 바그너에서 가상현실까지』, 429쪽).
19) 재런 러니어, 『가상현실의 탄생』, 노승영 옮김, 열린책들, 2018, 13쪽.

사이버스페이스는 영화와 유사한 환영 이미지 공간이다. 영화의 스크린이 컴퓨터의 모니터로 전환되었을 뿐이다. 컴퓨터 모니터 앞에서 특정 이미지 공간으로 들어가 그곳을 지각하고 체험하는 것이다. 차이점은 영화처럼 관객이 그저 '보기'의 행위에 머물러 있는 것이 아니라, 보기 위해서 그 어떤 행위를 해야 한다. 키보드를 작동하는 손가락의 움직임 또는 조이스틱 등과 같은 장치들을 사용해서 이미지에 개입하고, 또 이미지 공간 안으로 들어간다. 이제 이미지는 만지지 말고 보기만 해서는 안 되고, 오히려 보지만 말고 만져야 하는 단계에 이르렀다.

디지털 매체 공간 내부에 구현되는 사이버스페이스와 같은 가상현실 외에도 특정 장소에 구성되는 것도 있다. 이러한 가상현실은 오랫동안 시각 체계에서 강력한 힘을 발휘했던 스크린의 해체를 의미하는 것이기도 하다. 스크린의 해체는 시각성의 해체를 의미하기도 한다. 장소와 결합된 가상현실은 이러한 점을 충분히 인식하고, 영화보다는 오히려 파노라마 원형 극장을 받아들였다. 카브(CAVE) 형식의 가상현실이 바로 그 예다. 카브 형식의 가상현실에서 관객은 외부와 구분된 물리적 공간 안으로 들어가 그 공간을 배회하거나 특정한 행위를 하면서 이미지를 생성하고 또 수용한다. 물론 파노라마와 영화도 외부와 단절된 이미지 공간 안으로 들어가는 것은 맞지만, 가상현실의 이미지 수용과는 구별된다. 특히 영화는 평면적 스크린 앞에서 이미지를 수용하는 방식을 요구했기 때문에, 사실 이전의 이미지를 수용하는 방식과 유사하다고 볼 수 있다. 물론 스크린을 통해 지각되는 이미지는 과거의 회화를 통해 지각되는 이미지와는 질적으로 다르다.

스크린을 통해 수용되는 이미지는 기본적으로 움직이는 이미지이기 때문에, 시간의 경과를 보여 주기도 하고 또 때로는 편집해서 불가역적 시간을 가역적 시간으로 보여 주기도 하며, 여기와 지금의 관계를 해체하기도 한다. 어쨌든 영화 이미지는 매우 역동적이다.[20] 이미지가 역동적인 것과는 달리, 관객의 행위는 결코 역동적이지 않다. 아니 영화관에서 관객의 역동적 행위는 해서는 안 되는 일이다. 파노라마 안에서 관객이 움직이면서 이미지 공간을 체험했던 것과 달리 영화관에서 관객은 의자에 앉아 있어야만 한다. 플라톤의 동굴 안 죄수들처럼 관객들은 어두운 공간에서 스크린과 영사기 사이에 꼼짝없이 앉아서 움직이는 이미지들을 그저 보기만 해야 했다. 몸과 주체가 감금된 것과 같다.[21] 영화 이미지를 수용할 때도 관객은 이미지 공간 안으로 들어간다고 볼 수 있다. 그러나 이미지 앞에서 거리를 두고 수용할 뿐, 이미지 공간 안으로 들어가 자유롭게 움직이는 것은 불가능하다.

이런 이유에서 '보는 행위'만으로 이루어진 이미지 공간은 한계가 있다고 본 영화 관계자들은 다시 파노라마적인 요소를 영화에 결합하기도 했다. 그들은 공간 안으로 들어가는 듯해야 훨씬 환영 효과가 커진다고 보았기 때문이다. 이미지 밖에서 이미지를 '보는 것'과 이미지 안에서 이미지를 체험하는 것은 다르다. 하일리그의 미래의 영화에 대한 전망은 현실화되었다. 가상현실이 바로 미래의 영화인 것이다. 모니터를 통해 체험하는 환영 공간 외에도 특정 장치를 착용하고 체험하는 가상현실의 경우, 체험관이 별도로 만들어지기도 하고, 또는 미

---

20)   마노비치(Lev Manovich)는 스크린을 고전 회화와 연결해서 파악하고 있다. 영화, 텔레비전 그리고 비디오 스크린으로 이야기되는 장치를 활용한 스크린은 이전의 회화적 스크린과 구별될 수밖에 없기에, 그는 이를 '역동적 스크린'(dynamic screen)이라고 서술한다. 역동적 스크린은 회화적 스크린의 특징을 갖고 있음과 동시에 새로운 특징을 갖는데, 그것이 바로 스크린을 통해 시간의 흐름을 보여 줄 수 있다는 점이다(레프 마노비치, 「컴퓨터 스크린의 고고학을 향하여」, 토마스 엘새서·케이 호프만 엮음, 『디지털 시대의 영화』, 김성욱 외 옮김, 한나래, 2002, 43쪽).

21)   참조: 같은 글, 53~56쪽.

술관이나 과학관 등등의 장소에 특별하게 설치되기도 한다. 이렇게 장소에 설치되는 가상현실은 파노라마를 재매개하기도 한다. 원통형의 극장, 파노라마 공간 안에 있는 전망대 그리고 그곳을 어슬렁거리며 이미지를 체험할 수 있는 시각적 환경이 그대로 구현되고 있다. 다른 점은 가상현실에서는 이미지 체험을 위해 장치를 사용해야 한다는 사실이다.

1980년대 중반부터 본격적으로 등장한 가상현실은 파노라마와 영화를 결합했다. 초기 가상현실을 활용한 많은 매체 예술작품들이 파노라마처럼 공간을 구성하고, 그 공간에 스크린을 설치해서 마치 영화처럼 다양한 이미지들을 상영하기도 했다.[22] 파노라마에서 마치 산책하듯이 이미지 공간을 어슬렁거리며 배회했던 관객은 이제 에이치엠디(HMD, head mounted display), 데이터 글로브(dataglove) 또는 고글 등을 착용하고 공간 안으로 들어가야만 한다. 마치 잠수부가 온갖 장치들을 착용하고 바다로 들어가듯이 말이다. 이미지 공간도 마치 바닷속에 있는 듯한 느낌을 준다. 샤 데이비스(Char Davies)의 작품 「오스모스」(Osmose, 1995)가 대표적인 예다. 이 작품을 체험하기 위해서 관객은 가상현실 체험 장치들을 착용하고, 마치 물속을 헤엄치는 것처럼, 이미지 공간을 유영하면서 다양한 영역들을 체험한다. 이미지 공간은 장치를 착용한 관객의 일인칭 시점에 따라 구성된다. 장치를 착용한 관객의 시각과 움직임에 따라 환영적 이미지의 세계가 펼쳐진다.

디지털 매체 예술에서 고전이라고 할 수 있는 제프리 쇼(Jeffrey Shaw)의 일련의 작품들을 보면, 파노라마와의 관계가 잘 드러난다. 그

---

22) 바로 이런 이유에서 가상현실에서 영화와 같은 고전적 스크린이 중요한 역할을 하지 못했다고 지적한 레프 마노비치의 주장은 재검토가 필요하다(참조: 같은 글, 44쪽).

I. 매체와 공간

의 「읽기 쉬운 도시」(The Legible City, 1989), 「이브: 확장된 가상 환경」
(EVE: Extended Virtual Environment, 1993), 「장소」(Place: a user's manuel,
1995) 그리고 「장소」(Place: Ruhr, 2000) 모두 파노라마적 공간 구성을
차용하고 있다. 그런데 파노라마와 디지털 매체를 기반으로 구성된 이
러한 공간들 사이에는 큰 차이가 있다. 그것은 바로 '관객의 개입'이
다. 파노라마는 관객들이 이미지 공간 안으로 들어오는 것을 허용했지
만, 그게 다였다. 환영 이미지를 구성하는 데 관객은 그 어떤 역할도 할
수 없었다. 파노라마는 '열린 예술작품'이 아니기 때문에, 관객과의 상
호작용이 애초부터 차단되었다.

가상현실과 파노라마를 연결해서 가상현실 예술의 역사를 서술
한 올리버 그라우도 이 점을 강조하고 있다. 파노라마는 애초에 구성
된 그 형태를 보존해야만 하는 것이라고 말이다. 그는 다음과 같이 말
한다.

"관찰자에 의한 작품의 임시적인 변화는 파노라마라는 예술작품이
가지고 있는 근본이념과는 대립된다. 시간에 의해서 만들어지는 작
품의 변화 또한 파노라마가 원하는 바는 아니었다. 이러한 변화는
환영의 느낌을 축소했다. 완결된 작품이라는 의미에서 작품으로서
의 파노라마는 원형 극장 밖에서만 지각할 수 있다. 무엇보다도 파
노라마 안에서, 즉 이미지 안에서 거리를 두고 있고 또 관찰자로부
터 분리된 채 경험되는 작품에 대한 느낌이 소멸된다. 이미지 공간
의 통일성에 모든 작품이 있었다."[23]

이러한 파노라마와 달리 가상현실은 기본적으로 이미지에 대한
관객의 개입을 열어 놓았다. 새로운 매체로서의 디지털 매체의 특징이

바로 '상호작용성'이라는 새로움으로부터 논의되는 이유도 여기에 있다. 환영의 세계에 대한 인간의 욕구는 매우 오래되었다. 유토피아에서 인공 낙원에 이르기까지 인간은 또 다른 세계를 꿈꾼다. 그러므로 각각의 시대마다 그 시대의 기술을 활용한 이미지 공간들이 등장했다. 새로운 기술들은 예술에게 새로운 이미지 세계를 가능하게 해 준다. 디지털 매체도 마찬가지로 새로운 이미지 공간의 탄생을 가능하게 했다. 가상현실을 기반으로 한 이미지 공간들이 바로 그것이다.

이 새로운 형식의 이미지 공간은 관객에게 공간 안으로 적극적으로 들어올 것을 권유한다. 자신의 행위를 통해 공간 안으로 들어와 이미지 공간을 배회하고 공간을 체험하기를 권유하는 것이다.[24] 관객들은 환영 이미지 장소에 현전하고 있다고 느껴야만 한다. 그러기 위해서는 그곳으로 들어가야만 한다. 그곳으로 '몰입'해야만 하는 것이다. 몰입감은 실제로 그 공간 안으로 들어가는 것이 아니라, 그저 그곳에 현전하고 있다고 느끼는 것이다. 이러한 "현전 느낌"(Gefühl der Präsenz)은 마치 진짜 같은 생생함과 실시간 상호작용에 의해 완성된다.[25] 그 공간 안에서 관객이 자신의 행위를 통해 실시간으로 이미지에 개입함으로써, 작품 일부를 완성할 수 있는 기회를 제공해야 한다.[26] 그 결과 관객과 작가 간에 존재했던 경계가 점점 희미해진다. '매체적 총체예술작품'(mediales Gesamtkunstwerk)이자 '열린 예술작품'의 시대

23)   Oliver Grau, *Virtuelle Kunst in Geschichte und Gegenwart*, S. 91.
24)   디지털 매체 예술의 수용에서 관객이 이미지 공간으로 몰입하거나 이미지에 개입하기 위해서 장치를 작동하는 행위가 과연 능동적 수용의 행위인지에 대해서는 좀 더 면밀히 살펴볼 필요가 있다. 이에 대한 자세한 논의는 III부 4장 '매체 예술의 수용 방식'에서 좀 더 자세히 이야기하고자 한다.
25)   *Ibid.*, S. 15.

I. 매체와 공간

가 시작되었다.

　이렇듯 매체 공간은 환영 공간으로서의 특징을 강하게 가지고 있었다. 그리고 이러한 특징이 바로 매체 공간을 '또 다른 공간', 즉 헤테로토피아(Heterotopia)로 존재할 수 있게 한다. 그러나 이러한 매체 공간도 디지털 매체 이후 급격하게 변화하게 된다. 즉 환영 공간 못지않게 중요한 역할을 부여받게 되었기 때문이다. 그것은 바로 일상 공간이 되었다는 것이다. 앞에서 살펴보았듯이, 실제의 도시 공간이 디지털화되는 것처럼 디지털 매체 공간도 빠르게 또 다른 현실 공간으로 변화했다. 그렇다고 해서 환영 공간으로서의 역할을 포기한 것은 아니다. 이 역할은 포기될 수 있는 것이 아니다. 매혹적인 매체 공간이 되기 위해서는, 또는 또 다른 주체로서의 삶을 즐기기 위해서는 환영적 요소가 더욱 강화되어야만 한다. 컴퓨터 게임만이 아니라, 그 외의 소통과 관계 맺기에서도 환영적 요소는 유지될 뿐만 아니라 강화되고 있는 것이 현실이다. 이제 매체 공간에 대한 분석은 환영과 체험, 이 둘을 중심으로 진행되어야 한다.

　매체 공간은 환영 공간으로서의 오랜 역사를 지니고 있음에도 불구하고 늘 논쟁의 대상이었다. 아마도 이는 '환영' 그 자체에 대한 양가적 평가에서 기인한다고 볼 수 있다. 디지털 매체 공간의 환영 이미지와 그 체험에 대한 평가도 마찬가지다. 환영 공간으로서의 디지털 매체 공간, 즉 게임을 둘러싼 논쟁에서 이러한 양가적 태도는 잘 드러나고 있다. 지나친 환영 공간으로의 몰입은 현실에 대한 망각을 유발

---

26)　디지털 매체에서 상호작용성은 매우 논쟁적인 주제였다. 디지털 매체를 새로운 매체로 인식하게 된 계기라고 보는 입장과 이러한 상호작용성이 결코 새로운 현상이 아니라는 입장, 더 나아가 상호작용하고 있다고 속고 있다는 입장 등등이 서로 대립했기 때문이다. 따라서 이와 관련된 자세한 논의는 III부 3장 2절 '매체성과 수행성'에서 다루고자 한다.

한다고 비판한다. 게임 중독이 가져온 비극적 결과들에 관한 이야기들이 이에 해당된다. 이러한 비판은 어느 정도는 맞고 어느 정도는 틀리다. 어떤 경우에는 비판을 넘어 '게임 포비아'적 태도를 보이기도 한다. 그런데 '호모 루덴스'(Homo Ludens)는 놀이에 집착할 수밖에 없으며, 놀이는 사회적 상황과 기술적 상황에 따라 변화한다. 문화와 예술이 그러하듯이 말이다. 더 나아가 예술이 대중매체를 넘어 게임과 혼종화되고 있는 지금, 게임에 대한 일방적 비판은 지양해야 한다. 즉 지양과 동시에 비판이 이루어져야 한다. 컴퓨터 게임이 등장하기 이전에도 수많은 호모 루덴스들은 현실을 망각한 채 놀이에 몰두하곤 했다. 환영적 특징은 매체 공간이 갖는 숙명이다.

3. 장소가 된 매체 공간

환영 이미지 공간이었던 매체 공간은 점차 일상적인 체험 공간이 되었다. 한마디로 말해서, 매체 공간은 이제 '장소'가 되었다. 이러한 현상은 특히 디지털 매체 공간에서 두드러지게 나타났다. 앞에서 이야기한 현실 공간의 혼종화가 가능하기 위해서는 매체 공간은 일상 공간이 되어야만 한다. 그러므로 현실 공간의 혼종화에서 논의된 이야기는 그대로 매체 공간의 혼종화에 적용된다. 아니, 적용되는 것이 아니라, 동일한 대상을 두 가지 관점에서 접근하고 분석한다고 말할 수도 있다. 현실 공간의 혼종화나 매체 공간의 혼종화나 결국 동일한 현상이라고 볼 수 있기 때문이다. 강조점이 현실 공간인지 아니면 매체 공간인지만 다를 뿐이다. 따라서 앞에서 이야기한 혼종화된 도시에 대한 분석을 여기에 그대로 가지고 와 적용해도 아무런 문제가 없다. 벤야민 이론

I. 매체와 공간

뿐만 아니라, 다른 공간과 도시 이론도 지금의 디지털 매체 공간을 설명할 수 있다. 대표적으로 마르크 오제(Marc Augé)의 '장소와 비장소'에 대한 이론이 그것이다.

오제의 이론은 지금의 디지털 매체 공간의 변화를 이야기할 때, 매우 중요한 이론적 토대를 제공한다. 매체적-공간적 전회를 중심으로 한 논의들에서 무엇보다도 매체 공간이 '탈장소화'된 공간에서 '장소화'된 공간으로의 변화를 중요하게 여기기 때문이다.[27] 디지털 매체 공간이 대중적 공간이 되고, 이에 대한 논의가 시작될 무렵, 이 공간은 여러 측면에서 분석되었고, 이에 대한 다양한 특징들이 논의되곤 했다. 그중 공간과 관련해서는 매체 공간이 장소와는 무관한 '장소 밖의 장소'로 이해되곤 했다.[28] 매체 담론 내부에서도 공간 담론 내부에서도 매체 공간을 '장소감의 상실'로 파악한 것이다. 즉 매체의 발전은 물리적인 장소와 사회적인 장소를 재구성하는 과정에서 장소에 대한 감각을 변화시키는데, 이 변화가 '장소감의 상실'로 느껴진다는 것이다.[29]

그렇다면 매체 공간의 어떤 특징 때문에 장소감의 상실로 이해되었던 것인가? 또 구체적으로 장소감의 상실이란 어떤 의미인가? 매체 공간이 장소와 무관한 공간으로 이해된 첫 번째 이유는 이 공간이 체

27) 나는 이미 I부 1장 '매체-공간적 전회'에서 매체 공간에 대한 상이한 이해에 관해 서술했다. 그리고 2장에서는 현실 공간을 중심으로 '혼종화' 현상에 관해 이야기하면서, 매체 공간이 어떻게 도시의 기능을 수행하고 있는지를 살펴보았기 때문에, 여기서 자세한 논의는 생략하겠다.

28) Rudolf Maresch und Niels Werber, "Permanenzen des Raums", in: Rudolf Maresch und Niels Werber (Hrsg.), *Raum Wissen Macht*, Frankfurt am Main: Suhrkamp Verlag, 2002, S. 7.

29) 참조: 조슈아 메이로위츠, 『장소감의 상실 II: 전자 미디어가 사회적 행동에 미치는 영향』, 김병선 옮김, 커뮤니케이션북스, 2018, 759쪽.

험 공간이 아니라는 이해에서 비롯된다. 어떤 공간이 장소가 되기 위해서는 그 공간이 체험 공간이 되어야 한다. 즉 "단순히 경험하거나 상상하거나 공상으로 지어낸 것이 아니라 실제로 존재하는 곳"이어야 하며, "우리의 삶이 진행되는 현실의 구체적인 공간"이어야 한다고 한다.[30] 그런데 매체 공간은 '실제로 존재하는 곳'으로 수용되지 못했다. 이 공간은 가상 공간일 뿐이지, 실제 공간은 아니라고 인식되었다. 장소로 인식되지 못한 두 번째 이유는 '흔적'과 연관된다. 비록 매체 공간이 가상 공간임에도 불구하고 구체적인 삶이 진행되는 공간으로서의 역할을 분명히 하고 있지만, 매체 공간에는 이러한 체험의 흔적이 남아 있지 않다고 보았기 때문이다. 매체 공간에는 흔적으로 남는 지속 가능한 체험은 없고, 찰나적인 즐김만 있는 환영 공간으로 이해되었다. 그러므로 매체 공간은 유동적인 정보의 공간에서 장소 없이 존재하는 공간으로 파악되었다.

남아 있는 삶의 흔적은 특정 공간을 장소로 만든다. 환영 공간으로 등장한 매체 공간은 정보라는 비물질적이며 유동적인 공간으로 이해되었기 때문에, 그 자리에 체험의 흔적을 중심으로 형성된 장소성은 없다고 보기도 했다. 특히 디지털 매체 공간의 확장을 공간의 소멸과 축소를 중심으로 본 매체철학자들이 그러했다. 이는 일종의 은유다. 실제로 공간이 소멸되고 축소되었다고 본 것이 아니라, 공간의 의미와 역할이 이전과는 비교도 할 수 없이 축소되었다고 보았기에, 이렇게 과감하게 표현한 것이다. 여기서 소멸되고 축소되었다고 본 것은 바로 공간의 장소성이다. 체험과 그 체험의 흔적이 남아 있고, 나만의 경험이 지속될 수 있는 그러한 장소로서의 공간이 매체 공간에서는 불가능

---

30) 오토 프리드리히 볼노, 『인간과 공간』, 이기숙 옮김, 에코리브르, 2011, 19쪽.

I. 매체와 공간

하다고 본 것이다. 매체 공간은 "장소가 지양된 판타스마고리아적 공
간"(der ortsenthobene phantasmagorische Raum)으로 이해된 것이다.[31] 그
러나 지금은 상황이 달라졌다. 매체 공간을 더 이상 체험과 무관한 또
는 체험의 흔적이 남아 있지 않은 공간으로 보지 않는다. 매체 공간에
는 체험할 것들도 또 남아 있는 흔적들도 차고 넘친다. 이미 매체 공간
은 장소가 된 지 오래다.

　　그런데 매체 공간이 가지고 있는 장소성은 이전의 전통적인 장소
가 가지고 있던 특징과는 구별된다. 전통적인 장소의 기준을 가지고
와 매체 공간을 이해하기는 어렵다. 전통적인 기준을 가지고 와 매체
공간을 분석하면, 아마도 결론은 '장소성의 상실'일 것이다. 그렇다면
디지털 매체 공간이 갖게 된 장소적 특징은 과연 무엇인가? 매체 공간
의 장소성을 이해하기 위해서는 무엇보다도 원격현전과 이동성이 장
소의 개념을 변화시켰다는 사실을 인정해야 한다. 이 둘의 결합은 결
코 공간의 소멸을 초래하는 것이 아니라, 각각의 지역적인 공간을 연
결해서 또 다른 새로운 공간을 만들었다. 그리고 이 새로운 공간을 중
심으로 장소의 의미가 재정립되었다. 즉 이제 장소는 삶이 구체적으로
진행되는 곳뿐만 아니라, 접속을 통해 연결되며, 연결을 통해 소통할
수 있는 모든 곳이 장소가 된다. 고정성이 아니라, 이동성과 연결성을
중심으로 장소의 의미를 재정립할 경우, 매체 공간은 대표적인 장소가
될 수 있는 것이다.[32]

　　사실 이러한 변화된 장소의 의미는 오제가 말하고 있는 '비장

31) Lutz Ellrich, "Die Realität virtueller Räume: Soziologische Überlegungen zur
›Verortung‹ des Cyberspace", in: Rudolf Maresch und Niels Werber (Hrsg.), *Raum
Wissen Macht*, Frankfurt am Main: Suhrkamp Verlag, 2002, S. 94.
32) 마누엘 카스텔·미레야 페르난데스−아르데볼·잭 린추안 추·아라바 세
이, 『이동통신과 사회』, 김원용·성혜령 옮김, 커뮤니케이션북스, 2009, 243쪽.

소'(non-place)의 의미와 크게 다르지 않다. 오제는 일찍이 현대 사회의 특징을 장소에서 비장소로의 전환으로 파악한 바 있다.[33] 그는 자신의 글 「장소에서 비장소로」에서 장소와 비장소의 특징과 이들의 상호작용에 관해 설명했다. 먼저 그는 장소를 "정체성과 관련되며 관계적이고 역사적으로 규정"될 수 있는 것이라면, 반면 비장소는 "정체성과 관련되지 않고 관계적이지도 않으며 역사적으로도 정의될 수 없는 공간"이라고 한다.[34] 여기서 말하는 장소는 "인류학적인 장소"를 의미하며, 이러한 장소가 체험과 연결되어 기억의 장소로 분류되었던 것이다.[35] 반면 비장소는 "장소 아닌 장소"를 의미한다.[36] 인류학적이며 전통적인 장소가 아닌 또 다른 장소가 비장소이다.

　　오제는 이미 현대 사회 그 자체가 장소성을 상실했다고 보았다. 거의 모든 사람이 탄생에서 죽음까지 거치는 장소가 거의 유사하다. 산부인과에서 태어나 요양 병원에서 죽음을 맞이한다. 일시적인 점유를 할 수 있는 호화로운 장소가 점차 많아지고, 그런 곳을 거점으로 사람들은 이동을 거듭한다. 교통·통신의 발전은 이동을 점점 더 쉽게 만든다. 사람들은 점점 더 대형 매장과 편의점에 익숙해지며, 거래 과정에서 사람과의 접촉도 점점 사라진다. 자동판매기, ATM 기기들 그리고 무인 상점들은 소통을 필요로 하지 않는다. 오제는 이러한 현대 사회를 "고독한 개인성, 일시성, 임시성, 찰나성"이 중심이 되는 사회로

33) 마르크 오제, 『비장소: 초근대성의 인류학 입문』, 이상길·이윤영 옮김, 아카넷, 2017, 97쪽.

34) 같은 책, 97쪽.

35) 같은 책, 97쪽.

36) 이상길·이윤영, 「따로 또 같이, 비장소에서 살아가기」, 마르크 오제, 『비장소: 초근대성의 인류학 입문』, 174쪽.

보고, 이를 비장소로 표현했다.[37] 즉 공항, 여객 터미널, 슈퍼마켓 그리고 편의점 등이 대표적인 비장소들이다. 심지어 이들은 어디에서나 유사한 모습을 띤다. 따라서 이러한 비장소들은 체험과 기억의 장소로 기능할 수 없다. 적어도 전통적인 의미에서 말이다. 장소와 비장소가 이렇게 명확하게 구분된다면 문제는 간단하다. 그러나 이미 오제도 이야기했듯이, 장소와 비장소는 정확히 대립하는 개념도 아니며, 이 대립 또한 변화 불가능한 것도 아니다. 즉 유동적 관계를 맺고 있다. 장소가 비장소가 될 수 있으며, 그 반대도 마찬가지다.[38]

이뿐만 아니라, "비장소의 역설"도 충분히 가능하다. "자기가 모르는 나라에서 헤매는 이방인('지나가는' 이방인)은 고속도로, 주유소, 대형 매장, 혹은 호텔 체인의 익명성" 속에서 익숙함과 편안함을 느낄 수 있기 때문이다.[39] 낯선 곳에서 마주한 익숙한 다국적 기업의 로고들은 마치 고향에 온 듯한 느낌을 주기도 한다. 누군가에게는 비장소로 받아들여지지만, 또 다른 누군가에게는 장소로 받아들여진 것이다. 이러한 장소와 비장소에 대한 논의는 매체 공간에도 그대로 적용할 수 있다. 기존의 장소에 대한 정의를 중심으로 보면, 매체 공간은 앞서 말했던 것과 같이 전형적인 비장소이며, 새로운 체험을 하는 생활 공간이다. 장소와 비장소가 혼종화된 모습으로 매체 공간은 새로운 장소가 되었다. 사실 매체 공간에서 많은 체험을 하고 일상적 행위를 하고 있는 지금, 매체 공간이 바로 생활 공간이자 체험 공간이라고 말할 수 있는 것이다. 네트워크를 중심으로 형성되는 일상적 행위가 수시로 일어나는 매체 공간이야말로 매우 중요한 생활 공간이기 때문이다. 따라서

37) 같은 책, 98쪽.
38) 같은 책, 129쪽.
39) 같은 책, 128쪽.

매체 공간이 '탈장소화'된 공간이 아니라, 또 다른 특징을 가진 '비장소적 장소'가 되었다고 봐야 한다. 매체 공간에 대한 탈장소적 이해는 이제 또 장소적 이해와 상호작용하면서 또 다른 양상으로 변화할 수밖에 없다.

　　흔적과 관련해서도 매체 공간은 이미 체험 공간이 된 지 오래다. 매체 공간의 모든 행위자는 현실 공간에서 그러했던 것처럼, 이 공간에 흔적을 남긴다. 행위의 흔적이 남아, 기억과 회상의 근거가 될 수 있다면, 이는 장소라고 말할 수 있는 것이다. 매체 공간은 이제 대표적인 장소가 된 것이다.[40] 이제는 매체 공간을 '탈장소화'된 공간이 아니라, '장소화'(Verortung)되는 공간으로 파악해야 한다.[41] 현실 공간과 비교했을 때, 매체 공간에서의 흔적은 더 분명하다. 아니 엄격하게 말하면 흔적이라고 할 수 없을 정도다. 왜냐하면 흔적은 부재와 현존 사이에 애매하게 존재하는데, 매체 공간에서의 흔적은 부재가 없다. 그렇다고 늘 현존하는 것도 아니다. 잠재적인 상태로 존재하다가, 누군가 그것을 찾으면 온전히 모습을 드러낸다. 어쨌든 찾아내야 존재하기 때문에 흔적은 흔적이다. 도시 공간에서의 흔적은 비장소를 장소로 만드는 데 큰 역할을 한다. 그렇다면 확장된 도시가 된 매체 공간에서도 흔적이 그런 역할을 한다고 볼 수 있다. 매체 공간에서 이제 문제가 되는 것은 너무나도 많은 흔적과 삭제되지 않는 흔적들이다. 이러한 흔적들이 때로는 증거의 역할을 하기도 하고, 또 때로는 흔적을 남긴 이들을 끝없이 괴롭히기도 한다.

---

40)　마루타 하지메,『'장소'론: 웹상의 리얼리즘과 지역의 로맨티시즘』, 박화리·윤상현 옮김, 심산, 2011, 13쪽.
41)　Lutz Ellrich, "Die Realität virtueller Räume: Soziologische Überlegungen zur ›Verortung‹ des Cyberspace", S. 95.

　　　　　　　　　　　　　　　　　　　　　　　I. 매체와 공간

매체 공간에서 스스로 흔적을 남겼지만, 나중에 그 흔적을 없애고 싶은 경우가 생긴다. 또 본인이 원하지 않았는데도, 흔적을 남기는 경우가 허다하다. 문제는 남겨진 흔적보다 지워지지 않는 흔적이다. 이곳에서는 현실 공간에서 흔적을 둘러싸고 제기되었던 여러 문제들, 즉 흔적의 강제적 소멸 또는 강제적 복원이 문제가 아니라, 영원히 지워지지 않는 흔적들이 문제다. 남겨진 흔적들은 언제든지 검색이라는 행위를 통해 소환된다. 강제적 복원도 쉽고, 이를 전달하는 것도 쉽다. '검색되지 않을 권리'와 '잊혀질 권리'가 그 어느 때보다도 중요해졌다. 영원히 망각되지 않은 채 남아 있거나 지워지지 않는 흔적을 상흔처럼 가지고 있을 수밖에 없다면, 이는 너무나도 큰 불행이다. 매체 공간의 거주민들의 흔적 찾기를 시도하는 사람도 많다. 이들은 일명 '성지 순례'라는 이름으로 타인이 남긴 흔적을 추적하고 찾아낸다. 숨길 수 있는 것은 아무것도 없다. 이곳에서는 모든 것이 기록되고, 보존되고, 전달될 수 있다. 매체 공간은 망각이 사라진 공간이 되었다. 모든 것이 기록되고 기억되는 망각 없는 삶이 과연 행복할까? 아마도 매우 불행할 것이다.

4. 혼종화된 매체 공간에서의 산책자[42]

앞에서 이미 살펴보았듯이, 도시는 매체 공간과의 혼종화를 통해 확

42) 이 절의 일부는 다음의 글들의 일부를 토대로 재구성한 것임을 밝힌다. 심혜련, 「매체공간의 혼종화와 지각의 확장에 관하여」, 『시대와 철학』 제28권 4호, 한국철학사상연구회, 2017, 59쪽; 심혜련, 「확장된 도시 읽기: 벤야민의 도시 인상학을 중심으로」, 『도시인문학연구』 제14권 1호, 서울시립대학교 도시인문학연구소, 2022, 48~49쪽.

장되었다. 이와 마찬가지로 매체 공간도 도시 공간과의 혼종화를 통해 확장된다. 확장된 도시가 된 매체 공간에서도 도시 공간처럼 군중도 산책자도 존재한다. '네티즌'과 '유저'가 바로 그들이다. 이들은 구성되는 방식과 특징 그리고 산책자와의 관계도 이전의 군중과 다를 바 없다. 이들은 혼종화된 매체 공간에서 군중처럼 이리저리 배회하고, 산책한다. 매체 공간에서 산책도 충분히 가능하다. 그것도 디지털 매체 공간에서만 산책이 가능한 것이 아니라, 기존의 매체를 중심으로도 산책이 가능하다. 한 곳에 느긋하게 앉아 TV 채널을 이리저리 돌리는 행위(zapping)도 일종의 산책이라고 볼 수 있다.[43] '매체 산책자'는 이러저리 채널을 돌리면서 다양한 이미지의 세계를 산책하고, 또 다양한 정보들을 취한다. 심지어 많은 홈쇼핑 채널의 쇼호스트들은 마치 대도시에서 상품을 판매하던 샌드위치맨과 같은 역할을 한다. 프로그램들을 시청할 수 있는 플랫폼이 다양해진 지금, 산책자가 산책할 수 있는 영역도 더 넓어졌다. 인터넷 공간은 군중과 산책자들에게 더 없이 좋은 체험 공간의 역할을 수행한다. 디지털 매체 공간이 도시로 확장된 지금, 새롭게 등장한 '데이터 산책자'들은 드러내기, 엿보기 그리고 다른 데이터 산책자들과 더불어 상호작용하면서 그곳에 흔적을 남긴다.[44] 매체 공간에 '데이터 산책자'가 등장한 것이다. 익명의 무리인 군중들 사이에 있던 산책자는 이제 매체 공간에서 유저들 사이에서 데이

---

43) Dieter Daniels, *Kunst als Sendung. Von der Telegrafie zum Internet*, München: Verlag C. H. Beck, 2002, S. 189.

44) 참조: *Ibid.*, S. 190~195. 다니엘스는 산책자를 매체와 연관해서 '매체 산책자'라는 용어를 사용한다(S. 193). 페터 그로스도 매체 공간의 도시성 (Urbanität)이 정신 분산적인 포스트모던적 산책자(der postmoderne Flaneur)의 등장을 가능하게 했다고 한다(참조: Peter Gross, "Wrack und Barke", in: Hrsg. Ursula Keller, *Perspektiven metropolitaner Kultur*, Frankfurt am Main: Suhrkamp Verlag, 2000, S. 188).

터 산책자로 존재하는 것이다.[45]

　　매체 공간의 산책자는 여기와 저기를 자유롭게 오가며, 일상적으로 살아간다. 이 공간에서 체험 주체는 유목민으로 살아가기도 하며, 또 자기만의 장소를 구축하면서 정주민과 유사한 삶을 살아가기도 한다. 이들은 대도시의 등장 초기에 새로운 집단으로 등장한 대중들처럼, 익명성 뒤로 자신을 숨기기도 하며, 또 때로는 산책자처럼 대중들 속으로 숨어들거나 또는 이들을 다른 시선으로 관찰하기도 한다. 이들은 매체 공간이 제공하는 환영을 즐김과 동시에 이 공간이 기존의 권력관계와 이데올로기를 그대로 반영할 경우 이를 비판하기도 한다. 이들은 매체 공간의 문제를 논의하기 위해 현실 공간에서 만나기도 한다. 이뿐만 아니라, 현실 공간을 변화시키기 위해 매체 공간에서 모이기도 한다. 이들은 매체 공간을 다르게 전유하기도 한다. 이들은 자신만의 방식으로 매체 공간을 끊임없이 변주하면서, 그들만의 공간들을 만들어 내는 것이다. 이들은 현실 공간이 가지고 있는 권력 구조들을 재편하고자 하며 또 때로는 현실 공간에 대항하는 문화를 형성하려고 한다. 매체 공간에서 새로운 집단을 형성해서 자신의 목소리를 분명하게 내기도 한다.

　　이들은 매체 공간에서 일종의 '커뮤니케이션 게릴라'(Kommuni-kations guerilla)처럼 행동하기도 한다.[46] 동시에 이들은 이 공간을 충분히 즐긴다. 새로운 놀이 공간으로 등장한 매체 공간에서 호모 루덴스로서의 존재감을 유감없이 발휘한다. 벤야민식으로 말하자면, 이들은 즐기면서 비판할 수 있는 '정신이 산만한 시험관'(ein zerstreuter

---

45) 레프 마노비치, 「컴퓨터 스크린의 고고학을 향하여」, 343쪽.

46) Marcus S. Kleiner, *Medien-Heterotopien. Diskursräume einer gesellschaftskritischen Medientheorie*, Bielefeld: transcript Verlag, 2006, S. 394.

Examinator)인 것이다.[47] 도시의 산책자는 '정신 분산적 지각'(Zer-streuung)을 통해 공간을 체험한다.[48] 집중이 아니라 정신이 분산된 상태에서 이미지들의 세계를 수용하는 것을 의미한다. 산책자는 자기가 관심 있는 것들에 마치 탐험가처럼 다가간다. 그리고 그 과정들은 흔적으로 남는다. 산책자는 다중적 성격을 지닌다. 즉 이들은 감성적이며 이성적이다. 비판적이며 순응적이다. 진지하며 가볍다.

매체 공간에서 산책자들은 다양한 정보들 사이사이를 넘나든다. 어떤 정보에는 깊은 공감을 하고, 또 어떤 정보들은 그저 일별하며 지나친다. 이러한 과정에서 산책자들은 네티즌의 일부가 되기도 하고, 또 때로는 그들로부터 거리를 둔 채, 그들에게 비판의 시선을 보내기도 한다. 그러나 이 또한 다른 네티즌의 일부가 되기도 한다. 매체 공간에서 이러한 산책자의 존재가 필요하다. 산책자의 산책을 통해 매체 공간은 사이버메트로폴리스가 될 수 있기 때문이다. 도시 공간에서처럼 매체 공간에서 산책자들은 그 공간을 읽으면서 자신이 남긴 흔적과 우연히 또는 의도적으로 만난다. 이곳은 기존의 도시 공간에서보다 흔적이 더욱 많이 남아 있고, 읽기도 용이하다. 그래서 때로는 흔적 읽기보다는 흔적 지우기가 문제가 되기도 한다. 지워지지 않는 흔적들은 기억보다는 악몽으로 작용하기 때문이다. 심지어 죽은 자들조차 이 흔

---

47) 영화 등장 초기 벤야민은 영화를 수용하는 주체가 무비판적으로 영화를 즐기는 것이 아니라, 비판하면서 즐긴다고 강조한 바 있다. 나는 이러한 벤야민의 논의를 받아들여, 매체 공간에서의 체험 주체도 이와 유사한 특징을 갖는다고 본 것이다. 이와 관련된 벤야민의 논의는 다음 책을 참조 바람: 심혜련, 『20세기의 매체철학: 아날로그에서 디지털로』, 그린비, 2012, 62~67쪽.

48) 발터 벤야민, 「기술복제시대의 예술작품」, 『발터 벤야민 선집 2』, 최성만 옮김, 도서출판 길, 2008, 90쪽. 여기서 역자는 'Zerstreuung'을 '정신 분산'으로 번역하고 있으나, 이 글에서는 '정신 분산적 지각'으로 수정해서 사용하고 있음을 밝힌다.

적으로부터 벗어나지 못한다. 벗어나기 위해서는 마치 현실 공간에서처럼 '디지털 장례식'을 해야만 한다.

　환영을 위해 또는 좀 더 편안한 일상을 위해 만들어진 매체 공간이 혼종화되면서, 너무나 많은 흔적을 보유하게 되었다. 남겨진 흔적들은 언제 어디서나 손가락 움직임 하나로 또는 간단한 음성으로 모니터 위에서 되살아난다. 존재와 비존재 사이에 있던 흔적에서 존재성만이 부각된다. 흔적의 존재적 특징인 모호성이 사라진 지 오래다. 흔적이 더 이상 흔적이 아닌 것으로 되었다. 굳이 어렵게 탐색할 필요도 또그 흔적을 읽고 이해하려고 애쓸 필요도 없다. 더 큰 문제는 흔적의 조작이다. 이미 현실과 가상의 경계가 해체되고, 현실 공간과 매체 공간이 혼종화되었다고 해도 이러한 흔적의 조작마저 용인될 수 있는 것은 아니다. 혐오, 배제, 폭력을 위해 사용되는 흔적의 조작은 누구나에게 독으로 작용할 수 있다. 사실 조작된 것들은 흔적이라고 볼 수 없다. 그런데 많은 흔적들이 조작된다. 때로는 조작임을 알고서도 매체 공간에서 발생하는 이미지를 중심으로 한 폭력에 가담하기도 한다. 그 어떤 주저함 없이 말이다. 이미지의 힘 또는 폭력에 무감각해진 것이다. 언젠가 매체 공간에서 나라면 결코 하지 않았을 말과 행위를 하고 있는 또 다른 나를 보게 될까 두렵기도 하다.

4장. 혼합현실과 헤테로토피아[1]

1. 또 다른 현실 공간

2020년 코로나 팬데믹 이후, 우리의 삶은 극적으로 변화했다. 그리고 우리는 안다. 우리의 삶이 이전으로 돌아갈 수 없다는 사실을 말이다. 극적인 변화의 중심에는 '시간'과 '공간'이 있다. 과거와는 또 다른 시공간과 그곳에서의 삶이 우리에게 강제되었다. 매체 공간과 실제 공간은 긴밀하게 결합했고, 그 결과 우리 삶의 영역은 점점 더 확장되었다. '실시간', '동시 접속', '현전', 그리고 '공-현전'이라는, 매체에 의해 매개된 시공간이 성큼 우리의 삶 속으로 들어왔다. 변화된 시공간은 삶의 방식에 결정적으로 작용한다. 타인과의 소통과 접촉을 중심으로 살아오던 인간들에게, 또 다른 방식의 소통이 요구되었다. 그 과정에서 접촉 대신 접속을 중심으로 한 소통이 전면에 등장했다. 실제 공간에서는 '사회적 거리두기'가 강제되었기에 많은 사람은 매체 공간으로 '장소'(?)를 옮겨 공적인 일뿐만 아니라, 사적인 일들도 처리하기 시작했다. '비대면' 또는 '매체가 매개된 대면'이라는 방식으로 말이다.

1) 이 장은 다음의 논문을 수정·보완한 것임을 밝힌다. 심혜련, 「매체공간, 확장된 현실 그리고 헤테로토피아」, 『Journal of Artificial Intelligence Humanities』 Vol. 11, Humanities Research Institut, 2022, 9~35쪽.

물론 이러한 변화가 팬데믹 이후 새롭게 등장한 현상은 아니다. 그러나 이토록 전면적인 그리고 강제적인 현상은 아니었다. 앞서 '현실 공간의 혼종화'와 '매체 공간의 혼종화'에서 살펴보았듯이, '거리두기'로 인해 물질적인 현실 공간은 '텅 빈 공간'이 되었고, 매체 공간은 매우 혼잡한 공간이 되었다. 그 당시 '거리두기'로 인해 일순간 정지되었던 일상의 생활 중 많은 부분이 '그곳'으로 옮겨져 행해졌다. 이뿐만 아니라, 공연과 전시는 물론이며, 사적인 모임도 '그곳'에서 '랜선'으로 만나 지인들과 소소한 이야기들을 나누고 심지어 각자의 공간에서 매체로 소통하면서 파티를 즐기게 되었다. 또는 온라인에서만 만나는 디지털 지인들과의 관계가 더욱 돈독해지기도 했다. 현실의 성별, 나이, 직업 등등은 중요하지 않다. 그저 관심사만 공유하면 이들은 얼마든지 친밀한 관계를 유지할 수 있다. 매체 공간은 또 다른 친밀성의 공간이 되었다. 이제 매체 공간은 단순히 매체 공간이 아니라, '또 다른 현실 공간'이 되었다. 그곳에서의 삶도 '또 다른 삶'이 되었다. 매체 공간과 기존의 실제 공간들이 공진화하면서 혼종화된 것이다.

　　혼종화의 결과가 바로 '혼합현실'(mixed reality)이다. 혼합현실 또한 일상적 기능만 수행하지는 않는다. 도시에 일종의 틈새 또는 여백의 공간이 존재하면서 또 다른 기능들을 수행했던 것처럼, 혼합현실에서도 기존의 공간과는 다소 배치되는, 즉 관습에서 벗어나는 '또 다른 공간'적 모습과 기능이 두드러지게 나타난다. 일찍이 미셸 푸코가 '헤테로토피아'(Heterotopia)라고 규정했던 그러한 공간이 매체 공간에서도 실제 공간에서도 또 혼종화된 공간에서도 등장했다. 따라서 이 장에서는 푸코의 헤테로토피아 개념을 중심으로 매체 공간을 혼합현실로 규정하고 이를 분석하고자 한다. 잘 알려진 것처럼, 헤테로토피아는 푸코의 대표적 공간 개념이다. 그가 헤테로토피아라는 개념을 통해 주장하고자 했던 것은 분명하다. 그는 실제 공간에서 다소 이질적인 또는 비관습적인 역할을 통해 공간들이 재배치되는 것을 보여 주고자 했다. 이러한 공간의 재배치에 의해 특정 장소들은 때로는 지극히 현실적인 공간이, 또 때로는 지극히 비현실적인 공간이 된다. 이러한 그의 공간에 대한 새로운 분석은 매체 공간에도 충분히 적용될 수 있다. 이미 매체 공간은 헤테로토피아적이기 때문이다.

매체 공간은 현실 공간으로 작용함과 동시에 여전히 현실 공간에 대한 '반(反)공간' 또는 '현실과는 다른 공간'으로도 작용하고 있다. 가상현실을 넘어 최근에 본격적으로 논의되는 '증강현실', '혼합현실', '확장현실' 그리고 메타버스는 이미 그 자체가 헤테로토피아로 기능하고 있다고 해도 과언이 아니다. 이러한 현실들은 모두 '매체적 헤테로토피아'이다. 물론 매체적 헤테로토피아가 디지털 시대에 갑자기 등장한 것은 아니다. 그 이전의 상황에서도 매체적 헤테로토피아는 있었다. 앞에서 이야기한 환영적 매체 공간들은 매체적 헤테로토피아였다. 그럼에도 불구하고 아직 매체적 공간 그리고 매체로 인한 공간의 변화에 대해 헤테로토피아 이론을 중심으로 설명하고자 하는 시도는 많지 않다. 이미 매체 공간이 헤테로토피아적 원리를 구현하고 있음이 너무나도 당연해서일까? 설령 그렇다 하더라도 어떻게 그 원리가 구현되고 있는지를 살펴볼 필요가 있다.

이를 위해 먼저 푸코의 헤테로토피아 개념을 살펴본 후, 그다음 매체적 헤테로토피아를 디지털 이전과 이후로 나누어 살펴볼 것이다. 마지막으로 이러한 공간에서 어떤 주체들이 등장하고, 새롭게 등장한 주체들을 어떻게 바라봐야 하는지를 언급하고자 한다. 혼종화된 현실 공간과 매체 공간에서 산책자라는 존재의 필요성에 관해 이야기했듯이, 또 다른 공간에서의 또 다른 주체, 즉 '혼종화된 주체'에 대해 언급할 필요가 있다. 공간의 변화는 필연적으로 그곳에서 삶을 살아가는 주체들의 의식에 영향을 주기 때문이다. 즉 디지털 헤테로토피아라는 공간에서 디지털 페르소나의 삶을 살펴보고자 한다.

2. 현실 공간에서의 헤테로토피아

철학에서 시간과 공간은 항상 중요한 문제였다. 논쟁의 대상이 된 시간과 공간은 대부분 추상적, 개념적 또는 과학적이었다. 추상적 차원에서 진행된 시간과 공간을 둘러싼 논쟁은 절대성과 균질성을 중심으로 진행되었다. 그러나 절대적 시간과 균질적 공간에 대한 믿음 그리고 이를 둘러싼 다양한 철학적 논의들도 결국 균열되었다. 19세기가 바로 이러한 균열이 본격적으로 시작되는 시기라고 할 수 있다. 절대적 시간 대신 상대적 시간의 등장 그리고 균질적 공간 대신 상대적이며 이질적인 공간에 대한 논의가 시작된 것이다. 이러한 논의는 시공간에 대한 지각 방식의 변화에도 영향을 주었다. 절대적으로 주어진 시공간이 아니라 구성되는 시공간, 더 나아가 지각 주체에 따라 구성되는 시공간에 대한 사유가 본격적으로 시작되었다. 이러한 변화는 추상적 시공간에 관한 관심을 일상적이며 구체적인 시공간에 관한 관심으로 전환하는 데 결정 요소로 작용했다.

시공간에 대한 이러한 사유의 전환은 과학기술의 발전과 불가분의 관계를 맺고 있다. 다양한 과학기술의 발전으로 인해 시공간에 대한 사유뿐만 아니라, 이에 관한 재구성 과정이 동시에 진행되었기 때문이다. 잘 알려진 것처럼, 산업혁명 이후 본격적으로 등장한 교통·통신의 발전은 시간과 공간에 결정적인 변화를 가져왔다. 교통·통신의 발전과 그 이후 진행된 매체의 발전은 '지금'이라는 현재 시간을 더욱 확장했다. 확대된 동시성은 결국 "두터워진 현재"라는 새로운 시간에 대한 사유를 가능하게 한 것이다.[2] 공간을 둘러싼 상황도 이와 매우 유사하다. 확대된 동시성은 공간도 확장했다. 좀 더 빠른 속도에 대한 열망은 '지금'이라는 현재적 시간에 도달할 수 있는 '여기'라는 공간을 확장했기 때문이다. 이 모든 시공간을 둘러싼 변화들은 '도시'라는 새로운 공간적 현상으로 집중되었다. 도시는 오랫동안 일상생활의 대표적 공간이었다. 이뿐만 아니라, 문화적·예술적 공간의 중심이 되었다. 도시는 새로운 사유와 문화예술 그리고 자본의 중심이 된 것이다. 모든 것들이 도시로 향했고, 도시는 그만큼 더 밖으로 확장되었다. 그러나 이러한 도시의 외부적 확장에도 결정적인 변화가 일어나기 시작했다. 그것은 바로 '디지털 매체'의 등장이다.

디지털 매체는 또 다른 시공간의 탄생을 가능하게 했다. 빠른 속도 없이도 얼마든지 '지금'이라는 시간 안에서 공간이 확장될 수 있기 때문이다. '여기'와 '저기'의 구분은 의미가 없어졌다. '도시의 디지털화'는 기존의 도시 공간을 재편하기 시작했다. 재편의 과정에서 매체 공간은 또 다른 일상 공간으로 작용하기 시작했다. 이 과정에서 윌리엄 미첼의 주장처럼, 디지털 매체와의 적극적인 결합을 통해 새롭게 태어난 도시만이 기존의 도시와 같은 역할을 할 수 있게 된 것이다. 그는 디지털 매체와의 결합의 필연성을 매우 강하게 주장한다. 결합하지 않으면 기존의 도시는 종말을 선언할 수밖에 없다고 말이다. 그는 디지털 매체 시대에 네트워크로 매개된 대도시만이 오래 살아남을 것이

---

2) 스티븐 컨, 『시간과 공간의 문화사 1880~1918』, 박성관 옮김, 휴머니스트, 2004, 209쪽.

라고 보았다.[3] 그의 주장은 지극히 타당하다. 지금의 대도시는 디지털 매체 공간과의 혼종화로 거듭 변화하고 있기 때문이다. 한마디로 말해서, 매체 공간과 실제 공간은 공진화의 관계에 놓여 있다. 공진화로 인해 공간은 점점 더 헤테로토피아적으로 작용하게 된 것이다.

　　푸코의 헤테로토피아에 대한 논의는 무엇보다도 공간에 관한 관심에서 시작된다. 그는 공간을 중심으로 새로운 시대가 열릴 것으로 전망했다. 즉 그는 "역사라는 거대한 강박관념"이 지배했던 19세기와는 달리 20세기는 '공간의 시대'가 될 것이라고 보았다.[4] 그는 계속해서 설명한다. 공간의 시대란 "동시성의 시대, 병렬의 시대, 가까운 것과 먼 것의 시대, 인접성의 시대, 분산의 시대"를 의미한다고 말이다.[5] 이러한 시대에 인간은 "세계를 시간의 흐름에 따라 발전하는 거대한 생명체로서보다는, 여러 지점을 연결하고 그 실타래를 교차시키는 네트워크로서 경험"할 것이라고 한다.[6] 이러한 푸코의 주장은 공간에 대한 철학적 사유에서 커다란 분기점이 되었다고 볼 수 있다.[7] 그 이유는 푸코는 기존의 공간에 대한 접근 방식에서 벗어나 인문 지리학 또는 문화 지리학적 관점에서 공간을 연구할 수 있는 계기를 제공해 주었다고 볼 수 있기 때문이다.[8]

3) 윌리엄 미첼, 『e-토피아』, 강현수 옮김, 한울, 2001, 21쪽.

4) 미셸 푸코, 『헤테로토피아』, 이상길 옮김, 문학과지성사, 2014, 41쪽.

5) 같은 책, 41쪽.

6) 같은 책, 41쪽.

7) 공간에 관심 있는 많은 철학자는 푸코가 「다른 공간들」이란 글을 발표했던 1967년 3월 14일이 공간 철학에서 중요한 분기점이 되었다고 한다(참조: Marc Jongen, "Philosophie des Raum", in: Hrsg. Marc Jongen, *Philosophie des Raumes: Standortbestimmungen ästhetischer und politischer Theorie*, München: Wilhelm Fink Verlag, 2010, S. 10; Stephan Günzel, "Einleitung", in: Hrsg. Stephan Günzel, *Raumwissenschaften*, Frankfurt am Main: Suhrkamp Verlag, 2009, S. 10~11).

8) Stephan Günzel, Ibid., S. 10.

I. 매체와 공간

푸코의 공간에 대한 접근 방식과 사유는 지극히 철학적이지만, 이를 사회적이며 문화적으로 표현한다. 그의 '헤테로토피아' 개념이 특히 그렇다. 그는 헤테로토피아라는 공간을 이야기할 때, 많은 예들을 들어 설명한다. 그럼에도 불구하고 이 개념은 상당히 모호하기 때문에, 명확히 정의하기가 사실 어렵다. 푸코 자신도 이 개념을 명확히 정의하려고 하지 않는다. 이런 이유에서 헤테로토피아는 다양하게 해석될 수 있다. 해석의 다의성은 장단점을 갖는다. 다양한 영역에서 다양하게 해석될 수 있다는 장점과 더불어, 해석의 모호함이 여전히 문제가 될 여지가 많기 때문이다. 때론 상이한 해석이 가능함에도 불구하고, 푸코가 헤테로토피아의 정의와 관련해서 비교적 정확히 서술한 것도 있다. 이러한 서술은 바로 기존 장소와의 관계 속에서 헤테로토피아를 자리매김할 때 드러난다. 그것은 바로 "다른 모든 공간에 대한 이의 제기"로서의 헤테로토피아이다.[9] 어떤 헤테로토피아든 또는 어느 시기의 헤테로토피아든 간에 그것은 분명히 기존의 장소에 대해 '반(反)공간'(contre-espaces)으로 작용한다는 것이다.

푸코에 따르면, 이러한 특징이 헤테로토피아에 관한 가장 본질적인 것이라고 한다.[10] 물론 유토피아(Utopia)도 헤테로토피아처럼 다른 공간에 대한 이의 제기라고 볼 수 있다. 그러나 위치를 점유하지 않는 유토피아와는 달리 헤테로토피아는 위치를 갖기 때문에 실재하는 반공간이라고 할 수 있다.[11] 그렇다고 해서 헤테로토피아를 장소와 직접적으로 연결되는 토포스(Topos)적인 공간으로 해석해서는 안 된다. 실재하는 반공간이긴 하지만, 헤테로토피아 역시 유토피아처럼 토포스

9) 미셸 푸코, 『헤테로토피아』, 24쪽.
10) 같은 책, 24쪽.
11) 같은 책, 13쪽.

없는 공간으로 해석 가능하기 때문이다.[12] 왜냐하면 푸코에 따르면, 헤테로토피아는 "모든 장소의 바깥에 있는 장소들"로 기능함으로써 다른 모든 공간에 이의 제기를 하기 때문이다.[13]

아이들의 경우 정원, 다락방, 놀이용 텐트 그리고 부모님의 침대 등등이 헤테로토피아의 예가 될 수 있다. 사실 아이들은 모든 장소에서 모든 장소를 그곳에 반(反)하는 장소로 쉽게 전환한다. 어른들도 마찬가지다. 다만 아이들과 달리 어른들은 스스로 반공간을 구체적으로 조직한다. 정원, 감옥, 사창가 그리고 식민지가 그 예다. 이러한 헤테로토피아에 관한 규정과 그 예들을 봐도 사실 어떤 장소를 의미하는지 명확히 이해되긴 다소 어렵다. 특히 유토피아처럼 도달할 수 없는 희망의 장소를 의미하는 것인지, 아니면 기존 장소에 대한 부정을 의미하는지도 잘 드러나지 않는다. 앞서 이야기한 해석의 다의성이 바로 이러한 모호함에서 발생한다고 볼 수 있다. 헤테로토피아를 좀 더 잘 이해하기 위해서는 푸코가 제안한 헤테로토피아에 관한 연구, 즉 '헤테로토폴로지'(hétérotopologies)의 원리들에 대해 살펴볼 필요가 있다.

헤테로토폴로지의 첫 번째 원리는 헤테로토피아는 언제 그리고 어디에서나 존재한다는 데 있다. 푸코에 따르면, 헤테로토피아를 구성하지 않는 사회는 없다. 따라서 헤테로토피아는 모든 사회에서 이질적인 장소로 기능하지만, 어디서나 존재하는 그런 곳이다. 특별한 장소는 아니라는 것이다. 사회에 따라 다른 기능을 부여받을 수 있는 헤테로

12)   Justus Fetscher, "Paris—die namenlose Stadt: Literarisierungen des urbanen Raums in Rilkes *Aufzeichnungen des Malte Laurids Brigge* (1910) und Apollinaires »Zone«(1912)", in: Robert Stockhammer (Hrsg.), *TopoGraphien der Moderne: Medien zur Repräsentation und Konstruktion von Räumen*, München: Wilhelm Fink Verlag, 2005, S. 159~160.
13)   미셸 푸코, 『헤테로토피아』, 47쪽.

I. 매체와 공간

토피아는 가변적이다.[14] 원시사회에서 19세기에 이르기까지 주로 "생물학적 헤테로토피아"들과 "위기의 헤테로토피아"들이 존재했다.[15] 사회가 그러한 헤테로토피아를 요청했기 때문이다. 따라서 이러한 헤테로토피아들은 때로는 특권화되고 신성화된 장소로, 또 때로는 여성과 남성만을 위한 별도의 장소로, 또 때로는 특정 집단이 거주하는 장소로 등장했다. 생리적인 현상과 출산을 위한 여성들의 오두막, 소년들을 위한 기숙학교 그리고 군대 등이 그 예다.[16] 이러한 헤테로토피아들은 20세기에 와서는 주로 "일탈의 헤테로토피아"로 전환된다.[17] 일상적이면서, 일상으로부터 일탈해야만 하는 장소로 전환되는 것이다. 요양소, 정신병원, 양로원 그리고 감옥 등이 그 예다.[18] 이러한 첫 번째 원리에서 보았을 때, 분명한 것은 헤테로토피아가 긍정 또는 부정적인 장소만을 의미하지는 않는다는 것이다. 위에서 푸코가 언급한 구체적 장소의 예들은 모두 긍정과 부정의 요소들을 가지고 있기 때문이다. 누군가에게는 긍정으로, 다른 누군가에게는 부정으로 작용한다. 따라서 헤테로토피아는 어떤 사회에서든 양가감정의 대상이 된다.

헤테로토폴로지의 두 번째 원리는 헤테로토피아의 변화 가능성이다. 즉 영원한 헤테로토피아는 없다는 것이다. 푸코에 따르면, 헤테로토피아는 역사의 과정에서 완전히 사라지기도 하고, 또 때로는 새로운 모습으로 등장하기도 한다.[19] 이뿐만 아니라, 동일한 기능을 수행하던 헤테로토피아도 사회적 변화에 따라 다른 평가를 받을 수도 있다.

14) 같은 책, 15쪽.
15) 같은 책, 16쪽.
16) 같은 책, 16쪽.
17) 같은 책, 16쪽.
18) 같은 책, 17쪽.
19) 같은 책, 17쪽.

고정된 형태와 고정된 기능 그리고 고정된 평가를 받는 영원한 헤테로
토피아는 없는 것이다. 세 번째 원리는 헤테로토피아는 서로 양립 불
가능한 이질적인 공간들의 겹쳐짐으로써 존재한다는 데 있다.[20] 네 번
째 원리는 시간, 즉 '헤테로크로니아'(Heterochronie)와의 관련성이다.
헤테로크로니아는 흐르는 시간을 하나의 장소에 모아 둠으로써 가능
한 시간적 특성이다. "더 이상 시간이 흐르지 않는 장소"이지만, 그 장
소에서는 "무한히 쌓여 가는 시간"을 볼 수 있다. 그곳이 바로 헤테로
토피아다. 묘지, 박물관 그리고 도서관 등이 그 예가 될 수 있다.[21] 이와
반대되는 헤테로토피아도 있다. "영원성의 헤테로토피아가 아닌, 한
시적인 헤테로토피아"가 있다.[22] 임시로 구성되었다가 흩어지는 그러
한 헤테로토피아도 존재하는 것이다. 대표적으로 특정 시기에 열리는
각종 축제가 여기에 해당된다.

다섯 번째 원리는 존재 방식과 관련된다. 푸코에 따르면, 헤테로
토피아는 "주변 환경으로부터 고립시키는 열림과 닫힘의 체계"를 갖
고 있다고 한다.[23] 고립, 즉 다른 장소에서 벗어나 있기에 열림과 닫힘
의 체계를 가질 수밖에 없는 것이다. 위에서 언급한 많은 헤테로토피
아적 장소들 모두 이 체계를 가지고 있다고 볼 수 있다. 이와 달리, 열
림과 닫힘의 구조에서 벗어난 헤테로토피아도 있다. 그런데 여기서 반
전이 일어난다. 바로 열려 있고, 누구나 들어갈 수 있다는 것은 사실 환
상이라는 것이다. 이와 관련해 푸코는 다음과 같이 말한다. "반면 외부
세계에 닫혀 있지 않고 전면적으로 열려 있는 또 다른 헤테로토피아도

---

20) 같은 책, 18~19쪽.
21) 같은 책, 20쪽.
22) 같은 책, 21쪽.
23) 같은 책, 22쪽.

I. 매체와 공간

있다. 누구라도 거기 들어갈 수 있지만, 사실 일단 들어가고 나면 그것은 환상일 뿐, 어디에도 들어간 것이 아니라는 점을 직감하게 된다. 그 헤테로토피아는 열린 장소이지만 당신을 계속해서 바깥에 놔두는 속성을 가진다."[24] 헤테로토피아는 "미묘한 배제"를 감추고 있다.[25] 그곳에서 배제된 사람들은 그 사실을 모른다.

마지막 여섯 번째 원리는 헤테로토피아가 나머지 공간에 대해 갖는 기능과 관련된 것이다.[26] 푸코는 이 기능이 극단적 방식으로 전개된다고 한다. 이 기능이 전개되는 방식이 매우 흥미롭다. 푸코에 따르면, 헤테로토피아는 환상 공간을 만들어 내는데, 그 환상 공간이 현실 공간을 더욱 환상적으로 만든다는 것이다. 환상 공간의 기능을 수행함으로써 현실 또한 환상 공간임을 역설적으로 드러낸다고 볼 수 있다. 이러한 원리를 가진 헤테로토피아는 한마디로 말해서 기존의 공간과는 '또 다른 공간'이다. 이 또 다른 공간인 헤테로토피아는 기존의 공간에서 스스로 이질적으로 존재하기도 하고, 또 기존의 다른 공간들을 이질적으로 배치하기도 한다. 낡은 짐들의 창고인 다락방 또는 부모의 침대가 아이들에게 은밀한 놀이터가 되듯이 말이다. 다락방과 침대가 놀이터가 되는 순간, 이곳은 헤테로토피아가 되는 것이다. 도시 공간에서도 상황은 마찬가지다. 신성과 관련된 성당은 결혼, 세례 그리고 장례식에 따라 매우 이질적인 공간으로 배치된다. 병원, 학교, 군대 등

---

24) 같은 책, 22쪽.
25) 같은 책, 56쪽.
26) 헤테로토폴로지의 마지막 여섯 번째 원리는 「헤테로토피아」에는 없고, 「다른 공간들」에서만 등장한다. 잘 알려진 것처럼, 「헤테로토피아」(1966)는 강연 원고이고, 「다른 공간들」(1967)은 강연을 좀 더 정리한 발표문이다. 그러므로 이 두 개의 글은 거의 같은 글이라고 볼 수도 있지만, 다른 점도 있다. 이 여섯 번째 원리가 그중 하나다.

등 특정 기능을 수행하는 장소도 마찬가지다. 이러한 헤테로토피아가 긍정적 또는 부정적 역할을 수행하는지 여부는 그다지 중요한 문제가 아니다. 헤테로토피아는 두 가지 기능을 동시에 수행하기도 한다.

중요한 것은 현실 공간에서의 헤테로토피아의 존재 여부다. 늘 존재했던, 지금도 존재하고 있는 그리고 앞으로 존재할 수밖에 없는 그러한 공간이 바로 헤테로토피아이다. 하지만 헤테로토피아는 늘 같은 모습으로 또 같은 기능으로 존재하는 것은 아니다. 일시적으로 존재할 수도 있으며, 또 이전과는 전혀 다른 기능을 수행하기도 한다. 때로는 욕망의 장소가 될 수도 있고, 또 때로는 금욕의 장소가 될 수도 있는 것이다. 또 때로는 보호의 장소가 될 수도 있고, 또 때로는 위협의 장소가 될 수도 있는 것이다. 따라서 헤테로토피아와 관련해서 확실하게 말할 수 있는 것은 그 어떤 사회에서도 존재한다는 것일 뿐이지, 어떤 곳이 헤테로토피아라고 말할 수는 없다는 것이다. 푸코의 말처럼 모든 사회 속에 존재하는 헤테로토피아는 그 사회 속에서 구성된다. 지금도 마찬가지다. 따라서 푸코가 헤테로토피아를 이야기했던 1960년대 말과는 또 다른 상황이 펼쳐지고 있는 지금, 어디서나 헤테로토피아는 새롭게 구성되고 있다. 특히 우리가 사는 사회에서 새롭게 등장하는 헤테로토피아들은 매체와 긴밀하게 연관되어 있다. 매체적 헤테로토피아가 '또 다른 헤테로토피아'로 등장했다.

3. 매체적 헤테로토피아

과거 헤테로토피아는 주로 기능을 중심으로 생물학적 또는 위기의 헤테로토피아로 존재했다. 특정 장소를 다르게 배치하면서 반공간으로 존재하기도 했다. 여기에 또 다른 헤테로토피아가 더해졌다. 바로 매체적 헤테로토피아가 그것이다. 매체적 헤테로토피아는, 생물학적 헤테로토피아, 위기의 그리고 일탈의 헤테로토피아가 될 수 있다. 왜냐하면 매체 공간은 그 자체가 하나의 헤테로토피아라고 말할 수 있기 때문이다. 매체적 헤테로토피아는 오랜 역사를 지니고 있다. 다만 주목받지 못했을 뿐이다. 모든 매체적 단계에 헤테로토피아가 존재했다. 오래된 구술문화에 등장하는 신들과 영웅들의 세계로부터 시작해서 소설 속의 세계들, 라디오, 텔레비전 그리고 영화는 때로는 유토피아적 세계를 보여 줌으로써, 또 때로는 반(反)유토피아적 세계를 보여 줌으로써 헤테로토피아로 작용했다. 이러한 내용들을 구현한 다양한 매체들은 저항과 순응이라는 작용을 동시에 수행하기도 했다. 매체 속 세계는 현실을 나름대로 재현하면서, 현실과 겹치기도 하고 동시에 어긋나기도 했다.

매체와 관련된 공간들도 마찬가지다. 공연장, 전시장, 콘서트홀 그리고 영화관도 도시 공간에서 지극히 헤테로토피아적 기능들을 수행한다. 이뿐만 아니라, 다양한 쇼핑 공간들도 마찬가지다. 이러한 공간들은 과거의 헤테로토피아들처럼 작용한다. 그러한 공간 안으로 들어가는 것 자체가 헤테로토피아적으로 기능하는 것이라고 볼 수 있다. 이러한 공간들은 주변의 다른 공간들과 분리된 채 존재할 수밖에 없다. 단지 분리에서 그치는 것이 아니라, 주변 공간의 기능과 역행하기도 한다. 존재 자체가 '반공간'이라고 볼 수 있다. 이러한 공간들은 그 공간에서 무엇인가를 기획한 기획자의 의도와 관객의 의도가 일치할 수도 있고, 또 때로는 대립할 수도 있다. 이 또한 전형적인 헤테로토피아적 원리가 작용한다고 볼 수 있는 것이다. 기능적인 면에서도 마찬가지다. 누군가는 이러한 공간들에서 삶에 대한 위로를 받을 수 있으며, 또 누군가는 치열한 삶으로부터 도피할 수 있는 공간으로 작용할 수도 있다. 유토피아적 공간과 디스토피아적 공간 둘 다 가능하다. 어떤 공간으로 존재하든지 간에 이러한 공간들은 이질적인 것으로 존재한다. 그 공간들에서 받을 수 있는 위로와 도피적 망각에 대해서도 서로 다른 평가들이 가능하다. 대중에게 필요한 순기능으로, 또 때로는 대중을 무지몽매하게 만드는 부정적 기능으로 평가받을 수도 있다.

예를 들어, 대표적인 대중적 공간인 영화관을 보자. 영화관을 둘러싼 20세기 초 논쟁을 보면, 그 공간이 갖는 오락적 기능에 대해 상반된 평가가 존재했다. 먼저 영화관이 갖는 오락적 기능에 대해 긍정적으로 보았던 지크프리트 크라카우어(Siegfried Kracauer)의 주장을 살펴보자. 그에게 영화는 한마디로 말해서 "기분전환의 궁전"(die Paläste der Zerstreuung)이었다.[27] 그는 이 공간을 단지 영화를 보는 공간인 '영화관'(Kino)라고 부르는 것은 그 공간에 대한 모멸이라고까지 말한다.[28] 그가 이렇게까지 단언한 이유는 그 당시 영화관의 특징에서 비롯된다고 볼 수 있다. 20세기 초 베를린에 있던 많은 영화관은 지금 보면 다소 기이하다고까지 할 수 있다. 영화관은 마치 궁전처럼 화려했고, 번쩍였다. 영화 상영 전 오케스트라가 웅장한 음악을 연주하기도 했다. 영화관이라는 공간에 조명, 음악 등등 다양한 볼거리들이 화려하게 펼쳐졌다. 대중들은 그렇게 화려하게 꾸며진 영화관에서 마치 귀족들이 문화를 즐기는 것처럼 공간 그 자체와 영화를 즐겼다. 영화와 영화관은 온갖 매체들을 다 동원해서 관객의 감각을 극대화한다. 대도시

---

27) 지크프리트 크라카우어, 「기분전환의 숭배: 베를린의 영화관들에 관하여」, 카르스텐 비테 엮음, 『매체로서의 영화』, 박홍식·이준서 옮김, 이론과실천, 1996, 225쪽.
28) 같은 글, 225쪽.

I. 매체와 공간

에 자신만의 공간을 갖지 못한 많은 대중에게 '한시적'으로 즐길 수 있는 공간이 주변의 다른 공간과는 분리된 채 마련된 것이다. 즉 영화관이 헤테로토피아 그 자체가 된 것이다.

영화를 상영하는 공간이라는 측면에서 영화관을 분석해도 상황은 다르지 않다. 영화가 상영될 때, 영화관은 어둠 속에 잠긴다. 두 시간 남짓 관객은 자신이 처한 현실과 분리된 채, 어둠 속에서 다양한 서사가 펼쳐지는 영상들을 본다. 다양한 서사 위에 온갖 것들이 더해진다. 시각적 이미지와 청각적 효과 등이 더해진다. 영화관에서 영화를 보는 관객들은 자기 나름대로 영화와 영화관이라는 공간을 지각하고 수용한다. 영화가 상영되는 시간 동안 관객은 자신의 현실을 망각할 정도로 몰입한다. 그 공간에서 벗어나면, 관객은 쉽게 현실로 돌아올 수 있다. 많은 영화관은 영화를 보고 나오는 출구 앞에 거울을 장치해 두곤 했다. 이는 과거 우리나라도 마찬가지였다. 상영관을 나오자마자 맞닥뜨리게 되는 거울은 일종의 완충지대다. 이런 거울은 이중적으로 작용한다. 먼저 거울은 우리를 다시 현실로 되돌아오게 만든다. 거울 속의 나를 보면서, 영화가 아닌 거울 속의 나와 마주하면서, 나는 나를 보게 된다. 푸코에 따르면, 이러한 거울은 나를 보게 한다는 의미에서 재귀 효과를 가진 헤테로토피아로 작용한다.[29]

영화를 둘러싼 논쟁에서 테오도어 아도르노(Theodor Adorno)가 보였던 비판적 태도 또한 영화가 가지고 있는 그러한 특성에서 비롯된 것이라고 볼 수 있다. 잘 알려진 것처럼, 아도르노는 처음에는 영화에 대해 매우 비판적이었다. 비판의 핵심은 영화가 일종의 '백일몽' 역할을 한다는 것이다. 불만족스러운 현실에 대해 그 원인을 찾기보다는

---

29) 미셸 푸코, 『헤테로토피아』, 48쪽.

손쉽게 도피할 수 있는 역할을 하는 게 바로 영화라는 것이다.[30] 영화는 도피하고자 하는 고객들에게 기꺼이 장소를 제공한다. 소비자를 위한 것도 아니고, 소비자가 원하는 것도 아니다. 그저 단순한 "고객 봉사"일 뿐이다.[31] 영화관이라는 공간도 마찬가지다. 아도르노는 영화관이 가정주부가 그 누구에게도 방해받지 않고, 어둠 속에 몇 시간 동안 앉아 있을 수 있는 일종의 피난처 역할을 하고 있다고 지적했다. 실업자들에게도 영화관은 마찬가지 역할을 하고 있다고 한다. 물론 아도르노는 이러한 영화관을 일종의 '유흥 장치'로 보고, 삶의 질을 개선하는 데 도움이 안 된다고 비판한다.[32]

　　그러나 역사적으로 유흥을 위한 장소는 늘 있었고, 이 장소들은 헤테로토피아적 기능들을 수행했다. 대표적으로 매음굴이 그렇다.[33] 매음굴이 성적인 유흥 장치였다면, 영화관은 도피, 환상 그리고 보상(compensation)을 위한 헤테로토피아처럼 작용한다고 볼 수 있다. 물론 영화관도 성적인 장소가 충분히 될 수 있다. 어두운 영화관은 연인들에게 또 다른 헤테로토피아일 수 있다. 20세기 초 영화관들은 본래의 목적과는 달리 연인들을 위한 공간으로 작용했고, 그리고 이런 점들을 공공연하게 다음과 같이 광고하기도 했다고 한다. 들어오기만 하라고, 이 영화관이 시 전체에서 제일 어둡다고 말이다.[34] 영화관이라는 장소 그 자체도 이미 현실에서 헤테로토피아적 역할을 수행하고 있는데,

---

30) 테오도어 아도르노, 『한줌의 도덕』, 최문규 옮김, 솔, 2000, 283쪽.

31) 같은 책, 282쪽.

32) 막스 호르크하이머·테오도어 W. 아도르노, 『계몽의 변증법』, 김유동·주경식·이상훈 옮김, 문예출판사, 1995, 193~194쪽.

33) 미셸 푸코, 『헤테로토피아』, 57~58쪽.

34) 루돌프 아름스, 「집회소로서의 영화관」, 카르스텐 비테 엮음, 『매체로서의 영화』, 219~220쪽.

그 공간에서 상영되는 영화도 그런 역할을 하는 것이다. 그 결과 관객은 자신이 처해 있는 현실에서 일시적으로 도피할 수 있는 것이다. 헤테로토피아 그 자체다. 어찌 보면 예술 그 자체가 헤테로토피아 그 자체라고 말할 수 있다. 예술가들은 작품을 통해 헤테로토피아를 구현한다. 현실과 전혀 다른 또는 현실의 재현에 기반을 둔 내용도 또 환상적인 내용 모두 헤테로토피아로 기능하는 것이다.

영화의 한 예만 들어 보자. 봉준호 감독의 영화 「기생충」(2019)에서는 헤테로토피아적 원리가 아주 잘 드러나고 있다. 영화에서 보여 준 공간적 배경과 내용이 그 원리를 잘 보여 준다. 영화에서 주된 공간적 배경은 세 곳이다. 박 사장(이선균)의 저택과 그 안에 숨겨진 문광(이정은) 부부의 공간인 지하실, 그리고 기택(송강호)의 반지하 집이다. 지상의 저택, 반지하 그리고 지하의 공간들은 지극히 위계적이다. 자본에 따른 계급적 차이를 그대로 보여 준다. 경계도 분명하다. 경계를 결코 넘나들 수 없을 것이다. 넘나들려고 하다가 비극을 맞이한 기택의 가족이 그러한 '넘나들 수 없음'을 보여 준다. 그러나 경계는 있지만, 이러한 세 공간은 반드시 공존해야 한다. 지상의 저택은 반지하와 지하가 없으면 존재할 수 없다. 저택에 사는 박 사장 가족은 지하와 반지하에 사는 사람들의 노동 없이는 아무것도 못한다. 박 사장 가족은 그들 노동에 기생하는 '기생충'이다. 공간이든 사람이든 말이다. 지하와 반지하에서 사는 사람들도 마찬가지다. 이들은 저택에 사는 사람들의 자본에 기생하는 '기생충'이다. 이들은 서로 '공존'할 수밖에 없다. 물론 공존의 결과가 '공진화'가 아니라 '공멸'이었지만 말이다. 극중 기택의 가족이 사는 반지하는 특이한 공간 구조다. 반지하는 反-지하가 아니라 '半-지하'다. '半-지하'는 지상도 지하도 아니다. 한국 사회에서 이러한 '半-지하'는 특별한 위치를 차지하고 있다. 지상으로 가기 위한 희망의 장소가 될 수도 있고, 지하로 떨어지기를 거부하는 곳일 수도 있다. 희망과 절망이 공존하는 장소이다. 다시 말해서, 헤테로토피아 그 자체라고 할 수 있다.

특정한 공간에서 현실을 이야기로 풀어내는 영화와 연극만이 헤테로토피아적 기능을 수행하는 것은 아니다. 시각 예술도 마찬가지다. 특히 특정 장소와 관련된 '장소 특정적 설치'와 공공미술에서 이러한 경향이 잘 드러난다. 장소에 작품이 설치됨으로써 그 장소는 기존 공간을 또 다른 공간으로 만들어 버린다. 이와 관련해서 다니엘 드페르(Daniel Defert)는 펠릭스 곤살레스-토레스(Félix González-Torres)의 작품 「무제(침대)」(Untitled(Bed), 1991)를 예로 든다. 그의 작품은 헤테로토피아적 환경을 잘 보여 주고 있다고 말이다.[35] 곤살레스-토레스의 이 작품은 뉴욕의 맨해튼 거리에 있는 24개의 광고판에 전시된 사진이었다. 작품의 구도는 지극히 단순하다. 작가의 사적인 침대가 그 대상이기 때문이다. 작품에 담긴 이미지는 구겨진 침대보와 눌린 자국이 있는 베개 두 개가 전부다. 그러나 작가를 둘러싼 상황을 알게 되면, 결코 이 작품이 단순하지 않다는 것을 알게 될 것이다. 곤살레스-토레스는 쿠바 출신의 이민자이자 동성애자이다. 어찌 보면, 그의 존재 자체가 백인과 이성애 중심의 미국에서 헤테로토피아였을 것이다. 그리고 그가 작품을 발표했을 당시 미국에서 동성애는 범죄로 취급받았다. 그랬던 시기에 에이즈로 죽은 연인의 빈자리를 공공연하게 드러낸 것이다. 그럼으로써 그는 대도시 안에 헤테로토피아적 환경을 구축했다.

곤살레스-토레스의 다른 작품들도 헤테로토피아적이다. 그는 거리가 아니라 미술관에서도 다시 일부의 공간을 헤테로토피아적

---

35) 다니엘 드페르, 「「헤테로토피아」— 베니스, 베를린, 로스앤젤레스 사이, 어떤 개념의 행로」, 『헤테로토피아』, 125쪽.

I. 매체와 공간

으로 구성하기도 했다. 그의 작품 「무제(엘에이에서의 로스의 초상)」 (Untitled(Portrait of Ross in L.A.), 1991)이 바로 그것이다. 미술관 한쪽 구석에 그는 알록달록하게 예쁜 사탕들을 '79. 3kg' 쌓아 놓았다. 이는 에이즈로 죽은 그의 연인이 건강했을 때의 몸무게였다고 한다. 전시장 한쪽 구석에서 반짝반짝 빛나는 사탕들은 동성애에 대한 어두운 사회적 편견과는 달리 매우 화사하고 산뜻하다. 더 나아가 그는 관객에게 자유롭게 그 사탕을 먹게 했다. 사탕은 달콤하다. 그는 아마도 자신의 사랑도 달콤했다는 것을 보여 주고자 했을 것이다. 그는 지극히 사적인 경험을 공적인 미술관에서 공공연하게 보여 줌으로써 헤테로토피아의 원리를 실현한 것이다. 이뿐만 아니라, 그는 기존의 예술계의 오래된 관행도 뒤틀었다. 관객이 사탕을 먹음과 동시에 그의 작품도 소멸되기 때문이다. 권위를 자랑하는 화이트 박스 안의 작품이 관객의 개입에 의해 소멸된 것이다. 관객이 이 사탕들을 그저 다른 작품처럼 관조의 대상으로 보기만 했다면, 작품은 완성되지 않았을 것이다. 이 작품을 통해 그는 작품의 원본성과 진품성에 저항함과 동시에 공공의 장소에서 금지된 자신의 사랑을 공공연하게 드러낸 것이다. 관객이 이 사탕을 먹는 행위는 일종의 이들 사랑에 대한 인정으로 해석할 수 있다. 일탈, 금지 그리고 인정이 공존하는 헤테로토피아가 성립된 것이다.

곤살레스-토레스의 작품뿐만 아니라, 다양한 장소에서 실행되는 예술들은 기본적으로 헤테로토피아적 원리를 구현하고 있다고 볼 수 있다. 장소 특정적 설치예술들, 미술관에서의 설치예술들, 대지 예술들 그리고 공공미술 모두 그렇다고 해도 과언이 아니다. 다니엘 뷔랭(Daniel Buren)의 시도도 그 예가 될 수 있다. 그는 자기 자신의 작품 「틀 안, 그리고 그 틀을 넘어서」(Within and Beyond the Frame, 1973)에서 굵은 줄무늬가 그려진 깃발들을 미술관 창밖으로 끄집어내어 앞 건물의 창과 연결했다. 그의 이러한 시도는 푸코가 대표적인 헤테로토피아적인 공간으로 보았던 도서관, 박물관 그리고 미술관 등을 다시 전복시켜 또 다른 헤테로토피아로 재탄생시켰다고 볼 수 있다. '이질적인 공간의 전복'은 이질성을 넘어 이미 제도화된 이전의 헤테로토피아들에 대한 반성일 수 있다. 특정 장소에 작품을 설치하지만, 그 장소의 성격을 비틀면서 말이다. 이와 유사한 장소 특정적 설치들은 많은 경우, 그 장소를 거울처럼 반영하는 듯하기도 하고, 또 때로는 왜곡시키기도 한다. 이들은 특정 장소에서의 설치를 통해 그 장소를 아이들이 놀았던 다락방과 부모님의 침대로 변모시키기도 하고, 또 미술관 자체를 묘지나 교회와 같은 역할을 하게도 한다. 공공미술의 경우도 마찬가지다. 실제로 구현하기 어려운 헤테로토피아들은 이렇게 예술이라는 형태로 가시화되기도 했다. 더 나아가 예술은 존재 그 자체만으로도 충분히 헤테로토피아 구실을 했다고 볼 수 있다. 사회의 기대와 가치에서 빗겨 난 채 존재하는 것만으로도 말이다.

4. 디지털 헤테로토피아에서의 디지털 페르소나

매체적 헤테로토피아들은 디지털 매체 공간과 실제 공간의 혼종화로 인해 더욱 다양한 형태로 발전했다.[36] 앞에서 살펴보았듯이, 디지털 매체 공간은 유동적인 정보 공간이라는 성격에서 벗어나 또 다른 하나의

---

36) 시각 예술 또한 디지털 매체와의 결합을 통해 헤테로토피아적 요소가 더욱 강화되었다. 특히 디지털 이미지를 기반으로 한 디지털 매체 예술의 경우 생산, 전달, 수용 등의 과정이 디지털 매체 공간에서 이루어지기 때문에, 손쉽게 변형할 수 있게 되었기 때문이다.

I. 매체와 공간

도시적 기능을 수행하는 사이버메트로폴리스가 된 지 오래다. 현실의 도시 공간도 이미 오래전에 매체 공간과의 결합을 통해 내부적 그리고 외부적으로 확장되었다. 이젠 매체 공간과 현실 공간을 굳이 구분하는 것조차 무의미하다. 이들의 결합은 공간을 '혼종화'시켰고, 그 결과 또 다른 현실인 '혼합현실'이 등장했다. 혼합현실은 실제 공간을 가상 공간으로 대체하지 않는다. 오히려 혼합현실은 기술과의 결합을 통해 현실에 가상성을 덧붙인다. 그 결과 현실은 더욱 확장되는 것이다. 가상현실과 증강현실을 넘어 혼합현실이 등장한 것이다.

가상현실, 증강현실, 혼합현실, 확장현실 그리고 최근에 논의되는 메타버스는 모두 또 다른 일상 공간이 되었다. 이러한 공간들은 기술과의 결합을 통해 만들어진 새로운 현실이다. 그런데 재미있는 것은 이 기술적 현실은 현실과 다른 체험이 가능하다는 것이다. 현실에서의 젠더, 나이, 인종 등과 상관없이 기술적 현실이 만들어 내는 또 다른 현실을 체험할 수 있는 것이다. 말 그대로 헤테로토피아인 것이다. 디지털 매체 공간이 또 다른 일상적 체험 공간이 되었기 때문에 헤테로토피아적 기능을 수행하는 것만은 아니다. 잘 알려진 것처럼, 디지털 매체 공간은 처음에는 환영 공간이었다. 환영 공간으로의 완전한 몰입을 가능하게 하는 그러한 공간이었다. 그리고 이러한 환영 공간은 디지털 이미지로 구성되었고, 이렇게 구성된 환영 이미지 공간으로 몰입한 주체는 이 공간을 몸으로 지각한다. 좀 더 편하게 몸으로 지각하기 위해 기술적 장치를 사용하기도 했다. 그것이 바로 가상현실이었다.

이렇게 환영 이미지 공간으로 등장한 가상 공간은 도시의 기능을 수행하게 되었다. 도시에서 수행되던 많은 기능은 가상 공간으로 넘어갔다. 사적인 영역 그리고 공적인 영역에서 행해지던 많은 행위도 가상 공간으로 넘어갔다. 가상 공간을 중심으로 한 매체 공간이 이제 중요 체험 공간이 된 것이다. 매체 공간도 현실의 도시 공간도 모두 혼종화된 것이다. 각자의 방식대로 혼종화된 매체 공간과 도시 공간은 각각의 영역에서 또 다른 공간으로서 기능한다. 즉 '헤테로토피아'로 존재하고 기능하는 것이다. 먼저 매체 공간이 어떻게 헤테로토피아적으로 작동하는지 살펴보자. 앞서 이야기했듯이, 푸코에 따르면, 헤테로토피아는 서로 양립하기 어려운 여러 공간들을 한 장소에 겹쳐 놓는다. 그리고 겹쳐짐으로 탄생한 이러한 헤테로토피아는 누구에게나 어디에서나 언제나 열려 있는 공간으로 작용한다. 마치 매체 공간처럼 말이다. 디지털 매체 공간은 한마디로 말해서 '디지털 헤테로토피아'인 것이다. 앞에서 서술한 푸코의 헤테로토피아에 대한 설명에 디지털 매체 공간을 그대로 대입시켜도 전혀 이상하지 않을 정도다.

디지털 매체 공간이 헤테로토피아 그 자체로 존재할 수 있는 이유는 공간 그 자체가 갖는 성격에서 비롯된다. 바로 '유동적'이고 '임시적'이라는 특징 말이다. 디지털 헤테로토피아는 하나의 고정된 모습을 갖지 않는다. 상황에 따라 그리고 공간 거주자의 필요에 따라 매번 다른 모습으로 등장한다. 게임의 공간은 예술의 공간 또는 교육의 공간이 된 지 오래다. 예술과 교육의 공간에 참여한 자들은 마치 게임을 하듯 함께 예술을 만들어 가기도 하고 교육에 참여하기도 한다. 디지털 헤테로토피아가 갖는 공간적 특징은 지극히 '다공적'이다. '다공적 공간', 디지털 매체와 결합된 모든 공간을 이렇게 부를 수 있다. 그렇다면 '다공적 공간'으로서의 디지털 헤테로토피아가 갖는 특징은 무엇인가? 말 그대로 다공적 공간은 구멍이 숭숭 뚫린 공간이다. 이리저리 뚫고 들어가 구멍을 만들기도 하고, 그렇게 만들어진 구멍들을 통해 상호 침투가 가능한 공간이다. 구멍도 많고 또 자유로운 상호 침투가 가능하기에, 공간 안에는 고정된 경계가 존재하지 않는다. 경계조

I. 매체와 공간

차 임의로 또 즉흥적으로 변화가 가능하다.

앞에서 벤야민이 도시 공간을 다공적 공간으로 이해한 내용에 관해 서술했다. 그의 '다공성'에 대한 이해는 매체 공간에서도 그대로 적용할 수 있다. 그는 도시의 다공성을 규정하면서 '유동성'에 주목했는데, 이 유동성은 매체 공간을 중심으로 한 사이버메트로폴리스에 적용할 수 있다. 유동적인 특징을 가지고 있는 다공적 도시는 고정된 장소와 그 장소에서 요구되는 고정된 행위가 없는 곳이다. 즉 핵심은 이러한 도시는 지극히 '유동적'이란 것이다. 그러므로 즉흥성에 따라 도시의 특정 장소는 매번 다른 기능을 수행할 수 있다. 종교, 정치, 공연, 경제 등등의 요구에 따라 공간의 성격이 변화한다. 공적 영역과 사적 영역의 구분도 의미가 없다. 거리는 즉흥적으로 누군가의 거실 또는 부엌이 될 수도 있고, 반대로 누군가의 거실은 마치 공공의 장소처럼 많은 사람이 드나들기도 한다. 이러한 도시의 특징이 바로 다공성이다. 디지털 헤테로토피아가 갖는 특징도 바로 이러한 다공성이다. 고정된 장소 그리고 고정된 행위도 없고, 즉흥성에 따라 다르게 구성되어 헤테로토피아적 역할을 하는 공간이 된 것이다. 매체 공간과 실제 공간의 혼종화는 이러한 다공적 헤테로토피아를 점점 더 확장시킨다.

디지털 매체는 이전의 매체와 유사하게 실제 공간에 또 다른 헤테로토피아들을 등장시켰다. 푸코가 말했던 정원, 묘지, 사창가, 다락방 그리고 휴양지 등등처럼 말이다. 이전의 기술로 구성된 헤테로토피아들, 예를 들면 파노라마, 수정궁, 아케이드 그리고 영화관도 사라졌다가 다시 또 다른 모습으로 재탄생하고 있다. 이뿐만 아니라, 전혀 새로운 헤테로토피아들도 등장했다. 우리가 거리에서 흔히 볼 수 있는 노래방, PC방, 게임방 그리고 심지어 '방탈출' 공간들이 새롭게 등장한 헤테로토피아다. 최근 다시 유행하고 있는 '사진방'도 마찬가지다.

다양한 변장 도구들을 갖춘 사진방은 노골적으로 헤테로토피아임을 드러낸다. 헤테로토피아적 공간에서 또 다른 주체로 자신을 드러내라고 요구하고 있다. 매체 공간에서의 헤테로토피아도 마찬가지다. 단일한 정체성을 중심으로 한 주체의 존재 방식은 깨졌다. 우리는 도처에서 다른 정체성을 요구받기도 하고 또 기꺼이 다른 정체성을 중심으로 '또 다른 나'로 재탄생하고 있다. 다공적 공간은 주체에게도 다공성을 요구하기에 이르렀다. 공간은 그곳에 거주하는 거주민의 의식을 규정할 수 있기 때문이다.

공간의 변화는 그 공간에서의 삶을 살아가는 주체에게도 영향을 준다. 혼종화된 공간처럼 주체 또한 혼종화되었기 때문이다. 따라서 사회적 공간에 관한 연구는 그 공간 안에서 행위하는 개별적 주체들과 상호작용하는 집단에 관한 연구가 동시에 진행되어야 한다.[37] 이전의 매체적 헤테로토피아와는 달리 디지털 매체를 중심으로 한 헤테로토피아에서는 주로 '혼종화된 주체'가 거주한다. 공간과 거주민의 의식은 불가분의 관계를 맺고 있기 때문이다. 즉 거주민의 정체성도 유동적이며 즉흥적으로 재구성된다. 지극히 연극적이다. 무엇보다도 이 공간의 거주민은 실재 공간과 동일한 정체성을 가질 필요는 없다. 다양한 인격체로 변신할 수 있다. 이곳의 거주민들은 복수의 '디지털 페르소나'(digital persona)를 통해 자신의 현실적 존재를 감출 수 있다. 아니, 디지털 페르소나를 통해 또 다른 자기를 드러낼 수도 있다. 가상 공간의 등장으로 인해 몸의 다양한 존재 방식에 대해 고민하고 인정했듯

---

37) 권첼에 따르면, 독일에서는 1980년대 이후 공간학에 관한 연구가 본격적으로 시작되었다고 한다. 그리고 공간학 연구가 가지는 방법론적 특징은 공간과 그 공간에서 활동하는 주체들을 본격적으로 분석하기 시작한 것이라고 강조하고 있다(참조: Stephan Günzel, "Einleitung", S. 10).

이, 이제 현실의 몸과 다른 정체성을 인정해야 할 것이다.[38]

　　매체와의 관련뿐만 아니라, 최근 '포스트 휴먼' 또는 '트랜스 휴먼'이라는 이름으로 논의되는 새로운 주체의 모습은 바로 혼종화된 주체라고 할 수 있다. 과거의 혼종화된 주체가 '사이보그'라는 이름으로 인간과 인공적인 것 또는 기계적인 것과의 결합을 의미했다면, 디지털 시대의 혼종화된 주체의 양상은 더 복잡해졌다. '디지털 자아'와의 혼종화가 이에 더해졌기 때문이다. 아니, 좀 더 정확히 이야기하면 '디지털 자아들'과 말이다. 디지털 자아는 디지털 공간에서 또 다른 신체들과 만나 혼종화된 이미지로 등장하기도 한다. 디지털 헤테로토피아에서는 다른 신체 이미지와 결합도 가능하다. 나의 얼굴과 다른 사람의 몸은 자유롭게 결합된다. 디지털 페르소나는 디지털 신체와의 결합을 통해 '또 다른 나'로 변신이 가능하다. 현실의 신체 또한 인공지능과의 만남을 통해 또 다르게 확장된 자아로 혼종화되기도 한다. 혼종화를 넘어 중첩적인 혼종화가 발생하고 있다. 복수로 존재 가능한 디지털 자아와 현실에서의 '몸'을 가진 나 그리고 현실에서의 몸은 이미 인공적인 것과 결합했다.[39]

　　이중적 혼종화가 주체를 둘러싸고 일어나고 있다. 이는 피할 수 없는 현상이다. 그렇기 때문에 이제 인간은 주어진 존재로 살아가기보다는 스스로 자신의 정체성 그리고 신체와의 관계를 정립해야 한다. 이제 인간은 '존재하기'(being)에서 벗어나 '되기'(becoming)의 과정에 놓여 있다는 것을 인정해야만 한다. 그 과정에서 인간은 자신의 몸과

---

38)　Sybille Krämer, "Verschwindet der Körper? Ein Kommentar zu computerzeugten Räumen", in: Rudolf Maresch und Niels Werber (Hrsg.), *Raum Wissen Macht*, Frankfurt am Main: Suhrkamp Verlag, 2002, S. 61~64.

39)　이와 관련된 논의는 II부 1장 '혼종화된 주체'에서 좀 더 자세하게 언급할 예정이다.

지능을 인공적인 것과의 결합을 통해 어떻게 확장할 것인가를 고민해야 하는 것이다. 이를 위해서는 다시 인간의 몸, 정신, 마음 그리고 지능에 대한 원론적인 철학적 물음이 제기될 수밖에 없을 것이다. 포스트 휴먼은 '휴먼'에서 출발할 수밖에 없다. 공간도 마찬가지다. 혼종화된 공간 그리고 확장된 현실은 다시 일상 공간과 도시 공간에 대한 탐구에서 출발해야 한다. 포스트 디지털 시대에서 인간과 세계를 둘러싼 근원적 물음들이 다시 등장하고 있다. 이는 너무나도 당연한 현상이다. 매체는 공간을 변화시켰고, 또 공간은 인간을 변화시킨다. 매체는 인간을 변화시켰고, 변화된 인간은 공간을 변화시키기 때문이다. 이제 매체로 인해 인간이 어떻게 변화했는지 살펴봐야 한다. 과학기술이 만들어 낸 또 다른 헤테로토피아에서 미네르바의 올빼미는 날아야만 할 것이다.

I. 매체와 공간

II. 매체와 인간

"컴퓨터 스크린을 스크롤해 내려가면서 명멸하는 기표들을 응시할 때
당신은 이미 포스트 휴먼이 되었다."
—— 캐서린 헤일스

1장. 혼종화된 주체

1. 기술적 키메라의 등장

꽤 오래전 식량 위기를 극복할 수 있는 놀라운 해결책이 등장했다고 떠들썩한 적이 있었다. 그 해결책은 바로 '포마토'(pomato)였다. 말 그대로 감자와 토마토의 유전자를 조합해서 새롭게 만든 '새로운 품종'이었다. 물론 포마토는 그 이후 대안적 식량이 되지 못했다. 그러나 이 사건으로 인해 생물학적인 '키메라'(Chimera)가 대중적으로 알려졌다. '키메라'는 그리스 신화에 나오는 괴물이다. 키메라는 머리는 사자, 몸통은 염소 그리고 꼬리는 뱀으로 구성되어 있다. 신체가 각기 다른 동물의 부분들로 이루어졌다. 그리스 신화에 등장했던 괴물인 키메라가 생명공학에서 재등장했다. 이 경우 키메라는 하나의 생명체 안에 서로 다른 유전형질이 함께 있는 존재를 의미한다. 포마토도 그 예다. 그러나 포마토 이전에도 또 다른 유형의 키메라들이 이미 있었다. 식물뿐만 아니라 동물 간의 결합을 통해 만들어진 키메라들도 있다. 대표적으로 말과 당나귀의 결합으로 탄생한 '노새'도 일종의 키메라다.

괴물로 취급받던 키메라가 이제는 인간이 지향하는 또 다른 생명체가 되었다고 해도 과언이 아니다. 낡고 고장이 난 인간의 몸을 수리하기 위해 다른 동물들의 세포나 장기 등을 이식하면서, 스스로 키메라가 되고 있기 때문이다. 그런데 이 과정에서 인간은 또 다른 괴물이 되었다. 키메라가 되는 과정에서 다른 생명체를 전혀 배려하지 않는 그런 괴물이 된 것이다. 처음부터 끝까지 철저히 인간 중심의 사유를 하며, 오직 인간만을 위해 많은 동물 실험을 한다. 이미 많은 동식물이 '애완'이 아니라, 삶의 동반자인 '반려'로 인정받고 있고, 또 인간과 다른 생명체와의 동등한 권리가 인정되어 '종과 종의 만남'이 논의되고 있는 지금,[1] 단지 인간을 위해 다른 동물들을 실험대 위에 눕힌다는 행위는 비윤리적으로 취급받고 있다. 인간에게 인간 이외의 이질적인 것들과의 혼종화는 피할 수 없는 길인데, 그 과정 자체가 이미 윤리적으로 문제가 되어 버렸다. 그렇다면 생명체가 아니라, 비생명체 즉 인공물과의 결합은 이러한 윤리적 문제로부터 조금은 자유로울 수 있다. 문제 영역이 인간으로만 좁혀질 수 있기 때문이다. '기술적 키메라'로의 변신은 하나의 대안이 될 수 있다.

사실 인간은 이미 오래전부터 다양한 인공물과의 결합을 통해 '기술적 키메라', 즉 '사이보그'(Cyborg)가 되었다. 기술적인 것, 다시 말해서 인공물과 유기체의 혼종인 사이보그는 이제 SF영화나 소설 등에 등장하는 상상의 존재가 아니다. 우리 주변에서 일상적으로 만날 수 있는 아주 평범한 존재다. 그만큼 신체 일부를 인공물로 대체하거나, 신체를 기술적인 도움을 받아 교정하고 보완하는 사람들이 많아졌다. 많은 경우 신체에 문제가 발생했을 때, 이러한 기술적인 장치의 도움을 받았다. 그러나 상황은 달라졌다. 문제가 발생하지 않아도 기술적 장치의 도움을 받아 신체를 보완할 수 있기 때문이다. 이유는 여러 가지가 있을 수 있다. 기능적 이유뿐만 아니라 심미적 요인도 크게 작

---

1) 도나 J. 해러웨이, 『종과 종이 만날 때』, 최유미 옮김, 갈무리, 2022, 15쪽.

       II. 매체와 인간

용한다. 즉 '인간 향상'이라는 측면에서 기술적인 도움을 받을 수 있다. 기술과의 신체적 결합은 이제 보충과 확장을 넘어 '향상'을 향하고 있다. 인간 보철의 문제가 이렇게 향상의 문제로 치닫게 되면, 이 또한 윤리적으로 큰 문제다.

그렇다고 해서 인간 보철을 중단할 수는 없다. 다른 동물에 비해 인간의 몸은 허약하고, 할 수 있는 기능도 적다. 이런 인간이 기술과 인공적인 것에 관심을 갖고, 이를 통해 자신의 신체를 보강하려는 시도는 너무나도 자연스러운 현상이다. 인간은 자연으로부터, 다른 생명체로부터 자신을 보호하기 위해서 기술들을 발전시켰다. 지금까지 이러한 발전은 주로 '도구' 또는 '사물'의 영역에서 진행되었다. 인간 외부에서 기술과 도구를 발전시켜 그것을 사용하는 방식으로 이루어졌다. 그러나 이제는 상황이 달라졌다. 인간 외부가 아니라, 인간 내부에서 이러한 변화들이 일어나기 시작했다. 인간 스스로 변화의 대상이 되었기 때문이다. 이제 인간으로 태어났지만, 죽을 때는 분명 사이보그일 것이다. 아니, 태어날 때부터 이미 의료기술의 도움을 받은 인간들은 이미 사이보그라고 해도 문제가 되지 않는다. 이 또한 인간의 진화라고 볼 수 있다. 이런 변화들은 주로 몸을 중심으로 진행되었다.

그런데 점차 인간의 몸만이 기술적인 것과 결합하는 것이 아니라, 정신도 기술적인 것과 결합 가능해졌다. 인간의 정신도 몸 못지않게 문제가 많다. 계산, 기억 그리고 망각 등 모든 능력이 그렇다. 사실 도구를 사용해서 정신 능력을 확장하려는 시도는 늘 있었다. 디지털 매체 이전의 많은 기록 매체들은 정신 능력을 확장하는 데 도움이 되는 도구들이다. 디지털 시대의 기술적 키메라는 무엇보다도 디지털 기기와 연결되어 있다. 손에 들고 다닐 수 있는 스마트폰과 언제든지 연결되어 정보와 기록물을 확인한다. 스마트폰은 이제 단순한 장치가 아니라, '나의 확장', 특히 '뇌'의 확장이라고 볼 수 있다. 뇌는 이제 탈부착이 가능해지고, 또 좀 더 나은 성능을 위해 교환도 가능하다. '뇌의 외재화'가 현실화되었다. 기술적 키메라의 뇌는 스마트폰이 없으면 작동하지 않는다. 그런 이유로 많은 인간은 인터넷과 연결되지 않으면 존재론적 불안을 느낀다. 불편함을 넘어 불안하다. 나의 일부가 작동하지 않을 수 있기 때문이다. 역설적으로, 좀 더 편하기 위해 또는 좀 더 나은 환경을 위해 발전시킨 기술 세계에서 인간은 점점 더 불안해지는 경향이 있다. 이러한 불안감은 인간을 또 다른 기술적 키메라로 만들 수 있다.

앞서 스스로 기술적인 것과 인공적인 것과의 유기적 결합을 통해 또 다른 기술적 키메라로 변종되었듯이, 정신의 능력도 그렇게 될 것이다. 두뇌와 직접 연결되어 자료 올리기와 내려받기를 굳이 외부에서 처리하지 않아도 되는 그런 능력이 가능해질 것이다. '기술적 키메라'는 진화해서 결국 또 다른 주체가 되었다. 그 주체가 바로 '혼종화된 주체'이다. 혼종화된 주체는 재구성 또한 가능하다. 마치 레고처럼 해체와 조립이 가능하다. 해체와 조립을 통해 상황에 따라 다른 모습을 가질 수 있다.[2] 구성 가능한 몸과 주체가 등장한 것이다. 구성 과정을 통해 인간의 몸과 정신은 비인간적인 것들과 본격적으로 혼종화되기 시작했다. 혼종화된 주체의 등장과 관련해서 먼저 혼종화된 몸의 등장

---

2) 도나 해러웨이, 「사이보그 선언」, 『해러웨이 선언문』, 황희선 옮김, 책세상, 2019, 49쪽. 해러웨이도 사이보그가 갖는 구성적 특징, 즉 해체되고 다시 조립될 수 있다는 점에 주목하고 있다. 이러한 사이보그야말로 페미니스트가 코드화해야 하는 개인적 자아라고 주장한다. 그러나 이러한 해러웨이의 주장은 비단 페미니스트에게 요구되는 것만은 아니다. 오히려 포스트 디지털 시대에서 혼종화된 주체로 살아가는 모든 인간에게 요구되는 특징이라고 볼 수 있다.

과 의미를 살펴볼 필요가 있다. 특히 포스트 디지털 시대에 어떻게 인간이 기술적 키메라로 재탄생하는지 그리고 재탄생한 기술적 키메라의 정체성은 어떻게 구성될 수 있는지를 살펴봐야 한다.

혼종화된 주체의 등장은 포스트 디지털 시대를 한마디로 규정할 수 있는 가장 기본적인 특징이다. 매체가 변화하면 인간의 존재 방식, 사유 방식 그리고 소통 방식 모두 변화한다. 이뿐만 아니라, 인간의 감각 또한 변화한다. 도구를 사용할 수밖에 없고, 또 기술 문화적 상황에 의존할 수밖에 없는 인간으로서는 너무나도 당연한 변화다. 이 모든 변화의 중심에는 '혼종화된 주체'가 있다. 매체 발전과 연관된 인간의 여러 변화에 대해 구체적으로 살펴보기 전에, '혼종화된 주체'를 포스트 디지털 시대의 새로운 주체로 설정하고, 이에 대해 분석하는 작업이 무엇보다도 필요하다. 그다음 새로운 주체가 어떻게 다른 혼종화된 주체들과 소통하며 관계 맺기를 하는지, 그리고 이들의 지각과 사유 방식은 어떤 특징들을 가지고 있는지 분석해야 한다. 혼종화된 주체에 대해 불필요한 우려 또는 과도한 희망을 가질 필요는 없다. 먼저 새로운 '인간 주체'를 인정한 후, 이 새로운 주체가 가져올 여러 변화를 구체적으로 살펴봐야 한다. 변화가 가져올 현상들에 대한 가치평가와 더불어 말이다. 본격적으로 시작된 인간과 기계의 공진화가 어떻게 진행되는지 이제 구체적으로 고민해야 할 때다.

앞에서 살펴보았듯이, 우리의 일상 공간은 이미 혼종화되었고, 또 매체 공간으로 확장되었다. 혼종화된 일상 공간에서 자연적인 몸을 벗어나 기술적으로 재구성되는 몸의 등장은 흔한 현상이 되었고, 또 매체 공간에서 현실의 나와는 다른 디지털 페르소나의 존재도 가능하게 되었다. 자연적인 몸과 단일한 자아에 대한 환상은 깨졌다. 혼종화된 몸, 자연과 기계의 경계에 선 몸 그리고 그 몸을 담지체로 하는 자아

또는 그 몸을 벗어나는 디지털 자아가 모두 공존한다. 재구성되는 몸
과 자아에 대한 개념 또한 재구성될 필요가 있다. 따라서 이 글에서는
먼저 몸을 중심에 놓고, 어떻게 몸이 혼종화되었는지, 그리고 혼종화
된 몸을 어떻게 수용해야 하는지를 살펴본 후, 디지털 매체 공간에 '또
다른 나'로 등장한 디지털 자아에 대해 살펴볼 것이다. 이러한 논의로
부터 포스트 휴먼에 대한 사유가 시작된다.

2. 혼종화된 몸

포스트 휴먼 논의와 관련해서 스텔락(Stelarc)은 빈번하게 소환되는 예
술가 중 하나다. 그는 자연적인 몸의 '진부함'(obsolescence)을 주장하
면서, 적극적으로 몸과 인공적인 보철을 결합하는 새로운 퍼포먼스를
수행했다. 그는 기계와의 결합을 통해 몸을 확장하고 혼종화한다. 그
의 작업은 한마디로 말해서 기술적 '몸만들기'(body building)이다. 그
는 좀 더 적극적으로 몸을 만든다. 운동과 식단 그리고 다양한 보충제
와 의학의 도움으로 자연적인 몸을 가꾸고 확장하는 방식에서 벗어
나 기계와의 결합을 통해 다른 차원의 몸만들기를 시도한다. 몸의 진
부함을 주장한 그는 이를 극복하기 위해 역설적으로 몸에 집착함으로
써 몸의 인공성을 보여 주려 했다. 그의 모든 예술적 작업에는 인공적
인 것과의 결합을 통한 확장된 몸이 있다. 그는 기계와의 결합을 시도
하기 이전에도 물리적인 방법을 사용해 몸을 확장하려고 했다. 피부
에 고리를 걸어 공중에 매달리는 퍼포먼스를 하면서, 확장된 몸을 보
여 주었다.[3] 그 후 그는 기계와의 결합을 통해 자신을 혼종화시켰다.
1980년대에 수행한 작업 「제3의 손」(The Third Hand, 1980)에서 그는

II. 매체와 인간

자기 자신의 손에 또 하나의 기계 손을 부착했다. 그 손은 스텔락의 생체 시스템과 연결되어 있었다. 그 손을 공개할 때, 그는 그 손으로 '진화'(evolution)라는 단어를 썼다. 스스로 인간과 기계의 공진화 과정을 보여 주었다.[4]

　　이미 1960년대부터 몸을 매체로 적극적으로 사용하면서, 자신의 예술 세계를 보여 주고자 다양한 시도를 한 예술가들은 많았다. 예술가에게 몸은 매체 그 자체이기 때문이다. 이 당시 예술가들의 작업은 이성 중심의 철학에서 오랫동안 주변화된 몸을 예술의 정면에 내세웠다는 데 큰 의미가 있었다. 이들은 이런 작업을 통해 적극적으로 외부 세계에 대해 자신의 의견을 표현했다. 때로는 기존 체제와 전쟁에, 또 때로는 여성과 약자에 대한 불평등에, 또 때로는 상업화로 치닫고 있는 예술 등등에 대항하기도 했고, 또 비판하기도 했다. 퍼포먼스 예술가인 마리나 아브라모비치(Marina Abramović)의 작품들이 대표적으로 그러하다. 그녀는 「토머스의 입술」(Lip of Thomas, 1975)에서 「발칸 바로크」(Balkan Baroque, 1997)에 이르기까지 자신의 몸을 매체로 억압적 통치 체제와 전쟁의 참혹함을 보여 주었다. 또 다른 예술가들은 자신의 몸을 다른 인공적인 것과의 결합을 통해 혼종화하는 방식으로 또 다른 몸들을 보여 주기도 했다. 1970년대 천을 사용해 몸의 확장을 보여 준 레베카 호른(Rebecca Horn)의 「팔의 확장」(Arm-Extensionen, 1970)과 「손가락장갑」(Fingerhandschuhe, 1972)이 그 예다. 확장된 몸에 관심이 있었던 예술가들은 인공적인 것을 다양한 방식으로 몸에 부착

3) 트레이시 워·아멜리아 존스, 『예술가의 몸』, 심철웅 옮김, 미메시스, 2007, 184쪽.
4) 스텔락의 작업에 대한 좀 더 자세한 논의는 다음의 글을 참조 바람: 전혜숙, 『포스트휴먼 시대의 미술』, 아카넷, 2015, 136~157쪽; 김은령, 『포스트휴머니즘의 미학』, 그린비, 2014, 130~134쪽.

하기도 하고, 또 옷처럼 입기도 했다.[5]

그렇다면 이러한 작업이 왜 1960년대에 본격적으로 시작되었을까? 여러 가지 이유가 있겠지만, 그중 하나는 분명 1960년대 폭발적으로 확장된 전자매체의 영향이다. 다시 맥루언으로 돌아가 보자. 그는 1960년대 전자매체의 시대에 매체와 인간의 상관관계에 주목했다. 이 관계에서 그가 가장 중요하게 생각한 것은 매체로 인한 인간의 확장이었다. 매체의 발전은 단지 기술의 발전이 아니라, 인간의 확장을 의미한다고 보았다. 더 나아가 그는 인간의 몸이 외부적 확장을 넘어 이제 내부적으로까지 확장되기에 이르렀다고 보았다. 공간의 확장과 마찬가지로, 도로와 교통·통신 기술이 인간을 외부적으로 확장했다면, 전기 시대의 매체들은 인간을 내부적으로 확장한다. 이를 그는 '외파'(explosion)에서 '내파'(implosion)로의 전환이라고 한다. 외부로의 확장 대신 내부로의 압축과 응축을 통해 또 다른 환경이 형성된다. 이를 맥루언은 지구가 하나의 촌락이 되었다고 표현했다.[6]

이러한 맥루언의 관점은 지극히 전통적이라고 볼 수 있다. 다양한 도구들을 결국 인간의 신체들을 모방해서, 확장하고 외재화한 것으로 보는 입장 말이다. '도구적 인간'(Homo Faber)은 늘 도구를 통해 몸, 지각 그리고 능력을 외부로 확장하고자 했다. 그는 '외파'와 관련해서 무엇보다도 산업혁명 이후 시대에 주목했다. 기계의 도움으로 이전과는 비교할 수 없을 정도의 외파가 시작되었기 때문이었다. 산업혁명은 인류의 역사에서 인간이 오랫동안 그리고 천천히 발전시켰던 도구의

---

5) 인공기관이나 보철물을 사용해 자기 자신의 몸을 확장하고자 했던 다양한 예술가의 작업에 대해서는 다음을 참조 바람: 트레이시 워·아멜리아 존스, 『예술가의 몸』, 176~189쪽.

6) 마셜 맥루언, 『미디어의 이해』, 김성기·이한우 옮김, 민음사, 2007, 32쪽.

역사를 단번에 뒤집었다. 소규모의 제작을 통해 확장을 꾀하던 인간은 이제 기계적인 생산 방식으로, 그리고 이전과는 전혀 다른 방식으로 자신을 외부로 확장했다. 맥루언이 산업혁명 이후의 시대에서 본 특징은 바로 이것이다. 그러나 맥루언의 도구, 기술 그리고 매체와 인간과의 관계에 대한 이러한 접근 방식은 새로운 것은 아니었다. 아리스토텔레스 이후, 도구와 인간의 신체적 기관들의 유사적 관계에 대한 논의들은 늘 있었다. 인간의 기관을 닮은 도구들은 인간 기관들을 확장한 것이다. 이는 피할 수 없는 현상이다. 본능적이라고 볼 수 있다.

의식적인 행위를 넘어 무의식적으로도 인간은 도구를 만들 때, 자신의 기관들을 투사한다. 일찍이 에른스트 카프(Ernst Kapp)는 이런 흐름을 정확히 파악했다. 그는 19세기에 이미 기술과 인간의 관계를 인간의 확장으로 설명했다. 그는 맥루언이 '외파'라고 표현했던 그 시대의 기술과 인간의 관계를 탁월하게 설명하고 있다. 그에게 기술이란 인간의 확장을 의미한다. 그에 따르면, 인간은 각종 도구와 기계들을 제작할 때, 무의식적으로 자기 자신을 원형으로 삼는다는 점을 강조했다.[7] 아주 원시적인 도구를 제작할 때부터 인간은 그러했다. 다른 동물들보다 상대적으로 신체적 능력이 약한 인간이 살아남기 위해서는 몸을 인공물의 도움을 받아 확장할 수밖에 없었다. 그러나 이러한 확장은 인간의 몸을 직접적으로 확장하는 것은 아니다. 도구를 제작하고, 그 제작된 도구를 사용하는 방식으로 인간을 확장하는 것이다. 마치 영화 「아이언 맨」(Iron Man, 2008)에서 주인공이 변신을 위해 특수한 장비가 부착된 옷을 착용하는 것과 같은 방식이다. 카프의 분석은 여기서 그치지 않는다. 그는 철도와 전신이 가져올 변화에도 주목했다.

7) 에른스트 카프, 『기술철학개요: 새로운 관점에서 본 문화 생성사』, 조창오 옮김, 그린비, 2021, 86~87쪽.

카프는 외파뿐만 아니라, 외파에서 내파로 넘어가는 시기에 어떤 거대한 변화가 일어나고 있는지를 잘 파악했다. 그는 개별적으로 존재하는 각각의 기술들 그리고 이로 인한 인간의 확장을 넘어, 철도와 전신 등의 새로운 기술들이 인간을 감싸는 '체계'가 되었다고 본 것이다. 즉 철도와 전신을 기술적 장치들을 넘어선 '기계의 기계'로 파악했다.[8] 이러한 체계를 중심으로 인간은 이제 본격적으로 기계와 더불어 살기 시작했다. 다양한 기계를 인간 자신의 외부적 확장으로 적극 활용하면서 말이다. 그러나 지금의 상황은 또 달라졌다. 앞에서 이야기한 스텔락으로 돌아가 보자. 스텔락의 작업들은 카프와 맥루언이 말했던 그러한 종류의 인간의 확장으로 보기는 어렵다. 그는 각종 장치들을 사용해서 몸을 확장하는 것에 그치지 않았기 때문이다. 그는 기술적인 산물들을 스스로 자신의 몸과 '직접' 결합했다. 즉 인간의 확장을 넘어, 몸을 내부적으로 혼종화하기도 했다. 그의 작업 「제3의 손」은 분명 몸의 확장이지만, 그 이후의 프로젝트, 특히 「팔 위의 귀」(2000~2012)는 「제3의 손」과는 다른 혼종화 방식을 취한다. 그는 기술적 장치로 몸을 확장하는 것을 넘어, 바이오 기술을 사용해 배양된 조직을 활용해서 또 다른 귀를 만들었다. 그리고 그 귀를 자신의 팔에 이식했다. 그는 조직배양과 장기이식 기술을 사용해 자신을 직접 사이보그로 만들었다.[9] 좀 더 근본적으로 유전공학적 혼종화를 시도한 것이다.

스텔락의 작업처럼 이제 혼종화는 단순한 기계적인 단계를 넘어, 유전공학적 단계에 이르렀다. 자연계 속에서 다른 동물들과 비교했을 때, 나약한 생물학적 신체를 가진 인간은 이를 극복하기 위해 각

8) 같은 책, 149쪽.
9) 전혜숙, 『포스트휴먼 시대의 미술』, 155쪽.

종 도구를 사용하기 시작했다. 그 이후 인간은 기계와의 유기적 결합을 통해 자신을 확장했다. 그러나 상황은 또 달라졌다. 유기적 결합을 넘어, 인공적인 것과의 직접적인 결합을 통해 자신을 혼종화하기에 이르렀다. 혼종화된 몸의 시작은 인공 주입물(implants)과 인공 보철(prothesis)의 사용이다. 인공적인 것들을 직접 몸에 주입하고 보충하기 시작한 것이다. 인간들은 이제 쉽고 간단하게 사이보그가 되었다. 사이보그는 본래 주어진 '자연적인 몸'에서 벗어나, 기술과의 적극적 결합을 통해 만들어진 '기술적 인간'(technological human)이다. 이제 인간의 몸은 '테크노-바디'(techno-body)가 되어, 좀 더 좋은 몸을 위해 기술을 사용한다. 자연적인 것과 기술적인 것 등등의 경계는 무의미해졌다.[10]

테크노-바디라는 혼종화된 몸은 이미 이러한 경계들을 벗어났다. 테크노-바디라는 혼종화된 몸은 몸에 대한 재인식과 과도한 관심을 초래하기도 한다. 테크노-바디에 대한 역반응이라고 할 수 있는 '자연적인 몸'에 대한 집착이 생겨났다. '과신체화'(Hyperembodiment)라고 할 수 있는 그러한 현상들이 등장한 것이다. 신체의 심미화에 대한 과도한 관심과 신체를 통한 구별 짓기라고 할 수 있는 문신과 피어싱도 과신체화 현상의 일종이다. 매체 공간이 일상 공간이 되고, 그 공간에서 디지털 페르소나들이 활동하기 시작했는데, '지금' '여기'에 있는 몸에 대한 관심이 좀처럼 줄어들지 않는다. 몸을 변형시킬 수 있는 기회가 많이 등장했기 때문이다. 일상뿐만 아니라 담론에서도 상황은 유사하다. 혼종화된 몸이 본격적으로 등장하면서 몸에 대한 철학적 관심이 다시 시작되었다.

10) 앤 마리 발사모, 『젠더화된 몸의 기술』, 김경례 옮김, 아르케, 2012, 21쪽.

비교적 몸에 대한 철학적 분석과 접근에 인색했던 전통과는 다르게 다양한 영역에서 몸이 주제가 되었다. 전통적인 철학적 분과뿐만 아니라, 기술철학, 매체철학, 디지털 이론 그리고 매체 예술 이론 등에서 몸이 다시 화제가 되었다. 이는 너무나도 당연한 현상이다. 매체에 의해 확장된 것도 '몸'이다. 매체의 발전에 의한 지각과 소통 방식의 변화는 몸으로부터 시작된다. 몸은 최초의 매체였다. 따라서 다시 몸이 문제가 되는 현상은 자연스러운 것이다. 매체 이론 영역에서도 상황은 이와 유사하다. 몸의 역할, 매체로서의 몸과 이를 둘러싼 여러 변화를 현대 매체 이론에서는 적극적으로 분석하고 있다.[11] 매체에 의해 지각은 확장과 동시에 축소의 문제를 야기할 수 있다. 지각의 확장과 축소는 바로 몸의 문제다. 카프와 맥루언이 이야기한 인간의 확장으로서의 도구나 기술이 바로 매체에 의해 실현되고 있다. 매체를 인간의 확장으로 보는 논리는 매체 또는 기술을 인간의 '체현'(embodiment)으로 이해하는 논리와 연결된다.

전기 시대를 지나 디지털 매체 시대에서는 몸을 둘러싼 상황과 이해가 다시 큰 변화를 경험한다. 사이버스페이스를 중심으로 새로운 매체 공간이 등장하고, 이 공간이 또 다른 일상 공간이 된 이상, 몸을 둘러싼 상황들이 달라질 수밖에 없다. 현실 공간에서 인간은 공간을 점유한 채 살아갈 수밖에 없기 때문이다. 사이버스페이스는 매우 특이한 공간이다. 어디에서나 존재하기도 하고, 또 그 어디에서도 존재하지 않기 때문이다. 사이버스페이스는 공간이자 동시에 매체다. 과거 매체들이 정보를 생산, 전달 그리고 보존하는 역할을 중심으로 규정되

---

11) 바르나데트 베겐슈타인, 「몸」, W. J. T. 미첼·마크 B. N. 핸슨 편저, 『미디어 비평용어 21: 미학과 테크놀로지, 사회에 대하여』, 정연심 외 옮김, 미진사, 2015, 43쪽.

II. 매체와 인간

었다면, 사이버스페이스는 처음부터 공간으로 인식되었다. 공간으로 인식된 사이버스페이스는 디지털 정보와 인간의 지각이 만나는 지점이다. 사이버스페이스는 "전 지구적 처리 시스템 안에 있는 모든 정보가 완벽하게 공간화된 시각 구현물"이다.[12] 이곳에서 다수의 사용자는 상호작용하면서 공존한다. 상호작용에서 무엇보다 중요한 것은 몸의 지각이다. 몸의 지각을 중심으로 현실과 가상은 혼종화되기 때문이다. 이 과정에서 몸도 혼종화된다. 혼종화된 공간에서 살아가는 몸은 필연적으로 혼종화될 수밖에 없다.

그런데 사이버스페이스에 존재할 수 있는 몸에 대한 오해가 등장했다. 그곳 또는 저기에서의 몸을 현실의 몸과 분리하기 시작한 것이다. 물론, 사이버스페이스라는 매체 공간에서 인간은 '여기-몸'을 떠나 '저기'에서 존재할 수 있게 되었다. 기술과 몸의 관계에서 주된 문제가 '체현'에서 '탈체현'(disembodiment)으로 이행했다. 이는 매체 공간이 현실 공간과 혼종화되면서 본격적으로 나타나기 시작한 또 다른 현상이다. 매체 공간에서의 또 다른 몸의 등장을 '몸의 소멸'로 이해했기 때문이다. 이제 인간의 몸은 확장과 혼종화를 넘어 소멸되기에 이르렀다고 이해되기도 했다. 몸을 둘러싼 이러한 논의는 매체와 공간의 관계에서 이야기했던 공간의 소멸을 둘러싼 논쟁과 맥을 같이한다. 긍정적이든 부정적이든 매체로 인한 공간의 소멸을 이야기한 사상가들은 매체와 인간의 관계에서도 유사한 입장을 취한다. 더 이상 신체가 중요하지 않다고 말이다.

소설 『뉴로맨서』에서 주인공이 자신의 몸을 불필요한 고깃덩어

12) 노박 마르코스, 「사이버스페이스에서의 유체 건축」, 랜덜 패커·켄 조던 엮음, 『멀티미디어: 바그너에서 가상현실까지』, 아트센터 나비 학예연구실 옮김, 나비프레스, 2004, 429쪽.

리로 여기는 것에서 이러한 태도가 잘 드러난다. 영화 「아바타」에서도 마찬가지다. 그러나 과연 기술적 장치들 그리고 다양한 매체 공간들이 등장했다고 해서 현실의 몸, 물질적인 몸 또는 자연적인 몸으로 이야기되는 그러한 몸이 사라질까? 결코 아니다. 몸은 가상현실 속에서도, 그 어떤 기술적 장치와의 결합에서도 사라지지 않는다.[13] 그렇다면 매체 공간에서의 존재 방식을 '몸의 소멸'로 보는 오해는 어디에서 비롯되었는가? 이는 몸과 정신에 대한 오래된 오해에서 비롯된다고 볼 수 있다. 이와 관련해서 마이클 하임(Michael Heim)은 플라톤주의의 전통이 사이버스페이스와 그곳에서의 인간들을 이해하는 데 영향을 미치기 때문이라고 한다. 즉 탈체현된 공간으로 사이버스페이스를 이해하는 것은 플라톤주의의 산물이라고 한다. 인간은 육체의 감옥을 떠나 디지털 감각의 세계에서 살게 되었다고 이해하는 것이 바로 그것이다.[14] 인간이 육체의 감옥을 떠나 디지털 감각의 세계에서 살게 되었다는 사실을 인정하는 것이 문제는 아니다. 이는 사실이기 때문이다.

심각한 문제는 육체를 감옥으로 이해하는 것이며, 또 디지털 매체 공간에서의 지각과 몸을 분리해서 생각하는 데 있다. 디지털 감각의 세계는 실제 몸의 자극을 극대화하는 것이기 때문이다. 이러한 현상이 '몸의 소멸' 또는 '몸의 대체'는 아니다. 오히려 '몸의 증대'와 '몸의 보충'이다. 어떤 기술도 매체도 인간을 몸으로부터 벗어나게 만들 수 없다. 엘리자베스 그로스(Elizabeth Grosz)의 주장처럼, "몸으로부터, 공간으로부터, 또는 현실적인 것으로부터의 해방"은 있을 수 없

---

13) 앤 마리 발사모, 『젠더화된 몸의 기술』, 36쪽.
14) 이와 관련된 좀 더 자세한 논의는 다음을 참조 바람: 마이클 하임, 『가상현실의 철학적 의미』, 여명숙 옮김, 책세상, 2001, 141~155쪽.

다.[15] 왜냐하면 현재의 매체 상황에서 매우 중요한 문제인 존재 방식으로서의 원격현전 그리고 이러한 존재 방식을 가능하게 하는 새로운 매체 공간 모두 결국은 몸의 지각 문제이기 때문이다. 몸의 소멸은 있을 수 없다. 몸의 소멸은 죽음이다. 새로운 몸 이해가 등장했고, 그 몸은 물질과 비물질이 혼종화된 몸이다. 물질로서의 몸이 이미지와 혼종화된 것이다. 아무리 여기라는 현실 세계에 존재하는 몸을 떠나 '저기'라는 매체 공간에서 또 다른 자아로 존재할 수 있다고 해도, 현실의 몸이 우선이다.

현실 세계에서 나는 나의 몸으로 인식된다. 내가 누구인지를 확인하기 위해서 나의 몸을 확인하기 때문이다. 나의 몸은 나의 동일성의 공간이다. 나는 자기 동일성을 유지하는 한, 나의 몸과 분리될 수 없다.[16] 그렇다면 매체 공간에서의 '나'는 어떻게 이해해야 하는가? 그 공간에서의 나도 '나'인데 말이다. 이뿐만 아니라, 매체 공간에서의 '나' 또한 현실적이며 물질적인 공간에서 존재하는 '내 몸'을 기반으로 존재한다. 그러나 매체 공간에서의 '나'는 현실적이며 물질적인 공간에서의 몸과는 다른 양상으로 존재한다. 즉 이미지로 존재한다. '이미지-몸'(image-body)이 바로 그것이다.[17] 이는 또 다른 혼종화된 몸이다. 매체 공간에서 존재하는 '나'도 '나'이기 때문에 인정해야 하고, 또 그곳에서 내가 가지고 있는 몸, 정확히 말하자면 '이미지-몸' 또한 몸으로 받아들여야 한다. '이미지-몸'은 탈신체화 또는 몸의 소멸이 아니다. 오히려 다른 공간에서 몸이 다시 확장된 것이다.

15) 엘리자베스 그로스, 『건축, 그 바깥에서』, 탈경계인문학연구단 공간팀 옮김, 그린비, 2012, 43쪽.

16) 김선희, 「자아 정체성과 다중자아의 문제」, 황경식 외 지음, 정보통신정책연구원 편, 『고도 과학기술사회의 철학적 전망』, 민음사, 2005, 43쪽.

17) 돈 아이디, 『테크놀로지의 몸』, 이희은 옮김, 텍스트, 2013, 43쪽.

이미지-몸은 '가상화된 몸'을 의미한다. 물론 가상화된 몸 또한 '여기-몸'(here-body)을 떠나서는 불가능하다.[18] 매체 공간은 항상 "언제나 다른 공간, 즉 육체적 거주의 공간" 안에 있기 때문이다.[19] '이미지-몸'을 중심으로 한 매체 공간에서의 '자아'는 또 다른 문제다. 혼종화된 주체는 이렇게 물질적인 몸을 떠나 매체 공간에서 이미지와 다시 혼종화되면서 몸 이외의 문제를 제기한다. 그것이 바로 '디지털 자아', '디지털 인격' 또는 '디지털 정체성'에 대한 문제다. 디지털 매체 공간에 또 다른 자아가 등장한 것은 분명한 사실이다. 이 자아를 수용할 것인지 아닌지는 이미 문제가 되지 않는다. 문제는 이러한 자아를 어떻게 인정하고 수용할 것인가의 문제다. 몸의 상실까지는 아니더라도, 몸의 주도권 또는 몸에 대한 통제력의 상실로 볼 것인지 또는 또 다른 경험과 체험의 장이 열렸다고 볼 것인지 논의가 필요하다. 몸과 자아의 동일성 그리고 정체성의 문제가 새로운 차원에서 논의되기 시작했다. 이제 몸은 논쟁의 장소가 되었다. 젠더, 민족 또는 인종뿐만 아니라, 기계 또는 다른 생명체와의 혼종의 문제가 몸을 중심으로 제기되기 시작했다.

3. 디지털 자아의 혼종된 정체성

매체 공간에서의 또 다른 자아인 '디지털 자아'(digital ego)에 관하여 본격적으로 이야기하기 전에 또 다른 예술가의 작업에 대해 살펴보자. 그 예술가는 바로 오를랑(Orlan)이다. 현대 예술가 중, 신체와 변형 등

---

18) 같은 책, 45쪽.
19) 엘리자베스 그로스, 『건축, 그 바깥에서』, 52쪽.

등의 주제를 이야기할 때, 오를랑도 스텔락만큼 빈번하게 소환되는 작가이다. 그런데 이 둘은 몸의 혼종화를 통해 보여 주고자 하는 지점이 다르다. 기계와의 결합을 통해 몸의 확장 그 자체에 집중했던 스텔락과는 달리, 오를랑은 '몸의 확장'이 아니라, '몸의 변형'을 통해 '정체성'(identity)을 문제 삼았다. 스텔락이 몸의 확장을 통해 기꺼이 사이보그로 변신한 것과는 달리, 오를랑은 몸을 둘러싼 다양한 문제점들을 폭로한다. 특히 오를랑이 문제 삼는 것은 여성으로서 소비되는 사회적 정체성이다. 그녀는 이러한 정체성에 문제를 제기하고자 성형수술을 통해 자기 자신의 몸을 변형하고, 그 과정을 공개했다. 그녀는 이러한 '성형 퍼포먼스'(1991)를 통해 사회적으로 요구된 몸과 정체성을 문제 제기했다.[20] 몸을 변형시키면서 정체성에 대한 문제를 제기하는 방식은 1960년대 이후 예술가들이 즐겨 사용하던 방식이었다. 예술가들은 퍼포먼스나 해프닝 등을 중심으로 한 행위 예술에서 생물학적인 몸과 정체성의 관계 그리고 몸에 부여된 각종 이미지에 대한 문제를 직접 제기했다.

비토 아콘치(Vito Acconci)도 몸의 변형을 활용한 대표적인 작가다. 몸의 변형까지는 아니지만, 변장술과 같은 작업을 한 폴 매카시(Paul McCarthy)도 '크로스 젠더 페르소나'(cross gender persona)를 보여주었다. 아콘치가 자기 몸에 스스로 변형을 가해서 성적인 경계에 의문을 제기했다면,[21] 오를랑은 좀 더 적극적으로 몸에 변형을 가한다.

---

20) 참조: 전혜숙, 『포스트휴먼 시대의 미술』, 112~117쪽.
21) 비토 아콘치는 여성의 정체성을 갖기 위해 자신의 성기를 감추거나 또는 젖꼭지를 잡아당기는 퍼포먼스를 시도하고, 이를 필름과 사진으로 남겨 두었다. 그 외에도 몇몇 예술가들이 몸의 변형을 통해 자신의 정체성에 변화를 주려고 시도했다. 이와 관련해서는 다음을 참조 바람: 트레이시 워·아멜리아 존스, 『예술가의 몸』, 134~160쪽.

오를랑은 '성형 프로젝트'를 통해 실제의 몸을 변형했다. 아콘치의 변형 과정도 고통스럽기는 하지만, 일시적이다. 오를랑의 변형은 지속적이다. 변형의 지속성을 유지한다. '성형 프로젝트'와 더불어 그녀는 '정체성'에 관한 작업도 계속한다. 이미지나 성형 등을 통해 그녀는 자신의 자아를 계속 재구성한다. 그녀에게 신체와 자아는 불가분의 관계를 맺고 있으며, 또 둘 다 재구성할 수 있다.[22] 이러한 그녀의 작업은 기본적으로 신체와 자아의 동일성 그리고 유일한 자아가 존재한다는 생각에 대한 '도전'으로 볼 수 있다. 그녀가 작업에서 표현하고자 했던 것처럼, 자아 또한 재구성이 가능한 구성체이다. 유일한 자아라는 생각은 허상이다.

그렇다면 지금의 상황은 달라졌을까? 달라졌다. 몸과 정체성을 둘러싼 상황이 더욱 복잡해졌기 때문이다. 당시 이들이 제기했던 문제들은 지금도 계속 존재할 뿐만 아니라, 또 다른 일상 공간이 된 매체 공간에서 몸, 정체성 그리고 이미지 등등의 문제는 더욱 복잡해졌다. 즉 '여기-몸'을 둘러싼 문제들은 '이미지-몸'에서 확대 재생산되고 있다. 앞에서 디지털 매체 공간의 등장 이후, 현실 공간과 매체 공간의 혼종화에 대해 이야기했다. 공간이 변화하면, 인간도 변화한다. 존재 방식, 사유 방식, 지각 방식 등등 모두 변화할 수밖에 없다. 새로운 공간을 인정한다면, 이 공간에서의 새로운 유형의 주체에 대한 인정도 요구된다. 주체에 대한 인정이 선행되어야 새로운 공간에서 새로운 유형의 주체들이 맺고 있는 소통 관계들에 대한 접근이 가능하다. 공적인 소통뿐만 아니라, 지극히 일상적이며 사적이며 내밀한 소통까지도 새로운 모습을 하고 있기 때문이다. 즉 디지털 매체 공간에서 자아가 해

---

22) 전혜숙은 이러한 오를랑의 작업을 '자기혼성을 위한 성형퍼포먼스'로 보고 있다. 참조: 전혜숙, 『포스트휴먼 시대의 미술』, 112~118쪽.

체되고 있는 것이 아니라, 자아를 둘러싼 전통적인 입장이 해체된 것이다. 단일한 자아, 하나의 몸에 하나의 자아, 어떤 경우에도 자기 동일성을 유지하는 자아에 대한 환상이 깨진 것이다. 그 대신 사회적 조건에 따라 구성되는 자아, 하나의 몸에 복수의 자아가 존재할 수 있다는 점을 인정해야 한다.

이를 위해서는 먼저 디지털 매체 공간에서의 디지털 자아를 인정해야 한다. 현실적이고 물질적인 공간에서의 주체가 디지털 영역에까지 확장된 것으로 보아야 한다. 앞서 이야기한 것처럼, 자아가 사회적 조건들로부터 영향을 받아 구성되는 것이라면, 이러한 또 다른 자아의 인정은 자연스럽다. 디지털 매체 공간은 이전과는 다른 경험과 체험의 장소를 제공하기도 하고 또 그곳에서 다른 관계 맺기가 가능하기 때문이다.[23] 디지털 자아와 현실에서의 주체가 가지고 있는 자아의 일치 여부는 또 다른 문제다. 디지털 매체 공간에서 주체들은 다양한 모습을 하고 있다. 다중적인 얼굴을 하고 존재한다. 이는 물질적인 현실 공간에서도 마찬가지다. 우리는 현실에서도 '다중인격'으로 살아간다. 다른 사회적 관계 속에서 요구되는 모습에 맞추어 살아가기 때문이다. 우린 모두 '지킬 박사와 하이드'라고 해도 과언이 아니다. 자아를 이렇게 인정한다면, 디지털 공간에서의 자아를 인정하는 것은 별문제가 안된다. 그러나 디지털 자아를 인정하는 문제는 쉽지 않다. 단순한 다중 자아 중 하나로 인정되는 문제가 아니기 때문이다. 왜냐하면, 디지털

---

23) 카이 드뢰게(Kai Dröge)는 디지털 매체 공간에서의 이러한 자아를 '사이버 정체성'이라고 표현했다. 그 또한 인간의 정체성이 사회 구성적 성격을 띠고 있고, 또 사회적 상호작용에서 많은 변화를 체험하기 때문에, 사이버 정체성을 인정하고, 이에 대해 다양한 측면에서 연구할 것을 제안하고 있다. 참조: 카이 드뢰게, 「사이버 공간에서의 낭만주의적 경영자」, 연구모임 사회비판과 대안 편저, 『베스텐트 한국판』 2013/1, 사월의책, 2013, 167~170쪽.

자아는 현실에 존재하는 몸을 가진 주체로부터 분리되어 존재한다고 보기 때문이다.

사이버네틱스 이론가들과 그들 이론에 기반을 둔 일련의 포스트 휴머니즘을 주장하는 이론가들이 바로 그들이다.[24] 이들은 기본적으로 디지털 매체 공간이 '탈신체화'가 진행되는 공간으로 본다. 이미 매체와 공간의 관계에서 보았던 것처럼, 매체 공간을 일종의 공간의 소멸 또는 축소로 보는 이론가들은 신체와의 관계에서도 '탈신체화' 현상에 주목한다. 공간의 소멸을 인정하고 이를 긍정적으로 보던 이론가들은 탈신체화 현상에 대해서도 긍정적이다. 이런 입장의 이론가들은 디지털 매체 공간의 등장과 이로 인한 모든 변화에 대해 매우 낙관적인 태도를 취한다. 반면 이러한 낙관적인 태도에 비판적인 입장을 갖는 이론가들도 있다. 예를 들어 공간의 소멸과 관련된 논의에서 폴 비릴리오(Paul Virilio)가 취했던 입장처럼, 탈신체화 논의와 관련해서도 이와 유사한 의견들이 있다. 물론 비릴리오만큼 비관적이지는 않지만 말이다.

대표적으로 휴버트 드레이퍼스(Hubert Dreyfus)도 이런 입장에 속한다. 비릴리오가 기본적으로 공간의 소멸을 인정하고, 이에 대해 비관적 입장을 취했던 것처럼, 드레이퍼스도 디지털 매체 공간이 가져온 탈신체화 현상을 인정하고, 이에 대해 비판한다. 그가 무엇보다도 중요하게 생각하는 것은 신체적 현전이다. 그는 디지털 매체 공간에서는 현실적이고 물리적인 세계로부터 벗어난 '현전'이 가능하다고 보았

---

24) 참조: 캐서린 헤일스, 『우리는 어떻게 포스트휴먼이 되었는가』, 허진 옮김, 플래닛, 2013, 21~59쪽. 이 글에서 헤일스는 신체와 정신의 분리가 가능하다고 생각한 모라벡의 주장을 예로 들면서, 어떻게 이런 생각을 할 수 있는지를 묻고, 이에 대한 체계적 비판을 시도한다. 이러한 헤일스의 입장은 포스트 휴먼을 주장하는 많은 이론가에게 많은 영향을 끼쳤다.

다. 그리고 이러한 현전이 주는 위험성에 대해 비판한다. 즉 이 공간에서 신체적 현전을 떠날 수 있는 새로운 자유가 보장되고, 이 자유로 인해 누릴 수 있는 즐거움이 크지만, 그 대가도 크다고 지적한다. 인간이 가지고 있는 핵심적인 능력 중 일부를 잃어버릴 수도 있다고 지적한다. 적절한 것과 부적절한 것, 현실적인 것에 대한 이해 등등에 대한 일부 '감각'을 잃어버릴 수 있다는 것이다.[25] 그는 디지털 매체 공간에서의 대표적인 존재 방식이자 소통 방식의 전제가 되는 원격현전에 대해서도 부정적이다. 그 이유는 간단하다. 원격현전이라는 방식을 통해서는 세계를 충분하게 지각할 수 없다고 보기 때문이다.

　드레이퍼스에게 원격현전을 중심으로 한 관계 맺기는 불안한 것이다. 왜냐하면 현실적 뿌리와 분리되어 있기 때문이다. 현실적 뿌리와 분리되어 있기에 자신의 행위에 대해서 좀 더 느슨해질 수 있다고 본 것이다. 무엇이든 가상적으로 구성될 수 있는 그 공간에서의 행위자들은 도덕적 태도에서 벗어날 수 있다고 우려했다.[26] 이러한 그의 주장은 다음과 같은 전제에서 출발했다고 볼 수 있다. 하나는 아바타를 '가상신체'로 보았다는 점이다. 그는 '세컨드 라이프'와 같은 디지털 매체 공간에서의 삶을 신체가 사라진 삶이라고 보았다. 또 그곳에서 아바타와 같은 가상신체로 살아간다면, 우리는 "적절성에 대한 감각, 기량을 습득할 능력, 현실이 가지는 저항성에 대한 감각, 최대한 유의미한 헌신을 하는 능력, 그리고 삶에 진지한 의미를 주는 신체화된 기분"을 잃어버릴 수밖에 없을 것이라고 추측한다.[27] 그리고 그렇게 된

25)　휴버트 드레이퍼스, 『인터넷의 철학』, 최일만 옮김, 필로소픽, 2015, 26쪽.
26)　올리비에 부아롤, 「디지털 자아, 인정과 소외」, 연구모임 사회비판과대안 편저, 『베스텐트 한국판』 2013/1, 사월의책, 2013, 215쪽.
27)　휴버트 드레이퍼스, 『인터넷의 철학』, 26~27쪽.

다면 매체 공간에서의 삶이 그다지 매력적이지 않을 수 있다고 한다.[28] 신체의 구체적 감각과 그로 인한 체험을 중요하게 생각한다면, 충분히 그렇게 생각할 수도 있다. 이는 맞고 틀리고의 문제가 아니다. 매체 공간에 대한 태도 문제이기 때문이다. 그런데 문제는 '아바타'를 '가상신체'로 파악했다는 데 있다. '아바타'는 가상신체가 아니라, 또 다른 자아, '디지털 자아'이다. 따라서 아바타는 현실의 지각하는 신체를 떠나지 않았다. 아니, 떠날 수가 없는 것이다.

　　드레이퍼스가 말하는 가상신체로서의 아바타는 엄밀하게 말해서 '물질적인 신체성'을 가지고 있지 않다. 이때 아바타는 디지트로 형성된 가상, 즉 이미지 '형상'이다. 물론 이 가상적 형상을 신체로 인식할 수는 있다. 우리가 아바타를 하나의 독립된 개체 또는 개인으로 인식할 수 있는 것도 이 가상적 형상 때문이다. 그러므로 아마도 드레이퍼스는 아바타를 가상신체라고 파악했을 것이다. 그러나 과연 디지털 매체 공간에서의 또 다른 자아가 가상신체로 존재한다고 해서, 탈신체화되었다고 볼 수 있을까? 그렇지 않다. 이와 관련해서 캐서린 헤일스(Katherine Hayles)의 주장을 상기할 필요가 있다. 그녀는 디지털 매체 공간에서의 자아를 탈신체화 현상으로 파악하는 입장에 비판한 바 있다. 그녀는 무엇보다도 디지털 매체 공간에서의 자아를 인정하면서 이를 현실적이며 물질적인 신체와 분리된 것으로 파악하는 일련의 사이버네틱스 이론가들과 몇몇 철학자들의 주장에 반대했다. 어떻게 신체와 정신을 분리해서 생각할 수 있는지 납득할 수 없다고 말이다.[29] 그들의 주장은 일종의 "도취된 선언이며 망상적인 꿈"에 불과하다고 강력하게 비판했다. 단지 정보의 비물질성과 정보 과학의 물질성이 이종

---

28)　같은 책, 26~27쪽.
29)　캐서린 헤일스, 『우리는 어떻게 포스트휴먼이 되었는가』, 22쪽.

　　　　　　　　　　　　　　　　　　　　　II. 매체와 인간

교배된 새로운 주체가 등장했을 뿐이다.[30]

앞서 이야기한 그로스의 입장도 헤일스와 유사하다. 더 나아가 그로스는 사이버네틱한 환경은 오히려 몸의 특정 부위를 강화하고 자극한다고 말한다.[31] 신체의 특정 부분이 강화된 디지털 매체 공간은 또 다른 가능성의 공간이다. 또 다른 내가 존재할 수 있는 공간이기 때문이다. 하나의 신체에 하나의 자아 또는 단일한 정체성이 존재한다는 관점에서 벗어나면, 이 공간은 매우 재미있는 공간이 된다. 그로스도 이와 같이 주장한다. 그로스는 인터뷰에서 다음과 같이 말한 바 있다.

"사이버 공간은 그 자체로 정신병이나 신경쇠약을 유발하지 않습니다. 우리가 모든 장비나 장치를 달고 사이버 공간에 들어갈 때도 특정한 육체적이고 개념적인 응집력이 요구됩니다. 사실 사이버 공간에서 판타지와 희망을 즐길 때에 확실한 안전이 있습니다. 그것은 바로 이 공간이 잠재적(virtual)이며, 현행적(actual)이지 않기 때문입니다. 이것이 사이버 공간의 즐거움 중 하나지요. 당신은 최소한 일시적으로 정체성에 충격을 줄 가능성을 가질 수 있습니다. 이 충격이 신경쇠약이 되는지 여부는, 아마도 다른 물음일 것입니다. 나는 판타지란 바로 당신이 당신 자신과는 다른, 또 다른 정체성을 얻는 것이라고 생각합니다. 그것을 사용하기 위해 잠시 기다리는 것은, 새 옷을 입는 것처럼 사이버 공간의 매력 중 한 부분입니다."[32]

위의 인용문에 디지털 매체 공간에서의 자아의 이해에 관한 대답

---

30) 같은 책, 347쪽.
31) 엘리자베스 그로스, 『건축, 그 바깥에서』, 43쪽.
32) 같은 책, 48쪽.

이 있다. 즉 디지털 매체 공간은 '가상 공간'이기 때문에, 또 다른 정체성을 가진 자아가 존재할 수 있으며, 또 이러한 자아는 새로운 가능성의 세계를 열어 줄 수 있다고 봐야 한다. 앞서 이야기했듯이, 단일한 신체에 단일한 자아는 없다. 자아는 사회적 관계 속에서 그리고 타인과의 상호작용적 관계 속에서 구성될 수 있다. 따라서 여러 개의 '자아들'이 존재 가능하다. 여러 개의 자아에 대해 지나치게 긍정적인 입장도 또 부정적인 입장도 취할 필요는 없다. 탈신체화된 새로운 자아가 등장했다고 낙관적으로만 보는 태도도 문제가 있고, 또 다중 자아를 조현병적 현상 또는 신체의 소멸로 보면서 한탄하는 태도도 문제가 있다. 그 어떤 공간에서든 자아를 상호작용적 관계 속에서 구성되는 것으로 보면 되기 때문이다. 현실에서의 자아가 상호작용적 관계에 의해서 구성되듯이, 디지털 매체 공간에서의 디지털 자아 역시 그렇다.[33] 디지털 자아 또한 현실의 자아와 마찬가지로 타인과의 관계 속에서 잘 드러나기 때문이다.

중요한 것은 디지털 매체의 등장으로 인해 가상과 실제 그리고 인공성에 대해 다시 사유하기 시작한 것처럼,[34] 디지털 매체 시대에 가상성과 매체 공간에서의 분열된 자아에 대한 사유를 통해 비로소 정체성

---

33) 이와 관련해서 올리비에 부아롤(Olivier Voirol)의 디지털 자아에 대한 접근은 의미가 있다. 그는 조지 허버트 미드(George Herbert Mead)의 상호주관적 이론을 가져와 디지털 자아 이론을 분석할 것을 제안한다(참조: 카이 드뢰게, 「사이버 공간에서의 낭만주의적 경영자」; 올리비에 부아롤, 「디지털 자아, 인정과 소외」, 120쪽). 특히 부아롤은 미드의 상호주관성 개념을 가지고 와 디지털 자아의 형성 과정을 충분히 설명할 수 있다고 보았다. 즉 행위 주체가 행위 결과를 상대방과의 상호작용적 관점에서 파악한다는 점에 주목했다(참조: 같은 글, 216~224쪽).
34) 볼프강 벨슈, 『미학의 경계를 넘어』, 심혜련 옮김, 향연, 2005, 304~308쪽.

II. 매체와 인간

에 대해 본격적으로 사유하기 시작했다는 점이다.[35] 셰리 터클(Sherry Turkle)의 주장처럼, 매체에 의한 인간의 확장은 '몸의 확장'뿐만 아니라, '자아의 확장'도 가져왔다. '자아' 또는 '정체성'은 단일하지 않다. 오히려 자아도 정체성도 유동적이며, 사회적 환경에 의해 구성될 수 있는 것이다. 이뿐만 아니라, 이러한 자아와 정체성은 단수가 아니라, 복수로 존재한다. 복수로 존재하는 자아들은 서로 균열적이며 모순적이기도 하다. 이는 잘못된 것이 아니다, 당연한 것이다.[36] 디지털 자아는 재구성 또는 편집이 가능하다. 여러 모습으로 등장할 수 있는 디지털 자아에 대한 관점은 또 다른 문제다. 일단 디지털 자아를 인정한 후, 디지털 자아가 가져올 수 있는 파급 효과에 대해 생각해야 한다.

디지털 자아는 현실의 자아와 유사할 수도 있고, 또 완전히 다를 수도 있다. 이 둘이 반드시 일치할 필요도 없다. 각각의 다른 자아로 인정하면 된다.[37] 디지털 매체 공간은 지극히 유동적이다. 이러한 공간에서 디지털 자아 또한 유동적이며 변형 가능하다. 그러므로 디지털 매체 공간은 현실 공간의 대안으로도 작용할 수 있다. 이곳에서는 다른 자아로 존재하면서 다른 경험이 가능하기 때문이다. 영화 「아바타」에서처럼, 현실에서는 장애인이지만, 디지털 매체 공간에서는 비장애인

---

35) 이와 관련된 보다 자세한 논의는 다음을 참조 바람: 셰리 터클, 「생각을 일으키는 대상으로서 컴퓨터 게임」, 『베스텐트 한국판』 2013/1, 130~148쪽.
36) 같은 글, 138~139쪽.
37) 시빌레 크레머도 디지털 매체 공간에서의 새로운 자아를 '디지털 페르소나'라고 규정하고 이를 인정해야 한다고 한다. 그리고 이 디지털 페르소나가 현실의 자아와 분리될 수 있다고 본다. 그녀는 이 둘을 일치시키려는 관점이 더 문제라고 한다. 왜냐하면 이러한 관점을 취하면, 디지털 매체 공간에 대한 이해도 협소하게 되기 때문이다. 참조: Sybille Krämer, "Verschwindet der Körper? Ein Kommentar zu computererzeugten Räumen", in: Rudolf Maresch und Niels Werber (Hrsg.), *Raum Wissen Macht*, Frankfurt am Main: Suhrkamp Verlag, 2002, S. 61~65.

의 경험을 할 수 있다. 또 디지털 매체 공간에서는 현실 공간과 다른 젠더의 경험이 가능하다. 현실에서 크로스 드레서가 존재하듯이, 디지털 매체 공간에서도 얼마든지 크로스 드레서가 가능하다. 이뿐만 아니라, 현실에서 신체적인 변경을 통해 트랜스 젠더가 가능하듯이, 디지털 매체 공간에서도 트랜스 젠더가 가능하다. 이들은 디지털 매체 공간에서 이러한 '체험'을 할 수 있다. 또 다른 체험과 표현이 가능하다는 점에서 디지털 매체 공간은 충분히 의미가 있고 매혹적이다. 그런데 이 매혹의 공간에는 치명적인 독도 있다. 현실에서 가능한 추행, 폭력 그리고 혐오 또한 가능하기 때문이다. 아니, 문제는 이러한 행위들이 실제의 공간에서보다 더 쉽고 또 비밀스럽게 일어날 수 있다는 것이다.

4. 휴먼에서 포스트 휴먼으로

또 다른 신체인 '이미지-몸'을 가지고 또 다른 공간인 매체 공간과 확장된 도시 공간에서 임의로 구성된 '디지털 자아'로 활동할 수 있는 인간은 또 다른 인간이다. '혼종화된 인간', 즉 '포스트 휴먼'(post-human)이다. 포스트 휴먼은 인간의 진화된 형태다. 포스트 휴먼은 이전의 인간과는 다르다. 포스트 휴먼은 마치 레고처럼 자신의 몸의 장치들을 조립할 수 있으며, 주체성도 구성할 수 있다. 포스트 휴먼은 항상 '되기'(becoming)의 과정에 있기 때문이다. 또 이전의 인간과는 비교 불가능할 정도의 정보를 접할 수도 있다. 이들에게 요구하는 능력은 이전의 휴먼에게 요구하는 능력과는 다르다. 새로운 인간의 등장과 관련해서 미셸 세르(Michel Serres)는 "머리가 잘려 나간 엄지세대"가 등장한 것이라고 표현했다. 엄지세대는 성인 드니(St. Denis, 파리의

II. 매체와 인간

디오니시우스Dionysius)처럼 머리를 두 손에 들고 다니며, 이 머리에는 모든 능력과 정보들이 들어 있고, 어디에서든 이를 자유자재로 기능하게 할 수 있다.[38] 이들은 디지털 매체 공간으로 이주한 이주민이 아니라, 이 공간이 중심이 된 사회에서 태어난 '디지털 원주민'이다.

어쩌면 한스 모라벡(Hans Moravec)이 이야기한 것처럼, 산업혁명 때 증기기관이 인간의 신체적인 힘을 확장했듯이 컴퓨터는 우리의 마음을 확장시킬지도 모른다.[39] 아니, 마음까지는 아니더라도 우리의 정보의 양은 무한대로 확장되었다. 무한대의 정보를 얻기 위해서는 매체 공간과의 접속이 전제되어야만 한다. 손에 머리를 들고 다니면서, 검색만으로 모든 것이 가능한 사회에서는 한곳에서의 정주가 별 의미가 없다. 그러므로 이들은 노마드적 삶을 살 수 있게 되었다. 진정한 의미에서의 탈장소화가 발생한 것이다. 특정한 장소를 떠나 머리를 들고 다니며 노마드적인 삶을 살고 있는 엄지세대에게 무엇보다도 중요한 것은 '연결 가능성'이다. 연결 가능성이 배제된 삶은 살아 있는 삶이 아니다. 이들에게 접속은 삶의 조건이자 방식이다. 포스트 휴먼은 경계를 중요하게 생각하지 않는다. 현실과 매체 공간의 경계, 자연적인 몸과 인공적인 몸의 경계, 정체성 간의 경계뿐만 아니라, 실제 생활에서 주어지는 다양한 경계를 가볍게 무시한다.

이들의 매체 공간 사용법도 '탈경계'적이다. 디지털 원주민인 이들에게 디지털 매체는 이미 '새로운 매체'도 아니다. 그저 '매체'일 뿐이다. 이들은 매체와 매체 공간을 놀이 공간으로 활용한다. 이 과정에

38) 미셸 세르, 『엄지세대, 두 개의 뇌로 만들 미래』, 양영란 옮김, 갈라파고스, 2014, 63~66쪽.
39) 한스 모라벡, 『마음의 아이들: 로봇과 인공지능의 미래』, 박우석 옮김, 김영사, 2011, 32~33쪽.

서 놀이와 예술의 경계 또한 해체한다. 장르별로 구별되는 예술들도 '탈장르화'한다. 디지털 매체 예술이라는 포괄적인 이름으로 모든 예술을 통합한다. 이들은 자신의 역할을 구별하지 않는다. 몸과 정체성도 혼종화하는데, 이는 문제도 아니다. 이들은 예술 기획자임과 동시에 생산자이며, 또 수용자임과 동시에 비평가의 역할을 한다. 이들은 예술 과정에서 기꺼이 기계와의 결합을 통해 자신의 몸을 혼종화하기도 하며, 또 다른 '자아'로 디지털 매체 공간에 등장해 현실의 자아와 협업하기도 한다. 쉽게 말하면 지킬 박사와 하이드가 협업하는 것이다. 이들에게 통일된 단일 인격은 의미가 없다. 이중인격을 넘어 다중인격을 소유하는 것은 너무나도 당연하다. 이들이 예술을 대하는 태도 또한 혼종화되어 있다. 이들은 예술가라는 무게감에서 벗어난 자유로운 존재들이다. 이들은 예술가를 둘러싸고 있는 '창작'이라는 신화에 얽매여 있지 않다. 이들은 예술가로 불려도, 또 생산자로 불려도 상관없다. 그저 호모 루덴스(Homo Ludens)로 살아갈 뿐이다.[40]

호모 루덴스로 살아가는 포스트 휴먼은 도시 공간, 매체 공간 그리고 혼종화된 공간을 일종의 놀이 공간으로 만든다. 일찍이 대도시가 등장했을 때, 일부 예술가들이 대도시를 놀이와 이미지 공간으로 파악했던 것과 유사하다. 이들은 이러한 공간에서 산책자로서 존재하기도 한다. 산책자는 자신들이 산책하는 공간에 편입되기도 하고 또 때로는 의도적 거리두기를 하면서 그 공간을 비판한다. 놀이와 비판 그리고 참여와 거리두기를 동시에 수행한다. 공간과 그 공간에서의 삶과 거리두기를 하는 산책자의 존재는 늘 필요하다. 혼종화된 주체의 일상 공간인 매체 공간에서도 마찬가지다. 아니, 그 어느 때보다도 이러한 산

---

40) 참조: 심혜련, 「포스트 디지털 매체 시대의 미학의 특징: 경계 허물기」, 『실천문학』 제123권, 2016 가을호, 26~29쪽.

II. 매체와 인간

책자의 존재가 절실하게 요청된다. '놀이'라는 이름으로 여과 없이 타자에 대한 혐오 등의 감정을 드러내는 이들에게 '비판적 거리두기'는 매우 중요하다. 이는 혼종화된 주체에게 요구되는 최소한의 도덕적 요구라고 볼 수 있다.

호모 루덴스는 포스트 디지털 매체 시대에 포스트 휴먼으로 살아간다. 그런데 포스트 휴먼으로서의 삶이 결코 쉽지만은 않다. 혼종화된 몸과 자아 그리고 디지털 자아를 둘러싼 많은 문제가 제기될 수 있기 때문이다. 로지 브라이도티(Rosi Braidotti)가 강조했듯이, '되기' 과정의 인정과 그 결과를 향유하는 것과 동시에 이를 사유하고 비판할 수 있어야 한다.[41] '되기'의 과정에서 해체하려고 한 몸과 자아들이 무엇인지, 그리고 해체해서 재구성했을 때 획득할 수 있는 게 무엇인지를 고찰해야 하는 것이다. 이 과정이 놀이와 예술의 과정으로 진행되어도 상관없다. 놀이, 예술 그리고 비판도 혼종화되기 때문이다.

몸도 정체성도 혼종화된 포스트 휴먼에게 무엇보다도 중요한 것은 매체 공간과의 '접속'이다. 이 공간과 접속해야만 모든 것들이 가능하기 때문이다. 이들에게 '접속 불가능성'이란 거의 죽음을 의미한다. 접속되어야만 또 다른 디지털 페르소나로서의 삶도 가능하고, 다른 이들의 디지털 페르소나와 관계 맺기와 놀이 그리고 다양한 문화예술적 행위도 가능하다. 이들은 이제 접촉보다는 접속을 택하기도 하며, 또 접속을 통해 또 다른 접촉을 시도하기도 한다. 결국 이들은 몸과 정체

---

41) 로지 브라이도티는 포스트 휴머니즘과 관련된 논의에서 무엇보다도 '되기'(becoming)를 강조한다. 그녀의 주된 관심사는 포스트 휴먼의 주체성인데, 이 주체성은 주어진 것이 아니라, 구성되는 것이기 때문이다. 이런 이유에서 그녀는 "되기의 윤리에 의존하는 급진적 포스트 휴먼 주체성"의 문제를 중심으로 포스트 휴먼 논의를 진행하고자 했다. 로지 브라이도티, 『포스트휴먼』, 이경란 옮김, 아카넷, 2015, 67쪽.

성을 혼종화할 뿐만 아니라, 소통 방식과 또 다른 현전을 시도한다. 이 시도의 중심에는 '지각'(Wahrnehmung)이 있다.

2장. 원격현전 시대에서의 소통과 관계 맺기

1. 호모 커뮤니쿠스(homo communicus)의 운명

디지털 매체 공간은 누구나 언제 그리고 어디서나 접근할 수 있는 열린 공간이다. 과거에 PC가 특정 장소에서 이러한 열린 공간으로 가는 통로 구실을 했다면, 이제 상황은 달라졌다. PC를 중심으로 한 정주민의 삶에서 이동성(mobility)을 중심으로 한 유목민의 삶이 시작되었기 때문이다. 이러한 열린 공간에서 사람들은 이전과는 다르게 소통한다. 변화된 공간에서 변화된 주체는 변화된 방식으로 소통할 수밖에 없기에 이는 너무나도 당연한 결과다. 그런데 디지털 매체로 인한 소통은 이전의 소통과는 근본적인 차이를 가지고 있다. 디지털 자아가 혼종화된 정체성을 중심으로 열린 공간에서 소통하기 시작했다. 현실의 진짜 나를 디지털 자아 뒤로 숨길 수 있다. 사회적 동물이라고 할 수 있는 인간은 소통 없이 살아갈 수 없다. '자연인'으로서의 삶을 택한 극소수의 사람들도 마찬가지다. 아마도 곧 디지털 공간에서의 소통도 삶의 기반이 될 것이다. 아직은 접속의 기회에서 소외된 많은 사람들이 있지만, 점차 이들도 디지털 매체 공간으로 편입될 것이다.

이 열린 공간은 '원격현전'과 '이동성'을 중심으로 새로운 소통의 세계를 열었다. 디지털 기기를 손에 쥐고 장소와 상관없이 현실 공간과 매체 공간을 떠돌아다니는 '디지털 유목민'(digital nomad)이 본격적으로 등장했다. 디지털 유목민에게 무엇보다도 중요한 것은 딱 하나다. 언제 어디서나 접속될 수 있어야 한다. 접속할 수 없는 장소에서 디지털 유목민은 살 수 없다. 매체 공간으로의 접속 가능성은 그들에게 공기이며 물이다. 그들에게는 접속 그 자체가 바로 소통이다. 그들은 현실의 장소에서 벗어나, 디지털 매체 공간에서 자신만의 장소를 만들어, 흔적을 남긴다. 체험하고 경험하고 소통하는 공간은 이미 비장소가 아니다. 그곳에서 그들은 자신의 디지털 자아를 중심으로 많은 커뮤니티에 가입해서 문화와 놀이를 즐긴다. 접속되지 않는 상황에 불안을 느끼는 이들은 디지털 유목민이다. 접속함으로써 존재할 수 있기 때문이다.

디지털 유목민은 혼종화된 공간에서 떠돌아다닌다. 이들은 매체 공간과 현실 공간을 굳이 구별하지 않는다. 혼종화된 공간에서 디지털 유목민은 굳이 단일한 정체성을 유지할 필요는 없다. 현실의 '나'와 매체 공간에서의 '나' 그리고 혼종화된 공간에서의 '나'를 반드시 일치할 필요도 없다. 디지털 매체와 연결될 수 있는 모든 곳이 소통의 장이 되었고, 그곳에서 현실의 자아를 드러내지 않은 채, 다른 디지털 자아들과 얼마든지 소통할 수 있게 되었기 때문이다. 디지털 매체가 만들어 낸 새로운 공간에서 확장된 또는 변형된 자아로 존재하면서 소통할 수 있게 된 것이다. 심지어는 매체 공간에서 '이미지'로만 존재할 수 있는 가상 인간들을 만들어 낼 수도 있고, 또 다른 이들이 만들어 낸 가상 인간들과 소통하기도 한다. 가상적으로 존재하는 아이돌, 인플루언서 그리고 유튜버들과 기꺼이 소통한다. 매체의 변화에 따라 소통의 상황도, 방식도, 범위도 변화할 수밖에 없다. 원격현전을 중심으로 한 '접속'의 시대는 이 모든 것을 극적으로 변화시켰다.

II. 매체와 인간

변하지 않은 것은 인간은 소통해야만 하고, 또 소통하고 있다는 사실이다. 호모 커뮤니쿠스인 인간은 소통하며 살 수밖에 없다. 인간은 왜 소통하는가? 사실 이런 물음도 불필요하다. 이 물음은 마치 '인간은 왜 숨을 쉬는가?'라는 물음과 거의 유사하다. 소통은 인간의 본질이자 삶의 조건이기 때문이다. 인간은 소통하지 않고서는 살아갈 수 없다. 소통이 곧 실존이자 공존의 출발점이다. 그러므로 이미 오래전부터 많은 학문 분과에서 다양한 관점으로 소통에 관해 연구했다. 특히 매체 연구에서 소통은 핵심 주제였다. 매체를 매개로 소통이 이루어지고, 정보가 전달되기 때문이다. 매체철학에서도 상황은 비슷하다. 각각의 입장에서 매체와 관련된 여러 현상에 대해 분석하고 이에 대한 의견을 제시했는데, 그 중심에는 결국 소통에 관한 물음이 놓여 있다고 볼 수 있다. 이들 중 특히 빌렘 플루서는 소통 그 자체에 관해 연구했다. 그는 새로운 소통 이론으로서 '코무니콜로기'(Kommunikologie)를 제안하면서, 매체와 소통 그리고 소통과 실존의 문제에 대해 분석했기 때문이다.[1]

코무니콜로기는 매체의 변화에 따른 전반적 상황과 문제들을 복합적으로 연구하는 '총체적 복합체'인 학문이다. 일종의 '메타 이론'이다.[2] 즉 코무니콜로기는 일종의 큰 우산 역할을 하면서 각각의 분과 위에 존재한다고 볼 수 있다. 코무니콜로기 안에서는 소통과 관련된 모든 현상이 분석 대상이다. 특히 플루서는 지극히 실존적인 고민에서 소통에 대해 접근한다. 그에 따르면, 태어남과 동시에 죽음으로 향할

---

1) 올리버 비들로, 『빌렘 플루서의 미디어철학』, 양우석 옮김, 커뮤니케이션북스, 2020, 99~102쪽.
2) 빌렘 플루서, 『코무니콜로기』, 김성재 옮김, 커뮤니케이션북스, 2001, 256~257쪽.

수밖에 없는 인간은 그 사실을 인지하고 있기에, 늘 고독하다고 한다. 그래서 인간은 그 고독에서 벗어나고자 늘 노력한다고 한다. 그 결과가 바로 소통이다.[3] 인간은 소통을 통해 무의미하게 죽음을 기다리는 수동적 삶에서 벗어나려고 한다. 따라서 소통은 어떤 사회든 간에 존재할 수밖에 없고, 또 인간은 그 사회에서 가장 잘 소통할 수 있는 방법을 모색할 수밖에 없다. 삶의 무의미함과 고독한 상황에 있는 인간에게 좀 더 많은 소통의 기회를 주어야만 했다. 그 결과가 바로 다양한 매체들의 발명이다.

일반적으로 매체는 소통의 과정에서 매개체의 역할을 하기 때문에, 소통은 매체의 역사와 분리가 불가능하다. 소통의 과정에서 발견된 문제점들을 개선하기 위해 또는 좀 더 많은 사람과 소통하기 위해 매체는 발전했다. 구어를 중심으로 한 소통이 소통의 기록과 보존이 문제가 되자 좀 더 다른 매체인 문자를 발명하고, 또 문자 매체가 가지고 있는 개인성과 폐쇄성을 극복하고자 또 다른 기술적 매체들을 발명하고 사용하기 시작했다. 구어, 문자, 인쇄된 책, 영상 그리고 지금의 디지털 매체에 이르기까지 다양한 소통 방식이 가능하다. 이러한 발전은 지금도 계속되고 있고, 또 앞으로도 계속될 것이다. 아날로그 매체도 디지털 매체도 결국은 소통이 문제다. 디지털 매체는 그 어느 때보다도 소통의 영역을 광범위하게 넓혔고, 또 소통의 방식 또한 매우 편리하게 만들었다. 그렇다고 해서 과거의 소통 매체들이 소멸된 것은 아니다. 과거의 매체들도 여전히 역할을 수행하고 있으며, 또 디지털

---

3) 같은 책, 19쪽. 이 글에서 나는 플루서의 번역본을 주로 인용할 것이다. 다만 몇몇 용어와 구절들은 플루서의 원전을 중심으로 수정해서 사용할 것임을 밝힌다. 플루서의 원전은 다음과 같다. Vilém Flusser, *Kommunikologie*, Mannheim: Bollmann Verlag, 1996.

II. 매체와 인간

매체로 '재매개' 또는 '재목적화'되면서 변화된 모습으로 등장하기도 한다. 물론 '낡은 매체'들은 '주된 소통' 방식에서는 빗겨 나지만, 그래도 다른 역할을 부여받은 채, 소통의 영역에 있다.

그렇다면 호모 커뮤니쿠스는 원격현전 시대에서는 어떻게 소통할까? 또 이 시대의 소통의 특징은 무엇인가? 앞에서 살펴보았듯이, 매체는 인간 존재를 새롭게 구성한다. 새롭게 구성된 인간 존재들은 새로운 소통을 시작한다. 매체가 인간의 존재 방식에 결정적인 영향을 미치는 것만큼, 소통 방식에도 영향을 미친다. 매체의 발전은 다른 말로 표현하면 소통 장치의 발전이라고도 할 수 있다. 인간과 인간의 소통을 방해하는 여러 가지 요인들이 하나씩 극복되었기 때문이다. 기존의 소통 방식이 가지고 있던 문제들을 극복하면서 소통의 범위, 소통할 수 있는 정보의 양 그리고 이를 중심으로 한 인간의 여러 관계에 큰 변화들이 있었다. 이 변화들은 물론 긍정적인 방향으로 전개되었다. 그러므로 '발전'이라고 말할 수 있다. 그러나 발전의 뒷면에는 그림자 또한 존재한다. 발전으로 인해 잃어버린 것들이 분명 존재한다. 소통 방식의 발전 또한 마찬가지다. 소통 방식의 발전이 가지고 있는 밝음과 어두움은 디지털 매체가 주된 소통 방식으로 등장하면서 더욱 뚜렷하게 드러났다.

디지털 매체는 기존의 소통 방식을 거의 혁명적으로 뒤흔들어 놓았다. 소통의 주된 공간을 실제 공간에서 매체 공간으로 옮겨 놓았기 때문이다. 매체 공간은 이미 또 다른 현실 공간이 되었고, 현실 공간 또한 매체 공간과 혼종됨으로써 더욱 확장되었다. 확장된 이 두 공간에서 소통은 더욱 중요해졌다. '접속'이 곧 '존재함'으로 인식될 수 있는 지금, 접속을 전제로 한 소통은 단지 소통에 그치는 것이 아니라, 인간 존재 이유와 근거가 되었다. 이를 가능하게 하는 것은 바로 원격현전과 이동성이다. 따라서 이 장에서는 원격현전과 이동성이 전제된 사회에서 소통이 갖는 특징에 대해 살펴볼 것이다. 이를 위해 먼저 소통과 정보의 분배 방식에 관해 플루서의 이론을 중심으로 살펴본 후, 원격현전 시대에서의 소통과 정보의 분배 방식이 갖는 의미와 한계를 살펴보고자 한다. 그다음 원격현전 시대에서 타인과의 관계 맺기에 대해 살펴봄과 동시에, 이 시대의 소통의 방향성에 대해 물음을 던지고자 한다. 이 시대에 인간은 어떻게 소통해야 근원적 고독과 불안에서 벗어나 타인과 소통할 수 있을지에 대해 고민할 것이다. 어차피 소통이 호모 커뮤니쿠스에게 피할 수 없는 운명이라면, 이를 좀 더 잘하기 위한 노력이 필요하다.

2. 소통 형식과 정보 전달

일찍이 플루서는 현대 사회에서 소통의 중요성을 간파했다. 사회를 지배하는 패러다임이 노동에서 소통으로 변화하고 있다고 강조했다.[4] 즉 사회가 '프로메테우스'로 상징되는 생산의 시대에서 '헤르메스'로 상징되는 소통의 시대로 이행되고 있음을 알았다고 볼 수 있다.[5] 그는 디지털 매체를 중심으로 한 소통이 본격적으로 등장하기 이전에, 매체와 소통을 중심으로 소통의 방식을 분석한다. 그는 각각의 매체들에 의해 변화하는 소통 구조뿐만 아니라, 전체적인 소통 구조 또한 분석한다. 특히 송신자와 수신자가 어떻게 정보를 주고받는지를 중심으

---

4) 같은 책, 253쪽.
5) 노르베르트 볼츠, 『세계를 만드는 커뮤니케이션』, 윤종석 옮김, 한울아카데미, 2009, 8쪽.

II. 매체와 인간

로 연구한다. 소통하기 위해서는 정보를 획득하고 저장하고 교환해야 한다. 이 과정을 플루서는 두 가지 방식으로 분류한다. 하나는 '대화적 소통 형식'(die dialogische Kommunikationsform)이고, 또 다른 하나는 '담론적 소통 형식'(die diskursive Kommunikationsform)이다.[6] 그에 따르면, 대화적 소통 방식은 새로운 정보의 생산이 가능하다.[7] 대화는 기본적으로 "다양한 기억 속에 분배된 정보들을 새로운 정보로 합성하는 과정"이기 때문이다.[8] 담론은 정보를 생산하기보다는 정보를 보존하고 이를 분배한다.[9]

플루서는 대화와 담론적 소통 형식들을 다시 세분화한다. 먼저 대화적 소통 형식에 대해 살펴보자. 그는 이를 '원형(Kreise) 대화'와 '망형(Netze) 대화'로 구분한다. 원형 대화는 말 그대로 원을 둘러싸고 둥그렇게 모여 있는 구조를 의미한다. 위원회, 실험실, 회의 그리고 의회 등이 대표적으로 여기에 속한다. 원형 대화는 새로운 정보의 획득과 합성이 가능하지만, 여기에 참석한 사람들에게만 가능하다. 즉 지극히 폐쇄적이다. 망형 대화는 이와 다르다. 망형 대화는 분산적이며 개방적 체계다. 원형 대화와는 달리 대화에 참여한 모든 사람이 중심을 형성하고, 그 중심을 토대로 정보들이 합성되고 확산된다. 원형 대화가 엘리트적이라면, 망형 대화는 민주적이라고 할 수 있다. 플루서는 망형 구조의 예로 체신, 전화, 비디오 그리고 컴퓨터 등을 들고 있다.[10] 플루서에게 좀 더 긍정적인 대화적 소통 방식은 망형이다. 예로부터 정보의 독점은 권력의 독점과 동일시되었기 때문에, 그는 정보가

---

6) 빌렘 플루서, 『코무니콜로기』, 19쪽.
7) 같은 책, 19쪽.
8) 같은 책, 304쪽.
9) 같은 책, 19쪽.
10) 같은 책, 306쪽.

계속 합성되고 사방으로 확산되는 방식을 좀 더 긍정적으로 보았다.

플루서는 담론적 소통을 '극장형 담론'(Theaterdiskurse), '피라미드형 담론'(Pyramidendiskurse), '나무형 담론'(Baumdiskurse) 그리고 '원형 극장형 담론'(Amphitheaterdiskurse)으로 구분한다. 극장형 담론은 말 그대로 고대 극장이나 영화관의 모습을 떠올리면 된다. 벽 또는 스크린이 있고, 그 앞에 송신자가 있고, 송신자가 채널을 통해 '수신자들'에게 정보를 분배한다. 이 구조의 특징은 극장처럼 폐쇄된 공간에 송신자와 수신자들이 서로 마주 보고 있다는 데 있다. 폐쇄된 공간은 외부의 소음을 차단할 수 있다. 또 송신자와 수신자가 서로 마주 보고 있기에, 대화가 가능하다. 대표적 예로 학교 교실, 콘서트홀 그리고 부르주아 가정의 거실 등이 여기에 해당한다.[11] 이러한 공간들은 그 안에서는 대화가 가능하다. 대화가 가능하기 때문에 그 안에서는 정보에 잡음이 섞일 가능성이 크다. 즉 정보의 분배 과정에서 정보의 변형이 일어날 수 있다.

피라미드형 담론은 지극히 위계적 질서를 중심으로 형성된다. 담론 체계의 제일 꼭대기에 송신자가 있고, 송신자는 채널을 통해 수신자에게 정보를 분배하고, 정보를 분배받은 수신자는 다시 송신자가 되어 다른 수신자에게 정보를 분배한다. 군대, 교회, 파시즘적인 정당과 몇몇 행정 기관 등이 여기에 해당된다. 이러한 담론 체계에서는 처음 정보를 배분하는 송신자가 그 무엇보다 중요하다. 송신자의 권위가 보존되며, 정보가 단계별로 분배될 때도 변형이 일어나지 않는다. 이 담론 체계에서 중요한 것은 정보의 보존이지 변형이 아니다.[12] 가능한 한 송신자의 위치에 있는 지배자의 의견과 정보를 그대로 전달하면서, 폐

11) 같은 책, 24쪽.
12) 같은 책, 25쪽.

II. 매체와 인간

쇄적 공간을 더욱 공고하게 만든다. 극장형 담론과 피라미드형 담론을 비교했을 때, 각각의 장단점이 분명하다. 정확한 정보를 전달하고자 한다면, 당연히 피라미드형 담론을 선택해야 한다. 그러나 정확한 정보만을 전달하고자 하는 담론 체계는 문제가 있다. 정보의 변형이 없기에 정보의 생산도 없다. 일방향적이기 때문에, 송신자와 수신자의 경계도 분명하다. 이들 간의 대화는 없다. 다만 위계적인 정보 전달만이 존재할 뿐이다.

이러한 피라미드형 담론 구조의 문제를 어느 정도 해결할 수 있는 것이 바로 나무형 담론이다. 나무형 담론은 얼핏 보면 피라미드형과 비슷해 보인다. 꼭대기에 있는 송신자, 그리고 그 송신자를 중심으로 밑으로 점점 넓어지는 수신자들의 형태가 그렇다. 그러나 이 둘에는 큰 차이가 있다. 나무형 담론에서는 송신자로부터 정보를 분배받은 수신자들의 채널이 교차된다. 교차로 인해 새롭게 된 정보는 다시 새로운 수신자들에게 분배된다. 즉 새로운 정보가 끊임없이 생산될 수 있다.[13] 비록 담론이지만, 대화처럼 새로운 정보가 생산될 수 있는 것이다. 플루서에 따르면, 나무형 담론은 정보를 발전시키는 데 가장 이상적인 구조다. 그러나 단점도 있다. 정보가 새롭게 생산되면, 전달 과정에서 잘못된 정보가 추가될 수 있기 때문이다. 또 이렇게 계속 나무형으로 확장되면, 폭발적으로 정보를 주고받는 영역이 확장될 수 있다는 장점도 있지만, 최종 수신자가 없을 수도 있다. 플루서는 과학기술의 소통이 이에 해당한다고 보았다.

마지막으로 원형 극장형 담론이 있다. 원형 극장처럼 가운데 한 명의 송신자가 있고, 둥그렇게 원을 그리면서 수신자들이 존재한다.

---

13)　같은 책, 28쪽.

판옵티콘을 떠올리면, 이 담론의 구조가 명확히 표상된다. 플루서는 대중 매체가 이런 식으로 작용한다고 보았다. 여기서는 상호작용이 애초부터 불가능하다. 이 구조에서는 송신자의 정보 전달만이 중요하다. 수신자는 전달된 정보를 받아들일 뿐이다. 수신자는 지극히 수동적이고, 송신자는 영원히 작동한다. 플루서는 '전체주의' 사회가 작동하는 소통 방식이 여기에 해당한다고 보았다.[14] 원형 극장형 담론은 피라미드형 담론보다 더 위험하다. 왜냐하면 위계적인 단계 없이 그리고 단한 번에 송신자가 원하는 정보를 수신자에게 전달 가능하기 때문이다. 정보를 통한 지배가 순식간에 이루어진다.

플루서는 이렇게 대화와 담론을 구별했지만, 이들이 단독으로 소통 방식으로 등장하지는 않는다. 특히 사회가 발전하면 할수록 각각의 대화와 담론 형식들은 서로 교차하면서 소통한다. 또 아쉽게도 긍정적 기능이 상실되고 부정적 기능만이 증대되기도 한다. 나무형 담론이 피라미드형 담론과 유사해지는 경우가 바로 그것이다. 과학기술 만능주의를 중심으로 나무형은 피라미드형으로 작동하기 때문이다.[15] 플루서가 소통 방식에서 특히 경계했던 것은 '전체주의적' 방식이었다. 전체주의적 방식은 모든 담론을 자신의 통제 아래에 두고자 한다. 원형 극장형 담론에서도 상황은 다르지 않다. 피라미드형 담론에 익숙한 전체주의적 송신자는 대중 매체들을 통제한다. 이러한 방식은 소통의 본래 의미, 즉 고독을 또는 인생의 무의미함을 잊기 위한 것이라는 의미를 상실하기 때문이다. 그러나 반전도 있다. 부정적 기능을 수행하던 담론들이 다시 긍정성을 획득하기도 한다.

이렇듯 하나의 고정된 소통 방식만 존재하는 것은 아니다. 동일

14) 같은 책, 29~31쪽.
15) 같은 책, 54쪽.

한 매체를 사용할 때도 상황은 마찬가지다. 원격현전 시대에서도 상황은 비슷하다. 하나의 고정된 소통 방식만 존재하는 것이 아니라, 위에서 언급한 대화형과 담론형 모두가 혼종된 채 존재한다. 열린 공간으로 주어진 디지털 매체 공간을 지극히 폐쇄적인 닫힌 공간으로 사용하면서, 그 공간에서 말도 안 되는 통제와 명령이 일어나기도 한다. 송신자의 위치에 있는 사람이 허용해야만 입장 가능한 공간에서 그 어떤 일들이 벌어지고 있는지 알기 어렵다. 아고라와 같은 광장의 모습으로 등장한 디지털 매체 공간이 어느덧 '전자적 판옵티콘'의 역할을 수행하고 있다. 심지어 이 공간에서는 흔적도 쉽게 남고, 그 흔적의 보관도 쉽다. 이러한 과정에서 무엇보다도 소통하는 주체들이 중요하다. 이들의 의지와 이해에 따라서 공간이 열리기도 하고 닫히기도 한다. 따라서 소통 방식에 대한 이해는 소통이 이루어지는 공간과 소통하는 주체들에 대한 분석이 함께 진행되어야 한다.

3. 원격현전 공간에서의 소통

디지털 매체 시대의 소통에서 가장 큰 변화는 공간의 변화다. 원격현전을 중심으로 한 디지털 매체 공간이 지배적 소통 공간으로 등장하고, 또 이 공간은 실제의 현실 공간과의 혼종화를 통해 또 다른 소통의 공간으로 작용한다. 여기서 가장 중요한 것은 '원격'이다. 원격은 현대 매체 발전에 핵심적 요소 중 하나다.[16] 매체에 의해 매개된 원격은

16) 마노비치는 현대 매체 기술에 핵심이 되는 두 개의 궤도가 있다고 보았다. 첫 번째 궤도는 재현 기술이며, 다양한 시각 매체들이 여기에 해당된다. 두 번째 궤도는 실시간 통신 기술로서 원격으로 시작되는 모든 것이 여기에 해당

이제 새로운 존재 방식이 되었다. 매체의 역사를 보면, 멀리 떨어져 있기에 소통에 방해가 되는 것들을 끊임없이 해결하려고 했던 다양한 시도를 볼 수 있다. '원격 소통'(telecommunication)에 대한 갈망은 늘 존재했다. 그러나 매체적 장치가 개입하기 이전의 원격 소통은 쉽지 않았다. 구어를 중심으로 한 대면적(face to face) 소통은 공간적 제약을 극복할 수 없었다. 고대 그리스에서 아테네의 승전 소식을 뛰어가서 알린 페이디피데스, 불을 피워 소식을 전한 봉화 그리고 모스부호 등도 원거리를 극복하기 위한 대표적인 원격 소통이었다. 이 모든 것은 공간적 제약을 당대의 상황에서 극복하려는 시도였다. 문자와 인쇄된 책도 소통의 과정에서 공간적 제약을 극복했다. 이러한 과정에서 소통의 방식은 변화했다. 공간적 제약이 없어야만 가능한 대면적 소통은 점차 소멸되고, '비대면'(non face to face)적 소통이 중요한 정보 전달의 방식이 되었다.

　　지난 코로나 팬데믹 기간 동안 소통과 관련해서 가장 많이 언급된 변화는 다음의 두 가지다. 하나는 '대면'에서 '비대면'으로, 그리고 다른 또 하나는 '사회적 거리두기'이다. 이 둘은 '공간'과 '소통'을 바탕으로 서로 긴밀하게 연관되어 있다. 사회적 거리두기 때문에 많은 사람은 강제적으로 '원격현전' 공간에서 비대면이 아니라 '매체에 의해 매개된 대면' 방식으로 소통할 수밖에 없었다. 이러한 방식을 일반적으로 '비대면'으로 이해했다. 그러나 엄밀히 말하면, 비대면은 아니다. 비록 원격현전이긴 하지만, 시각 매체와 통신 매체의 결합으로 얼굴을 보며 소통할 수 있기 때문에, '매체에 의해 매개된 대면'이라는 표현이 정확하다. 즉 얼굴을 마주하고 소통하지만, 접촉이 있는 것은

한다고 보았다. 이 두 개의 궤도는 특정 지점에서는 서로 교차한다(참조: 레프 마노비치, 『뉴미디어의 언어』, 서정신 옮김, 생각의나무, 2004, 219~220쪽).

　　　　　　　　　　　　　　　　　　　　　　II. 매체와 인간

아니다. 핵심은 비대면이 아니라, '접촉 없음'(untact)이다. 접촉 대신 접속이 그 자리를 대신하게 되었다. 물론 대면과 비대면 그리고 매체에 의해 매개된 대면처럼, 접촉을 어떤 방식으로 이해하는지에 따라, 이러한 '접촉 없음'도 다르게 이해될 수 있다. 신체들 간의 직접적인 접촉을 기준으로 접촉 또한 세분화될 수 있다.

그런데 이러한 비대면이라는 소통 방식이 새로운 현상은 아니다. 원격현전 시대 이전에 존재했던 대표적인 비대면적 소통 매체였던 책과 비교해 보면 잘 알 수 있다. 책은 비대면적 소통의 장을 열어 주었다. 특히 인쇄된 책은 제약된 공간을 넘어 널리 보급될 수 있다. 종이는 그 이전의 어떤 매체보다 가볍다. 휴대도 이동도 편하다. 여기에 인쇄술로 인해 대량의 생산도 가능해졌다. 책은 비로소 비대면적 소통의 중심이 될 수 있었다. 그러나 원격 소통으로 보기에는 한계가 있다. 왜냐하면 실시간까지는 아니더라도, 정보 전달 속도가 매우 느리기 때문이다. 책은 정보를 전달받을 때, 수신자의 입장에서 보면, 그 어떤 잡음이 섞이지 않는다. 다른 수신자의 다양한 의견들을 차단할 수 있다. 반면 송신자의 입장에서 보면, 잡음이 개입될 수 있는 여지를 그대로 열어 두고 있다. 고립된 수신자는 임의대로 정보를 받아들여 이를 오독할 수도 또는 이해할 수도 있기 때문이다. 정보의 송신자인 저자와 다수의 수신자가 고립된 채 사적인 공간에서 '혼자' 책을 읽고 생각한다는 것은 많은 의미를 내포한다. 그중 가장 중요한 것은 '근대적 개인'의 탄생이다. 매체에 의해 새로운 인간 주체가 등장했다.

다양한 매체의 등장은 원격 소통에 혁명적 변화를 가져왔다. 책이 가지고 있는 신속성의 문제를 극복한 신문과 전신과 전보는 개인과 개인 간의 소통에서 공간적 제약을 축소했다. 그 후 등장한 전화는 원격 소통의 장에서 결정적인 역할을 했다. 비록 특정 감각의 축소와 확대라는 문제를 가져오긴 했지만,[17] 특히 전화는 비대면적 원격 소통의 새로운 장을 열었다. 전화가 개인들 간의 원격 소통에 변화를 가져왔다면, 라디오와 텔레비전과 같은 대중 매체는 또 다른 면에서 큰 변화를 가져왔다. 대중 매체는 하나의 송신자가 정보를 다수의 수신자에게 전달한다. 이뿐만 아니라, 라디오와 텔레비전을 중심으로 한 소통은 공간과 공간 사이에 존재하는 '거리감'을 축소시켰다. 먼 곳의 사건 사고에 관한 소식을 여기에서 접할 수 있게 되었다. 그러나 정보의 전달 과정은 상호작용적이라기보다는 지극히 일방향적이었다. 먼 곳에서 일어난 사건들은 빠르게 전달되지만, 전달자와 수용자의 구분은 명확했으며, 수용자는 기껏해야 채널 조정 등등 소식을 전해 주는 통로를 정할 수 있었다.

대중 매체를 통해 이렇게 일방향적으로 전달되는 정보들은 많은 문제들을 가져올 수 있다. 특히 먼 곳에서 일어난 사건 사고를 오직 라디오나 텔레비전을 통해서 알게 되는 것은 '송신자'의 사건에 대한 이해와 관점에 따라 달라질 수 있기 때문이다. 더 나아가 왜곡의 문제도 있다. 실제의 사건 사고가 아니라, '방송된 사건 사고'를 접할 수 있기 때문이다. 그렇게 접하게 된 정보의 진위나 왜곡된 내용을 알기는 어렵다.[18] 말 그대로 '가짜뉴스'인지 '왜곡된 뉴스'인지 또는 '다른 관점

17) 매체와 지각의 문제는 II부 3장 '지각의 매체화와 탈매체화'에서 좀 더 다룰 예정이므로, 여기서 자세한 이야기는 생략하겠다.

18) 귄터 안더스(Günther Anders)는 텔레비전으로 보는 세계를 '방송된 사건'이라고 설명한다. 세계 곳곳에서 일어나고 있는 각종 사건들에 대한 정보가 텔레비전을 통해 알려지기 때문에 사건이 어떻게 변형되는지 잘 알 수 없다. 그는 특히 텔레비전 시대에 이렇게 정보가 전달되는 것을 문제로 파악했다. 사건을 보도하는 송신자의 입장에 따라 사건이 재구성될 수 있기 때문이다(참조: 심혜련, 『20세기의 매체철학: 아날로그에서 디지털로』, 그린비, 2012, 110~112쪽).

II. 매체와 인간

에서 해석된 뉴스'인지 알기 어렵다. 송신자와 수신자 사이에 존재하는 거리는 '정보의 혼종화'를 초래할 수밖에 없는 것이다. 어쨌든 이러한 매체들로 인해 멀리 있는 곳에서 일어난 사건들을 사적인 공간에서 접할 수 있게 되었다. 이는 거리감의 상실을 의미할 뿐만 아니라, 공적 영역과 사적 영역 간의 경계가 해체된 것을 의미한다. 각각의 개인들은 지극히 사적인 공간에서, 그리고 '지금' '여기'에 존재하면서 세계 곳곳에서 일어난 사건들에 대한 소식들을 접했다. 처음에는 이 소식들은 사건이 일어나고 한참 후에 전해졌다. 전해지긴 했지만, 사건과 동시적으로 전해지지 않았다. 나중에 '실시간'(live)으로 가능해졌다. 실시간 소통으로 인해 비로소 세계가 하나의 소통 체계 안에 놓일 수 있게 되었다.

원격현전을 기반으로 한 소통에서 공간은 더 이상 문제가 되지 않는다. 송신자와 수신자가 거의 원격 이동(teleport)이라고 할 수 있을 정도로 정보의 전달과 실시간 상호 개입이 가능하기 때문이다. 문제가 되는 것은 '시간'이다.[19] 멀리 떨어져 있는 곳에 존재하는 각각의 개인이 얼마나 빨리 공간에 접속하고, 얼마나 빠르게 소통하며 정보를 주고받을 수 있는지가 중요하다. 이를 기반으로 원격현전에는 또 다른 놀라운 변화가 일어났다. 그것은 바로 그 이후 먼 거리에 있는 사건들에 대한 정보를 실시간으로 수용할 수 있을 뿐만 아니라, 멀리 떨어져 있는 현실에 그리고 사건들에 개입할 수 있게 되었다는 점이다. 원격현전을 중심으로 한 원격 행위 그리고 원격 제어가 가능해졌다. '원격 조정', '원격 수술' 등등이 바로 그 대표적 예라고 할 수 있다. '원격 조정'의 경우 그 적용 범위가 매우 광범위하고, 조정의 범위와 위험성 등

---

19)　노르베르트 볼츠, 『세계를 만드는 커뮤니케이션』, 9쪽.

등도 다르기 때문에, 각각의 영역에서 이에 대한 세부적인 논의와 윤리적 원칙이 논의되고 있다. '자율주행 자동차'의 경우만 해도 그렇다. 실시간으로 정보의 주고받음과 그 정보에 대한 제어가 가능해지면서 원격으로 할 수 없는 것들이 없게 되었다.

원격현전에서의 소통에 큰 변화를 가져온 또 다른 하나는 바로 '이동성'이다. 원격현전은 기본적으로 특정 장소에 머물 필요가 없는 것이다. 오히려 그 반대다. 특정 장소에 존재하지 않아야 원격현전이 가능하고, 또 원격통신이 가능하기 때문이다. 마노비치는 이와 관련해서, 원격현전의 본질을 '반존재'(anti-presence)라고 주장한다. 즉 "내가 현실에 영향을 주기 위해서 반드시 물리적으로 그 장소에 존재"할 필요가 없다는 것이다.[20] 드레이퍼스도 원격현전을 신체성의 상실로 이해한다. 그에게 원격현전은 신체적 존재의 '부재'다. 그에 따르면, 신체는 현실을 이해할 수 있는 원천인데, 원격현전에서는 이러한 신체가 부재하기 때문에, 결국 "사람과 사태의 현실성에 대한 감각의 상실"로 귀결된다고 주장한다.[21] 외부 세계와의 인터페이스 역할을 하는 신체의 부재는 결국 외부 세계에 대한 감각의 상실로 귀결될 수밖에 없다. 물론 이 둘이 원격현전의 공간과 원격현전이라는 존재 방식에 대해 동일한 의견을 갖고 있지는 않지만, 사태 판단에 대해서는 거의 유사한 입장을 갖고 있다고 볼 수 있다. 마노비치가 원격현전의 본질을 '반(反)존재'로 이해하고 이를 새로운 현상으로 받아들여 디지털 매체 공간과 존재 방식에 대해 고찰한다면, 드레이퍼스는 신체의 '부재'와 '소멸'로 보면서 문제를 지적한다.

그러나 이 두 사람의 주장 모두 문제가 있다. 원격현전 공간에서

20) 레프 마노비치, 『뉴미디어의 언어』, 224쪽.
21) 휴버트 드레이퍼스, 『인터넷의 철학』, 28쪽.

II. 매체와 인간

의 '이미지-몸'을 일종의 또 다른 몸으로 보고 몸의 확장으로 파악한다면, 신체의 부재도 소멸도 아닌 '또 다른 현전'으로서 원격현전을 이해해야 한다. 물론 마노비치의 주장처럼 반드시 그 장소에 존재할 필요는 없다. 그러나 그렇다고 해서 원격현전의 본질이 반존재로 이해되는 것은 아니다. 앞서 이야기했듯이 '저기' 공간에서 존재하는 '저기-몸'과 '이미지-몸'을 또 다른 몸으로 이해한다면, 원격현전의 본질도 다르게 이해될 수 있다. '반존재'(anti-presence)가 아니라, '반존재'(half-prsence)로 말이다. 이 또한 새로운 존재 방식으로 받아들여야 하는 것이다.[22] 이러한 원격현전 시대에서 디지털 유목민들은 휴대가 가능한 각종 디지털 기기 덕분에 구체적 장소에서 벗어나 지속적인 소통을 할 수 있다. 디지털 유목민에게 지금 원격현전의 공간으로 접속하고자 하는 그곳이 바로 자신의 거주지가 된다. '이동 중'이라는 상태가 소통에 문제가 안 된다. 이동 중에도 모든 정보를 전달받고 소통할 수 있기 때문이다. 다양한 위치인식 장치들은 이러한 소통 방식에 큰 도움을 준다.

　소통의 과정에서 '저기'에 있음으로 인해 발생하는 문제는 사라졌다. 더욱이 멀리 있는 모든 상황에 '실시간'으로 개입할 수 있게 되었다. 거리로 인한 문제는 없다. 이러한 소통 상황에서도 다양한 소통 방식이 존재한다. 앞에서 플루서가 언급한 모든 소통 방식이 공존한다. 다만, 상황에 따라 특정 방식이 눈에 띌 뿐이다. 각종 온라인 게임에서 게이머와 관객 간의 소통, 또 관객과 관객 간의 소통 방식도 다르다. 원격 회의나 원격 강의에서도 마찬가지다. 그럼에도 특정 상황에서는 지극히 폐쇄적인 소통 방식이 여전히 존재한다. 예를 들어, 코로

---

22)　참조: 같은 책, 27~28쪽.

나 팬데믹 기간 동안의 학교의 강의 방식을 보자. 이 강의는 '원격 강의' 또는 '비대면 강의'라고 칭해졌다. 사실 원격 강의는 맞지만, 엄밀한 의미에서 비대면 강의는 아니다. '매체에 의해 매개된 대면적' 강의이기 때문이다. 원격 강의는 플루서가 말한 원형 극장형 담론 구조의 모습과 유사하다. 송신자는 모니터와 연결된 카메라를 보고 강의한다. 수신자 또한 송신자의 매체 상황과 동일하다. 송신자와 수신자 간에 일방적으로 정보가 분배된다. 물론 이러한 구조 그 자체가 폐쇄적이라는 것은 아니다. 상호작용적 매체를 기반으로 하기 때문에, 지극히 상호작용적 강의가 가능하다.

그러나 쉽지 않다. 각각의 수신자들 간의 대화가 어려운 상황에서 상호작용은 송신자와 개별화된 수신자 간에 존재할 뿐이다. 비록 실제의 공간은 아니지만, 같은 시간에 원격현전으로 존재하면서 이미지로 서로를 확인할 수 있음에도 불구하고, 수신자들은 다른 수신자들과 단절된다. 스스로를 단절시킴으로써 지극히 개별화된다. 수신자들은 서로 정보를 교차하지 않는다. 나무형 담론이 가지고 있는 장점은 사라졌다. 소통의 근원적 목적인 관계 맺기가 더욱 어려워졌다. 그렇다면 그 이유는 뭘까? 어떤 요인이 상호작용성이 전제된 원격현전 공간에서 소통을 방해하는 것일까? 그런데 사실 이 공간에서 모든 소통이 그렇다는 것은 아니다. 지극히 사적으로 또 자발적으로 참여하는 온라인 공동체에서는 소통이 활발하다. 거침없이 자신의 의견을 이야기한다. 쉽게 관계를 맺고, 쉽게 헤어진다. 반면 결속력도 강하고, 다른 의견을 가진 사람들에 대한 배타성도 강하다. 공감도 혐오도 차고 넘친다. 원격현전에서의 공적인 관계 맺기는 어려워도 친밀성을 중심으로 한 개인적 관계 맺기는 쉽다. 사적인 소통 영역에서 마음만 먹으면, 외로울 틈이 없다.

II. 매체와 인간

원격현전 공간에서는 '익명성' 또는 '다양한 정체성'이 보장되기 때문에 실제의 또는 공적인 관계에서보다 훨씬 다양한 관계 맺기가 가능하다. 특히 관계의 시작과 끝이 좀 더 느슨하게 이루어진다. 가입과 구독 그리고 나가기와 차단을 통해 관계가 쉽게 형성된다. '좋아요'와 '싫어요'를 통해 쉽게 감정을 표현한다. 일단 이런 관계가 형성되기 위해서는 디지털 매체 공간에서 스스로를 노출시켜야만 한다. 인스타그램, 페이스북, 틱톡 그리고 X(트위터) 등등의 다양한 SNS를 활용해서 자신을 적극적으로 노출시키고 표현한다. 여기에서 노출은 타자와의 관계를 무시하는 자기 만족적 행위가 결코 아니다. 여기에서의 노출은 타자를 의식한, 더 나아가 타자와의 소통을 위한 행위다. 이렇게 형성된 소통의 장에서 타인에 대한 부정적 관심, 더 나아가 혐오를 쉽게 표현하기도 한다. 일단 먼저 원격현전 시대에서의 관계 맺기는 '접속'이 전제된 것이다. 기본적으로 소통은 '접속'이다. 접속 또한 접촉을 위한 것이다. 그런데 이 접속은 반드시 매체에 의해 매개된 접촉이 된다. 문제는 여기서 발생한다. 매체에 의해 매개된 관계는 기본적으로 실제적 현전에서 벗어난다. 따라서 실제적 현전에서 가능한 접촉과는 구별된다. '비대면'이 아니라 '매체가 매개된 대면'에 익숙해지면, 접촉을 중심으로 한 관계가 점점 더 어려워진다.

　　플루서의 말처럼 인간은 존재 자체가 고독하고, 또 죽음을 향해 갈 수밖에 없기에 필연적으로 소통할 수밖에 없다면, 지금의 소통 방법이 이 고독함을 덜어 줄 수 있는지를 되물어야 한다. 소통의 기회와 범위가 넓어지고 쉬워진 것이 분명한데, 사람들은 갈수록 더 외롭다고 한다. 이들은 혹시 고독의 시간을 못 견디는 것은 아닐까? 지그문트 바우만(Zygmunt Bauman)이 제기한 것처럼, 원격현전을 중심으로 한 다양한 소통 매체의 등장은 인간을 외로움으로부터의 도피를 가능하게 했지만, 혼자 조용히 사유할 수 있는 '고독할 시간'을 빼앗은 것은 아닐까?[23] 결국 소통만 남고 공감은 사라지는 것은 아닐까? 또는 한병철의 말처럼, 인간은 정보에 미친 '데이터성애자'(datasexual)가 될 가능성이 커진 것일까?[24] 이들의 한탄과 우려에는 분명 확실한 근거와 이유가 있다. 그러나 잊지 말아야 할 사실은 새로운 매체 기술의 등장은 늘 한탄과 우려의 대상이었다는 것이다. 문자도 대중 매체도 그러했다. 이미 원격현전을 중심으로 한 삶은 피할 수 없는 현실이다.

노르베르트 볼츠(Norbert Bolz)의 말처럼 디지털 매체 공간과의 접속은 이제 '사회적 강제'가 되었다.[25] 이를 피할 경우 '사회적 삶'은 물론이고 '개인적인 삶'도 불가능하다. 이 공간과의 접속이 불가능한 사람은 '디지털 노숙자'가 된 것이다. 물론 자발적으로 접속을 끊고 디지털 매체 공간으로부터 떠난 '자연인'으로 살 수도 있다. 그러나 자발적으로 이러한 삶을 선택하는 것과 타율적으로 그곳에서 배제되는 것은 근본적으로 다르다. 그곳에 원하지만 주소를 가질 수 없는 자들은 '자연인'이 아니라 '노숙자'이기 때문이다. 이들은 현실 공간의 노숙자와 다를 바가 없는 생활을 한다고 해도 과언이 아니다. 디지털 이주민이든 또는 원주민이든 간에 이들은 모두 실제 공간과 현실 공간의 경계에 서 있다. 그 경계에서 이들은 '문지방 경험'을 할 수밖에 없다. 불가피한 현상이다. 그렇다면 달라진 소통의 상황에 대한 이해와 분석 그리고 비판적 문제 제기가 필요하다. 한탄과 우려도 이러한 작업과 함께 이루어져야만 의미가 있다. 그러므로 "원격현전은 현전을 얼마

23) 지그문트 바우만, 『고독을 잃어버린 시간』, 조은평·강지은 옮김, 동녘, 2014, 31쪽.
24) 한병철, 『사물의 소멸: 우리는 오늘 어떤 세계에 살고 있나』, 전대호 옮김, 김영사, 2022, 12쪽.
25) 노르베르트 볼츠, 『세계를 만드는 커뮤니케이션』, 10쪽.

II. 매체와 인간

나 전해 줄 수 있는가?"[26]라는 물음 대신 '원격현전은 또 다른 현전으로 어떻게 기능하는가?'라고 물어야 할 것이다. 이를 토대로 접촉과 접속이 공존하는 소통의 시대에서는 어떤 문제들이 존재하고, 또 이러한 문제들을 해결하기 위해서는 어떠한 윤리가 요구되는지 물어야 한다.

4. 접속과 접촉 사이에서

코로나 팬데믹 기간 동안 많은 것들이 극적으로 변화했다. 이 중 가장 큰 변화는 바로 소통 방식의 변화다. 앞에서 이야기한 '원격현전'을 중심으로 소통과 관계 맺기가 전면에 등장했다. 사적인 놀이 공간도 공적인 공간도 모두 원격현전을 중심으로 이루어졌다. 실제 일상 공간에서 접촉을 중심으로 한 소통은 제한되었다. 허용된 범위 내에서만 접촉이 허용되고, 그 밖의 접촉들은 금지되었다. 강의도 축제도 공연도 운동경기도 종교 집회도 금지되거나 매체에 의해 다른 모습으로 재탄생했다. 학생이 없는 강의실, 관객이 없는 공연과 운동경기와 종교 집회들이 개최되었다. 이러한 모습은 무척 기괴했다. 이 모든 것의 핵심은 '사회적 거리두기'였다. 이를 중심으로 한 새로운 관계 형태가 등장하면서, 접촉 대신 접속이 권장되었다. 일상적이었던 대규모의 대면적 접촉이 전제된 소통은 '비합법적인 것' 또는 '반합법적인 것'으로 간주되었다. 그럼에도 불구하고, 곳곳에서 대규모로 접촉하는 모임들이 있었다. 그러나 원격현전 시대에서 이러한 비합법적인 모임은 불가능했다. 원격현전에서는 원격 감시가 가능하기 때문이다.

---

26) 휴버트 드레이퍼스, 『인터넷의 철학』, 84쪽.

이뿐만 아니라, 각종 디지털 장치들은 모든 것을 정보로 저장해 놓았다. 혼종화된 일상 공간에는 이렇게 남겨진 흔적들이 가득했다. 접속은 곧 정보의 노출이자 행위의 흔적을 의미했다. 접속과 동시에 모든 것은 데이터가 되었다. 코로나 팬데믹 기간 동안 많은 이들이 이러한 현상에 대해 우려하고 비판했다. 조르조 아감벤(Giorgio Agamben)도 그들 중 하나다. 그는 코로나로 인해 접속이 접촉을 강제적으로 대신하게 되었다고 비판했다. 이러한 조치로 말미암아, 사회가 갑자기 '합법적인 정지 상태'가 되었다고 비판했다. 그는 '사회적 거리두기'로 인해 인간관계에서 가능한 물리적 접촉들이 최소화되고, 그 자리에 디지털 매체를 중심으로 한 접속이 자리 잡게 되었다고 비판했다.[27] 그는 학교에서의 모든 수업이 원격 수업으로 대체되고, 회의도 그렇고 또 이런저런 이야기들을 논의하는 모임들이 정지된 현상에 주목했다. 그는 정지된 그 자리에 "디지털 메시지만 오가고, 가능한 한 기계가 인간 사이의 모든 접촉, '모든 전염' 가능성"으로 대체되었다고 보았다.[28] 이 과정에서 아감벤은 접속하지 않는 자 또는 접속할 수 없는 자에 주목했다. 이들은 결국 모든 관계에서 배제되고 소외되고 비난받을 수밖에 없을 것이라고 한다.[29] 맞는 말이다.

그러나 그가 놓친 부분도 있다. 그것은 바로 접속을 통한 관계에

---

27) 참조: 조르조 아감벤, 『얼굴 없는 인간: 팬데믹에 대한 인문적 사유』, 박문정 옮김, 효형출판, 2021, 18~57쪽. 여기서 아감벤은 '사회적 거리두기'에 대해 과도한 비판을 전개했다. 그는 이를 불필요한 '예외상황'(같은 책, 18쪽), 더 나아가 '감금'(같은 책, 57쪽)이라고까지 표현했다. 그는 코로나라는 전염병에 대해 과도하게 대응한 현대 국가들의 권력을 비판했다. 그러나 그의 비판 역시 통제 권력에 대한 또 다른 과도한 비판이라고 볼 수 있다. 전염병으로부터 보호받지 못한 '호모 사케르'들이 도처에 존재했기 때문이다.
28) 같은 책, 42쪽.
29) 같은 책, 29쪽.

II. 매체와 인간

서 실제 현전 간의 '신체적 상호작용성'만 없을 뿐 또 다른 공감이 충분히 작용하고 있다는 사실이다. 원격현전 공간에서 사람들은 충분히 취향을 드러내고 취미 활동을 즐긴다. 그곳에서 그 어떤 정서적 공감도 없다고 보는 것은 또 다른 위험이다. 비판도 중요하지만, 차이가 있는 소통과 관계 맺기에 대한 새로운 가치 정립이 더 필요하다. 원격현전을 기반으로 한 소통 과정에서 요구되는 새로운 '원거리-윤리'(die Fern-Ethik)가 필요하다.[30] 소통 과정에서의 정보의 변질과 왜곡 그리고 정보의 독점 등을 논의할 윤리적 장이 필요하다. 또한 원격현전을 중심으로 소통 과정에서 발생할 수 있는 다양한 문제들에 대해서도 논의해야만 한다. 새로운 과학기술의 등장은 필연적으로 새로운 가치 기준과 윤리를 요청했다. 현재 인공지능을 둘러싼 다양한 논쟁을 봐도 알 수 있다. 이렇듯 디지털 매체 공간을 중심으로 새로운 윤리와 공감 등에 대해 이야기해야만 한다. 정보의 전달 과정뿐만 아니라, 관계 맺기에서도 마찬가지다. 디지털 페르소나의 인정과 이들 간의 사적인 그리고 공적인 소통 과정에서 발생하는 문제와 이들을 중심으로 발생할 수 있는 다양한 갈등과 혐오 문제 등에 대한 논의가 필요하다.

접속을 중심으로 한 소통과 관계 맺기가 문제가 있다고 해서, 접촉을 중심으로 한 소통을 다시 요청하는 것은 해결책이 아니다. 그저 도피일 뿐이다. 물론 접속이 신체적 현전을 중심으로 한 접촉을 대신할 수는 없다. 그렇다고 접속이 접촉이 아니라고 볼 수만은 없다. 또 접촉을 통한 감각이 불가능하다면, 접속을 중심으로 한 새로운 감각에 대한 논의가 필요하다. 그것은 바로 '매체가 매개된 지각'에 대한 논

---

30) Norbert Bolz, "Die Fern-Ethik der Weltkommunikation", in: Jeannot Simmen (Hrsg.), *Telematik: Netz Moderne Navigatoren*, Köln: Buchhandlung Walther König, 2002, S. 17.

의다.[31] 이것이 바로 현재 요구되는 '매체 문해력'의 핵심이다. 디지털 매체 공간이 언제나, 어디서나 그리고 누구나 접근 가능한 공간임에는 분명하다. 그러나 앞서 이야기했듯이 이 공간을 중심으로 여전히 디지털 노숙자 또한 존재한다. 디지털 격차로 인해 디지털 약자가 존재한다면, 반대로 이 공간에서 정보와 소통망을 독식하고 있는 강자도 존재하는 것이다. 즉 실제의 도시 공간에서 사회의 지배 계급으로 존재했던 소수의 엘리트가 공간 이동을 해서 디지털 매체 공간에서도 여전히 존재한다. 매체 공간은 현실과 다른 헤테로토피아적 기능을 수행하지만, 한편에서는 현실을 그대로 반영하는 공간이 되기도 한다. 그 결과 그곳에서도 "키네틱 엘리트와 가난한 서발턴"이 양극화된 채 존재하기도 한다.[32]

관계 맺기에서도 또 다른 문제가 발생한다. 관계 맺기와 매체는 불가분의 관계를 맺고 있다. 디터 메르쉬(Dieter Mersch)의 말처럼, 매체가 존재하는 이유는 '타자'가 있기 때문이다.[33] 나와 다른 타자가 있고, 나와 타자가 소통하고 관계를 맺기 위해서 매체가 요청되기 때문이다. 채널로 존재하던 매체가 공간으로 변화하면서 매체를 중심으로 한 관계 맺기 양상이 또 달라졌다. 매체 공간은 쉽게 접속해서 들어갈

---

31) 이와 관련해서 이광석도 유사한 주장을 한다. 그는 디지털 시대에 새로운 '공통 감각'에 대한 논의를 강조하면서, 특히 '생태 감각', '연대 감각' 그리고 '기술 감각'의 필요성을 이야기한다(참조: 이광석, 『디지털 폭식 사회』, 인물과사상사, 2023, 196~201쪽).
32) 이와 관련해 미미 셸러는 네트워크화된 어버니즘(urbanism)에도 여전히 계급 차이 그리고 빈부 격차가 존재하고 있음을 강조한다(참조: 미미 셸러, 「네트워크화된 어버니즘의 세계화」, 말렌 프로이덴달·페데르센·스벤 케셀링 편저, 『도시 모빌리티 네트워크』, 정상철 옮김, 앨피, 2020, 47~65쪽).
33) 디터 메르쉬, 『매체이론』, 문화학연구회 옮김, 연세대학교출판부, 2009, 11쪽.

수 있는 공간이다. 그러나 차단도 쉽다. 입장과 퇴장, 허용과 차단 그리고 '좋아요'라는 매체적 환대도 또 '싫어요'라는 매체적 거절도 쉽다. 매체 공간에서의 애도, 분노, 위로 그리고 공감도 쉽다. 이러한 가벼움과 쉬움은 편하고 좋다. 관계에서 오는 부담감으로부터 벗어날 수 있다. 분명 이러한 가벼움은 충분히 매력적이다. 그러나 이러한 관계가 모든 관계를 대신할 수는 없다. 또 다른 공감에 대한 갈망이 생길 수 있다. 온라인에서의 빈번한 만남은 오프라인에서의 만남으로 이어진다. 이는 또 다른 관계에 대한 요구라고 볼 수 있다. 접촉을 통한 또 다른 공감의 형성에 대한 요구는 소멸되지 않았던 것이다. '몸'을 통한 비매체적 지각을 중심으로 한 공감과 공존이 그 어느 때보다도 요청되고 있다. 사실 몸이 없으면, 접속도 없다.

3장. 지각의 매체화와 탈매체화

1. 지각의 재평가

근대 이후 이성은 철학의 주된 주제였다. 이성이야말로 인간을 인간답게 하는 것이며, 이성이야말로 가장 합리적인 사유 방식으로 여겨졌다. 철학은 이러한 이성을 어떻게 규정하고 이해할 것인지에 온 힘을 바쳤다. 그렇다고 해서 이성에 대해 맹목적으로 신뢰를 보였던 것은 아니다. 이성에 대한 신뢰만큼 그에 대한 비판의 역사가 이를 증명한다. 이성적 인간에 대한 불신 또는 이성 그 자체에 대한 과도한 믿음에 대한 반성은 이미 오래전에 시작되었다. 플라톤에서 칸트에 이르기까지 이성에 대한 비판은 늘 있었다.[1] 따라서 이성에 대한 비판의 부재가

1) 참조: 볼프강 벨슈, 『이성 1: 우리 시대의 이성 비판』, 조상식 옮김, 이학사, 2010, 23~31쪽. 이와 관련해서 볼프강 벨슈는 이성 비판을 두 유형으로 구분한다. 하나는 전통적인 이성 비판이고, 다른 하나는 오늘날의 이성 비판이다. 전통적인 이성 비판과 관련해서는 대표적으로 플라톤, 칸트 그리고 낭만주의 이성 비판을 예로 든다. 각각의 시기는 다르지만, 이들의 이성 비판에는 유사성이 있는데, 그것은 바로 '이성 그 자체'에 대한 비판이라고 한다. 벨슈에 따르면, 플라톤은 이성이 본질임에도 불구하고 이를 개발하기 위해 노력하지 않았다는 점을 비판했고, 칸트는 또 이성을 가능하게 하는 원칙들에 대해 비판적 검토를 요청했다. 낭만주의는 이들과는 좀 다르게, 이성과 합리성에 대해 비판했다. 반면 오늘날의 이성 비판은 전통적인 이성 비판과 다르게 진행된다. 그것은 바로 이성 그 자체에 대한 비판보다는 "이성에 의해 규정된

문제가 아니라, 방법과 내용이 문제였다. 이성에 대한 비판 또한 결국 이성을 통해 극복하고자 했고, 다른 능력과 방법을 사용해 이성을 극복하고자 하는 노력은 거의 없었다. 그 결과 철학 영역에서 이성 외의 것은 오랫동안 배제되었다. 대표적으로 '지각'(Wahrnehmung)이 그 예다. 근대 이전만 하더라도 지각이 이렇게 철학의 영역에서 배제되지는 않았다. 특히 고대 그리스 철학에서는 지각을 둘러싼 논의가 매우 활발했다. 그랬던 지각이 중세를 거쳐 근대에 이르면서 점점 철학의 중심부에서 주변부로 이동했고, 나중에는 지각에게 주변부의 자리마저도 허락하지 않았다. 객관성과 보편성과는 거리가 멀고 지극히 주관적이며 상대적인 지각에 대한 철학적 논의는 점차 사라진 것이다.[2]

그렇다고 근대 이후 지각에 대한 논의가 철학사에서 완전히 사라진 것은 아니다. 이성이 아닌 지각과 감성 등등에 관한 연구의 필요성을 깨닫고, 이를 연구한 철학자도 있었다. 미학의 창시자 바움가르텐(Alexander Gottlieb Baumgarten)이 그 경우다. 잘 알려진 것처럼, 바움가르텐은 미학이라는 새로운 학문을 만들면서, 이를 "감성적 인식에 관한 학문"(Wissenschaft der sinnlichen Erkenntnis)이라고 규정했다.[3] 그는 '감성적 지각'(Aisthesis)을 중심으로 감각(Empfindung)과 지각에 대해 철학적 분석을 시도했다. 그의 의도는 분명했다. 그 당시 저급하게 취급되던 감성적 지각을 일종의 인식 능력으로 인정하고자 했다. 그러나

현실의 불행"을 중심으로 진행된다. 즉 이성 중심적 사회가 가져온 황폐한 현실에 대한 비판을 중심으로 진행된다.

2) 참조: 볼프강 벨슈, 『미학의 경계를 넘어』, 심혜련 옮김, 향연, 2005, 193~195쪽.

3) Alexander Gottlieb Baumgarten, *Theoretische Ästhetik: Die grundlegenden Abschnitte aus der "Aesthetica"(1750/58)*, Übersetzt und herausgegeben von Hans Rudolf Schweizer, Hamburg: Felix Meiner Verlag, 1988, S. 3.

II. 매체와 인간

그마저도 '감성적 지각'을 이성과 동등하게 취급하지는 않았다. 오히려 이성에게 부족한 점을 보충하고, 이를 도와줄 수 있는 하인으로 취급했다.[4] 철학사에서 잊혀진 감성적 지각을 다시 불러냈지만, 한계는 분명했다. 이러한 바움가르텐의 시도는 대립적인 해석이 가능하다. 그로 인해 비로소 감성적 지각이 철학 내에 자리 잡게 되었다는 긍정적 평가와 더불어 감성적 지각이 인식의 하부 영역으로 자리매김했다는 부정적 평가가 가능하다. 감성적 지각에 대한 재평가를 통해 철학에 자리를 마련해 주고자 했지만, 그마저도 이성의 옆자리는 아니었다.

이성은 또는 이성 비판은 여전히 철학의 중심이었다. 그 이후 이러한 이성 중심주의적인 철학은 오랫동안 계속되었다. 그러나 이성과 지각 또는 감성을 둘러싼 이러한 상황은 20세기에 들어와 급변했다. 더 이상 이성에 대한 믿음을 가질 수 없는 비극적 상황이 벌어졌기 때문이다. 이를 테오도어 아도르노(Theodor Adorno)와 막스 호르크하이머(Max Horkheimer)는 인간이 진정한 인간적인 상태가 아니라, "새로운 종류의 야만"에 빠졌다고 인식했다.[5] 이성적 인간이 만들어 낸 상황은 '새로운 야만' 그 외에 아무것도 아니라는 반성이 본격적으로 시작된 것이다. 이들이 『계몽의 변증법』(Dialektik der Aufklärung)에서 행한 '계몽'에 대한 비판은 바로 이성 그 자체에 대한 비판이다. 이성의 주된 운동인 계몽이 도달한 곳이 결국 '자기 파괴'를 중심으로 한 퇴보라는 이들의 비판은 이성에 대한 부정이었다.[6] 이들뿐만 아니라, 20세기 초중반 철학자들은 현대 사회에서 발생한 많은 불행을 좀 더 근본적으

---

4) 볼프강 벨슈, 『미학의 경계를 넘어』, 90쪽.

5) Max Horkheimer und Theodor W. Adorno, *Dialektik der Aufklärung*, Frankfurt am Main: S. Fischer Verlag, 1988, S. 1.

6) *Ibid.*, S. 3.

로 성찰하면서, 이를 이성과 결부시켜 비판했다. 즉 이성 그 자체가 현실의 불행의 근원이라고 보았다. 결국 이들의 이성 비판은 문명 비판이 되었다.[7] 이 과정에서 어떤 철학자들은 현실을 혐오하기도 하고, 또 부정 또는 거부하기도 하고, 또 때로는 이성 외부에서 대안을 찾기도 했다.[8] 대안 중 하나가 지금까지의 이성 중심적 철학을 비판하고, 오랫동안 철학 영역에서 배제된 '지각'과 '감각'을 재평가하는 것이었다.

20세기 후반에 들어서면서 지각과 감각 중심의 철학은 새로운 전환점을 맞게 된다. 앞서 이야기한 '매체적 전회'의 시기에 들어서면서, 지각은 이제 기술적 장치에 의해 '매개된 지각'이 되었기 때문이다. 특히 '미학' 영역에서 뚜렷한 변화가 일어났다. '철학'이 아니라 '미학'을 중심으로 이러한 변화가 시작되었다는 점도 흥미롭다. 아니, 어쩌면 당연한 일일지도 모른다. 예술가는 내면에 떠오르는 예술적 심상을 표현해야만 하고, 또 다른 이와 다르게 창의적으로 표현하기 위해서는 다양한 매체에 관심을 가질 수밖에 없기 때문이다. 이뿐만 아니라, '심미성' 그 자체에 관한 관심의 급증 또한 이유가 된다. 이는 현대 사회에서 심미성이 중요한 기준이 되어, 상부 구조에서 하부 구조에 이르기까지 결정적인 역할을 하고 있다는 사실을 보여 주는 것이다. 경제적 전략에서부터 개인의 꾸미기 과정에 이르기까지 심미화의 전략이 관통하고 있기 때문이다.[9] 이제 '미학'이 모든 것을 주도하는 학문이 되었다는 주장이 과하게만 느껴지지는 않는다.[10]

이러한 상황 속에서 전통 미학에 반대하며 새로운 미학을 주장하

---

7) 볼프강 벨슈, 『이성 1: 우리 시대의 이성 비판』, 29쪽.
8) 참조: 같은 책, 31~34쪽.
9) 참조: 볼프강 벨슈, 『미학의 경계를 넘어』, 25~32쪽.
10) 노르베르트 볼츠, 『컨트롤된 카오스: 휴머니즘에서 뉴미디어의 세계로』, 윤종석 옮김, 문예출판사, 2000, 354쪽.

II. 매체와 인간

는 사상가들이 등장하기 시작했다. 이들은 자신의 이론적 선배들과는 다른 이유에서 또 다른 차원에서 지각을 재평가하기 시작했다.[11] 이들은 기존의 미학(Ästhetik)과는 다른 미학, 즉 '감성학'(Aisthetik)을 주장했다. 이들은 미학이 감성적 지각에서 출발했음에도 불구하고, 오랫동안 감각과 지각의 문제를 소홀히 했다고 비판했다. 이 또한 미학이라는 분과를 창시한 바움가르텐의 오류에서 기인하는 것이라고 보았다. 그 이후에도 미학은 오랫동안 아름다움, 예술작품, 아름다움과 진리의 관계 등등을 중심으로 여전히 '예술 철학'에 머무르고 있다고 비판했다. 새로운 미학을 주장하는 감성학자들은 이제 이성 중심의 철학이 아니라, 감성과 지각으로 예술 이론을 재편하고자 했다. 감성학자들은 이 과정에서 오랫동안 철학에서 배제되었던 '지각'을 재평가하고, 지각의 위상을 복원하고자 했다. 이들은 아리스토텔레스의 '지각은 항상 참되다'라는 주장으로 되돌아가 재평가를 시도했다.[12] 그 시도들 중 하나가 '매체 감성학'(Medienaisthetik)이다.

매체 감성학의 핵심 주장은 다음의 두 가지이다. 하나는 앞서 이야기했듯이, 이제 미학은 감성적 지각을 본격적으로 다루어야 한다는 것이다. 그 누구보다도 감성학으로서의 미학을 주장하는 게르노트 뵈메(Gernot Böhme)에 따르면, 이제 미학은 감성학으로서 '일반적인 지각 이론'이 되어야 한다.[13] 즉 전통적인 미학이 '진선미'라는 테두리

---

11)　이와 관련된 자세한 논의는 다음을 참조 바람: 심혜련, 『아우라의 진화: 현대 문화 예술에서 아우라의 지형도 그리기』, 이학사, 2017, 25~43쪽. 여기서 나는 이러한 미학 내에서의 흐름을 '미학 이후'라는 이름으로 진행 과정을 그리고 감성적 지각을 중심으로 미학 이론들의 재편 과정을 정리했다.

12)　볼프강 벨슈, 『미학의 경계를 넘어』, 193쪽.

13)　Gernot Böhme, *Aisthetik. Vorlesungen über Ästhetik als allgemeine Wahrnehmungslehre*, München: Wilhelm Fink Verlag, 2001, S. 19.

안에서 다루던 여러 주제들 대신 감성, 지각, 감각, 감정, 정동 등등을 다루어야만 한다. 그에 따르면, 미학이 이렇게 변하게 되면, 미학의 대상도 변한다. 즉 전통 미학에서 배제된 자연환경, 도시환경, 디자인, 공예, 상품 그리고 일상 공간의 조경 등등이 감성학의 분석 대상이 된다. 예술에 대한 철학적 접근을 중심으로 스스로를 게토화한 미학이 비로소 그 울타리를 부수게 된 것이다.

이러한 확장된 미학으로서의 감성학은 자본주의 비판에도 매우 중요한 요소로 작용한다. 자본주의는 그 어떤 체제보다도 '심미화'를 중요하게 여긴다. 자본주의는 현대인들이 상품을 소비할 때, 상품이 가지는 심미성과 아우라를 구입하고 소비하고자 하는 욕구를 정확히 파악하고 있기 때문이다. 그 결과 현대의 자본주의를 움직이는 큰 축 중 하나가 심미적인 경제인 지금, 그 어떤 것보다도 이에 대한 비판은 매우 중요하다.[14] 매체 감성학의 또 다른 핵심은 '매체'다. 매체 감성학은 이제 지각은 '매체에 의해 매개된 지각'이라는 것을 강조한다. 거의 모든 지각이 매체에 의해 매개되고, 또 매체에 의해 지각 형식과 내용이 변화한다. 따라서 '감성학'이든 '매체 감성학'이든 지각의 재평가에서 출발해서 매체에 의해 지각이 어떻게 변화하는지를 고찰할 수밖에 없다. 혼종화된 공간의 등장과 더불어 매체에 의해 매개된 지각의 문제는 더욱 중요해졌다. 왜냐하면 이제 매체가 정보 전달과 소통 채널의 역할에서 벗어나 일상적 삶이 진행되는 공간이 되었기 때문이다.

가상현실, 증강현실, 혼합현실, 확장현실 그리고 메타버스 등등은 모두 '지각 공간'이다. 이러한 공간을 중심으로 한 원격현전도 지각 방식이다. 혼종화된 공간에서의 확장된 몸도 지각 기능을 확장한 것이

---

14) Gernot Böhme, *Ästhetischer Kapitalismus*, Berlin: Suhrkamp Verlag, 2018, S. 25~29.

II. 매체와 인간

다. 이 모든 현상은 '지각의 향상'과 관계 맺는다. 가상현실이라는 용어를 처음 만들어 사용한 재런 러니어(Jaron Lanier)는 가상현실이 "인지와 지각의 관점에서 인간이란 무엇인지를 가장 심층적으로 연구하는 장치"라고 설명한다.[15] 즉 가상현실의 핵심은 '지각'이다. 가상현실을 중심으로 다양하게 변형된 공간들이 계속 등장하고 있다. 이 변형된 공간들에 대한 이해에서 핵심이 되는 것은 결국 '지각'이다. 그것도 매체에 의해 매개된 지각이다. 따라서 이젠 단순한 지각의 재평가가 아니라, 새로운 지각, 즉 매체에 의해 매개된 지각의 특징에 대해 살펴봐야 한다. 또한 대세가 된 이러한 지각의 등장이 지각을 둘러싼 지형도에 어떤 변화를 가져왔는지를 살펴봐야 한다. 본격적인 지각의 시대가 열린 것이다.

2. 장치의 발전과 지각의 변화

기술, 지각 그리고 사회 간의 상호작용에 관한 관심은 무엇보다도 대도시와 대중매체의 등장과 연결된다. 매체 감성학도 이 점에 주목한다. 그렇다면 이와 관련해서 다시 소환되는 철학자는 바로 발터 벤야민이다. 그야말로 대도시의 등장이 가져온 지각의 변화와 대중매체로 인해 변화된 지각 환경에 대해 누구보다도 먼저 주목했기 때문이다. 현대의 매체 감성학이 자신의 이론적 선구자를 그 어떤 망설임도 없이 벤야민으로 지목하는 이유도 여기에 있다.[16] 나는 앞에서 지금의 도시를 '확장된 도시'로 규정하고, 이에 관한 연구를 진행할 때, 대도시를

---

15) 재런 러니어, 『가상현실의 탄생』, 노승영 옮김, 열린책들, 2018, 13쪽.

읽기의 대상으로 삼은 벤야민의 이론이 중요하다고 강조한 바 있다. 특히 벤야민이 대도시의 특징을 '판타스마고리아적 공간' 또는 '다공적 공간'이라고 규정한 점을 강조했다. 그리고 이러한 특징이 매체 공간과 혼종화된 공간에서도 여전히 나타나고 있다고 보았다. 그렇다면 이제 문제는 '이렇게 변화된 공간을 어떻게 지각하는가?'이다. 벤야민의 지각에 대한 문제의식은 바로 여기에서 출발한다. 그는 지각의 사회성과 공간에서의 존재 방식과 지각과의 상관관계에 주목했다. 공간이 변화하면 그 공간에 거주하는 사람들의 의식도 변화한다. 의식이 변하는 결정적 계기는 공간에서의 지각 방식이다.

공간의 지각과 관련해서 벤야민은 무엇보다도 대도시가 이전과 달리 판타스마고리아적 공간이 되었다는 점에 주목했다. 밤에도 빛나는 인위적인 조명, 갑자기 체험하게 되는 빛의 번쩍임, 예기치 않았던 순간에 우연히 만나게 되는 이미지들, 각각 다른 내용들을 담고 있어 연결점이라고는 조금도 없는 이미지들의 연속, 도로를 달리는 자동차들, 과거의 건물들과는 달리 전면을 유리로 해서 내부와 외부의 경계를 없애 버린 쇼윈도들, 그곳에서 반짝이는 상품들은 대도시인들에게 스펙터클과 센세이션 그 자체였다. 이뿐만 아니라, 이 모든 것들 사이사이를 마치 너울처럼 이리저리 떠돌아다니는 대도시의 군중들과 이를 구경하는 산책자들이 한데 어우러져 대도시 공간 자체를 판타스마고리아로 만들었다. 이렇게 변화된 공간에서 대도시인들은 농촌이나 소도시에서 거주하던 사람들과는 다른 '충격 체험'(Schockerlebnis)을 한다. 이 과정에서 대도시인들은 당혹과 혼란을 느끼고, 또 이에 대한

---

16) 참조: Jürgen Felix, "Im Zeitalter der Reproduktion. Revision nach der Moderne", *Medien an der Epochenschwelle?, Ästhetik & Kommunikation* Heft 88, Berlin, 1995, S. 100~106.

II. 매체와 인간

방어기제를 작동시키기도 한다.[17]

　　공간과 지각과 관련해서 무엇보다도 중요한 문제는 새로운 공간에서의 적응과 공간 지각이다. 이렇게 변화된 공간에 사람들은 쉽게 적응했을까? 아니었을 것이다. 지금 우리가 혼종화된 공간의 적응에 어려움을 느끼는 것처럼, 그 당시 대도시에 거주하게 된 사람들도 마찬가지였다. 그들은 대도시와 이전의 일상 공간 사이에서 혼란을 느꼈다. 일종의 과도기적 체험을 했다. 이 과도기적 체험이 바로 '문지방 경험'이다. 이전의 삶의 공간과 대도시 사이에는 차이가 존재할 수밖에 없다. 아무리 대도시인이라고 해도, 이질적인 두 공간을 왔다 갔다 할 때, 경계를 체험할 수밖에 없다. 두 공간 사이에서의 문지방 경험을 하는 것은 너무나도 당연하다. 공간을 넘나들 때, 이전 공간 체험으로부터 '깨어남'이 있어야 한다. 이 깨어남은 때로는 자연스럽게 또 때로는 인위적으로 체험된다. 공간과 공간의 구별을 위해 인위적으로 만든 '문지방'의 역할은 크다. 비록 공간과 공간 사이에서 아주 약간의 턱을 만들어 공간의 변화를 알려 주는 장치이지만, 이것이 주는 공간에 대한 각성 효과는 매우 크다. 마치 파노라마에서 환영과 실제 현실 사이에서 이질적 공간으로의 이주와 탈피에 결정적 역할을 했던 '모조 지역'과 유사한 역할을 했다.

　　대도시에서의 충격 체험은 무엇보다도 변화된 시각과 관련된다. 그것은 바로 '시각적 촉각'(optische Taktilität)이다. 눈으로 보는데, 몸

---

17)　참조: Walter Benjamin, "Über einige Motive bei Baudelaire", in: Unter Mitw. von Theodor W. Adorno und Gershom Scholem, Hrsg. von Rolf Tiedemann und Hermann Schweppenhäuser, *Gesammelte Schriften I. 2*, Frankfurt am Main: Suhrkamp, 1991, S. 616~618. 여기서 벤야민은 이를 가장 잘 표현한 시인이 보들레르(Charles Baudelaire)라고 보고, 그의 시를 중심으로 대도시에서의 충격 체험과 이에 대한 방어기제에 관해 설명하고 있다.

에 접촉하는 듯한 느낌이 드는 지각 방식이다. 이를 벤야민은 시각이 가지고 있는 '촉각적 질'(eine taktile Qualität)이라고 표현했다.[18] 사실 '시각적 촉각'이란 성립 불가능하다. 이는 일종의 형용모순이다. 시각은 지각 대상과의 '거리'가 있어야만 하며, 반대로 '촉각'은 '거리'가 있으면 작동하지 않는 지각이다. 직접적인 접촉에 의해서만 가능한 지각이다. 그런데 대도시는 이러한 복합지각 또는 '유사 촉각'이라는 새로운 형식의 지각을 가능하게 한다. 판타스마고리아적인 공간에서의 시각적 대상들은 충격적으로 다가오기 때문에, 그 과정에서 몸이 촉각적으로 반응하는 것이다. 갑자기 마주한 충격적 이미지들은 수용자들을 오싹하게 만든다. 이뿐만 아니라, 대도시의 변화된 분위기와 건축물들 내부의 분위기에 몸이 먼저 반응하기도 한다. 오래된 성당, 오래된 주택, 지하실 또는 다락방 등등에 들어가면, 공간의 공기와 냄새 그리고 분위기 등에 몸이 반응하기도 한다.

예로부터 건축물들은 대표적인 복합 지각적 공간이었다. 벤야민도 이 점을 강조한다. 그런데 시각이 시각적 촉각으로 작동하기 위해서는 주의력 대신 산만함이, 집중 대신 익숙함이 중요해진다. 벤야민은 시각적 촉각은 '산만함'과 '익숙함'을 통해 이루어진다고 보았다. 대표적으로 건축물들이 그러한 지각을 통해 수용된다.[19] 벤야민은 특히 시각에 관심이 많았다. 그러므로 대도시 공간에서의 지각의 변화뿐만 아니라, 각종 시각 장치들의 등장으로 인한 지각의 변화에 관해 이야기했다. 비록 그가 이러한 변화들에 대해 체계적이며 구체적

18)   Walter Benjamin, "Das Kunstwerk im Zeitalter seiner technischen Reproduzierbarkeit", in: Unter Mitw. von Theodor W. Adorno und Gershom Scholem, Hrsg. von Rolf Tiedemann und Hermann Schweppenhäuser, *Gesammelte Schriften I.2*, Frankfurt am Main: Suhrkamp, 1991, S. 502.
19)   Ibid., S. 504.

으로 분석하고 구체적으로 서술하지는 않았지만, 장치와 매체를 중심으로 한 지각의 변화를 연구할 때, 지금도 여전히 중요한 용어에 관해 언급했다. 장치와 관련해서 이야기한 '시각적 무의식'(das Optische Unbewußte)[20] 그리고 영화 수용과 관련해서 언급한 '정신 분산적 지각'이 바로 그것이다. 시각적 무의식은 시각적 장치가 지각 과정에 개입하면서 발견되었다. 이는 '장치적 시각'과 밀접하게 연관된다.

장치적 시각을 사용하는 대표적인 직업은 '카메라맨'과 '외과 의사'다. 이 둘은 시각 장치를 사용해서 자신이 다루는 대상에 깊이 침투한다. 외과 의사는 주술사 등이 환부를 치료하던 방법과는 완전히 다르게, 자신의 치료 대상인 환부에 바로 침투해 들어가 이를 치료한다. 환부와 외과 의사 사이에 거리는 없다. 카메라맨도 마찬가지다. 자신이 재현하고자 하는 대상에 직접 카메라를 들이댄다. 거리를 두고 대상을 이리저리 관찰하던 화가와는 차이가 있다. 이렇게 대상에 직접 침투해 들어가는 시각적 장치로 인해 이전과는 다른 시각 세계가 열린다.[21] 존재했으나, 시각적으로 보이지 않았던 것들이 보이게 된 것이다. 이러한 현상이 '시각적 무의식'이다.[22] 시각 장치들이 이렇게 시각에 존재했던 무의식적 세계를 발견하게 했다면, 영화는 지각 방식에 대한 재평가를 요구했다고 볼 수 있다. 벤야민은 새로운 매체를 중

20) Ibid., S. 500.
21) Ibid., S. 495~496.
22) 물론 시각뿐만 아니라, 축음기도 '청각의 무의식적 세계'를 열었다고 볼 수 있다. 존재했으나, 기록과 재생의 차원에서 배제되었던 '소음'들을 기록하고 재생하게 되면서, 소리의 새로운 세계가 열렸다고 볼 수 있기 때문이다. 축음기와 청각의 무의식의 세계에 관해서는 프리드리히 키틀러의 논의를 살펴볼 필요가 있다. 그는 축음기를 '무의식' 또는 '실재'와 연결해서 파악했기 때문이다. 이와 관련해서는 다음을 참조 바람: 심혜련, 『20세기의 매체철학: 아날로그에서 디지털로』, 그린비, 2012, 163~168쪽.

심으로 한 새로운 예술 형식을 기존의 방식대로 수용하는 것에 문제를 제기했다. 새로운 예술은 새로운 수용 방식이 요구된다고 본 것이다. 그는 움직이는 이미지 그리고 이에 더해진 청각이 중심이 된 영화의 등장을 지각의 근본적인 변화로 파악했다.[23] 그는 기술 재생산으로 인한 예술의 변화 또한 '지각의 구조 변화'로 해석했다. 그러므로 그는 기술 재생산 시대의 예술의 특징을 '아우라의 몰락'이라고 규정한 후, 이를 예술에 대한 새로운 "지각의 신호"(die Signatur einer Wahrnehmung)를 의미한다고 주장했다.[24]

그렇다면 관객은 영화 이미지를 어떻게 지각하고 또 이를 어떻게 수용하는가? 영화는 정지된 상태의 이미지 그리고 단지 시각에만 호소하는 이미지들과는 근본적으로 다르게 지각된다.[25] 영화와 같은 움직이는 이미지는 집중보다는 정신 분산적 지각에 더 적합하다. 벤야민 주장의 핵심은 바로 여기에 있다. 즉 그는 영화가 정신 분산적 지각으로 수용되기 때문에 문제가 있는 것이 아니라, 영화를 전통 예술의 지각 방식에 짜 맞추어 평가하려는 태도를 문제 삼았다. 이러한 태도는 매체와 예술의 상관관계, 더 나아가 예술과 사회의 상호작용에 대한 몰이해에서 비롯된다고 볼 수 있다. 예술은 사회를 반영하며, 사회 또한 예술에 영향을 받는다. 예술은 사회적 상황과 무관하게 변화하지 않고, 존속될 수 없다. 벤야민이 집중보다는 정신 분산적 지각을 통해 산만해 보이는 대중과 그러한 대중들의 집단적 지각 작용에 대해서도 긍정적으로 평가했던 이유도 이러한 예술 이해에서 비롯되었다고 볼

---

23) Walter Benjamin, "Das Kunstwerk im Zeitalter seiner technischen Reproduzierbarkeit", S. 505.

24) Ibid., S. 479~480.

25) 이와 관련된 좀 더 자세한 논의는 다음을 참조 바람: 심혜련, 『20세기의 매체철학: 아날로그에서 디지털로』, 62~69쪽.

수 있다.

영화관이라는 특정 공간에서 외부와 차단된 채, 다수의 불특정한 관객들이 동시에 영화를 본다. 지극히 사적인 공간에서 개인적으로 '관조' 또는 '몰입'과 같은 방식으로 수용되는 예술들은 때로는 개인적 편협함을 벗어나기 어려울 수 있다. 그러나 집단적 수용에서는 다른 양상이 나타난다. 집단적 수용 과정에서 대중들은 타인들의 영향을 직접 받기 때문이다. 집단의 반응은 일종의 각성 작용을 할 수 있다. 지극히 개인적 집중을 통해 예술적 이미지의 세계로 침잠해 들어가는 과정을 순간 제어할 수 있다. 이러한 수용 과정이야말로 '비판적 수용'의 출발점이 될 수 있는 것이다. 이러한 수용을 통해 대중들은 "분산적 실험관"이 될 수 있다.[26] 물론 이러한 벤야민의 주장은 비판의 여지가 많다. 대중들에 대한 과도한 믿음도 문제가 될 수 있다. 왜냐하면 집단적 수용 과정에서 타인들의 영향을 받을 수 있다는 것은 긍정적인 측면에서만 작용하지 않기 때문이다. 타인의 영향을 받아서 대중들은 집단 최면의 상태에 빠질 수도 있다.

1930년대 국가사회주의 시대에서도 이런 현상들이 있었다. 물론 벤야민도 이러한 부정적인 작용을 인식하고 있었기에, 적극적으로 "정치의 심미화"(Ästhetisierung der Politik)에 대항하는 "예술의 정치화"(Politisierung der Kunst)를 주장하기도 했다.[27] 벤야민의 관점에서 보았을 때, 정치의 심미화는 예술에 대한 비사회적 이해에서 비롯된 것이다. 이러한 예술에 대한 태도는 정치가 대중을 선동하기 위해 예술을 악용해 심미화되는 현상에 대한 무관심을 초래할 수 있다. 예술가도 마찬가지다. 1930년대 국가사회주의가 시도한 정치적 심미화에

---

26) Walter Benjamin, Ibid., S. 505.
27) Ibid., S. 506.

적극적으로 협력한 레니 리펜슈탈(Leni Riefenstahl)의 작업만 봐도 알 수 있다. 당시 그녀는 나치가 제공하는 각종 첨단 장치들을 사용해 예술성이 뛰어난 다큐멘터리 작품들을 제작했다. 그녀에게 중요했던 것은 자신의 예술적 성취뿐이었다. 당대의 상황이 이러했음에도 불구하고, 벤야민은 대중들이 특정 정치를 위해 예술이 악용되는 "정치의 심미화"에도 비판적일 것이라는 믿음을 계속 유지했다.[28]

벤야민의 대중에 대한 이러한 낙관적 태도는 논쟁의 여지가 있다. 그러나 무엇보다도 중요한 것은, 벤야민이 장치들이 지각에 개입하면서, 새롭게 등장한 분산, 산만 그리고 파편적인 지각을 새로운 지각 형식으로 인정하면서, '지각의 사회성'에 대해 정확히 인식했다는 점이다. 그 누구보다도 일찍 이러한 지각 형식에 주목했던 그의 미학은 분명 현대적 의미에서의 '감성학' 또는 '매체 감성학'임이 분명하다. 벤야민 외에도 그 당시에 '장치', 인간의 확장 그리고 지각의 관계에 주목한 또 한 명의 사상가가 있다. 지크문트 프로이트(Sigmunt Freud)가 바로 그다. 그는 벤야민이 활동했던 비슷한 시기에 「문명 속의 불만」(Das Unbehagen in der Kultur, 1930)에서 기술의 발전과 인간의 확장에 대해 언급했다.[29] 프로이트도 벤야민과 마찬가지로 전통적인 미학이 아니라, 감성학을 주장했다고 볼 수 있다. 그는 기존의 미학이 주로 '미에 관한 이론'에 그치고 있음을 비판했다. 더 나아가 그는 감수성의 여러 특징들을 다루는 미학에 관심이 있다고 했다.[30] 이러한 관심을 중심으로 그는 감성과 감각 그리고 지각의 문제를 다루었다. 특

28) Ibid., S. 508.
29) 지크문트 프로이트, 「문명 속의 불만」, 『문명 속의 불만』, 김석희 옮김, 열린책들, 1998, 274쪽.
30) 지크문트 프로이트, 「두려운 낯설음」, 『예술, 문학, 정신분석』, 정장진 옮김, 열린책들, 2004, 403쪽.

히 그는 전통 미학 내부에서 소외된 혐오스럽거나 고통스럽고 또 다소 기괴한 감정들을 분석했다.[31] 그의 '두려운 낯섦'(Unheimlich, Uncanny)에 대한 분석은 이러한 감성학적 차원에서 진행된 것이라고 볼 수 있다.[32] 물론 기술 발전으로 인한 인간의 확장 문제를 지각과 연관해서 언급했다는 점에서도 그렇다.

먼저 프로이트는 단지 지각의 확장이 아니라, 인간 몸 그 자체의 확장에 더 큰 관심이 있었다.[33] 그는 모든 장치들을 일종의 '보족'(Prothese) 장치로 이해했다. 모터는 근육의 확장이며, 안경과 망원경은 시각의 확장이며, 축음기는 청각 그리고 전화는 목소리의 확장으로 이해했다.[34] 이 모든 장치는 인간의 신체와 신체 기관이 가진 한계들을 극복하기 위해 만들어진 것으로 이해했다. 보족 장치를 중심으로 한 그의 이론은 현재 논의되는 '포스트 휴먼'과 직접 연관된다. 그가 말하는 인간의 확장이 바로 현재 포스트 휴먼에서 논의되는 혼종화된 몸과 연결된다. 그러나 이에 대한 프로이트의 전망은 결코 낙관적이지 않았다. 이러한 전망에서 벤야민과 프로이트의 차이점이 드러난다. 그는 기대보다는 우려의 시선으로 이러한 변화가 가져올 결과에 관해 이야기했다. 그는 미래에는 상상도 할 수 없는 기술과 인간의 직접적인

---

31) 같은 글, 404쪽.

32) 감성학자로서의 프로이트와 감성적 지각으로서의 '두려운 낯섦'에 대한 좀 더 자세한 논의는 다음의 글을 참조 바람: 심혜련, 『아우라의 진화: 현대 문화 예술에서 아우라의 지형도 그리기』, 107~121쪽.

33) 프랑크 하르트만도 이를 프로이트 이론이 가지고 있는 한계로 보았다. 결국 장치와 인간의 확장에 관한 프로이트의 이론은 "인간의 확장을 인간 조직 기관의 단순한 확장으로 이해하는 단순한 보족 기구 이론"에 그쳤다고 비판한다(프랑크 하르트만, 『미디어 철학』, 이상엽·강웅경 옮김, 북코리아, 2008, 352쪽).

34) 지크문트 프로이트, 「문명 속의 불만」, 275쪽.

결합이 등장할 것이며, 이를 통해 인간은 점점 더 신을 닮을 것이라고 보았다. 결국 그는 이러한 인간의 시도를 신을 닮고자 하는 인간의 몸부림으로 이해했다. 그는 더 나아가 그 결과가 결코 행복하지 않을 것이라고 말한다.[35] 그러나 프로이트의 우려는 별 소용이 없었다. 인간은 점점 더 자신의 몸을 기술적 장치들과 혼종화시키는 데 몰두했다. 다양한 매체의 등장과 발전에 의해 지각은 더욱 확장되기도 하고, 또 이와 반대로 다른 지각을 축소하기도 했다.

3. 매체에 의한 지각의 확장과 축소

'혼종화된 몸', 이는 기술과 인간의 직접적 결합을 의미한다. 혼종화된 몸이 등장하기 이전에 이미 기술로 인한 인간의 확장이 늘 존재했다. 기본적으로 신체적 한계가 분명한 인간은 이를 극복하기 위해 끊임없이 새로운 도구들을 만들어 내곤 했다. 이때 기준이 되는 것은 '인간'이다. 인간은 신체의 '기관'(Organon)에 대한 이해를 바탕으로 이와 유사한 도구들을 만들기 시작했다. 기술적 도구는 이러한 기관의 복제, 특히 기능이 '향상'된 복제라고 볼 수 있다. 즉 도구는 자신의 모델인 기관의 연장을 의미함과 동시에 이 기관의 힘을 강화한 것이다.[36] 도구는 점차 '손과 발'을 중심으로 한 기관 확장을 넘어 '지각의 확장'으로 발전한다. 특히 대상과의 '거리'가 있어야만 가능한 '원거리 지각'을 중심으로 각종 장치가 등장한다. 이는 너무 멀리 있어서 지각이 불가

---

35) 같은 글, 276쪽.
36) 에른스트 카프, 『기술철학개요: 새로운 관점에서 본 문화 생성사』, 조창오 옮김, 그린비, 2021, 70쪽.

능한 대상을 좀 더 가까이 가져오려는 노력의 결과였다. '거리'가 존재하면 지각이 불가능한 '근거리 지각' 과정에서는 이러한 장치들이 불필요하다. 미각과 촉각의 경우에 '장치' 또는 '매체'가 개입하면 지각이 불가능해지기 때문이다. 물론 나중에 기술의 발전은 이마저도 변화시켰지만 말이다.

각종 장치가 인간의 손과 발을 중심으로 한 기관의 확장을 넘어 '지각의 확장'과 연결되자, 많은 혁명적인 변화가 나타났다. 시각과 청각을 중심으로 한 다양한 장치들의 등장이 가져온 변화를 생각해 보면 잘 알 수 있다. 시청각적 장치들의 확장은 지각을 새로운 차원으로 발전시켰다. 예를 들면, 멀리 떨어져 있어 볼 수 없는 것을 볼 수 있게 해 준 망원경, 존재했으나 너무 작아서 볼 수 없는 것들을 볼 수 있게 해 준 현미경, 신체를 중심으로 내부와 외부의 경계를 허물어 버린 엑스레이 그리고 실시간으로 인간의 신체 내부를 탐사할 수 있게 해 준 내시경 카메라 등등으로 인해 또 다른 시각 세계가 열렸다. 영화, 축음기 그리고 전화 등도 마찬가지다. 특히 단순한 지각의 확장을 넘어, 지각의 결과들을 저장하기 시작하면서, 본격적인 매체적 전회가 시작되었다 해도 과언이 아니다. 디지털 매체를 중심으로 한 매체적 전회 이전에 이미 또 다른 매체적 전회가 있었다. 이러한 변화들은 환호와 우려의 대상이었다. 늘 그러했듯이, 새로운 기술은 테크노필리아(technophilia)와 테크노포비아(technophobia)의 대상이 된다.

매체와 지각의 관계에서 맥루언은 테크노필리아적인, 이와 반대로 비릴리오는 테크노포비아적인 입장을 옹호한다고 볼 수 있다. 앞에서 매체와 공간 그리고 매체와 주체를 이야기할 때도 이 둘의 입장은 대비되었다. 먼저 맥루언의 관점에 대해 살펴보자. 그 또한 앞에서 살펴본 벤야민과 마찬가지로 지각의 사회성에 주목했다. 특히, 그는 지각과 사회의 상호작용에 관심이 있었다. 그가 『미디어의 이해』에서 무엇보다도 주목했던 것은 매체로 인한 인간의 확장이며, 여기서 인간의 확장은 지각의 확장이다. 안경이 시각의 확장이며, 보청기가 청각의 확장이듯이, 모든 매체는 인간 지각의 확장이며, 이는 더 나아가 인간 그 자체의 확장을 의미했다.[37] 지각의 확장이 인간 그 자체의 확장이라는 것이다. 그는 그 누구보다도 매체와 지각의 관계에 주목했을 뿐만 아니라, 매체에 의해 지각이 확장되거나 축소될 수 있다는 점도 강조했다. 또 하나의 매체를 중심으로 한 지각이 지나치게 지배적인 역할을 하고, 나머지 지각을 부차적인 것으로 만들 경우 초래될 수 있는 위험에 대해서도 강조했다. 특히 그는 시각 매체의 독점이 가져올 수 있는 지각의 불균형에 대해 비판했다.

시각 매체의 독점에서 맥루언이 무엇보다도 비판적으로 본 매체는 '책'이었다. 개인적 공간에서 혼자 눈으로만 읽는 책은 획일성, 균질성 그리고 반복성을 특징으로 한다고 보았다. 대량으로 인쇄된 책의 등장은 시각의 독점을 더욱 강화시켰다. 모든 지식과 정보가 시각을 통해 획득되고 전달되었다. 그 결과 시각 외의 다른 감각들의 역할이 축소된다. 대표적으로 청각과 촉각이 이 과정에서 배제된다.[38] 맥루언의 매체와 지각을 둘러싼 문제 제기는 바로 여기서 출발한다. 하나의 지각이 독점하게 되면, 다른 지각과의 균형과 상호작용이 붕괴되기 때문이다. 그는 이러한 현상을 '감각 마비'로 이해했다.[39] 하나의 감각이 지나치게 비대해지면, 결국 최면 상태가 일어나고, 그 결과 감각 마비 현상이 발생한다고 본 것이다. 이러한 현상의 예로 맥루언은 나르시스

37) 마셜 맥루언, 『미디어의 이해』, 김성기·이한우 옮김, 민음사, 2007, 30쪽.
38) 같은 책, 49쪽.
39) 같은 책, 34쪽.

II. 매체와 인간

를 들고 있다. 그는 일반적으로 자기애의 상징으로 이야기되는 나르시스 신화에 대한 이해가 문제가 있다고 지적한다. 정확히 말하자면, 나르시스는 자기애의 상징이 아니라, 매체 문해력이 거의 없는 '매체 문맹인'이라고 볼 수 있다.

나르시스는 물속에 비친 자기 자신의 이미지에 대한 이해가 없었다. 왜냐하면 그는 '물'이라는 매체에 대한 이해가 없었기 때문이다. 물의 속성이 외부의 대상을 그대로 비추어 반영하기 때문에, 물 위에 나타난 이미지는 타인이 아니라 바로 자신인데, 이를 인지하지 못한 것이다. 맥루언식으로 말하면, 그는 확장된 자기에 지나치게 몰두한 '기계 장치 애호가'이며, 청각과 촉각에 주의를 기울이지 않고, 시각에 몰두했기 때문에 감각 마비의 상태에 빠졌다. 결국 나르시스는 자신의 확장에만 몰두해서, 자신의 폐쇄된 체계에 갇히고 말았던 것이다.[40] 나르시스는 신화 속에서만 존재하는 것은 아니다. 매체 문해력이 부족하고, 또 하나의 지각에만 주로 의존할 경우, 지금 여기에서도 나르시스는 존재할 수 있다.

인쇄매체를 중심으로 한 이러한 시각 중심의 지각 편향성은 전자매체 시대에서 다르게 재편된다. 영상을 중심으로 한 매체들은 시각과 청각의 결합으로 구성되었다. 따라서 맥루언은 편향된 지각의 불균형은 전자매체 시대에 와서 비로소 극복될 수 있는 가능성을 갖게 되었다고 보았다. 그는 무엇보다도 시각의 우위에 눌린 청각이 복원될 뿐만 아니라, 시각과 청각이 어울려 하나의 공감각을 만들어 내면서 새로운 지각의 시대가 열린다고 보았다. 지각의 편향성에서 벗어나, 다양한 지각을 통해 외부 세계를 인식하게 된다면, 이에 대한 좀 더 정확

40) 같은 책, 82쪽.

한 지식과 정보가 가능해진다. 나르시스도 그를 사랑했던 '에코'의 소리에 귀 기울였다면 비극적 죽음을 맞이하지 않을 수도 있었다. 맥루언의 관점에서 책만 읽는 행위는 다른 지각의 가능성을 열어 두지 않는 것이다. 책은 많은 사적인 공간에서 그 누구의 말도 듣지 않고, 책들을 읽고 생각에 빠진 수많은 나르시스를 키워 내고 있다. 이는 시각 중심의 편향된 지각 체계가 가져온 결과다.

그렇다면 이러한 지각의 편향성과 그것으로 인한 감각 마비를 어떻게 극복할 수 있을까? 맥루언은 바로 '지각 간의 상호작용'에 의해 이를 극복할 수 있다고 보았다. 그러기 위해서는 두 개 이상의 매체가 상호작용해야지만, 나르시스와 같은 감각 마비에서 벗어날 수 있다고 보았다. 다른 매체들이 서로 만나는 순간 배제된 다른 감각들이 복원되며, 이들의 작용으로 인해 감각 마비에서 벗어날 수 있다고 한다.[41] 복원된 지각들은 상호작용한다. 지각 간의 상호작용이 가능하기 위해서는 각각의 지각과 연관된 매체들이 상호작용해야 한다. 매체와 매체의 혼종화, 이종교배는 엄청난 힘을 발휘한다.[42] 지각의 혁명적인 변화뿐만 아니라, 매체 그 자체에도 큰 변화를 가져온다. 혼종화를 통해 다른 매체를 요구하기도 하고, 그 과정에서 다른 지각이 작동하기 때문이다. 그 결과 하나의 지각이 독점하는 것은 어렵다. 대표적인 예가 영화와 텔레비전이다. 이 두 매체는 '시청각' 매체다. 하나의 지각만 작동해서는 내용이 왜곡될 수 있다. 다른 지각이 더해지면 이 둘은 상호작용을 통해 지각의 편향성을 극복할 수 있다. 결국 맥루언은 매체가 가져온 감각의 확장과 축소의 문제도 매체의 혼종화를 통해 극복될 수 있다고 보았다.

41) 같은 책, 101쪽.
42) 같은 책, 91쪽.

돈 아이디(Don Ihde)도 맥루언과 마찬가지로 매체와 지각의 관계에 주목했다. 그의 기술철학의 핵심은 '매체'(도구)와 '지각'이라고 볼수 있다. 매체에 대한 그의 관심은 기술 전반으로 확장되었고, '지각'에 대한 관심은 '지각'과 '몸'의 문제로 확장되었다. 즉 매체와 지각의관계에서 그는 매체가 어떻게 지각을 통해 몸에 체현(embodiment)되는지를 연구했다. 체현 과정에서 그가 주목했던 것은 매체로 인한 인간 지각의 확장과 축소 그리고 지각의 변형이었다.[43] 예를 들어 분필을사용해 칠판을 경험하는 것과 맨손가락으로 칠판을 경험하는 것은 차이가 있다. 손가락으로 칠판을 경험하는 것은 직접적인 촉각적 경험이다. 칠판 표면의 온도와 느낌이 손가락을 통해 그대로 느껴진다. 반면일종의 매체라고 파악할 수 있는 분필을 사용해서 칠판을 경험하면,칠판의 딱딱함이 더욱 잘 느껴질 수 있다. 그러나 칠판의 온도는 알 수없다. 전화도 마찬가지다. 멀리 있는 타자의 목소리에 대한 지각은 확장되었지만, 타자의 얼굴을 시각적으로 체험하는 것은 불가능하다. 즉타자에 대한 시각은 축소된 것이다.[44] 이를 아이디는 "타자의 풍부한시각적 현전"의 사라짐으로 파악했다.[45] 물론 지금의 전화는 이 또한극복했지만 말이다.

매체와 지각이 이러한 체현 관계를 맺을 때, 무엇보다도 매체의 역할이 중요하다. 매체가 몸의 확장이 되어 확장된 지각을 가능하게 하기 위해서는 몸과 매체 사이에 이질감이 거의 없어야 한다. 그 어떤 매체도 매개되지 않은 듯, 대상을 지각해야 한다. 즉 매체와 지각하는 몸과의 관계는 지극히 '투명'해야 한다. 이를 아이디는 '투명한 관

43) 돈 아이디, 『기술철학』, 김성동 옮김, 철학과현실사, 1998, 49쪽.
44) 같은 책, 48~49쪽.
45) 같은 책, 50쪽.

계'(transparency relation)라고 규정했다. 이러한 관계가 성립해야만 지각하는 몸은 매체를 자신의 일부분으로 자연스럽게 받아들이고, 매체를 통한 체험을 자기 자신의 몸을 통한 체험으로 수용할 수 있다.[46] 이때 몸은 매체를 거의 인식하지 못한다. 매체는 '비매체적'으로 작동하고, 그 결과 매체와 지각하는 몸이 만나는 인터페이스는 거의 인식되지 않는 '자연적 인터페이스'가 된다.[47] 이러한 매체와 지각하는 몸의 관계는 디지털 매체 공간, 특히 가상현실과 증강현실에서도 그대로 관철된다. 즉 또 다른 체험 공간으로서 매체 공간이 가능하기 위해서는 지각하는 몸이 그 공간에 쉽게 진입할 수 있어야만 한다. 각종 장치들의 도움을 받고, 또 장치의 버거움이 느껴지면, 이러한 가상 공간으로의 몰입은 결코 쉽지 않다. 더 나아가 아무리 매체와 지각하는 몸 사이에 투명한 관계가 성립된다고 해도, '매체화된 지각'과 '탈매체화된 지각' 사이에 '차이'가 있다. 이 차이에 대한 이해는 '매체'로 어떤 지각이 확장되고 축소되는지에 대한 이해와 연결된다.

벤야민, 맥루언 그리고 아이디와는 달리, 폴 비릴리오는 매체와 지각의 상호작용을 인정하고, 이로 인한 감각의 확장과 축소를 인정하면서도, 이에 대해 부정적 입장을 가지고 있었다. 진단은 동일하지만, 전망은 완전히 다르다고 볼 수 있다. 그는 이러한 변화들이 지각의 편향성을 극복하는 게 아니라, 오히려 '편향된 지각의 확장'을 초래할 수 있다고 보았기 때문이다. 그는 맥루언과 다르게 전기 시대의 매체들,

---

46) 같은 책, 47쪽.
47) 그루신(Richard Grusin)과 볼터(Jay David Bolter)는 매체가 가지고 있는 '비매개적' 성격을 강조한다. 그들이 말하는 매체의 비매개성은 아이디가 언급한 '투명한 관계'와 매우 유사하다. 이와 관련해서는 다음을 참조 바람: 제이 데이비드 볼터·리처드 그루신, 『재매개: 뉴미디어의 계보학』, 이재현 옮김, 커뮤니케이션북스, 2006, 3~4쪽.

즉 텔레비전과 영화를 시각을 넘어선 복합감각에 호소하는 매체들로 이해하지 않고, 오히려 '시각의 강화'로 이해했다. 아무리 청각이 더해졌다고 해도 중심은 시각이고, 또 더해진 청각은 시각적 효과를 극대화시킬 수 있다고 보았다. 이를 그는 '인공적인 시각의 발명'이라고 보고, 이러한 새로운 시각은 또 다른 시각 체험을 가능하게 한다고 보았다.[48] 그는 기술적 장치들의 도움으로 확장된 인공 시각도 부정적으로 보았다. 철저하게 매체에 의해 매개된 지각이기 때문에, 매체에 의해서 얼마든지 왜곡이 가능하다고 보았기 때문이다. 단순하게 특정 감각을 확장하고 축소하는 게 아니라, '왜곡'이 가능해졌다는 것은 큰 문제다. 확장과 왜곡은 전혀 다른 문제다.

맥루언과 달리, 그는 매체와 매체 간의 결합에 대해서도 지극히 부정적이었다. 그가 무엇보다도 비극적 시각에서 본 건은 '시각'과 '통신' 기술의 결합이었다. 이 둘이 결합되면 진정한 '판옵티콘'이 쉽게 만들어지고, 그렇게 되면 인간 모두 서로가 서로를 감시하는 그러한 체계가 도래할 것이라고 본 것이다. 결국, 그는 인공적으로 확대된 시각은 원격 조정과 통제의 근거가 되고, 그 결과 전자적 디지털적 원격 감시 체계가 완성될 것이라고 보았다.[49] 이러한 비릴리오의 진단은 '카산드라의 예언'으로 끝나지 않았다. 지금의 상황만 봐도 그렇다. 시각 매체, 위치추적 장치 그리고 통신과의 결합은 사회를 거대한 판옵티콘으로 만들었다. 이제 매체 공간은 환영에 대한 오래된 꿈을 이루기 위해 만들어졌던 파노라마에서 시작해서 가장 적은 노력과 비용으로 사람들을 감시할 수 있는 '전자적 판옵티콘'에 이르게 되었다. 매체

---

48) Paul Virilio, "Die Sehmaschine", *Die Sehmaschine*, übersetzt von Gabbriele Ricke und Roland Voullié, Berlin: Merve, cop., 1989, S. 136.

49) 심혜련, 『20세기의 매체철학: 아날로그에서 디지털로』, 264쪽.

에 의해 확장된 지각들은 전자적 판옵티콘을 더욱 확장하고 견고하게 만들었다.

우리는 모두 이렇게 만들어진 판옵티콘에서 살고 있다고 해도 과언이 아니다. 디지털 이주민도 원주민도 여기서 벗어날 수 없다. 다만 차이가 있다면, 이를 어떻게 수용하는가의 문제다. 감시망 안에서 통제받고 있기 때문에 견딜 수 없다고 느낄 수도 있고, 반대로 안전망 안에서 보호받고 있다고 느낄 수도 있기 때문이다. 이제 남은 문제는 매체로 구성된 현실을 인정하고 그 안에서 어떤 방식으로 살아야 하는가라는 것이다. 그러나 또 다른 변수가 등장했다. 그것은 바로 매체로 구성된 현실에서 매체로 매개된 지각을 중심으로 소통하는 것에 대한 반발이다. 맨몸 지각이 주는 생생한 체험에 대한 욕망 그리고 매체화된 지각을 중심으로 소통하는 것이 아니라, 직접적인 접촉을 통한 소통에 대한 갈망 또한 매체의 발전과 더불어 커지고 있기 때문이다. 다시 몸이 매체로 소환되고 있다. 지각에 대한 재평가는 결국 몸에 대한 '재확인'으로 향하고 있다. 이 과정에서 그 어떤 지각보다도 촉각에 대한 관심이 커진다. 원격현전을 바탕으로 한 소통 과정에서 접속 대신 접촉에 관한 관심이 커지듯이 말이다.

4. 지각의 탈매체화

1999년 네덜란드에서 아주 흥미로운 텔레비전 프로그램인 「빅 브라더」(Big Brother)가 만들어졌다. 이 프로그램의 형식은 단순했다. 자발적으로 신청해서 선택된 10여 명의 참여자들이 한집에서 살면서, 끝까지 이 집에 남아 있는 사람이 승자가 되는 리얼리티 쇼 프로그램이었다. 살아남는 방식은 참여자와 시청자의 투표에 의해 결정된다. 이 프로그램은 리얼리티 쇼였기 때문에, 이들이 일정 기간 동안 사는 집은 수많은 카메라가 설치되어 있고, 시청자는 이들의 삶을 24시간 내내 인터넷 방송을 통해 볼 수 있었다. '다른 사람들이 살아가는 삶에 누가 관심을 가질까?'라는 우려와 달리, 이 프로그램은 선풍적인 인기를 끌었고, 출연자들은 단숨에 스타가 되었다. 이러한 인기에 힘입어 다른 유럽 국가들에서 자국만의 「빅 브라더」를 만들었고, 이들 프로그램들도 인기가 매우 높았다. 「빅 브라더」는 지금 다양한 플랫폼에서 보여주는 일상적 삶을 노출시키는 프로그램의 원조라고 할 수 있다.

　　이 프로그램은 여러 면에서 매체철학에서 중요한 분석 대상이 될 수 있다. 그중 하나가 카메라를 둘러싼 문제다. 프로그램 참여자들은 기꺼이 자신들을 '노출'시킨다. 인터넷 방송 또는 편집된 TV 방송을 보는 관객들은 타인의 삶을 엿보고 싶은 '관음증적 욕구'를 만족시킨다. 시각의 확장, 시각과 다른 지각과의 결합, 통신 수단과의 결합 그리고 방송 매체와의 결합으로 인해 이러한 두 욕구는 좀 더 대중화되었다. '드러내기'와 '엿보기'가 자유롭게 되었다. 그런데 자유롭게 되는 과정에 문제가 발생하기도 했다. 예를 들어 「빅 브라더」의 몇몇 참여자들은 무엇보다도 24시간 촬영되는 카메라의 시선을 견뎌 내지 못했다. 며칠은 잘 지내다가도 어느 순간 카메라를 피해 다니는 참여자가 등장했다. 결국 그들은 카메라로부터의 시선에서 벗어나고 싶어, 자발적으로 프로그램에서 하차했다. 그들이 견디지 못했던 것은 '카메라의 눈'과 '방송되는 삶'이었다. 그들은 지각과 삶이 '매체화'되는 것을 이겨 내지 못했다. 물론 이 경우는 방송 프로그램이기 때문에, 시청률을 위해서 그 당시 다소 극단적으로 진행되었다. 24시간 동안 카메라로 촬영되지 않는 공간은 없었고, 또 이를 자극적으로 편집해서 TV로 방영하기도 했다. 그러나 지금은 상황이 달라졌다. 방송용으로 만들어진 이 극단적인 경우가 지극히 일반적인 삶이 되었다. 사회 전체가 「빅 브라더」촬영장이 되었다. 그것도 더 무서운 촬영장이 되었다. 왜냐하면 그 어떤 경우에도 이곳으로부터의 '하차'가 허용되지 않기 때문이다.

「빅 브라더」세트가 된 사회에서 또 다른 반전이 일어난다. 그것은 바로 '탈매체화'된 지각에 대한 욕구의 증대다. 이는 다시 본래부터 매체화되기 어려운 지각과 매체화되었다는 사실을 지각하기 어려운 그러한 지각에 관한 관심으로 세분화되기도 한다. 앞에서 언급한 사상가들도 그러했다. 인간이 가지고 있는 오감 중 '미각'과 '촉각'은 거리가 있으면 작동할 수 없는 지각이다. 직접 먹어 봐야 미각이 가능하고 또 직접 접촉해야 촉각이 가능하다. 원칙적으로 '원격'으로 불가능한 지각이다. 그런데 앞에서 살펴보았듯이, 촉각을 중심으로 이러한 원칙은 이미 오래전에 붕괴되었다. 촉각은 아니지만, 다른 지각으로 촉각과 유사한 지각 체험이 가능해졌다. 벤야민이 말하고 있는 '시각적 촉각'도 일종의 유사 촉각이다. 매체의 발전은 이러한 '유사 촉각'의 세계를 열었다. 청각도 마찬가지다. 장치의 도움으로 귀로 들으면서, 몸이 소리를 느끼는 것은 낯선 현상이 아니다. 원격현전을 중심으로 한 매체 공간에서도 상황은 마찬가지다. 원격현전이 유사 현전임은 분명하다. 그럼에도 진짜 현전처럼 되기 위해서는 무엇보다도 촉각적 느낌이 필요하다. 그런데 디지털 매체 공간은 접속을 중심으로 소통하는 공간이다.

그렇다면 이 공간에서 촉각은 불가능한가? 아니다. 이미 '원격촉각'(Telehaptics)의 기술은 상당히 발전했다. 멀리 떨어져 존재한다는 것은 문제가 안 된다. 디지털 매체 공간에서 이미 서로 만짐과 만져짐과 같은 체험이 가능하다. 가상현실에서 원격현전의 방식으로 존재

　　　　　　　　　　　　　　　　　Ⅱ. 매체와 인간

하는 주체들은 확장된 몸의 일종인 '이미지-몸'(image-body)으로 존재
하며, 이 몸 또한 우리의 혼종화된 몸이다. 이 몸은 다른 이미지-몸과
'저기'서 만나 촉각적 체험을 할 수 있다. 원격현전의 오래된 꿈이 이
루어진 것이다. 이와 관련해 오래전의 작품이긴 하지만, 매체 예술가
폴 서먼(Paul Sermon)의 「텔레마틱 드리밍」(Telematic Dreaming, 1993)
은 원격현전과 이미지-몸, 그리고 원격 촉각을 아주 잘 보여 주고 있
다. 이 작품에서 특정 지역의 장소는 중요하지 않다. 왜냐하면 원격현
전 매체들을 활용해 각 지역에 있는 관객들은 스크린에서 만나, 서로
를 만질 수 있기 때문이다. 각기 다른 공간의 침대에 누워 있는 지금과
여기의 존재들은 실시간 모니터를 통해 이미지-몸으로 서로 만나고
또 서로를 만진다. 이들이 서로 만지는 장면은 매우 에로틱하다. 가상
현실에서의 에로스가 실현되는 듯하다. 그러나 이 모든 촉각의 과정은
시각을 통해 이루어진다. 사실 보는 것이지 만지는 것은 아니다. 만지
는 것처럼 느껴질 뿐이다. 이것이 바로 원격 촉각의 본질이다.

　　원격 촉각의 전제 조건은 혼종화된 몸과 원격현전에 기반을 둔
소통이다. 이를 기반으로 등장한 원격 촉각은 지각의 지형도를 극적으
로 변화시켰다. 원격 촉각으로 인해 다양한 매체 공간이 비로소 공감
각적인 지각 공간으로의 전환이 가능하기 때문이다. 지각 공간이 된
가상현실과 같은 매체 공간에서 이제 진정한 원격 행위가 가능해진다.
정말 '현실'과 '가상'의 구분이 무의미해진 단계에 이를지도 모른다.
매체 공간에서의 제2의 삶이 가능해지고, 그 공간에서 성에 기반한 사
랑도 가능할 것이다. 그러나 엄밀하게 말하면, 원격 촉각은 진짜는 아
니다. 일종의 '유사 촉각'(pseudo-Taktilität)이다. 그리고 지각 주체도
이를 잘 알고 있다. 그럼에도 지각 주체는 유사 촉각을 거부하지 않는
다. 지각 주체는 디지털 매체 공간에서 더 많은 행위를 하기 위해 '공

감각적인 유사 촉각'을 원한다.

그렇다면 이제 직접적인 접촉을 통한 촉각의 의미는 점점 더 축소될까? 지각하는 몸은 이제 디지털 매체 공간과의 접속을 위한 인터페이스라는 의미만을 갖게 될까? 아니다. 디지털 매체도 점점 더 촉각을 중심으로 재편될 것이다.[50] 시각 대신 촉각이 지배적인 지각이 되었다. 물론 이러한 원격 촉각을 촉각으로 인정하지 않을 수도 있다. 촉각이 가지는 본래적인 의미를 충실하게 해석해서, 신체적 촉각만이 '진짜 촉각'이고, 팔이 닿는 곳에 있는 신체적 현전만이 진짜 현전이라고 말할 수도 있다. 그러나 이러한 주장은 '지각의 사회성' 또는 '기술 장치에 의한 지각'의 변화를 무시한 결과라고 볼 수 있다. '이미지-몸'을 중심으로 몸의 혼종화와 디지털 자아의 혼종화를 인정한다면, 지각의 변화와 확장 또한 인정해야만 한다. 미술관, 박물관, 과학관 그리고 과학 체험관 등에서 이제 보지만 말고 만지라고 요구하는 지금의 상황에서 원격 촉각이라는 유사 촉각의 등장은 필연적이다. 이제 이미지도 만지면서 처리하는 시대가 되었다. 스마트폰과 태블릿 PC 등등의 디지털 장치들은 기본적으로 촉각을 통해 모든 것이 이루어진다.

이 모든 현상이 진정한 '촉각의 시대'가 도래했음을 의미한다.[51]

50) 드레이퍼스는 원격 촉각을 인정하지 않는다. 그는 원격현전의 존재 방식으로는 촉각이 불가능하다고 한다. 그는 다음과 같이 말한다: "섬세하게 조종되며 촉감을 느끼는 로봇 팔을 성공적으로 사용하여 자기 아이를 포옹할 수도 없다. 포옹이 사람에게 해 주는 것이 무엇이든 간에, 원격 포옹은 그것을 해 줄 수 없으리라고 나는 강하게 확신한다."(휴버트 드레이퍼스, 『인터넷의 철학』, 최일만 옮김, 필로소픽, 2015, 113쪽)

51) Norbert Bolz, *Theorie der neuen Medien*, München: Wilhelm Fink Verlag, 1993, S. 96. 여기서 볼츠는 새로운 매체 시대에서 시각을 중심으로 다른 지각과의 상관관계를 분석한다. 특히 그가 주목한 것은 '촉각성'(Taktilität)이다. 그는 구텐베르크 은하계로 상징되는 문자매체 시대를 '시각성의 시대'라고 규정하고, 새로운 매체 시대, 즉 기술적 장치가 지각에 적극 개입하는 시대를

II. 매체와 인간

즉 손가락 끝에서 시작해서 손가락 끝에서 끝난다. 화면 위의 이미지들의 크기도 손가락으로 조절한다. 손가락으로 이미지를 생성하고, 처리하고, 버린다. 사진기가 '손'의 자리에 '눈'을 가지고 왔다면, 디지털 매체는 다시 '눈'의 자리에 '손'을 배치시켰다. 이미지를 만지며 수용한다는 것은 가상현실에 큰 변화를 가져온다. 정말 가짜가 진짜처럼 느껴질 수 있기 때문이다. 그럼 진짜 신체적 현전을 통한 촉각은 무의미해질까? 이 또한 아니다. 왜냐하면 역설적으로 유사 촉각은 신체들의 직접적인 접촉을 통한 촉각에 대한 욕구도 자극하기 때문이다. 원격현전을 통해 원격 촉각을 경험하면서, 직접적인 접촉을 통한 촉각에 관한 관심도 커진다. 이러한 촉각에 관한 관심은 다시 '비매체적 지각'과 '몸'에 대한 관심으로 돌아간다. 가상현실의 지각이 아니라, 실제 현실에서 몸이 직접 느끼는 그런 지각을 체험하고자 한다. 디지털 게임이 놀이의 중심이 된 지금, 한쪽에서는 그 어떤 장치도 없이 오로지

'촉각성의 시대'라고 규정한다. 즉 구텐베르크 은하계와의 이별은 결국 시각성의 약화 그리고 촉각성의 강화로 이해한다. 이러한 과정에서 그가 주목하는 것은 바로 '거리'(Distanz)의 문제다. 상식적으로 생각해도 시각은 대상과 시각 주체와의 거리가 확보되어야만 가능한 원거리 지각이다. 잘 보기 위해서는 거리가 있어야 하고, 또 주체의 초점도 있어야 한다. 주체 중심의 시각에서 대상 세계를 보는 것이다. 원근법이 바로 대표적인 예다. 이와 달리 촉각성은 대상과 촉각 주체 간에 거리가 있으면 지각 작용 자체가 불가능한 것이다. 무엇보다도 직접 만져야 가능한 지각이다. 새로운 매체 시대에서 거리의 실종이 의미하는 바는 크다. 먼저 비판의 실종도 가져왔다는 점이다. 볼츠는 기본적으로 비판은 거리가 있어야 가능한 것으로 보았다. 그러나 모든 것을 가깝게 가져오는 새로운 매체 시대에서는 비판 또는 관조적 관찰이 가능하지 않다. 결국 시각성과 비판의 자리에 촉각성과 가까움이 들어섰다고 보았다. 결국 그는 디지털 매체 시대에서는 비판보다는 분석과 놀이가 중요한 위치를 차지할 것이라고 보았다. 볼츠의 매체 미학과 이에 대한 비판은 다음을 참조 바람: 심혜련, 「노르베르트 볼츠의 매체미학에 대한 비판적 고찰」, 『감성연구』 제17집, 전남대학교 호남학연구원, 2018, 127~154쪽.

몸의 느낌만을 극대화할 수 있는 다양한 '극단적인 운동 경기'(extreme sports)들이 등장했다. 한쪽에서는 가상현실 장치들을 착용하고 새로운 체험을 한다면, 또 다른 한쪽에서는 오직 '몸' 하나만 사용해서 이리저리 넘나드는 '파쿠르'(parkour) 게임에 몰두하기도 하고, 또 때로는 몸을 극한까지 밀어붙이는 경기에 집중한다.

이런 현상의 중심에는 몸을 통한 직접적인 지각, 특히 촉각에 대한 욕구가 있다. 지각의 매체화와 더불어 지각의 탈매체화 현상도 함께 진행된다. 그것이 바로 '맨몸 지각'이다. 꽤 오래전에 상영된 영화 「그녀」(Her, 스파이크 존즈 감독, 2013)는 몸을 통한 직접적인 지각에 대한 참을 수 없는 욕구를 매우 잘 보여 주고 있다. 사실 이 영화는 인공지능과의 사랑으로 잘 알려져 있다. 그렇기 때문에 '인공지능과 사랑할 수 있을까?'라는 주제를 다룰 때, 많이 언급되는 영화다. 물론 주인공인 시어도어 트웜블리가 AI 프로그램인 사만다와 '접속'을 통해 만나고, 이 둘이 사랑에 빠지게 되는 이야기를 보여 주고 있다. 이들의 사랑은 거의 완전하다. 이야기도 너무 잘 통하고, 갈등도 없다. 한마디로 '완전한 사랑'이다. 여기까지 보면 인간과 AI의 사랑은 별문제가 없을 듯하다. 그러나 영원히 완전한 사랑이 될 듯한 이들의 관계에 균열이 생긴다. 그것은 바로 인간인 시어도어가 몸을 통한 직접적인 지각에 대한 욕구가 생겼기 때문이다. 사랑이 깊어질수록 이들은 유사 촉각적 행위에 몰두한다. 그러나 이 또한 이들을 만족시키지 못한다. 아니, 사만다는 만족했을지 모른다.

이 영화에서 사만다의 욕구는 시어도어의 욕구에 맞춰져 있기에 정확히 알 수 없다. 문제는 인간인 시어도어다. 그는 접속을 통한 소통만으로는 만족하지 못하고, 직접적인 촉각을 통한 신체적 접촉을 원한다. 그런데 프로그램인 사만다는 '몸'이 없다. 몸이 없는 사만다와 신체적 접촉은 불가능하다. 결국 이 둘은 논의 끝에 사만다 친구의 몸을 빌리기로 한다. 이 친구는 AI 프로그램인 사만다와 소통하는 또 다른 인간이다. 이 친구의 몸을 매개로 해서 이들은 직접적인 신체적 접촉을 시도했으나, 실패했다. 시어도어가 친구의 몸을 빌린 사만다를 수용할 수 없었기 때문이다. 그는 자신이 만지는 몸 그리고 자신을 만지는 손을 사만다의 것으로 생각할 수 없었다. 이 실패를 계기로 이들은 헤어지게 된다. 그들의 사랑도 끝났다. 비매체적 경험을 충족하지 못한 사랑의 결말이었다. 이렇듯 비매체적인 촉각적 접촉은 관계의 기본이다. 그렇기 때문에 때로는 사랑의 출발이 되기도 하고 또 때로는 미움과 혐오의 출발이 되기도 한다. 결코 참을 수 없는 접촉이 있다. 상대방이 원하지 않는 접촉은 폭력이다. 이러한 폭력을 피해 디지털 매체 공간에서의 소통을 택하기도 한다.

벤야민의 산문집 『사유이미지』에 「장갑」이라는 아주 짧은 글이 있다. 이 글은 매체와 전혀 상관이 없는데, 그럼에도 지각과 매체에 대해 생각하게 한다. 장갑이라는 제목과 달리 이 글에서는 장갑에 관한 구체적인 이야기는 없다. 단지 '접촉'과 '혐오감'에 대해 이야기하고 있을 뿐이다. 그는 이 글에서 접촉을 가장 원초적인 지각으로 또 그렇기 때문에 모든 혐오감의 근원으로 파악하고 있다.[52] 이러한 혐오감을 극복하기 위해서 장갑을 끼는 것이라고 그는 말한다. 그는 촉각을 통한 접촉이 갖는 원초적인 감정을 이렇게 표현했다고 볼 수 있다. 장갑은 일종의 '매체'다. 장갑으로 인해 지각 대상이 주는 혐오감이 줄어들 수도 있다. 매체에 의한 지각의 축소다. 그런데 직접적인 지각이 주는 이러한 혐오감에서 벗어난다고 결코 행복해지는 것은 아니다. 혐오감

---

52) 발터 벤야민, 『발터 벤야민 선집 1: 일방통행로/사유이미지』, 김영옥·윤미애·최성만 옮김, 도서출판 길, 2007, 78쪽.

은 접촉에서만 발생하는 것이 아니기 때문이다.

그리스 신화에 나오는 미다스는 디오니소스에게 그가 만지는 모든 것이 황금이 될 수 있는 능력을 달라고 했고, 실제로 그런 능력을 갖게 되었다. 그 후 미다스가 만지는 모든 것은 황금이 되었다. 그는 황금을 얻는 대신 '촉각'을 잃었다. 사랑하는 사람도 만질 수 없다. 물론 그는 스스로 원해서 이러한 향상된 능력을 갖게 되었다. 그러나 미다스와는 달리, 인간은 원하지 않았는데도 향상된 능력과 지각을 자신의 몸에 부여할지도 모른다. 꽤 오래된 영화 「가위손」(Edward Scissorhands, 1990)에서 주인공인 에드워드는 '사랑을 만질 수 없는 남자'다. 인조인간인 그는 오직 편의를 위해서 가위손을 갖게 되었다. 그의 가위손은 꽤 쓸모가 있었다. 자신의 몸을 만질 수 없고, 또 사랑하는 사람을 직접 만질 수 없다는 점만 제외하고 말이다. 과연 그 쓸모는 누구를 위한 것일까? 모든 것들이 원격현전을 중심으로 이루어지는 지금 우리는 혹시 경제적 효율과 편의만을 위해 자기 자신을 미다스로 또 타인을 에드워드로 변신시키고 있는 것은 아닐까? 미다스와 에드워드처럼 극단적인 경우는 아니더라도 디지털 매체 공간에서의 삶이 또 다른 감각들을 놓치고 있는 것은 아닌지 고민해 봐야 한다.

4장. 탈문자적 사유와 간헐적 사유

1. 매체와 사유 방식의 변화

'웹툰', '웹소설', 이는 더 이상 낯선 표현도 낯선 장르도 아니다. 더 나아가 이들을 더 이상 B급 문화 또는 하위문화로 취급할 수도 없다. 이들은 이미 주류 문화가 되었다. K-문화로 세계적으로 각광받는 많은 드라마와 영화가 웹툰 또는 웹소설에서 출발하고 있다. 웹툰이나 웹소설은 이전의 만화와 소설과는 다르다. 그렇다면 뭐가 다를까? 먼저 연재되는 공간이 변했다. 활자 중심의 종이에서 벗어나 웹에서 연재되기 때문이다. 웹드라마 또는 웹예능도 마찬가지다. 이들은 텔레비전 화면이 아니라, 스마트폰 또는 태블릿 PC로 볼 수 있다. 그런데 웹을 중심으로 한 이러한 새로운 형식들은 단지 공간만의 변화를 의미할까? 아니다. 내용도, 표현하고자 하는 방식에서도 변화가 있다. 한 장의 종이에 여러 프레임으로 나뉘어 내용을 전달했던 만화와 달리 웹툰은 거의 하나의 화면에 한 프레임으로 존재한다. 줄거리 중심보다는 이미지가 훨씬 더 중요해졌고, 감정 전달도 등장인물의 표정에 의해서 주로 전달된다. 웹소설도 마찬가지다. 또 이를 수용하는 방식에도 변화가 있는 것이다. 단지 공간만 변화한 것은 절대 아니다. 이 모든 현상은 매체의 변화와 연결된다. 매체의 변화가 표현 공간, 표현 방식, 표현하고자 하는 내용 등등 모든 것의 변화를 초래했다.

웹을 중심으로 하는 다양한 글쓰기는 이제 엘리트적 저자의 죽음과 동시에 누구나 저자가 될 수 있는 기회를 제공했다. 저자의 권위가 사라진 지 오래다. 이제 웹에는 읽을 수 있는 텍스트들이 차고 넘친다. 웹에서 연재되는 웹툰과 웹소설만 디지털 매체의 절대적 영향을 받는 것은 아니다. 비록 웹에 올리지는 못하지만, 컴퓨터를 활용해서 글을 쓰는 행위도 이전과는 전혀 다르다. 컴퓨터는 새로운 글쓰기의 도구가 되었다. 아니, 처음에는 그랬지만, 지금은 아니다. 이제 컴퓨터는 단순한 글쓰기의 도구가 아니다. 컴퓨터는 글을 쓰는 데 결정적인 역할을 한다. 글 쓰는 사람의 사유 대상, 방법, 형식 등등에 결정적인 역할을 한다. 이뿐만 아니라, 글 쓰는 사람의 사유 그 자체를 좌지우지한다. 컴퓨터가 없으면 글을 못 쓰는 사람들이 많다. 컴퓨터가 없으면 그 어떤 생각도 떠오르지 않는 사람들도 많다. 나 또한 그렇다. 난 책을 통해 글을 배웠고, 글을 통해 사유하는 방식을 알게 되었다. 책은 나의 사유의 원천이었다. 그런데 책을 통해 사유함을 배웠던 것과는 달리, 직업으로 글을 쓰게 되었을 때, 나의 글쓰기 도구는 '컴퓨터'였다. 컴퓨터 이전에 원고지, 타자기 그리고 전동 타자기의 단계를 지나긴 했지만, 이들과 함께한 역사는 그리 길지 않았다. 그럼에도 불구하고 이들로 글을 썼던 기억은 분명하다. 힘들었다.

종이에 손으로 글을 쓰는 행위는 체계적이며 논리적인 사유를 전제로 한다. 중간에 다른 생각이 끼어들 틈이 없다. 다른 생각이 개입됨과 동시에 힘든 수정 작업이 있기 때문이다. 따라서 글을 쓰기 전에 많은 것을 미리 준비할 수밖에 없다. 생각하고, 정리한 끝에 글을 쓰기 시작한다. 글을 쓰는 작업도 지극히 선형적이며, 체계적이다. 서론, 본론 그리고 결론과 같이 논리적이며 순차적으로 글을 쓴다. 글을 쓰는 순

II. 매체와 인간

서대로 사유도 진행된다. 따라서 글을 쓰는 주체의 사유 또한 선형적, 논리적 그리고 체계적이어야 한다. 그러나 타자기를 지나 지금의 컴퓨터가 글쓰기의 주매체가 되면서 이 모든 과정은 극적으로 변한다. 단지 글쓰기 영역에서의 변화만을 이야기할 수 없을 정도로, 컴퓨터의 등장은 앞서 이야기했듯이, 우리의 존재 방식, 삶의 방식, 표현 방식 그리고 사유 방식을 변화시켰다. 모든 영역에서 컴퓨터의 등장과 이후는 확연히 구별된다. 포스트 디지털 매체 시대라고 할 수 있는 지금, 그 누구도 컴퓨터가 이렇게 모든 영역에서 결정적인 역할을 하고 있다는 사실을 부정할 수 없을 것이다.

1990년대 초반까지만 하더라도 컴퓨터를 단지 '제작 도구'(Werkzeug)로 볼 것인지, 아니면 '사유 도구'(Denkzeug)로 볼 것인지에 대한 논의가 있었다.[1] 물론 둘 다 컴퓨터를 '도구'로 이해하는 것이지만, 제작과 사유에는 큰 차이가 있다. 예를 들어 작가가 예술작품을 구상하고 이를 표현하는 과정에서 컴퓨터를 사용할 때는 제작 도구로 이해된다. 글이든 이미지이든 마찬가지다. 그런데 내가 컴퓨터 앞에서 이런저런 글들을 쓰고, 여기저기 쓴 글들을 보고, 또 관련된 주제들을 검색해서 찾아보고, 스스로 찾지 않아도 알고리즘에 의해 나에게 추천된 정보들을 취하는 과정이 있다고 생각해 보자. 이미지도 마찬가지다. 이 경우 컴퓨터는 단지 제작을 위한 도구가 아니라, 나의 사유 과정을 이끄는 도구로 작용한다. 사실 이 과정에서 '도구'라는 표현도 부적절할 수 있다. 왜냐하면 일반적으로 '도구'라고 했을 때, 인간이 이를 지배하고 사용한다는 의미가 강하기 때문이다. 그러나 컴퓨터는 이러한 전통적이며 일반적인 도구의 이해에서 벗어났다. 이미 사유의 과정에

---

1) Oliver Grau, *Virtuelle Kunst in Geschichte und Gegenwart. Visuelle Strategien*, Berlin: Reimer Verlag, 2002, S. 147~148.

깊이 개입하고 있으며, 사유의 또 다른 과정이라고 할 수 있는 기억과 저장의 과정에도 깊이 개입하고 있기 때문이다.

컴퓨터가 등장하기 이전에 이미 타자기가 쓰기의 과정에 개입한 바 있다. 타자기의 등장으로 인해, 기계적 글쓰기가 본격적으로 시작되었다. 타자기가 글쓰기의 영역에 등장했을 때도 이것이 가져올 큰 변화에 대해 일찍 주목한 철학자들이 있었다.[2] 대표적으로 프리드리히 니체(Friedrich Nietzsche)와 마르틴 하이데거(Martin Heidegger)가 그 예다.[3] 이들은 단지 글쓰기 영역에 타자기라는 새로운 도구 또는 기계가 등장했다는 사실에 주목하지는 않았다. 이들은 이러한 변화를 긍정적 또는 부정적으로 받아들이든 간에, 타자기가 글쓰기 영역을 벗어나, 사유 체계 전반에 큰 변화를 가져올 것이라고 보았다.[4] 이와 관련해서 니체는 "우리의 필기도구가 우리의 사유와 더불어 작업한다"(Unser Schreibzeug arbeitet mit an unseren Gedanken)라고 한 바 있다.[5] 이 문장에서 중요한 것은 '더불어'(mit)이다. 이 말은 많은 것을 의미

2) 참조: 프리드리히 키틀러, 『기록시스템 1800·1900』, 윤원화 옮김, 문학동네, 2015, 334~350쪽. 이 글에서 나는 주로 한국어 번역본을 사용할 것이다. 다만 번역본을 일부 수정해서 사용하거나, 또는 원문이 필요한 경우에는 독일어 원본도 함께 사용할 것이다.

3) 특히 키틀러는 니체에 주목한다. 니체가 타자기를 어떻게 받아들이고 있었는지, 또 타자기를 사용한 후 그의 철학과 이를 표현하는 방식이 어떻게 변하고 있는지를 분석한다. 이뿐만 아니라, 니체 자신이 글을 쓸 수 있는 신체적 상황이 아니게 되자, 채용한 비서들과 타자수의 관계를 분석했다. 키틀러는 "글쓰기 기계에서 글 쓰는 여성들에 이르기까지, 니체는 실패를 거듭하면서도 언제나 이런 담론적 혁신들을 가장 먼저 실험"해 봤다고 평가한다(같은 책, 350쪽).

4) 참조: Friedrich Kittler, *Grammophon, Film, Typewriter*, Berlin: Brinkmann & Bose, 1986, S. 290~313.

5) Friedrich Nietzsche, *Ende Februar 1882/1975-84: III, 1*, S. 172. 이 글에서는 다음의 문헌에서 재인용: Friedrich Kittler, *Grammophon, Film, Typewriter*, S. 293.

II. 매체와 인간

한다. 필기도구, 더 나아가 '매체'가 우리의 사유 과정에서 단지 도구의 역할을 벗어나, 일종의 동반자 역할을 한다는 것을 의미한다고 볼 수 있다.

하이데거 또한 니체와 마찬가지로 글쓰기 영역에 개입한 타자기에 주목했다. 그러나 그는 니체와 달리, 타자기의 개입에 대해 부정적으로 평가한다. 그는 무엇보다도 인간의 '손'의 영역에 '기계'가 등장한 것에 대해 비판적이었다. 그는 인간의 손이 본질과 매우 긴밀하게 연관되어 있는데, 그 영역에 기계가 개입하면서 손의 지위와 언어의 영역이 축소된다고 보았다. 이뿐만 아니라, 기계로 쓰인 문자들은 모두 동일하기 때문에 손글씨(Handschrift)가 가지고 있는 개성도 사라지게 한다고 보았다.[6] 그 결과 단어는 철자가 되고, 쓰기의 궤적은 사라졌다고 비판했다.[7] 이러한 비판은 타자기에 관한 관심 없이는 불가능하다. 분명한 사실은 니체와 하이데거 이 두 철학자는 타자기, 즉 매체가 사유 영역에 가져올 변화에 대해 충분히 인식하고 있었다는 것이다. 매체와 사유 간의 이러한 관계는 단지 필기도구에만 국한되는 것은 아니다. 이미지와 소리와 관련된 각종 매체들 그리고 지금의 디지털 매체 전반에 해당된다. 다시 말해서, 모든 매체에 따라 우리의 사유 방식 전반에 변화가 일어난다는 것이다. 생각, 표현, 저장, 소통 그리고 기억의 모든 영역에 개입하는 매체와 더불어 이 모든 것이 변화한다.

매체는 단순한 '도구'가 결코 아니다. 디지털 매체 공간을 중심으로 한 지금의 매체 상황은 이전과는 또 다르다. 특히 필기도구를 중심으로 한 매체와 사유 방식의 관계에 대한 모색은 또 다른 전환기에 섰

---

6) Martin Heidegger, "Über Hand und Schreibmaschine(1942/43)". 이 글에서는 다음의 문헌에서 재인용함: Friedrich Kittler, *Ibid.*, S. 290~293.
7) *Ibid.*, S. 291.

다. 왜냐하면 '문자'와 '책'이 이전과 같은 영향력을 발휘하지 않기 때문이다. 지식과 정보의 전달 수단 또는 여가의 시간을 위한 문자와 책의 역할은 매우 작아졌다. 글 대신에 다양한 이미지 콘텐츠를 소비하는 세대가 등장했다. 이들은 '탈문자적' 세대다. 이들은 과거 문자로 수용되던 많은 콘텐츠를 영상으로 수용한다. 그 영상의 길이도 점점 짧아진다. 이뿐만 아니라, 이젠 단지 수동적인 소비자에 그치지 않고, 스스로 콘텐츠를 생산하는 세대가 등장했다. 이들이 만들어 내는 영상들을 통해 정보를 계속 얻게 되면, 과연 사유의 방식은 어떻게 변화할까? 이 장에서는 매체에 의해 이 모든 것이 변화한다고 주장하는 키틀러의 철학을 중심으로 매체와 사유 그리고 담론 체계의 상관관계에 대해 살펴보고자 한다. 그다음 지금의 매체를 중심으로 사유 방식이 어떻게 변화하는지를 살펴볼 것이다.

2. 기록 매체와 담론 체계

'행간의 의미'는 문맥을 이해하는 데 중요한 요소다. 말 그대로 행간의 의미는 행과 행 사이에 숨어 있는 의미를 찾아내고, 이해하고 해석하는 것이 무엇보다도 중요하다. '행간의 의미'는 '문해력'의 근간이다. 행간의 의미를 포함한 문해력은 텍스트가 말하고자 하는 내용을 분석하는 것이다. 이러한 작업이야말로 문자 중심의 사회에서 지식과 정보의 습득을 위해 매우 필요한 작업이었다. 행간의 의미를 비롯해 문자로 이루어진 텍스트는 이해 과정에서 문화 사회적 요소들, 다양한 상징체계, 철학, 역사 그리고 저자의 개인사 등등이 해석의 열쇠로 작용한다. 그런 이유에서 문자로 이루어진 텍스트를 제대로 이해하기 위해서는 이를 둘러싼 많은 요소에 대한 선지식이 필요하다. 교육 현장에서는 텍스트의 이해를 위해 다양한 요소들을 교육한다. 지식과 정보가 문자 중심의 텍스트로 전달되는 사회에서는 이러한 교육은 필수적이다. 문자 이외의 다른 매체들과 이미지 등으로 이루어진 텍스트들은 부차적인 텍스트이며 또는 놀이와 여가를 위한 것으로 취급될 수밖에 없었다. 이를 키틀러는 '문자의 독점'(Alphabetisches Monopol), 즉 '문자학'(Grammatologie)으로 파악했다.[8] 오랫동안 지속된 문자의 독점은 '문자화된 인간'을 가능하게 했다. 문자화된 인간은 쓰는 기술과 직접 연관되어 있다. 이들의 사유 방식은 '문자화된 의식'이다.

　　문자화된 의식이란, 글을 쓸 때뿐만 아니라 생각할 때에도 문자로 생각하는 것을 의미한다. 문자는 단순한 쓰기 도구가 아니라 '사유 도구'이다. 문자로 다양한 텍스트를 쓰는 행위는 '사유의 확장'이다. 이와 관련해, 월터 옹(Walter Ong)은 구어와 문자성을 구별하면서 쓰기를 통해 확립된 문자성으로 인해 '자율적인 담론'이 등장한다고 보았다.[9] 그 또한 문자를 단지 도구로 이해하지 않는다. 그는 문자를 사유의 도구를 넘어 사유 그 자체로 파악하고 있다. 그러므로 그는 "쓰기는 의식의 확장이다"(Schreiben ist Bewußtseinserweiterung)라고 주장한다.[10] 문자로 인한 사유의 확장이 몇몇 지식인들만 누릴 수 있었다면, 인쇄술의 등장은 이를 대중화했다. 인쇄 문자로 인해 본격적으로 '구텐베르크 은하계'가 시작된 것이다. 구텐베르크 은하계라고까지 이야기할 수 있는 인쇄 문화는 지식의 생성, 전달 그리고 수용의 과정을 혁명적

8)　*Ibid.*, S. 12.

9)　Walter Ong, "Oralität und Literalität", in: Lorens Engell (Hrsg.), *Kursbuch Medienkultur*, Stuttgart: DVA, 2000, S. 95.

10)　Ibid., S. 104.

으로 변화시켰다. 구텐베르크 은하계는 문자의 기술적 재생산으로 시작되었다. 필사에서 인쇄로의 전환은 '문자 독점'을 더욱 강화했다. 구텐베르크 은하계 이전에 소수의 엘리트만이 문자를 접하고 또 향유할 수 있었다. 이러한 폐쇄적인 구조는 구텐베르크 활자의 등장으로 붕괴했다. 소수의 엘리트가 아니라, 다수의 대중이 문자를 접하고 또 향유할 수 있게 된 것이다. 다수의 대중은 기존의 엘리트가 점유하고 있던 지식 체계에 접근할 수 있었다. 문자의 독점에 영향을 받는 층이 더욱 확장된 것이다.

인쇄된 책의 등장은 선형적이며 알파벳적인 프로그램을 더욱 공고하게 구축함과 동시에 비선형적이며 구어적인 이해 방식을 쇠퇴시켰다. 소수의 엘리트 의식을 기록하고 전달하는 문자 문화만이 살아남고, 과거의 구어를 중심으로 한 문화는 사라졌다. '음유시인' 또는 '이야기꾼'(Erzähler)들이 사라진 것이다. 이들은 단지 특정 이야기만 전달하지 않았다. 이들은 이야기를 통해 정보와 지식 그리고 자신의 고유한 경험도 함께 전달한다. 이야기꾼이 가지고 있던 탁월한 능력은 바로 경험을 나눌 줄 아는 것이었다.[11] 벤야민이 말했듯이, 이야기꾼이 말하는 이야기의 근원은 입에서 입으로 전해지는 경험이었다.[12] 이들이 이야기하는 장소는 개인의 사적인 공간이 아니라, 공적인 공간이다. 공적인 공간에 다른 사람들과 함께 이야기를 듣는다. 이야기를 듣는 이들은 상호작용한다. 그러나 문자의 독점과 확장으로 이야기꾼의 경험도 관객과의 상호작용도 사라졌다. 이야기꾼의 자리에 소설이 등

11) Walter Benjamin, "Der Erzähler", in: Unter Mitwirkung von Theodor W. Adorno und Gershom Scholem, Hrsg. von Rolf Tiedemann und Hermann Schweppenhäuser, *Gesammelte Schriften Bd. II. 2*, Frankfurt am Main: Suhrkamp Verlag, 1991, S. 439.
12) Ibid., S. 440.

장했다. 그 결과 남은 것은 텍스트에 대한 '올바른 이해와 해석'뿐이다. 이 과정에서 이야기꾼의 이야기를 듣던 관객은 '독자'로 변했다. 독자는 지극히 사적인 공간에서 텍스트를 읽고 이해하려고 애쓴다.

혼자 생각하는 개인이 등장했다. 소설가와 독자 모두 혼자 생각하는 개인의 전형이다. 소설가는 독자와 자신을 분리했다. 이야기꾼과 달리 소설가는 지극히 고독한 개인으로 존재하기에, 소설을 쓰는 과정에서 타인과 상호 소통하는 대신 자기의 생각을 극단적으로 전개하기도 한다.[13] 소설가는 저자 또는 다른 독자들과 같은 장소에서 직접적 상호 현전을 통해 만날 필요도 없다. 일종의 원격현전으로 존재했던 것이다. 혼자 쓰고, 읽고, 생각하는 개인이 등장한 것이다. 진정한 의미에서의 근대적 개인이 등장한 것이다. 이러한 개인의 등장은 담론의 형성 과정에 절대적 변수로 작용한다. 인쇄된 텍스트들은 놀이와 여가에도 영향을 미쳤다. 대중들은 쉬운 책들을 원했다. 이들만을 위한 텍스트들이 만들어지기도 했다. 텍스트가 대중적으로 생산 가능해졌기 때문에, 텍스트 생산자들은 또 다른 수용자, 즉 독자가 필요했으며, 또 새로운 독자의 취향에 맞는 텍스트들을 생산하게 되었다. 문자의 세계는 더욱 넓어졌으며, 그 영향력 또한 더욱 커졌다. 대중 소설에 대한 요구와 등장은 하루아침에 갑자기 등장한 것은 아니다. 산업혁명 이후의 급격한 변화가 외적인 요소들로 작용하면서 대중 소설이 등장하게 된 것이다. 특히, 인쇄술을 중심으로 한 과학기술의 발전과 대중의 등장과 이들의 욕구가 상호작용하면서, 이러한 변화를 가져왔다. 다시 말해서 텍스트 밖의 세계가 텍스트의 내용에 결정적 영향력을 행사했다.

텍스트의 내용을 결정하는 것은 비단 작가의 정신세계만은 아니

---

13) Ibid., S. 443.

다. 작가를 둘러싼 외부 상황, 특히 매체 상황이 결정적인 역할을 한다. 이와 관련해 키틀러는 가장 논쟁적인 방식으로 매체가 담론 형성에 결정적인 역할을 하고 있다고 주장한다. 그는 담론을 분석할 때, 담론의 내용이 어떻게 매체에 의해 결정되는지를 분석한다. 사유와 의식의 결과물이라고 생각한 내용이 도구라고 생각된 매체에 의해 변화되는 과정을 분석한 것이다. 그 결과 그는 매체가 우리의 상황을 결정한다고 보았다.[14] 이러한 의미에서 그는 '매체 유물론자'라고 할 수 있다.[15] 매체 유물론자인 그가 담론을 분석하면서, 처음 시도한 일이 바로 정신과학에서 정신을 추방하는 일이었다. 정신과학에서 정신을 추방하다니? 그럼 도대체 뭐가 남을까? 그는 정신을 일종의 악령으로 보고, 이 악령은 "때로는 정신, 의식, 의미 또는 소통으로 나타나며, 자율적인 주체"로 나타나기도 한다고 보았다.[16] 그리고 이를 추방할 수 있는 수단을 매체라고 보았다. 그리고 그의 저서 『기록시스템 1800·1900』 (*Aufschreibesysteme 1800·1900*)에서 매체를 사용해 이러한 악령들을 추방하는 작업을 시도했다.

　　키틀러가 매체를 분석할 때, 중요하게 생각한 것은 '기록'이다. 무엇이 어떻게 기록되는가를 중심으로 그는 담론을 파악하기 시작했다. 키틀러는 한 시대를 대표할 수 있는 문학을 기존의 방식대로 분석하지 않는다. 오히려 그는 문학의 내용보다는 문학을 가능하게 하는 매체에 주목한다. 이러한 분석 방식은 '매체 내용'과 '매체 형식'을 분

---

14) Friedrich Kittler, *Grammophon, Film, Typewriter*, S. 3.

15) 디터 메르쉬는 이러한 키틀러의 시도를 "마르크스주의적 유물론을 물질주의적 매체론으로 전환시키는 것이며, 상부구조를 경제학적으로 설명하는 대신 기술적 연산자들"로부터 이끌어 내는 작업으로 보았다(디터 메르쉬, 『매체이론』, 문화학연구회 옮김, 연세대학교출판부, 2009, 205쪽).

16) 같은 책, 203쪽.

류하고, 매체 내용을 중심으로 한 분석을 비판하면서, 매체 형식을 강조한 맥루언의 작업 방식과 유사하다고 볼 수 있다.[17] 맥루언과 키틀러는 매체 형식이 매체 내용에 결정적인 역할을 한다고 보았다. 둘 다 매체와 사유 관계에 주목하면서, 매체가 사유 방식에 그리고 사유 내용에 결정적인 역할을 하고 있다는 점을 강조했다. 그러나 둘 간에는 차이가 있다. 맥루언은 매체가 전달하고자 하는 정보량과 그 정보의 수용자 간의 상관관계를 분석했다. 단일 매체가 전달하고자 하는 내용이 많으면, 수용자는 이에 대해 다소 느슨하게 접근한다. 정보량이 많기에, 굳이 전달하고자 하는 내용에 힘들게 몰입할 필요가 없기 때문이다. 정보를 취하기 위해 아주 적극적으로 사유할 필요가 없다는 것이다. 적극적으로 사유하지 않아도, 워낙 정보량이 많기에, 그냥 봐도 많은 정보를 획득하기 때문이다. 이를 맥루언은 '뜨거운 매체'라고 불렀다.[18]

이와 달리 정보량이 적은 매체는 수용자의 집중과 몰입이 필요하다. 행간의 의미도 읽어야 하고, 이미지의 상징과 은유도 읽어야 하기 때문이다. 읽고 이해하기 위해서는 적극적으로 사유해야 한다. 그래야만 정보를 획득할 수 있다. 이를 맥루언은 '차가운 매체'라고 불렀다. 맥루언에 따르면, 사진, 라디오 그리고 텔레비전은 뜨거운 매체가 되며, 이와 달리 만화, 전화 그리고 영화는 차가운 매체라고 한다.[19] 각각이 특정 감각을 중심으로 전달하고자 하는 정보량에 따라서 분류한 것이다. 그러나 이들 각각이 항상 뜨거운 매체 또는 차가운 매체가 되는

---

17) 맥루언의 매체 내용과 매체 형식에 대한 논의는 다음을 참조 바람: 심혜련,『20세기의 매체철학: 아날로그에서 디지털로』, 그린비, 2012, 133~139쪽.
18) 마셜 맥루언,『미디어의 이해』, 김성기·이한우 옮김, 민음사, 2007, 56쪽.
19) 같은 책, 57쪽.

것은 아니다. 매체적 상황에 따라서 변화가 발생하기 때문이다. 예를 들면, 맥루언이 차가운 매체로 분류한 만화를 지금의 웹툰과 비교하면 뜨거운 매체가 된다. 웹툰에 비해 만화는 고밀도의 정세도(精細度, definition)를 가진 매체가 되기 때문이다. 여기에서 알 수 있는 것처럼, 맥루언은 매체, 사유 내용 그리고 수용자의 몰입도를 중심으로 매체와 사유 관계에서 발생할 수 있는 상호작용성을 중요하게 여겼다.

이와는 달리 키틀러는 매체가 매체 내용을 형성하는 것으로 보고, 어떤 정신적 작업 또는 문학 사조가 어떤 매체에 의해 영향을 받았기에 그런 내용을 전달하는지에 주목했다. 독일의 정신사에서 그가 무엇보다도 주목했던 것은 1800년경의 문학과 그것을 가능하게 한 기록시스템이었다. 그는 그 당시 기록시스템에서 결정적인 역할을 한 것은 바로 '어머니의 입'이라고 보았다. 어머니는 그 당시 기록시스템에서 '자연' 그 자체였으며, 자연인 어머니의 기능은 "인간들, 즉 남성들을 언어로 이끄는 것"이었다.[20] 어머니의 양육은 언어에 결정적인 역할을 한다. 1800년경에 어머니의 입을 중심으로 한 새로운 교재와 교습법이 등장했다. 음성학적 읽기 교수법이 바로 그것이다. 키틀러는 어머니의 입과 목소리를 중심으로 한 이러한 읽기 교수법과 어머니의 입을 "단순한 발화 체계가 아니라 진정한 기록시스템"으로 파악했다.[21] "이처럼 '가르침을 속삭이는 어머니'는 1800년의 새로운 발명품"인 것이다.[22] 이러한 어머니의 입은 1800년의 핵심 개념인 '교양'(Bildung)을 형성하는 데 결정적인 역할을 한다. 자녀와 함께 있는 어머니 그리고

---

20) 프리드리히 키틀러, 『기록시스템 1800·1900』, 47쪽.
21) 같은 책, 66쪽.
22) 같은 책, 49쪽.

II. 매체와 인간

자녀를 교육하는 어머니를 중심으로 교양이 형성되었다.[23]

　　어머니의 입을 통해 교양을 형성한 저자들의 등장이 의미하는 것은 독일 고전주의의 종말이다. 괴테와 파우스트로 상징되는 고전주의는 1800년경 낭만주의의 등장으로 인해 쇠퇴했다. 고전주의가 문헌에 대한 이해와 해석을 중심으로 한 '로고스'적인 것으로 상징된다면, 낭만주의는 지극히 '파토스'적인 것으로 고전주의와는 전혀 다른 내용을 전달한다. 전달의 주된 문학 형식도 '시'다. 시는 낭만주의의 대표적 담론이다. 시는 1800년경 어머니가 만들어 낸 내용을 다른 이를 통해 만들어 낸 결과물이다.[24] 어머니에게 교육받은 남성 저자들의 저서들은 기존의 고전주의 저서들과는 내용도 다르다. 자신의 내면이라고 생각했지만, 어머니의 목소리를 내면화시킨 내용들이 많기 때문이다. 글과 목소리의 분리가 이루어진 것이다. '어머니'는 글을 쓰는 대신 남들에게 말하게 한 것이다. 특히 자신의 아들에게 말이다.[25] 글과 목소리가 분리되면서, 매체인 어머니의 입이 낭만주의적 내용에 결정적인 역할을 한 것이다. 매체 형식이 매체 내용, 즉 담론의 내용을 규정하는 것이다.

　　그렇다면 이전과 달리 1800년경에 왜 어머니가 교육의 주된 책임을 갖게 되었을까? 이 또한 변화된 사회적 상황과 맞물려 있다. 귀족이 아닌 신흥 부르주아 계층이 등장하고, 이들을 중심으로 가정 내에서는 '핵가족화'가 진행되었다. 미처 학교에 가지 못한 아이들의 양육에 대한 책임이 전적으로 어머니에게 주어졌다.[26] 그런데 중요한 사실

---

23)　같은 책, 90쪽.
24)　같은 책, 48쪽.
25)　같은 책, 110쪽.
26)　같은 책, 56쪽.

은 모든 '아이'가 집에서 어머니에게 교육을 받은 것은 결코 아니라는 점이다. '모든 남자아이'만 교육받았다. 여자아이들은 이 과정에서 배제되었다. 교육에서 배제된 여자아이들은 독자가 되었다. 어머니가 남성 작가를 키웠고, 그리고 이 남성 작가가 쓴 저서의 독자로 여성이 등장한다. 이것이 바로 키틀러가 파악한 1800년경 기록체계의 핵심이다. 이러한 구조를 키틀러는 "1800년식 기록시스템의 성적 분리"로 보았다.[27] 어머니의 목소리를 내면으로 체화시킨 남성 작가가 글을 쓰고, 이를 다시 여성 독자가 읽는다. 여성은 쓰기의 영역에서 배제되었다. 키틀러는 쓰기의 영역에서 배제된 여성들에 대해 분석하지 않았다. 그가 쓰기와 관련된 논의에서 여성을 등장시키는 경우는 두 가지다. 하나는 남성 저자의 글의 원천으로 기능하는 어머니 그리고 다른 하나는 후에 남성 저자들의 생각을 타자기 앞에서 대신 기록해 주는 여성 타자수이다. 남성 저자 대신에 스스로 글을 쓴 여성 저자와 타자기 앞에서 자신의 글을 쓰는 여성 저자에 대한 분석은 없었다.[28]

1900년대의 기록체계는 1800년대와는 완전히 다르다. 기술 매체들이 등장했기 때문이다. 쓰기를 비롯해 소리와 이미지의 영역에도 기술 매체들이 등장해 이들을 각각 기록, 저장, 전달했다. 먼저 쓰기와 관련된 기록체계의 변화에 대해 살펴보면, 1900년대의 기록체계의 변화

27) 같은 책, 221쪽.

28) 이런 이유로 인해 국내외 매체와 젠더와 관련된 논의에서 키틀러 이론에 대한 비판이 많다. 국내에서는 주로 김애령, 도기숙 그리고 유현주 등이 이와 관련된 논의를 진행하고 있다(참조: 도기숙, 「타자기와 여성해방: 키틀러의 매체이론에 나타난 기술과 여성의 문제」, 『독일어문학』 제43집, 독일어문학회, 2008, 309~330쪽; 유현주, 「키틀러와 젠더: 담론의 채널에서 여성은 매체와 어떻게 결합하는가」, 『세계문학비교연구』 제66집, 세계문학비교학회, 2019, 125~141쪽; 김애령, 「글쓰기 기계와 젠더: 키틀러의 '기록체계' 다시 읽기」, 『한국여성철학』 제23권, 한국여성철학회, 2015, 34~56쪽).

는 두 가지 방향에서 접근할 수 있다. 하나는 1800년대 문자를 중심으로 기록되고, 전달되고, 수용되던 담론들이 타자기로 인해 겪게 된 변화다. 또 다른 하나는 문자 이외의 매체들이 소리와 이미지를 직접 기록하는 방식이 가져온 변화다. 먼저 문자 중심의 담론 변화에 대해 살펴보자. 가장 큰 변화는 지배적인 매체가 어머니의 입에서 타자기로 변했다는 사실이다. 1800년대 어머니는 저자에게 말과 글을 가르쳤다. 저자들은 어머니에게 말과 글뿐만이 아니라, 어머니의 내면의 목소리를 들었다. 따라서 저자들은 이 모든 것을 문자로 표현했다. 표현할 때, 이들은 손으로 글씨를 썼다. 손글씨는 다른 말로 '육필'(肉筆)이라고 한다. '육성'(肉聲)도 마찬가지다. 화자가 직접 입으로 말하는 소리가 육성이다. 타자기는 '육필'의 자리에 들어선다. 즉 쓰기의 영역에 개입하는 것이다. 본격적인 '기계적 글쓰기'가 등장한 것이다.

　　종이 위에 손으로 글을 쓰는 행위는 선형적이며 연속적이다. 순차적으로 진행되는 사유의 궤적을 써 내려간다고 볼 수 있다. 생각하고 또 생각한 결과들을 써 내려간다. 기계로 글을 쓰는 행위는 이와는 다르다. 일단 손보다 빠르게 글을 쓸 수 있다. 생각과 동시에 글을 쓰고, 쓴 다음 생각을 정리하기도 한다. 자음과 모음으로 구분된 자판을 공간적으로 결합하고, 또 손가락 끝에서 자판을 촉각적으로 느끼며 글을 쓰는 행위는 다른 사유 방식을 가능하게 한다. 글 쓰는 도구에 맞추어 사유도 분절적이며, 그 결과들을 이렇게 저렇게 조립하기도 한다.[29] '쓰기'가 '조립'으로 전환된 것이다. 그 결과물들은 이전의 문학과 다를 수 있다. 키틀러는 1900년대 기계적 글쓰기의 등장으로 문학 영역에 근본적인 변화가 일어난다고 보았다. 따라서 그는 "단일한 '어머

---

29)　프리드리히 키틀러, 『기록시스템 1800·1900』, 338~343쪽.

니'가 다수의 여성으로 대체되고, 체현된 알파벳 학습이 기술적 매체로 대체되고, 철학이 정신 물리학적 또는 정신분석학적 언어 해부로 대체되면서, 시 역시 해체"된다고 보았다.[30] 시의 해체는 남성 저자 중심의 담론의 해체를 의미하기도 한다.

1900년대 기계적 글쓰기는 또 다른 상황에 도달한다. 쓰기의 영역에 남성 대신 여성이 등장하기 시작했다. 어머니의 목소리를 대신해 쓰기의 영역을 담당했던 남성이 다시 여성을 쓰기의 영역에 소환했다. 1900년대 등장한 '타자수'라는 직업을 갖게 된 여성은 타자기 앞에서 남성의 목소리를 듣고 이를 기록한다. 이때 여성들은 1800년대의 여성들과는 완전히 다르다. 자신은 글을 쓰지 않으면서 남성들에게 말을 하게 하고, 글을 쓰게 하는 이상적인 여성도 아니다. 또 이러한 남성들의 글을 읽었던 단순한 독자도 아니다.[31] 여성 타자수들이 처음에는 수동적으로 남성의 목소리를 받아 적었지만, 이러한 환경의 변화는 점차 여성들로 하여금 자신의 목소리를 직접 쓰게 했다고 볼 수 있다. 사실 1800년대에도 쓰기의 영역에서 배제되었던 여성들이 직접 자신의 목소리를 기록하려고 했다.[32] 비록 소수이긴 하지만, 이들의 시도는 매우 중요하다. 이들은 그 누구보다도 쓰기를 갈망했다. 이러한 여성들에게 타자기와 타자수의 등장은 새로운 저자와 새로운 담론의 등장을 가능하게 만들었다. 남성 저자 대신에 여성 저자가 등장하고, 이들은 자신

---

30) 같은 책, 310쪽.

31) 같은 책, 349쪽.

32) 참조: 샌드라 길버트·수전 구바, 『다락방의 미친 여자』, 박오복 옮김, 북하우스, 2022, 11~69쪽. 특히 이 책에 실려 있는 세 개의 서문에 이와 관련된 내용들이 좀 더 자세히 언급되어 있다. 물론 1800/1900 기록체계에서 쓰기 영역에 등장한 여성은 매우 극소수였다. 아니, 거의 불가능했다. 극소수였기 때문에, 이들의 쓰기 작업은 매우 중요하다. 특히 19세기에 등장한 여성 작가들은 어머니와 자연의 동일시에서 벗어나기 위해 엄청난 노력을 했기 때문이다.

의 생각과 자신이 하고 싶은 이야기를 직접 기록한다. 그리고 그 결과물들을 여성 독자들이 읽고, 동감한다. 이렇듯 글 쓰는 도구의 변화는 단지 도구의 변화만을 의미하지 않는다. 도구의 변화는 문자를 중심으로 하는 담론 체계 전반에 근본적인 변혁을 가져온다.

컴퓨터가 글쓰기 과정에 등장한 이후, 글쓰기와 사유 방식은 더욱 극적으로 변했다. 선형적 사유와 선형적 글쓰기는 사라졌다. 그 자리에 비선형적 사유와 비선형적 글쓰기가 등장했다. 비선형적 글쓰기도 다양한 방식으로 다시 세분화된다. 마치 사진이 등장했을 때, 포토몽타주나 콜라주 등이 새로운 예술 형식으로 등장했듯이, 컴퓨터도 모자이크나 몽타주적 글쓰기 방식을 실현했다. 웹 공간에 차고 넘치는 텍스트들을 복사하고 붙이기를 통해 또 다른 텍스트들을 생산한다. 물론 이 경우 인간에게는 출처를 둘러싼 도덕적인 문제가 제기된다. 그러나 같은 작업을 인간보다 더 수월하게 해내는 인공지능에게는 도덕적 요구를 하지 않는다. 인공지능이 무한정 제공하는 자료들을 보면서, 사유에 대한 의지는 사라질 수 있다. 사유의 주체는 이렇게 차고 넘치는 정보들 사이에서 배회하며, 그 속에서 정보를 취한다. 글쓰기를 위해 이 정보들을 기억할 필요도 없다. 다시 검색해서 찾으면 그만이다. '생각하기'와 '기억하기'는 이제 검색으로 대체되었다.

3. 이미지로 사유하기

1900년대 매체 영역에서 일어난 근본적인 변혁은 타자기의 등장으로 인한 '기계적 글쓰기'만은 아니다. 타자기의 등장으로 문자를 중심으로 한 담론 체계에 큰 변화가 일어난 것은 사실이지만, 그럼에도 타자기는 여전히 '문자' 매체였기 때문이다. 그러므로 타자기보다 더 근본적인 변혁은 '축음기'와 '영화'의 등장이다. 축음기와 영화의 등장은 매체의 역사에서 운명적 전환의 시기라고 볼 수 있다. 이 둘의 등장은 문자 중심의 사회를 뒤흔들었다. 문자 외에도 소리와 이미지가 직접 기록되기 시작했기 때문이다. 1800년대까지 유지되던 문자의 '정보 저장 독점권'이 폭파되기 시작했다. 축음기가 등장하기 이전, 소리 중에서도 음악만 악보로 기록될 수 있었다. 소리를 저장한다는 것은 소리의 흐름, 즉 시간을 저장하는 것이다. 시간을 저장하는 악보 또한 문자를 토대로 하고 있다고 볼 수 있다. 따라서 악보 또한 문자의 독점에서 벗어날 수 있는 것은 아니었다.[33] 축음기는 이와는 완전히 다르다. 축음기는 저장할 때, 소리를 선별하지 않는다. 어떤 소리만 저장하고 또 어떤 소리를 저장하지 않을지 선택할 수 없다. 무조건 다 '주파수'로 저장된다.

키틀러는 문학과 악보로는 기록, 저장 그리고 재생이 불가능했던 '소음'이 모습을 드러낸다는 점에 주목한다. 그는 이러한 현상을 존재했으나 드러나지 않았던 '실재계'와 연결시켰다.[34] 실재계는 자크 라캉(Jacques Lacan)이 정신분석학에서 사용했던 개념이다. 그에게 실재는 "사유의 그물에 잡히지는 않지만 의식 외부에 실제적으로 존재하는, 결코 부정할 수 없는 존재의 세계"다.[35] 이런 세계가 그동안 '잔여물' 또는 '폐기물'의 형식으로 존재했던 것이다.[36] 존재했으나 드러나지 않았던 것이 축음기로 인해 드러나게 된 것이다. 이러한 키틀러의

---

33) Friedrich Kittler, *Grammophon, Film, Typewriter*, S. 11.

34) *Ibid.*, S. 28.

35) 홍준기, 『라캉과 현대철학』, 문학과지성사, 2002, 208쪽.

36) Friedrich Kittler, *Grammophon, Film, Typewriter*, S. 28.

주장은 앞의 매체와 지각의 관계에서 살펴본 벤야민의 '시각의 무의식'과 매우 유사하다. 실재계든 또는 시각의 무의식이든 간에, 둘 다 기술적 장치의 도움으로 존재했으나 드러나지 않았던 것들이 드러난 결과다. 이 과정에서 기술적 장치는 그 어떤 것도 차별하지 않는다. 소음, 소리 그리고 음악을 차별하지 않으며, 시각적 대상들도 마찬가지다. 이는 지각의 확장이며 동시에 사유의 확장이라고 볼 수 있다. 20세기 초 문화예술에서 아방가르드적 운동이 등장한 것은 우연이 아니다. 미래파의 등장도 마찬가지다. 미래파의 대표적 예술가인 루이지 루솔로(Luigi Russolo)의 「소음 음악」(The Art of Noises, 1913) 등은 이러한 확장과 긴밀하게 연관되어 있다. 그에게 중요한 것은 악기 소리만이 아니라, 온갖 기계가 내는 소음들도 포함되었다. 장치에 의해 소리의 평등이 이루어졌다. 이러한 예술이 가능한 이유는 예술가들의 '사유의 전환과 확장'이 있었기 때문이었다.

앞에서 매체와 지각의 상관관계에서 살펴보았듯이, 시각 영역에서는 좀 더 매체 개입으로 인한 변화가 확연하게 드러났다. 영화는 시각의 무의식을 넘어 이미지의 또 다른 세계를 열었다. 특히 소리의 기술적 저장과 재생이 가능해지면서 영화는 무성영화를 넘어 유성영화로 발전했다. 그 결과, 많은 문학 작품들이 영화화되기 시작했다. 이제 문학 작품들을 읽지 않고, 보기 시작한 것이다. 이는 일종의 '이미지로 사유하기'라고 볼 수 있다. 영화의 영향력이 점점 더 커지면서, '문학의 영상화'를 넘어 '영상의 문학화' 또는 '영상의 철학화'라고 할 수 있는 현상이 등장했다. 그 후 텔레비전을 비롯한 영상 매체들이 등장하면서, 이러한 현상은 더욱 심화되기 시작했다. 문자의 독점은 이제 무너지기 시작했다. 문자로 읽고 생각하는 문자적 인간 대신 이미지로 보고 생각하는 '이미지 인간'(Homo Pictor)이 등장한 것이다. 그런데 영화를 중심으로 한 이러한 이미지로 사유하기는 쉽게 인정받지 못했다. 이유는 두 가지다. 하나는 이미지에 대한 낮은 평가이고, 또 다른 하나는 새로운 매체에 대한 두려움이었다. 이미지 자체가 평가 절하되고 있는 상황에서 기술적 장치에 의존하는 사진과 영화는 당연히 부정적 평가를 받을 수밖에 없었다.

새로운 매체가 등장하면, 늘 이에 대한 부정적 평가가 등장한다. 낡은 매체와의 비교를 통해 긍정적인 면도 부각되지만, 새로운 매체가 가져올 새로움에 대해 많은 사람들이 두려워한다고 볼 수 있다. 지금의 매체적 상황 이전에 지배적 매체는 문자였다. 문자 문화는 영상 중심의 새로운 매체에 저항했고, 지금도 저항하고 있다. 문자 문화를 주장하는 사람들에게 문자는 사유에 제일 적합한 매체다. 문자의 등장으로 인해 인간은 비로소 '쓰기'를 통해 자신의 기억을 저장·보존할 수 있었다. 19세기에 사진, 영화 그리고 축음기가 등장해서, 각각 이미지, 움직임 그리고 소리를 저장하고 보존할 수 있기 전까지 문자의 역할은 매우 컸다.[37] 한마디로 말해서 '문자의 독점'은 매우 오랫동안 지속되었다.[38] 문자는 단지 필기도구가 아니었다. 문자는 체계적이며 논리적인 사유를 가능하게 하는 사유 도구였다. 그러므로 영상을 중심으로 한 새로운 매체에 대한 반감도 그 어느 때보다 컸다. 그러나 영상 매체의 발전이 거듭될수록 문자의 힘은 약화될 수밖에 없었다. 구텐베르크 은하계와의 결별은 필연적이었다. '탈문자적 사유'가 본격적으로 시작된 것이다. 그렇다면 과연 '이미지로 사유'한다는 것은 어떤 의미를 가지고 있을까? 또 '이미지로 사유하기'를 인정한다면, 어떤 변화가

---

37) 다우어 드라이스마, 『은유로 본 기억의 역사: 플라톤의 밀랍판에서 컴퓨터까지』, 정준형 옮김, 에코리브르, 2015, 11~12쪽.

38) Friedrich Kittler, *Grammophon, Film, Typewriter*, S. 12.

II. 매체와 인간

일어날까?

　이미지로 사유하기를 인정하려면, 무엇보다도 '탈문자화된 시대'와 '이미지의 시대'를 인정해야만 한다. 한마디로 말해서 이미지가 모든 것을 지배하는 세상이 되었다는 사실을 인정해야 한다. 철학의 오랜 역사에서 지각과 더불어 오랫동안 정당한 취급을 받지 못한 이미지를 인정하는 것부터 시작해야 한다. 이미지와 가상 그리고 실재와 본질 등의 이분법적인 사유가 흔들리기 시작한 지 이미 오래되었고, 이 과정에서 이미지를 재평가하려는 시도 또한 있었다. 장 보드리야르(Jean Baudrillard)의 '시뮬라시옹'(simulation) 이론도 그런 시도의 연장이라고 볼 수 있다. 실재를 반영하고 모사하려고 하는 시뮬라크르가 어느 순간 여기서 벗어난다. 그다음 시뮬라크르들은 실재를 감추고 변질시킨다. 이 단계까지는 시뮬라크르가 대상 또는 원본과 관계를 맺고 있다. 그러나 그다음 단계부터는 새로운 양상이 시작된다. 왜냐하면 시뮬라크르가 원본 없는 이미지로 존재하기도 하고, 또 이 단계에서 굳이 원본 또는 실재가 없다는 사실을 숨기지도 않는다. 결국 시뮬라크르는 마지막 단계에서는 실재보다 더 실재 같은 모습으로 자신을 드러낸다. 실재와 가상, 원본과 이미지의 관계가 전도된 것이다.[39] 이러한 보드리야르의 이론은 디지털 이미지 존재론의 핵심이라고 볼 수 있다.

　이미지의 존재론적 평가는 사진과 영화를 거쳐 디지털 매체 시대에 오면서, 재평가와 더불어 이미지의 위치를 확고하게 할 수 있었다. 많은 분과에서 이미지의 중요성을 인정하고, 이에 대한 상호학문적 연구를 제안하게 되었다. 그 결과가 바로 '이미지학'(Bildwissenschaft)이

---

39)　장 보드리야르, 『시뮬라시옹』, 하태환 옮김, 민음사, 1996, 27쪽.

다. 이미지학은 1990년대 중반 독일어권에서 본격적으로 논의되었다. 다양한 분과 그리고 다양한 학문적 입장을 떠나 이미지학이란 이름으로 모두가 받아들인 전제는 이제는 문자의 시대가 아니라 이미지의 시대이며, 그렇기 때문에 '이미지 문해력'이 중요하다는 것이다.[40] 이미지 문해력은 '이미지에 대한 이해'와 더불어 '이미지로 사유하기'를 강조한다. 일반적으로 문해력이 문자화된 인간이 갖는 문자화된 의식을 의미하듯이, 이미지 문해력도 마찬가지다. 이미지학 내부에서는 끝도 없이 반복되는 기존의 개념을 중심으로 한 논쟁보다는 실천을 중심으로 논의가 진행되어야 한다는 점을 강조했다.[41] 이미지로 사유하기도 그러한 실천적 논의 중 하나다.

현대 사회에서 접할 수 있는 다양한 이미지들, 즉 픽토그램, 상징 이미지 그리고 도표 등등이 이미지로 사유하기의 한 예가 된다. 이미지를 머릿속에 떠올리면서 생각하고, 그 결과물을 이미지로 표현하고, 그리고 표현된 이미지를 보고 다시 생각한다. 이러한 일련의 과정이 이미지로 사유하기다. 그렇다면 이제 인정할 수밖에 없다. 대다수의 많은 사람이 이러한 이미지 중심의 사유하기를 하고 있다는 사실을 말이다. 매체가 모든 것을 결정한다는 매체 유물론의 입장을 받아들인

---

40) Gernot Böhme, *Theorie des Bildes*, München: Wilhelm Fink Verlag, 1999, S. 7.
41) 그중 하나가 한스 벨팅(Hans Belting)이 제시한 이미지 고고학이다. 그는 현대 사회에서 이미지의 영향력이 커지고 있음을 인정함과 더불어 기존의 이미지에 대한 접근에 문제가 있음을 지적한다. 즉 이미지 존재를 재평가하려는 시도와 더불어 진행된 이미지의 본질에 대한 과도한 논쟁들이 가져올 수 있는 폐해를 지적한다. 그가 제시하는 이미지 고고학은 이미지 존재와 본질 그리고 의미 등등에 대한 논의보다는 실천적 차원에서 이미지에 대해 접근할 것을 제안한다. '이미지 개념'이 아니라, '이미지 실천'을 중심으로 논의할 것을 제안한 것이다(참조: Hans Belting, *Bild-Anthropologie*, München: Wilhelm Fink Verlag, 2011, S. 9~12).

II. 매체와 인간

다면, 이미지 매체가 지배적인 매체가 되면, 사유의 형식도 당연히 이미지 중심으로 변화한다는 사실을 받아들여야만 한다. 문자적 인간이 문자로 사유하듯, 이미지적 인간은 이미지로 사유한다. 디즈니 영화를 통해 안데르센 동화 등을 먼저 접한 영상 세대는 「인어공주」 또는 「백설공주」 등의 동화를 읽을 때, 머릿속에 영상으로 접한 공주의 이미지들을 떠올리며 책을 읽을 것이다. 이제 사유의 과정에서 이미지가 주연이며, 문자는 조연이다. 문자의 역할이 변화한 것이다. 어제 무엇을 읽었는지가 대화의 주제가 아닌 지 이미 오래다. 무얼 봤는지가 중요하다. 이것이 바로 탈문자적 사유이다.

탈문자적 사유라고 할 수 있는 시각 이미지의 기술 재생산이 본격적으로 시작되었다. 이미지에 대한 접근 가능성이 커지면서, 이미지가 가지고 있는 힘을 적극적으로 활용하기 시작했다. 이미지는 무엇보다도 이해가 쉽다. 기본적인 도상에 대한 이해가 있다면, 언어에 상관없이 이해하고, 이를 수용할 수 있기 때문이다. 각종 픽토그램이 그 예가 된다. 이뿐만 아니라, 다양한 시각 매체의 도움으로 이미지는 무엇을 상상하든 간에 문자보다는 쉽게 표현이 가능하고, 또 표현된 이미지가 미치는 효과도 문자보다 크다. 예를 들어 유니콘이나 용과 같은 동물을 표현할 때 문자보다 이미지로 표현하기가 더 쉽고, 인상도 훨씬 강력하게 남는다. 사적 영역과 공적 영역에서 이미지를 강조하는 이유가 바로 이것이다. 정치, 상업, 공익 등에서 이미 이미지 마케팅이 중요해진 지도 오래다. 물론 이미지가 다 쉽게 수용되는 것은 아니다. 이미지 해석 과정에서 고도의 지적 능력과 이미지를 생산하는 매체에 대한 이해 능력이 요구된다.

4. 간헐적 사유

이미지의 힘은 점점 더 커지고 있다. 그 이유는 이제 사유의 대상으로 이미지가 주어지는 것이 아니라, 자신의 사유를 이미지로 남기기 시작했기 때문이다. 아니, 사유뿐만 아니라 거의 모든 일상을 이미지로 남긴다. 의식주 전반과 다양한 여가 생활 모두 이미지로 저장된다. 저장의 과정에서 반전이 일어난다. 자신의 일상을 비롯한 모든 활동을 이미지로 저장하는 것이 아니라, 이미지로 남기기 위해 일상적 활동을 연출하고자 하는 반전이 일어났다. 마치 보드리야르가 시뮬라크르가 실재를 넘어 더 실재처럼 보이는 단계를 이야기한 것처럼, 이미지로 남기기 위해 모든 것들이 행해지고 있다고 해도 과언이 아니다. 실재의 공간들은 이미지를 위한 무대로 전환되고 있다. 진정한 '이미지 인간'이 등장했다. 문제는 이 과정에서 '사유하기'가 점차 사라지고 있다는 것이다. 이미지로 사유하기에서 시작되었으나, 이미지만 남는 경우가 많아졌다. 기본적으로 '사유'란 성찰과 반성의 기능이 전제된 것이다. 그러나 지금의 디지털 공간에 차고 넘치는 이미지들에서 이미지 생산자와 수용자들의 성찰과 반성이 없는 경우가 허다하다. 욕망의 이미지, 혐오의 이미지, 배제의 이미지들이 넘쳐나고 있다. 그렇다고 해서 '사유' 그 자체가 사라진 것은 아니다. 사유도 변했다. 긴 시간 동안 지속되던 사유는 순간적으로 우연적인 사유로 전환되었다. 차고 넘치는 이미지들 사이에서 '사유'는 지극히 '간헐적'으로 진행되고 있다.

다시 책으로 돌아가 보자. 사적인 공간에서 혼자 책을 보는 행위는 지속적이며 반복적이다. 독자는 오랜 시간 동안 책에 몰두할 수 있다. 또 반복해서 사유가 가능하다. 관조, 명상, 몰입 등이 가능하다. 영화는 이와는 다른 환경을 관객에게 제공했다. 영화관에서 영화를 본다

II. 매체와 인간

는 것은, 일단 개인적 수용에서 벗어나 대중적 수용을 받아들이는 것이다. 대중적인 장소에서 다른 관객들과 더불어 영화를 보면, 다른 관객에게 영향을 받을 수밖에 없다. 개인적인 감상에만 빠질 수 있는 것은 아니다. 물론 시간의 흐름에 따라 흘러가는 이미지들을 중지시키거나 앞으로 되돌릴 수도 없다. 정적인 이미지든 충격적인 이미지든 이미지의 흐름에 따라 사유의 과정을 진행시켜야만 한다. 물론 사적인 장소에서 영화를 수용하는 방식은 이와는 다르다. 충분히 지속적이며 반복적인 수용이 가능하기 때문에, 영화를 마치 책처럼 읽는다. 영화는 충분히 읽을 수 있는 것이다. 영화 이외의 다른 이미지들도 마찬가지다. 그림도, 사진도, 각종 디지털 이미지도 읽으면서 사유할 수 있다. 또 자신의 생각을 이미지로 표현할 수 있다. 많은 시각예술가들의 작업이 사유를 이미지로 표현한 것이다. 과거의 피터르 몬드리안(Pieter Mondriaan)의 추상주의 작품들과 카지미르 말레비치(Kazimir Melevich)의 절대주의적 작품들을 비롯해 많은 작가의 작품은 매우 난해하다. 너무 난해한 작품들의 경우, 제목이라는 이름으로 문자가 도움을 주기도 한다. 또 많은 경우 '무제'라는 이름으로 작품을 발표한다. 수용자에게 사유의 책임을 넘기기도 한다.

디지털 매체가 등장한 후, 이미지의 생산, 전달, 보존 그리고 수용의 방식 전반에 큰 변화가 일어났다. 이 모든 과정이 과거와는 비교할 수 없을 정도로 쉬워졌다. 우리가 살고 있는 혼종화된 두 공간, 즉 현실 공간과 매체 공간 모두에 이미지들이 차고 넘친다. 봐야 할 이미지도 많고, 보고 싶은 이미지도 많다. 그 결과 이미지가 전달하고자 하는 내용들이 점점 짧아지고 있다. 영화도 요약본으로, 드라마는 빠른 배속으로, 각종 정보는 '숏폼'으로 재생산되고, 수용된다. 문제는 시간과 빈도다. 문자든 이미지든 간에 읽고 보는 데 시간이 많이 필요하다면,

극소수의 독자와 관객만이 남을 것이다. 두꺼운 책들, 긴 영화들 그리고 긴 정보들은 점차 용도 폐기된다. 사람들은 점점 더 짧은 것을 원한다. '숏폼'이 대표적으로 그러한 욕구가 낳은 결과다. 숏폼을 중심으로 한 지식, 정보 그리고 소일거리를 수용한다 해도, 이에 대한 사유는 매우 드물다. 또 몰아서 해치우기도 한다. 간헐적 사유다. 알고리즘은 수용자의 욕구를 정확히 기억하고 있다. 알고리즘은 원하는 정보를 찾고자 하면, 이에 대한 정보를 계속 제공한다. 이렇게 제공된 정보를 짧은 시간에 순간적 몰입을 통해 '사유'한다. 이는 변화된 사유 양식이다.

매체철학자들은 이미 매체와 지각 간의 관계에서 상호작용을 인정했다. 앞에서 살펴보았듯이, 벤야민, 맥루언, 비릴리오가 이 관계에 주목하면서, 매체가 변화하면 지각 방식도 변하고 있다는 사실을 인정했다. 결국 지각 방식의 변화는 사유 방식의 변화를 수반한다. 벤야민이 말한 '정신 분산적 지각'과 맥루언이 말하는 '뜨거운 매체'와 '차가운 매체'는 매체에 의한 지각과 사유 방식의 변화를 의미한다. 이 과정에서 이들은 빠른 이미지들의 등장과 지각 방식에 큰 관심을 갖고, 이들의 상관관계를 분석하기도 했다. 특히 비릴리오는 운동 수단과 시각 매체들의 발전이 새로운 지각 방식을 가져왔다고 보면서, '피크노렙시'(picnolepsie)라는 개념을 제안했다. 피크노렙시란, 파편화된 이미지들을 지각하는 새로운 방식이다. 파편화된 이미지들을 단절적으로 지각하는 것을 의미한다. 이를 비릴리오는 일종의 기억 장애와 지각의 단절 현상으로 파악했다.[42] 물론 비릴리오는 이러한 지각의 변화를 긍정적 관점에서 보진 않았다. 그에게 피크노렙시는 일종의 문제적 지각 방식이다. 여기서 중요한 것은 이에 대한 평가보다는 그가 운송 수단,

---

[42] 폴 비릴리오, 『소멸의 미학』, 김경은 옮김, 연세대학교출판부, 2004, 27~28쪽.

매체 그리고 이미지의 변화와 지각 방식을 직접 연결했다는 점이다. 그렇다면 사유는? 사유도 예외는 아니다. 운송 수단, 매체 그리고 이미지의 변화와 직접 연결된다.

비릴리오가 제안한 피크노렙시는 '자주 일어나는 발작'을 의미한다. 그리스어 '피크노스'(puknós)는 '자주'와 '빈번한'이라는 의미를 가지고 있고, '렙시스'(lēpsis)는 '발작'이라는 뜻이다. 짧지만 자주 그리고 마치 발작처럼 갑자기 하게 되는 지각 방식이다. 짧지만 그리고 자주라는 것이 내포하고 있는 의미는 중간에 '간격'(interval)이 있다는 것이다. 이러한 변화는 지금의 사유 방식에도 드러난다. 물론 '자주'는 아니고, '짧게' 하는 사유 방식이 등장했다. '자주' 대신 '간헐적'(intermittent)인 방식으로 사유하게 되었다. 아주 짧게 간헐적으로 몰입하고 집중하는 방식으로 사유하게 된 것이다. '간헐적 사유'에 대해 긍정도 부정도 존재할 수 있다. 긍정도 부정도 이를 인정할 때 가능하다. 변화된 매체 상황에서 기존의 사유 방식만 유지한 채, 지금의 사유 방식을 부정하는 것은 현실 인식에 도움이 안 된다. 이는 지금 상황에 대한 대책 없는 거부에 불과하다. 일단 변화를 인정하고, 그다음 분석과 대안을 제시해야 한다.

대중음악이 등장했을 때, 아도르노는 청취자의 듣기 능력에 퇴행이 올 것이라고 우려했다. 듣기 좋고, 수용에 어려움이 없는 음악들이 생산되고, 이에 익숙해지면, 청취자들은 점점 더 쉽고 편한 음악을 원하게 된다고 보았다. 그 결과 청취자들은 마치 아이처럼 된다는 게 아도르노의 비판의 핵심이다.[43] 물론 그는 복제 기술로 인해 음악의 기록

---

43) 참조: Theodor Adorno, "Über den Fetischcharakter in der Musik und die Regression des Hörens", in: *Dissonanzen, Musik in der verwalteten Welt*, Göttingen: Vandenhoeck & Ruprecht, 1991, S. 25~32.

뿐만 아니라 수용의 기회가 확대되면 수용자가 온전하게 음악에만 몰두하지 않고 음악을 다른 실용적인 용도로 사용하는 점도 비판했지만, 핵심은 '듣기의 퇴행'이다. 이것은 곧 사유의 퇴행을 의미한다. 그런데 이러한 과정이 퇴행으로만 치닫고 있는지를 다시 물어봐야 한다. 퇴행이 아니라, 다른 방식의 사유가 등장했다고 볼 수 있기 때문이다.

지금까지의 매체 역사를 보면, 새로운 매체가 등장했다고 해서 결코 과거의 매체가 사라지지 않았다. 다른 매체 형식으로 또 때로는 다른 매체의 내용으로 재매개되곤 했다. 문자 문화도 마찬가지다. 하물며 인간의 몸도, 정체성도, 의식도 매체에 의해 직접적인 영향을 받고 재구성되고 있는 지금, 지각과 사유의 재구성은 너무나도 당연하다. 간헐적 사유에서 중요한 것은 여전히 '사유함'이 있다는 사실이다. 아니, 간헐적으로라도 사유하고 있어서 다행인지 모른다. 나중에는 이마저도 소멸할지 모른다. 인공지능이 정리해 준 자료만 읽으면 된다. 그렇게 되면 인간에게 요구되는 능력은 지금과는 달라질 것이다. 인공지능에게 적절한 제시어(prompt)를 제공할 수 있는 능력, 누구보다도 빨리 필요한 자료를 검색할 수 있는 능력, 검색한 자료들을 잘 편집해서 또 다른 자료로 만들 수 있는 능력이 지금의 사유를 대신할 것이다.

           II. 매체와 인간

III. 매체와 예술

"콜라주 기법이 유화를 대체했듯이,
브라운관이 캔버스를 대신할 것이다."
—— 백남준

1장. 매체와 이미지[1]

1. 새로운 매체와 이미지 생산

지금까지 매체의 발전이 공간에 그리고 인간 그 자체에 미친 영향들에 대해 살펴보았다. 특히 디지털 매체가 이전의 다른 매체와는 달리, 공간의 형식으로 놀라운 변화를 초래했고, 또 그 변화가 인간의 본질, 신체, 소통 방식, 지각 그리고 사유 전반에 결정적인 영향을 주고 있음을 확인했다. 이제 다루고자 하는 주제는 예술이다. 예술은 앞에서 이야기한 공간 그리고 인간과 밀접한 관계를 맺고 있다. 매체의 발전으로 인해 변화된 공간 또는 공간에 대한 사유는 예술에 직접적인 영향을 주기 때문이다. 인간도 마찬가지다. 예술가이자 수용자인 인간은 이러한 변화에 영향을 받아 예술을 만들어 내기도 하고, 만들어진 예술을 체험하기도 한다. 따라서 매체, 공간 그리고 인간의 변화와 더불어 매체와 예술의 관계를 다루는 일은 매우 중요하다. 특히 예술은 매체에 민감하다. 사실 매체와 예술은 분리 불가능하다. 예술은 무엇인가를 외부로 표현해야만 존재할 수 있고, 표현하기 위해서는 '도구'가 필요하기 때문이다. 중세 시대까지만 하더라도 예술가들이 표현할 수 있는

---

1) 이 장은 다음의 글을 수정·보완한 것임을 밝힌다. 심혜련, 「매체와 이미지 생산에 관하여」, 『철학연구』 제142집, 철학연구회, 2023, 25~46쪽.

예술적 내용들은 제한되어 있었다. 종교와 관련된 내용들을 '교화'(教化)의 차원에서 이미지로 표현했다. 글을 알지 못하는 다수의 민중은 이미지로 교육받았다.

　　그 뒤에도 상황은 별로 달라지지 않았다. 종교의 자리에 권력과 자본이 들어서서 예술가에게 원하는 예술작품을 요구했기 때문이다. 예술의 자율성과 예술가의 독립적 지위가 보장되지 않았기 때문에, 예술가들은 권력층이 요구하는 내용을 충실하게 표현할 수밖에 없었다. 그럼에도 예술가는 자신만의 작품에 대한 갈망이 있었다. 예술가는 이러한 상황을 그저 수동적으로 받아들이지만은 않았다. 내용에 대한 제한을 수용하되, 형식과 표현에서 다양한 방법을 모색했다. 예술가는 자신이 생각하는 바를 좀 더 잘 표현하기 위해 어떤 도구를 사용할 것인지에 대해 고민했다. 동일한 것의 반복적 생산을 피하기 위해서 그리고 남들과 유사한 방식으로 작품을 만들고 싶지 않아서 예술가들은 늘 도구에 대해 고민할 수밖에 없다. 예술가의 욕구는 새로운 기술과 사물에 관한 관심으로 이어졌다. 좀 더 다양한 도구들을 표현 매체로 사용해서 자신의 작품 세계를 드러내곤 했다.

　　일찍이 마르셀 뒤샹(Marcel Duchamp)은 이 세상에 존재하는 모든 그림은 이미 '레디메이드'(readymade)라고 말한 바 있다. 예술가가 사용하는 물감이 이미 제조된 것이기 때문이라고.[2] 맞는 말이다. 그렇다면 세상에 존재하는 거의 모든 예술은 레디메이드라고 할 수 있다. 그림을 그릴 수 있는 도구를 사용하든 다양한 물질들을 활용해 무엇인가를 설치하든 또는 음악을 작곡하든 연주하든 말이다. 어떤 식으로든 이미 만들어진 것을 사용해서 예술 활동을 할 수밖에 없기 때문이

2)　마르크 파르투슈, 『뒤샹, 나를 말한다』, 김영호 옮김, 한길아트, 2007, 230쪽.

다. 뒤샹의 이러한 주장은 매체 예술에도 적용될 수 있다. 모든 예술은 매체 예술이라고 말이다. 뒤샹이 말한 물감은 매체다. 캔버스도 매체다. 모든 기술과 기술적 산물들은 넓은 의미의 매체다. 매체 없는 예술은 불가능하다. 그렇다면 예술가에게 매체는 단지 도구에 지나지 않을까? 그렇지 않다. 매체는 예술가의 사유에 큰 영향을 줄 수 있다.

예술가는 매체와 장치에 대한 문해력이 있어야 한다. 새로운 매체의 등장은 도구의 교체를 넘어 예술 그 자체의 변혁을 의미한다. 레디메이드가 기성품을 사용한다는 의미를 넘어 새로운 예술 개념을 제시한 것과 유사하다. 레디메이드는 예술의 목적을 재현에서 '사유함'으로 변화시켰다. 이렇듯 매체와 예술은 근본적으로 긴밀한 관계를 맺고 있음에도 불구하고 예술 영역에서 매체는 주된 분석과 해석의 과정에서 제외되곤 했다. 예술을 분석할 때 하나의 기준이 될지언정, 그것이 예술을 정의할 때 전면에 등장하지는 않았다. 전면에 등장하는 것은 예술이 표현하고자 하는 내용과 방법이었다. 매체는 그 뒤에 숨겨져 있었다. 그랬던 매체가 어느 순간 전면에 등장했다. '매체 예술'(Medienkunst)이 바로 그것이다. 모든 예술이 매체로 이루어지고 매체를 통할 수밖에 없으면서, 굳이 '매체 예술'이라는 용어를 사용하기 시작했다. 이는 예술에서 매체의 중요성을 인식하기 시작했다는 것을 의미한다.[3] '매체 예술'에서 '매체'는 예술과 분리될 수 없으며, '매체'는 예술을 규정하기에 이르렀다.

[3] 참조: Hans Ulrich Reck, *Mythos Medienkunst*, Köln: Verlag der Buchhandlung Walther König, 2002, S. 10~12. 이 글에서 레크는 '매체에 의한 예술'(Kunst durch Medien)과 '매체와 함께하는 예술'(Kunst mit Medien)을 구별해야 한다고 주장한다. 전자는 매체를 도구로 활용하는 것이며, 후자는 매체 그 자체가 예술이 될 수 있음을 의미한다고 한다. 레크의 기준대로 이야기하면, 현재 이야기하는 매체 예술은 물론 후자다.

매체 예술의 시작은 사진이다. 사진의 등장 이후, 매체 예술은 극적으로 변화하기 시작했다. 이는 이미지를 생산해 내는 기술적 장치의 등장과 맞물려 있다. 그 이후 크로노그래프(Chronograph), 영화, 텔레비전 그리고 비디오도 매체 예술에서 새로운 이미지의 세계를 열었다. '기술적 이미지'의 등장이 바로 그것이다. 기술적 이미지의 등장으로 인해 본격적인 매체 예술이 시작된다. 그러나 다양한 기술적 이미지들은 각각의 영역에서 분석되었을 뿐, 매체 예술이란 이름으로 다루어지지는 않았다. '비디오 아트'(Video Art)가 등장하면서 본격적인 매체 예술에 대한 논의가 시작되었다. 브라운관이 캔버스를 대신하게 되면서, 매체가 도구에서 벗어나 예술의 장르를 규정할 수 있는 기본적인 전제가 되었다. 그 이후 비디오뿐만 아니라 다양한 기술적 영상 장치들이 등장하면서, '새로운 매체 예술', 즉 '뉴미디어 아트'에 대한 논의가 본격적으로 시작되었다. 1990년대 디지털 매체가 'PC'라는 이름으로 대중적으로 보급되고, '인터넷'이라는 새로운 매체 공간이 등장하면서, 디지털 매체는 '새로운 매체' 그리고 이에 기반한 '새로운 매체 예술'이 연구의 대상이 되기 시작했다. 새로운 매체 예술은 다양한 이름으로 세분화되기도 한다.

최근에는 포괄적인 매체 예술보다는 주로 특징을 중심으로 좀 더 세분화된 용어를 사용하기도 한다. '상호작용적 예술'(interactive art), '인터넷 아트'(internet art), '넷 아트'(net art), '커뮤니케이션 아트'(communication art), '사운드 아트'(sound art), '오디오 비주얼 설치 아트' (audio visual installation art), '미디어 퍼포먼스'(media performance) 그리고 '인공지능 예술' 등등 아주 세분화된 예술 장르들이 등장하고 있다. 이렇게 새롭게 등장한 매체 예술 외에도 기존의 매체 예술들도 적극적으로 디지털 매체 기술을 수용한다. 사진, 판화, 조각, 영화, 음악 그리고 비디오 등등도 이제 디지털 작업을 한다. 디지털 사진, 디지털 프린트, 디지털 조각, 디지털 영화 등등이 바로 그것들이다. 이렇게 보면 디지털 매체 예술이 아닌 게 없다.[4] 모든 예술이 디지털화될 수 있다. 그러나 그렇다고 해서 모든 예술이 디지털화되는 것은 아니다. 새로운 매체가 아닌 '낡은 매체'를 사용하는 경우도 허다하기 때문이다. 굳이 새로움과 낡음을 구별하지 않는다. 새로운 매체와 낡은 매체 그리고 새로운 예술과 전통적인 예술의 혼종화가 도처에서 일어나고 있기 때문이다.

새로운 매체와 낡은 매체, 하이테크와 로테크를 이용한 예술 그리고 대중 예술과 순수 예술도 명확히 구별되지 않는다. 구별할 필요가 없기 때문이다. 이들의 관계는 상호 보완적이며, 새로움이 낡음을 밀어내기도 하고, 또 새로움이 낡음을 다른 방식으로 소환하기도 한다. 낡음으로 여겨진 것들이 다시 새로운 모습으로 귀환하고 있다. 특히 예술 영역에서 이러한 새로움과 낡음의 순환은 흥미 있는 방식으로 진행되고 있다. 그러나 그저 단순히 반복되는 것은 아니다. 형식이 내용이 되기도 하고, 내용이 형식이 되기도 하고, 새로움 속에 낡음이 재탄생하기도 한다. 말 그대로 매체 간의 '재목적화'와 '재매개화'가 적극적으로 일어나고 있다.[5] 매체는 새로움과 낡음을 넘어 변증법적 운동을 하면서 순환하고 있다. 낡음의 소멸을 걱정할 필요가 없다. 또 다른 역할을 부여받은 채 존재 가능하기 때문이다. 지식과 정보를 취득하기 위해 존재했던 책들이 취미와 여가 그리고 또 다른 취향과 연결되듯이 말이다.[6]

4) 크리스티안 폴, 『디지털 아트』, 조충연 옮김, 시공아트, 2007, 7~8쪽.
5) 제이 데이비드 볼터·리처드 그루신, 『재매개: 뉴미디어의 계보학』, 이재현 옮김, 커뮤니케이션북스, 2006, 53쪽.

새로운 매체가 '새로움'을 중심으로 수용되지 않는 또 다른 중요한 이유가 있다. 매체와 인간의 관계에서 이미 살펴보았듯이, 디지털 매체와 이동성의 결합은 또 다른 '인간 유형', 즉 '디지털 원주민'의 등장을 가능하게 했다. 이들에게 디지털 매체는 '새로운' 매체가 아니다. 그저 '매체'일 뿐이다. 디지털 매체를 새로운 매체로 학습해야만 했던 '디지털 이주민'과는 달리, 디지털 원주민에게 디지털 매체는 그들의 거주환경이다. 이들은 디지털 매체 환경에서 태어났고, 자랐다. 이들은 굳이 매체 공간과 실제 현실 공간을 구분하지 않는다. 두 공간 모두 이들에게는 '현실'이다. 이들에게 매체는 신체 일부다. 이들은 예술과 놀이도 굳이 구별하지 않는다. 예술과 상품도 구별하지 않는다. 게임을 하듯 예술을 창작하고 수용한다. 명품을 사듯 예술작품을 구매하기도 한다. 또 다른 한편, 여전히 진지하게 예술의 본질과 가치에 대해 근원적인 물음을 던지기도 한다. 디지털 원주민에게 디지털 매체가 새로운 매체가 아니듯, 과거의 매체도 낡은 매체가 아니다. 즉 사진, 판화, 파노라마, 크로노그래프, 영화와 비디오는 그들에게 낡은 매체가 아니다. 문자, 음악, 퍼포먼스도 마찬가지다. 이들은 다양한 매체들을 활용해서 예술을 창작한다. 혼종화된 공간에서 혼종화된 주체로 혼종화된 예술을 수행하고 있다. 장르의 구별도 별 의미가 없다. 이것이 지금의 매체 예술의 현실이다.

6) 노르베르트 볼츠는 지배적인 매체로서의 이미지의 등장과 문자의 몰락에 대해 이야기한다. 그에 따르면, 정보와 지식을 전달하는 매체로서의 문자의 역할이 축소됨과 동시에 다른 역할이 등장했다고 한다. 그것은 바로 여가와 관련된 역할이다(참조: 심혜련, 『20세기의 매체철학: 아날로그에서 디지털로』, 그린비, 2012, 276~281쪽). 그러나 이 또한 이동성을 중심으로 한 포스트 디지털 시대에는 변화를 겪는다. 여가와 관련된 역할도 디지털 매체에게 넘겨주었기 때문이다.

III. 매체와 예술

기술 장치로 인해 이미지가 본격적으로 복제되기 시작했다면, 디지털 매체 장치로 인해 이미지는 자유롭게 변형되기 시작했다. 정적인 이미지의 복제와 생산도 움직이는 이미지의 복제와 생산으로 변형되었다. 다양한 프로그램에 의해 디지털 이미지들은 단순한 변형을 넘어 변종을 만들어 내기 시작했다. 다른 한편, 이러한 변화의 과정을 거스르고자 하는 행위도 등장했다. 기술의 발전에 의해 사라진 원본을 부활시키기도 했다. '대체 불가능한 토큰'이라는 뜻을 가진 NFT(non-fungible token)가 디지털 이미지의 세계에 등장함으로써 디지털 이미지는 복제, 재생산 그리고 변형의 단계를 거쳐, 다시 원본성의 세계로 회귀하고 있다. 또 다른 한쪽에는 인공지능의 예술이 문제가 되고 있다. 인공지능이 만든 이미지들을 예술로 인정해야 하는지, 또는 인공지능을 창작의 주체로 인정해야 하는지에 대해 논쟁하고 있다. 이 논의에서는 다시 '창조성', '창의성', '상상력' 등등이 예술가의 능력과 동일하게 취급되고 있다. 기술 복제 이전에 예술가들에게 요구되었던 그러한 능력들이 다시 소환된 것이다.

이미지의 세계는 마치 뫼비우스의 띠처럼 원본, 복제, 변형, 변종 그리고 또다시 원본이라는 원을 그리며 순환하고 있다. 이미지에 대한 이론도 마찬가지다. 기술적 이미지, 디지털 이미지 등등에 대한 여러 논의가 지금의 이미지 이해에 큰 도움이 될 수 있다. 따라서 이 장에서는 이미지의 기술적 재생산에 대해 분석한 후, 디지털 시대에서의 이미지 변형과 NFT를 중심으로 한 디지털 이미지의 원본성 문제를 다룰 것이다. 마지막으로 동시대의 이미지를 둘러싼 상황에 대해 분석할 것이다. 이미지는 이제 재생산과 변형을 넘어 새로운 '종'으로 탄생하거나 또는 스스로 살아 움직이는 이미지가 되었다. 또 다른 이미지와의 공존 그리고 이미지 존재 방식의 혼종화 시대가 열리고 있다.

2. 이미지의 기술적 재생산

오랫동안 이미지는 대상과의 유사함을 기준으로 평가되었다. 대상과 똑같이 그린 그림일수록 좋은 그림으로 또 그런 그림을 그린 화가는 천재로 추앙받곤 했다. 즉 화가에게 요구된 대표적 능력은 '모사'(Mimesis)였던 것이다. 고대 그리스의 화가 제욱시스와 파라시오스의 내기가 바로 모사 능력을 중심으로 한 것이었다. 이 둘은 당대에 뛰어난 화가로 알려졌다. 이들의 능력은 우열을 가릴 수 없을 정도로 비슷했다. 어느 날 이들은 누구의 모사 능력이 뛰어난지 내기했다. 제욱시스는 포도 덩굴을 그렸는데, 너무나도 대상과 똑같이 그렸기 때문에, 그 그림에 새가 날아와 앉았다. 자신의 승리를 확신한 제욱시스는 파라시오스에게 어서 천을 들어 그가 그린 그림을 보여 달라고 요청했다. 파라시오스는 제욱시스에게 그 천이 바로 자신이 그린 그림이라고 말했다. 파라시오스가 내기에서 승리한 것이다. 이 이야기에서 알 수 있듯이, 모사 능력은 화가가 가져야 할 대표적인 능력이었고, 이들이 그린 그림은 아주 오랫동안 위대한 작품으로 인정받았다. 더군다나 이러한 작품은 유일하게 단 하나의 원본으로 존재했다.

이러한 뛰어난 예술가들의 '원본' 또는 '진품'은 분명 '아우라'(Aura)를 가지고 있다. 원본이라는 존재 방식이 갖는 아우라도 있고, 또 그러한 원본을 접할 때, 수용자가 느끼는 미적 경험으로서의 아우라가 동시에 존재 가능하다. 사실 이 둘은 분리 불가능하다. 세상에 유일무이하게 존재할 수 있는 원본성이라는 특징 때문에, 아우라적인 경험이 가능하기 때문이다. 원본성이야말로 단지 이미지가 아니라, '예술작품'으로 특별하게 취급될 수 있는 근본적인 특징이다. 원본성의 해체는 아우라의 몰락이다. 발터 벤야민은 이미지의 기술적 재생산을 아우라 몰락의 시작으로 보았다.[7] 이미지의 기술적 재생산은 이미지를 제의적 가치에서 벗어나게 했다. 이미지가 세속화된 것이다. 한마디로 말해서 '탈아우라적' 현상이 일어난 것이다. 물론 이미지의 복제가 기술적 재생산 시대에 새롭게 등장한 현상은 아니다. 그 이전에도 이미지의 복제는 존재했다. 기술적이 아니라, 손으로 또는 수공업적인 방식으로 이미지는 늘 복제되었다.

이러한 복제는 역설적으로 원본성을 강화하는 결과를 가져왔다. 복제되면 될수록 원본이 갖는 아우라는 더욱 확장되었다. 복제된 이미지는 결코 원본을 뛰어넘을 수 없기 때문이었다. 아무리 똑같은 복제품이라도 원본이 존재하는 한 그것은 복제품일 뿐이다. '가짜'가 '진짜'를 이길 수는 없다. 기술적 재생산은 아니지만, 이미지를 여러 번 재생산하기도 했다. 판화가 바로 그것이다. 14세기 이후 목판화의 등장으로 판화도 다양한 기술적 변화를 거쳐 왔다. 판화의 발전은 이미지의 재생산에 중요한 변화를 가져왔다. 판화는 손으로 그린 그림과 기술적 이미지 사이에 존재한다. 유일무이하진 않지만, 원본성을 가지고 있기도 하고, 장치를 이용해 재생산되지만, 무한히 재생산되지는 않기 때문이다. 판화는 계속 재생산될 수는 없다. 이뿐만 아니라, 판화에는 여전히 '작가'의 흔적이 강하게 남아 있다. 그러므로 정확히 말하면, '유일무이한 원본'에서 벗어나 '다수의 원본'으로 변화했다고도 볼 수

---

7) 잘 알려진 것처럼, 아우라는 벤야민에 의해서 중요한 예술 개념이 되었다. 아우라 문제는 이미지의 원본을 넘어 NFT가 논의되는 지금도 여전히 중요하다. 그러나 이 장에서는 이미지의 기술적 재생산과 아우라의 문제는 상세히 다루지 않겠다. 여기서 다루고자 하는 주제가 이미지의 원본성의 해체와 아우라의 몰락이 아니라, 매체에 의한 이미지들의 변화 전반이기 때문이다. 예술의 기술적 재생산과 아우라의 몰락에 관해서는 다음의 글을 참조 바람: 심혜련, 『20세기의 매체철학: 아날로그에서 디지털로』, 특히 1부 2장 「예술의 기술적 재생산과 아우라의 몰락: 발터 벤야민」, 38~72쪽.

있다. 이는 판화가 가지고 있는 한계이자 매력일 수 있다.

전통적인 예술에서의 이미지 생산 방식과는 달랐던 판화도 초기에는 종교적·정치적 내용들을 다루었다. 문자를 이해할 수 없는 대중들에게 이미지는 매우 좋은 교육 도구였기 때문이다. 그 후 판화 기술이 다양해지면서 판화는 대중화되었고, 또 그렇게 되면서 다루는 내용들도 달라지기 시작했다. 이미지의 제작 및 존재 방식이 달라지면, 내용과 가치 그리고 기능도 달라질 수 있다는 사실을 판화에서도 확인할 수 있다. 원본성을 기반으로 한 전통적인 이미지가 종교, 권력, 부와 관련된 내용을 표현했다면, 판화는 대중적인 내용을 표현했다. 대중의 일상과 웃음 그리고 지배 계급의 위선과 탐욕에 대한 조롱이 판화의 주된 내용이었다. 풍자적이며 비판적인 판화들을 볼 수 있던 장소도 달라졌다. 종교나 권력과 연관된 장소에서 벗어나 대중적인 장소에서 판화를 볼 수 있게 되었다. 그 후 인쇄술의 발전과 함께 판화는 잡지나 길거리에서도 쉽게 볼 수 있게 되었다. 그렇다고 해서 이미지의 질이 떨어진 것은 아니다. 몇몇 예술가들이 새로운 이미지의 세계에 매료되어 포스터 제작에 적극 참여하기도 했기 때문이다. 포스터는 도시의 거리를 미술관처럼 만들기도 했다.[8] 이미지의 세속화가 본격적으로 시작된 것이다.

이미지의 세속화는 사진의 등장으로 인해 더욱 극적으로 진행된다. 사진의 등장은 이미지 역사에서 '결정적 순간'이었다. 사진으로 인해 이미지 생산 방식에 결정적 변화가 일어났다. 그것은 바로 원본성으로부터의 탈피다. 기술적으로 재생산되는 사진은 유일하게 한 장의

---

8) 포스터는 19세기 말 무렵 본격적으로 등장했다. 이때 포스터들은 석판화 인쇄물이었다. 그리고 이러한 형태로 제작된 포스터들은 매우 예술적이었다. 참조: 존 바니콧, 『포스터의 역사』, 김숙 옮김, 시공사, 2000, 7~27쪽.

이미지만을 생산하지 않는다. 또 수십 장 생산된 사진들에서 원본을 묻는 것도 무의미하다. 사진은 기존의 이미지 영역에도 큰 변화를 가져왔다. 기존의 이미지들을 임의로 재생산하면서, 그것들이 본래 가지고 있었던 맥락과 다르게 이미지들을 재배치할 수 있었기 때문이다. 이미지의 사회적 기능에 큰 변화를 가져온 것이다. 이러한 변화에도 불구하고, 초기에는 사진의 이러한 사회적 기능은 별 주목을 받지 못했다. 주목을 받았던 것은 사진의 재현 능력이었다. 그러므로 인간의 손이 아닌 기계가 만들어 내는 이미지를 예술로 인정할 것인지 아닌지가 핵심 문제였다. 예술로서의 사진의 인정을 둘러싼 논쟁은 꽤 오랫동안 지속되었다. 지젤 프로인트(Gisèle Freund)와 벤야민 정도가 이러한 논쟁에 문제를 제기했다.[9]

프로인트와 벤야민은 기본적으로 '사진으로서의 예술'에 관심을 갖고, 사진이 가지고 있는 사회적 가치에 주목했다. 이들에게 중요한 것은 사진의 등장 이후 이미지와 세계가 맺는 관계의 변화였다. 벤야민과 마찬가지로 프로인트도 사진이 예술작품을 복제함으로써 가져올 엄청난 변화를 강조했다. 극소수에게만 접근 가능했던 예술작품이 사진으로 인해 많은 사람이 접근할 수 있게 된 점에 주목했다.[10] 벤야민은 사진을 굳이 예술계로 편입시키려는 일련의 시도들에 대해 반대

---

9) 벤야민은 당대의 사진을 둘러싼 논쟁들이 중요한 문제를 놓치고 있다고 보았다. 그는 그러한 흐름과 구별되는 프로인트의 사진에 대한 관점을 높이 평가했다. 프로인트는 사진과 사회의 관계 그리고 사진의 등장으로 인해 예술에 다가올 변화 등에 대해 정확히 파악하고 있다고 보았기 때문이다. 이와 관련해서 자세한 내용은 다음의 글을 참조 바람: 발터 벤야민, 「서평. 지젤 프로인트의 『19세기 프랑스에서의 사진 ─ 사회학적·미학적 에세이』」, 『발터 벤야민 선집 2』, 최성만 옮김, 도서출판 길, 2008, 272쪽.

10) 지젤 프로인트, 『사진과 사회』, 성완경 옮김, 눈빛, 2001, 107쪽.

했다.[11] 그는 이러한 시도를 사진이 가지고 있던 혁명적 가치를 퇴보시키는 것에 불과하다고 보았다. 그에게 중요한 것은 '예술로서의 사진'이 아니라, 사진으로서의 예술, 즉 '매체로서의 사진'이었다. 그는 사진이라는 '기술'이 예술에 가져올 변화에 많은 관심을 가졌다.[12] 바로이 점이 매체로서의 사진 연구의 출발점이다.[13] 사진으로 인해 가능해진 '이미지에 대한 민주적 접근 가능성의 확대'는 이미지의 정체성뿐만 아니라, 이미지의 기능과 가치에 새로운 기준점을 제시했다. 이러한 일련의 변화를 벤야민은 '아우라의 몰락'이라고 규정했다.

    접근조차 할 수 없었던 이미지들을 그나마 사진으로 복제된 형식으로라도 볼 수 있다는 것은 이미지에 대한 새로운 수용 방식의 시작을 알렸다. 복제된 이미지는 더 이상 경배의 대상이 아니다. 복제된 이미지는 비판, 분석 그리고 놀이의 대상이 되었다. 예술가들은 '포토몽타주'(Photomontage)라는 새로운 기법을 만들고, 이를 자신의 예술 생산에 적극 사용했다. 이는 이미지의 기술적 재생산이 없었다면 가능하지 않다. 이미지의 기술적 재생산은 기존 예술의 붕괴와 더불어 '포토몽타주'라는 새로운 예술 형식을 등장시켰다. '다다이즘'(Dadaism)을 중심으로 널리 알려진 포토몽타주는 단지 새로운 예술 형식의 출현만을 의미하지 않는다. 포토몽타주의 등장은 기존 예술에 대한 일종의

---

11) 에스터 레슬리, 「발터 벤야민과 사진의 탄생」, 에스터 레슬리 엮음, 『발터 벤야민, 사진에 대하여』, 김정아 옮김, 위즈덤하우스, 2018, 22쪽.

12) Gerhard Plumpe, *Der tote Blick. Zum Diskurs der Photographie in der Zeit des Realismus*, München: Wilhelm Fink Verlag, 1990, S. 124.

13) 참조: 심혜련, 「사진에 대한 매체철학적 고찰」, 『미학』 제63집, 한국미학회, 2010, 1~31쪽. 나는 이 글에서 사진을 '예술'이 아니라, '매체'로서 분석할 것을 제안한 바 있다. 그리고 사진을 매체로 파악한 대표적인 이론가로 벤야민을 제시한 바 있다. 벤야민의 사진에 대한 분석이 그 이후 사진을 둘러싼 논쟁에서 어떻게 작용했는지에 대한 자세한 내용은 이 글을 참조하길 바란다.

'도발'이다. 다다이스트들이 포토몽타주라는 용어를 사용하는 이유는 '예술가'라는 용어에 대한 거부이며, 자신들을 엔지니어로 규정하고자 하기 때문이다. 말 그대로 '사진'(photo)을 '조립'(montage)하는 엔지니어가 되고자 한 것이다.[14] 벤야민이 '작가'를 '생산자'로 정의했듯이,[15] 이들은 자신을 '예술가'가 아니라, '엔지니어'로 규정한 것이다.

엔지니어가 된 이들이 만들어 낸 예술은 이전의 예술과는 전혀 달랐다. 재현과 표현으로부터 이미지를 해방시킨 이들은 이미지를 구성하면서 많은 상징을 그 안에 담아내었다. 이들은 각각의 이미지들을 하나의 프레임 안에 재배치하고 구성하면서, 이미지의 변증법을 구현했다고 볼 수 있다. 각각 다른 이미지들이 때론 충돌하고, 또 때론 병치되고, 또 때론 공존하면서 전혀 다른 '합'의 이미지의 세계를 만들 수 있음을 보여 주었다. 이런 이미지들을 활용해 이들은 적극적으로 파시즘에 반대하는 정치적 입장을 분명히 했다. 이들은 적극적으로 '예술의 정치화'를 시도한 것이다. 이 모든 변화가 일종의 '이미지의 세속화'이다. 이렇듯 이미지의 기술적 재생산은 예술 그 자체뿐만 아니라, 가치, 기능 그리고 역할 등에 큰 변화를 가져왔다. 이러한 변화는 '예술가'에게만 일어난 현상은 아니다. 이보다 더 중요한 변화는 이미지 생산자가 아니라, 기존의 소비자들에게 일어났다. 세속화된 이미지는 더 이상 경배의 대상이 아니었기에, 수용자들은 기술적으로 재생산된 이미지들을 편하게 수용한다. 보고, 비판도 하고 즐기기도 한다.

수용자들은 여기에 머무르지 않고, 스스로 이미지 생산자가 되기

---

14) 돈 애즈, 『포토몽타주』, 이윤희 옮김, 시공사, 2003, 13쪽.
15) 발터 벤야민, 「생산자로서의 작가」, 『발터 벤야민 선집 8: 브레히트와 유물론』, 윤미애·최성만 옮김, 도서출판 길, 2020, 375쪽.

도 한다. 작동이 간단한 사진기가 등장하고 또 대중화되면서, 모두가 사진사가 될 수 있는 상황이 왔다. 사진의 초기 역사를 보면 소수의 전문가들이 사진을 다룰 수 있었다. 대다수의 이미지 생산자의 등장은 조작이 간단하고 이미지 처리 방식이 간단한 코닥 사진기가 등장하면서 가능해졌다. "당신은 버튼만 누르세요. 나머지는 우리가 합니다." 이 유명한 광고 문안은 1888년 코닥(Kodak) 회사를 설립한 조지 이스트먼(George Eastman)이 만든 것이다. 버튼만 눌러도 이미지 생산자가 될 수 있게 된 것이다. 사진을 둘러싼 이러한 새로운 환경은 사진에 새로운 역할을 부여했다. 그것은 바로 '기록'이었다. 사진은 재현의 대상이 존재해야만 한다. 사진은 그 대상들을 과거로 기록한다. 사진으로 지나간 시간의 '흔적'이 기록될 수 있게 되었다. 누구나 쉽게 자신의 일상을 사진으로 남기고, 이렇게 남겨진 사진들은 자신의 기억과 관련된다. 물론 사진은 의도적으로 재현의 대상을 구상할 수도 있고, 또 변형도 가능하다. 그러나 재현의 대상을 구상한다 하더라도 기록이라는 특징이 없어질 수는 없다. 변형이 가능하더라도 그 흔적은 남는다. 따라서 사진은 일상의 사적인 기록이라는 의미뿐만 아니라, 공적인 기록 또는 증거로서 기능을 갖게 되었다. 그러나 이러한 사진의 기능은 디지털 매체의 등장으로 극적으로 변한다.

3. 이미지의 디지털적 변형

디지털 매체는 기술적 이미지 영역에 변혁을 가져왔다. 그 변혁의 핵심은 '이미지의 자유로운 변형(transformation)'이다. 간단하게 실행할 수 있는 디지털 보정으로 인해 이미지의 변형은 매우 쉬워졌다. 디지털 보정은 디지털 매체가 갖는 일종의 미덕이다. 겉으로 보기에 변형의 흔적이 없는 디지털 이미지는 기록과 증거로 인정받기 어려웠다. 물론 지금의 상황은 또 다르다. 보기에는 그렇게 보이지만, 본질을 분석하면, 변형의 흔적은 그대로 남는다. 오히려 지워지지 않는 디지털 흔적 때문에 고민이다. 또 변형의 흔적이 남더라도 '보기'의 영역에서 변형되었다는 사실이 드러나지 않기 때문에 또 다른 문제가 발생하기도 한다. 합성된 각종 이미지가 문제다. 이렇게 합성된 각종 이미지가 파일로 생산되고 저장되고 전달되는 디지털 이미지의 파급력은 너무나도 커지고 있다.

이미지의 변형이 새삼스러운 현상은 아니다. 이미지의 변형은 늘 있었다. 다만 원본이 있었기 때문에, 변형은 변형으로 존재했을 뿐이었다. 이미지의 기술적 변형도 마찬가지다. 부분적으로 기술적 보정을 통해 이미지를 수정하던 작업도 이미 있었다. 이뿐만 아니라, 다양한 이미지들을 활용해서 재배치하는 방식의 변형도 있었다. 예를 들어, 포토몽타주는 대표적인 이미지의 변형이다. 그런데 이미지를 재조합하는 방식이 아니라, 이미지 그 자체를 변형하는 방법이 등장했다. 그것도 버튼만 누르면 이미지 생산이 가능했던 것 못지않게 손쉬운 이미지 변형 방법이 등장했다. 디지털 매체가 바로 그것이다. 디지털 매체로 만들어진 디지털 이미지는 또 다른 이미지의 세계를 열었다. 컴퓨터뿐만 아니라, 간단히 조작할 수 있는 스마트폰만 있으면 누구나 디지털 이미지를 만들고, 처리하고, 저장하고, 보정하고, 배포할 수 있다. 이미지로 일상을 기록하고 저장하면서 서로 소통하기 시작한 지 이미 오래다. 이처럼 이미지는 이제 특별한 무엇이 아니라, 지극히 일상적인 것이 되었다.

디지털 이미지가 이처럼 일상적인 것이 될 수 있었던 이유는 무엇일까? 그것은 바로 디지털 이미지를 둘러싼 생산에서 배포에 이르는 전 과정이 하나의 매체로 가능했기 때문이다. 이뿐만 아니라, 전 과정에서 장치의 조작 과정도 간단하다. 누구나 조금만 배우면 이 과정을 스스로 할 수 있다. 정지된 이미지뿐만 아니라, 동영상도 마찬가지다. 생산뿐만 아니다. 배포도 쉽게 가능하다. 다양한 플랫폼의 등장으로 인해 많은 사람들이 자신이 만든 이미지를 플랫폼에 올려 배포한다. 지식과 정보에 관련된 콘텐츠뿐만 아니라, 취미와 놀이에 이르기까지 볼 수 있는 움직이는 이미지들은 차고 넘친다. 움직이는 이미지, 즉 동영상(moving image)도 쉽게 만들 수 있다. 디지털 매체는 기본적으로 복합매체이기 때문에 동영상도 복합적이다. 시각, 청각 그리고 글과의 결합이 쉽다. 스마트 기기를 가지고 있는 모든 사람은 제작자를 넘어 제작된 영상의 전달과 배포까지도 다 할 수 있게 되었다. '일인 매체'의 시대가 본격적으로 활성화되었다.

디지털 이미지는 이전의 이미지와 존재 방식에서 확연히 구별된다. 가장 큰 차이는 디지털 이미지는 이미지가 가지고 있는 태생적 한계로부터 벗어날 수 있다는 점이다. 그 태생적 한계는 바로 대상 또는 원형(Urbild)과의 관계다. 대상 또는 원형과는 달리 이미지는 실체가 없다. 따라서 본질적인 것으로 취급되기보다는 2차적인 것으로 취급되었다. 실재와는 다른 가상(Schein)으로 취급된 것이다. 오랫동안 가상은 불신의 대상으로 또 때로는 폄하의 대상으로 평가받았다. 이미지는 '원형의 모사(Abbild)'를 넘어 '모사의 이미지'(Bild des Abbildes)이기 때문이었다. 이미지가 모방할 대상이 존재하는 한, 무엇보다도 원형과의 유사성이 중요해진다. 실재와 원형이 오랫동안 철학의 대상이었던 것과는 달리, 기껏해야 원형과의 유사성 정도로 평가받을 수 있던 가상은 철학에서 오랫동안 배제되었다. 더 나아가 가상이 가지고 있는 부정적 효과만이 철학적으로 검토되었다. 실재에 대한 기만과 속임의 가능성에 대해 검토하고 의심했다.[16] 실재와의 관계 속에서 이미지를 분석하고자 하면, 이미지는 이러한 평가로부터 벗어나기 어렵다. 실재의 가상과 모사로 존재하는 이미지가 가진 근원적 한계일지도 모른다.

그러나 모든 이미지가 반드시 대상과 관계있지는 않다. 대상과 관련 없는 이미지도 존재한다. 실재와 원형이 없는 환상이나 추상적 이미지도 존재한다. 디지털 이미지는 이러한 원형 없는 이미지의 세계를 한층 더 발전시켰다. 원형 또는 원본을 묻기 어려운 이미지들의 등장과 변형이 가능해졌다. 디지털 이미지는 모사하고자 하는 대상으로부터 자유롭다. 즉 디지털 이미지는 '대상 없는 이미지'의 세계를 가능하게 만들었다. 이미지의 기술적 재생산은 원본성에 대한 도전이었다. 예를 들어 사진은 대상 없이는 불가능했다. 이와 달리, 디지털 이미지는 대상이 없어도 가능하다. 원본과 위조 그리고 기록과 허구를 구별할 수는 있으나, 이들 사이에 객관적인 차이점이 없다.[17] 위조했다고 해서 보이는 이미지에서 그 흔적을 찾을 수 있는 것은 아니다. 이미지 뒷면으로 들어가 이미지의 저장 정보 등을 확인해야만 원본과 위조의 흔적을 찾을 수 있는 것이다. 더 나아가 위조가 일상화되었다. 다양한 프로그램들을 사용해서 이미지를 보정하는 것은 이제 일종의 놀이가 되었다. 이 모든 것이 이미지의 기술적 변형의 시대를 열었다고 볼 수 있다.

---

16) Gernot Böhme, *Theorie des Bildes*, München: Wilhelm Fink Verlag, 1999, S. 8.

17) Hans Ulrich Reck, "Zwischen Bild und Medium. Zur Ausbildung der Künstler in der Epoche der Techno-Ästhetik", in: Peter Weibel (Hrsg.), *Vom Tafelbild zum globalen Datenraum*, Karlsruhe: ZKM, 2001, S. 31.

이미지의 기술적 변형은 이미지의 원본성이 아니라, 이미지가 담아내는 대상의 원본성에도 물음을 제기한다. 디지털 이미지는 원본과의 결별을 이루어 내었다. 장 보드리야르가 말한 '시뮬라시옹'이 바로 그것에 대한 논거다. 그의 시뮬라시옹 이론은 디지털 이미지의 철학적 쟁점을 정확히 보여 주고 있다.[18] 무엇보다도 그가 이야기하는 시뮬라크르의 세계에서는 원본, 즉 플라톤의 이데아적인 세계가 없다. 대상 없는 이미지의 세계인 것이다. 더 나아가 그는 실재와 이미지 또는 진짜와 가짜의 구분이 중요하지 않고, 진짜보다 더 진짜 같은 가짜들이 등장했다고 보았다. 그의 철학은 바로 이 지점에서 시작되었다. 한마디로 말해서, 이미지에 대한 재평가와 더불어 디지털 이미지에 대한 본격적인 철학적 사유가 시작되었다고 볼 수 있다.

물론 시뮬라크르의 세계가 처음부터 완성된 형태로 주어지는 것은 아니다. 이 또한 발전 단계가 있다. 보드리야르는 이 단계를 세 단계로 나누어 설명한다. 첫 번째 단계에서는 시뮬라크르가 실재 세계를 반영하고자 한다. 즉 시뮬라크르는 원본과 최대한 유사성을 갖고자 한다. '어떻게 하면 실재를 잘 반영해서 실재처럼 보일 수 있을까?'가 이 단계에서 가장 큰 문제다. 두 번째 단계에서 시뮬라크르들은 자신들이 닮고자 했던 실재를 숨긴다. 단지 숨기는 것이 아니라, 그 실재를 왜곡시키고 또는 변형시킨다. 그 결과 이 단계에서 시뮬라크르의 수용자들은 왜곡된 실재에 대해 잘 알기가 쉽지 않다. 시뮬라크르에 남아 있는 실재의 흔적도 찾기 쉽지 않다. 마지막으로 세 번째 단계가 있다. 이 단계에서 시뮬라크르는 실재와 독립한다. 즉 재현하고자 하는 실재 없이

---

18) 매체철학적 관점에서 보드리야르의 시뮬라시옹 이론이 갖는 의미와 한계에 관한 자세한 논의는 다음을 참조 바람: 심혜련, 『20세기의 매체철학: 아날로그에서 디지털로』, 190~215쪽.

시뮬라크르로 존재한다. 대상, 원본, 실재 그리고 현실과 무관한 시뮬라크르가 등장한다. 스스로 존재 가능한 자생적인 시뮬라크르가 등장한 것이다.[19]

디지털 이미지는 변형을 통해 항상 원본으로 존재할 수 있다. 무한대의 원본의 생산도 가능하다. 생산 과정에서 재현하고자 하는 대상의 존재 여부 그리고 본래의 대상과의 유사성을 넘어 자유로운 변형이 보장된다. 디지털 이미지에 대한 자유로운 변형 또는 보정 또는 조작은 필연적이다. 이는 디지털 이미지가 갖는 큰 장점이다. 현실, 실재 그리고 대상으로부터 이미지가 해방된 것이다. 이미지는 이제 독립적인 지위를 확보했다. 빌렘 플루서의 지적처럼, 디지털 이미지가 가상이기 때문에, 주어진 것이 아니라 만들어진 것 중심이기 때문에, 불신 또는 비난의 대상이 될 필요는 없다.[20] 플루서 또한 보드리야르처럼 디지털 가상으로 만들어진 세계는 주어진 세계와 구별하기 힘들다고 보았다. 시뮬라크르와 원본을 구별할 수 없는 것처럼 말이다. 만들어진 세계는 현실과 구별할 수 없을 뿐 아니라, 굳이 구별할 필요가 없다. 왜냐하면 만들어진 세계는 이미 주어진 세계로서 현실처럼 작용하기 때문이다.[21]

이제 이러한 세계에서는 현실과 허구 또는 대상과 이미지를 구분하는 것은 아무런 의미가 없다.[22] 그렇다면 이미지에 대한 이론적 접근 또한 달라질 수밖에 없다. 이미지의 지위, 대상과의 관계보다는 이미

---

19) 참조: 보드리야르, 『시뮬라시옹』, 하태환 옮김, 민음사, 1996, 12~27쪽.
20) 빌렘 플루서, 『피상성 예찬: 매체 현상학을 위하여』, 김성재 옮김, 커뮤니케이션북스, 2004, 289쪽.
21) 같은 책, 290쪽.
22) 빌렘 플루서, 『그림의 혁명』, 김현진 옮김, 커뮤니케이션북스, 2004, 175~176쪽.

지가 내포하고 있는 의미와 상징 등을 해석하는 것이 더 중요한 문제이다. 다의적인 해석 복합체로서의 이미지를 연구해야 한다.[23] 이미지 문해력 또한 이를 중심으로 진행되어야 한다. 이미지를 둘러싼 이러한 변화는 매체 예술에 직접적인 영향을 준다. 특히 넷공간에서의 이미지의 변형을 중심으로 진행되는 디지털 매체 예술이 그렇다. 이러한 디지털 매체 예술의 경우, '매체성'(Medialität)을 중심으로 원본성, 일회성, 그리고 반복성이 문제가 된다. 디지털 매체 예술도 이전의 기술적 재생산 시대의 예술처럼 반복성을 갖지만, 성격이 다르다. 변형이 전제된 반복일 경우에는 매번 변형된 이미지가 존재할 수 있다. 그렇다면 오히려 '반복성'보다는 '일회적인 특징'을 갖는다고 말할 수도 있다.

　디지털 매체 예술에서 이미지가 갖는 특징을 반복성으로 볼 것인지, 일회성으로 볼 것인지 다소 애매하다. 이러한 애매함은 디지털 매체 예술이 기본적으로 정보의 형태로 구성되었기 때문이다. 앞서 이야기했듯이, 디지털 매체 예술도 강조점에 따라 다양하게 분류된다. 디지털 매체 공간에서의 이미지의 생산, 전달, 전시 그리고 수용 중 어떤 점을 강조하느냐에 따라 분류가 가능하다. 이러한 디지털 이미지는 디지털 공간에 접속하면 접근 가능하다. 또 때로는 이미지를 내려받아 개인적으로 보관할 수도 있고 또 마음대로 변형할 수도 있다. 상황이 이렇게 되면 엄격한 의미에서의 '작품'(Werk) 개념을 고집하기 어렵다. 오히려 생산물 또는 제작물이라는 용어가 더 적합하다. 또는 프로그램으로 수용될 수도 있다. 이 또한 '작품 없는 예술'(Kunst ohne

---

23)　빌렘 플루서, 『사진의 철학을 위하여』, 윤종석 옮김, 커뮤니케이션북스, 1999, 10쪽.

III. 매체와 예술

Werk)로 볼 수도 있다.[24]

    디지털 이미지의 경우에도 다시 원본성을 고집하는 경우도 있다.
원본성이 그렇게 쉽게 포기되지 않았다. 사진도 마찬가지였다. 벤야민
이 '예술로서의 사진'이 아니라, '사진으로서의 예술'이 갖는 의미를
강조했지만, 사진은 점차 '예술로서의 사진'으로서의 정체성을 갖게
되었다. '예술로서의 사진'을 둘러싼 논쟁은 의미가 없다. 몇몇 예술가
들은 사진이 가지고 있는 매체적 성격을 적극적으로 활용해서 독창적
인 예술작품을 창작한다. 제프 월(Jeff Wall), 신디 셔먼(Cindy Sherman)
그리고 셰리 레빈(Sherrie Levine)이 바로 그 예가 될 수 있다. 이들의 작
품은 원본으로 취급받는다. 이들은 마치 회화처럼 사진을 구상하고 연
출한다. 이들에게 사진은 또 하나의 예술 장르일 뿐이다. 그림 같은 사
진 작품도 가능하다. 그림과 구분하기 어렵게 사진을 촬영하고 디지털
보정도 한다. 안드레아스 구르스키(Andreas Gursky)의 작품이 이 경우
에 해당된다. 심지어 그는 보정한 사실을 숨기지도 않는다. 왜냐하면
보정이 이미지의 가치를 판단하는 기준이 될 수 없기 때문이다. 복제,
변형 그리고 보정은 디지털 이미지의 운명이다.

24) '작품 없는 예술'이란 용어는 본래 퍼포먼스를 특징짓는 용어였다.
1990년대 중반 등장한 퍼포먼스 미학에서 퍼포먼스와 전통 예술을 분류하
기 위해 사용했다. 원본성을 중심으로 한 작품 대신 행위, 사건 그리고 일상
생활에서의 예술 실천을 강조하기 위해 사용되었다(Paolo Bianchi, "Was ist
(Kunst)?", in: *Kunstforum* Bd. 152, Oktober – Dezember, 2000, S. 58~59). 그러
나 나는 이 용어가 퍼포먼스뿐만 아니라, 디지털 매체 공간에서 접근 가능한
디지털 이미지에도 적용 가능하다고 본다. 둘 다 물질적인 원본을 갖고 있지
않고, 그렇기 때문에 이들을 수용할 때 무엇보다도 '지각'이 강조될 수 있다
(참조: 심혜련,「퍼포먼스 미학과 미적 경험으로서의 아우라의 귀환」,『시대와 철
학』제24권 4호, 한국철학사상연구회, 2013, 166~167쪽).

4. 이미지 존재 방식의 혼종화

포스트 디지털 시대에서는 이미지를 둘러싼 상황이 훨씬 더 복잡해지고 있다. 벤야민, 보드리야르 그리고 플루서가 말한 상황과는 또 다른 상황이 펼쳐지고 있다. 과거의 이미지를 둘러싼 상황이 다시 등장하기도 하고, 또 여러 상황이 혼종되기도 한다. 벤야민이 기술적 장치를 중심으로 이미지의 기술적 재생산과 아우라를 논의했던 상황이 또 다른 방향으로 유사하게 전개되고 있다. 또 보드리야르가 말한 것처럼 실재보다 더 실재 같은 '하이퍼리얼'(hyperreal)이 곳곳에 등장한다. 이른바 '가상 존재'(virtual being)들은 이미 실재가 되었다. 가상 존재의 실재성을 묻는 것은 의미가 없다. 가상 존재와의 공존이 이미 시작되었다. 디지털 가상의 위력은 날로 커지고 있다. 앞서 공간에 대해 이야기한 것처럼, 현실 공간이 매체 공간과의 결합을 통해 혼종화와 동시에 공간이 확장된 상태에서 디지털 가상의 역할이 갈수록 커질 수밖에 없다. 또 다른 일상 공간, 디지털 자아 그리고 디지털 소통에서 디지털 이미지는 반드시 존재해야만 한다. 가상 세계에서 모든 것은 디지털 이미지로 존재하기 때문이다. 복제, 변형 그리고 보정의 과정을 통해 디지털 이미지의 세계는 다양하게 확장된다.

지금까지의 논의를 통해 이미지의 기술적 재생산과 기술적 변형이 이미지의 원본성과 어떻게 대결하고 또 어떻게 그것으로부터 벗어나 독자적인 특징을 갖게 되었는지 알게 되었지만, 상황은 이러한 논의들과는 또 달라졌다. 비물질적인 정보의 형태로 만들어지고, 변형이 쉽고 또 매번 변형을 통해 새롭게 만들어진 이미지들을 인정하던 디지털 이미지 세계는 기술적 재생산 이전의 시대에 이미지가 가지고 있었던 원본성과 유일무이성을 다시 소환하고 있다. 'NFT'가 바로 그것이다. NFT는 원본성을 가질 수 없는 디지털 이미지에 원본성을 부여한 것이다. '대체 불가능하다'라는 것이 바로 완본이라는 의미다. 단 하나의 원본이기 때문에 다른 것과 대체하는 것이 불가능하다는 것이다. 의미는 그렇다. 그런데 왜 디지털 이미지에 NFT를 부여하는지, 그리고 어떤 기준으로 부여되는지, 또 거래는 어떻게 되는지, 원본을 둘러싼 저작권과 소유권의 문제는 어떻게 되는지, NFT를 소유한다는 게 어떤 의미인가를 묻는 논쟁이 계속되고 있다. 기술 재상산 시대에 몰락했다고 보았던 아우라가 다시 소환되고 있다.

사실 NFT에서 말하는 원본성이 벤야민이 아우라와 연관해서 이야기한 그 원본성과 동일한 것으로 봐야 하는지도 의문이다. 또 기본적으로 디지털로 저장된 것이 원본처럼 기능할 수 있는지도 의문이다. 의문과는 상관없이, NFT를 원본처럼 다루고, 또 예술작품처럼 거래한다. 대표적으로 데이미언 허스트(Damien Hirst)가 그 예다. 그는 2021년 NFT가 마치 유행 상품처럼 논의될 때, 「화폐」(The Currency)라는 이름으로 색색의 동그라미들이 그려진 작품들을 1만 점 팔았다. 이 작품들은 원본과 NFT 중 하나를 선택해서 구입할 수 있는 작품들이었다. 허스트는 구매자들에게 선택권을 주었고, NFT를 선택한 구매자들을 위해 그들이 선택한 원작들을 불에 태워 버렸다. NFT를 위해 원작들을 불에 태워 버린 것이다. 실재와 가상 그리고 원본과 이미지의 관계는 완전히 뒤집혔다.

만약 벤야민과 플루서가 살아서 지금의 상황을 보았다면 과연 뭐라고 이야기했을까? 벤야민은 NFT를 원본으로 인정했을까? 플루서는 NFT가 등장한 지금의 이 상황을 여전히 긍정적으로 보았을까? 둘 다 아닐 것이다. 디지트의 형태로 저장되면 원본성을 묻기 어렵다. 다만 저작권과 소유권의 문제는 다르다. 따라서 NFT를 원본성의 문제로 접근하기는 어렵다. 플루서의 입장에서는 지금의 이 현상이 매우 부정적일 것이다. 전시와 수용을 위해 운반이 필요 없는 디지털 이미지가 가져온 변화를 그는 일종의 '그림의 혁명'으로 봤기 때문이다. 모든 그림이 자유자재로 복제되고 변형되고 장소와 상관없이 모든 수용자에게 송출될 수 있는 그러한 이미지 세계는 새로운 세계의 시작을 의미했기 때문이다.[25] 그래서 그는 디지털 이미지를 중심으로 한 컴퓨터 예술을 "희망이 가득한 섬"이라고 이야기했다. 과거와는 전혀 다른 이미지의 세계가 열리고, 그 이미지의 세계는 창조적이며 상상력이 가득한 세계이며, 누구나 그 세계에서 이미지와 더불어 자유로운 놀이가 가능하다고 본 것이다.[26] 그런데 상황은 반전되었다. 앞으로 나가는 길을 택하는 대신 뒤로 후퇴한 것이다.

이미지는 다시 탈세속화의 길을 택했다. 자본과의 결합을 통해 디지털 이미지는 숭배의 대상이 된 것이다. 근래에 예술과 관련해서 빈번하게 듣는 말은 '아트-테크'와 '아트 앤 테크'이다. 둘 다 '아트'와 '테크놀로지'를 결합한 용어다. 그러나 흔히 '아트-테크'는 예술을 '재테크'의 수단으로 여기는 것이다. 예술작품의 거래를 통해 재산을 증식하는 행위는 새로운 현상은 아니다. 그런데 최근에 이런 현상들이 두드러지게 나타날 뿐이다. 오래전부터 예술은 최고의 상품이었다. 다만 게토화된 예술작품의 거래가 대중화(?)되고 활성화되었을 뿐이다. 이 또한 일종의 트렌드다. 또 다른 '아트 앤 테크'는 예술과 기술의 결합을 의미한다. 이 또한 이미 '매체 예술'이라는 이름으로 오래전부터 존재했던 현상이었다. 재테크로서의 예술과 마찬가지로 이 또한 최근에 특히 강조되고 있다.

25) 빌렘 플루서, 『피상성 예찬: 매체 현상학을 위하여』, 289쪽.
26) 같은 책, 275쪽.

III. 매체와 예술

코로나 팬데믹으로 인해 전시와 공연이 불가능했기 때문이다. 전시와 공연은 이제 빈번하게 매체 공간에서 접할 수 있게 되었다. 새로운 전시와 공연장으로서의 가상현실, 혼합현실 그리고 메타버스가 등장했다. 이러한 공간에 관객 또한 또 다른 모습을 하고 들어가 전시를 그리고 공연을 즐긴다. 두 방향의 '아트-테크'는 상호작용하기도 한다. 기술과 결합해서 새롭게 만들어 낸 이미지들에 원본성을 부여하기 시작했다. 이는 분명 예술을 재테크로 활용하기 위한 것이다. 과거 원본을 가지고 있던 예술작품들이나 지금의 몇몇 NFT가 엄청나게 비싼 가격으로 거래되고 있다. 그러나 이러한 가격도 또 팔린 작품들도 기본적으로 일반 대중과는 무관하다. NFT를 소유하든 작품을 소유하든 간에 그것은 소수를 위한 것이다. 이는 '예술의 상품화'임에 분명하다. 그것도 고가의 상품의 차원에서 거래되고 있을 뿐이다. 고가의 상품 세계에서 원본성은 결코 포기할 수 없는 가치였다. 기술 복제가 해체한 원본성은 사진을 넘어 디지털 매체 시대의 NFT에 이르기까지 혼종화되면서 살아남았다.

그러나 이 가치가 과연 계속될 수 있을까? 변형을 넘어 스스로 변종이 되는 '살아 있는 이미지'들이 등장하는 지금, 원본성을 중심으로 한 예술의 가치 평가는 분명 변화할 수밖에 없을 것이다. '바이오 아트'(Bioart)의 등장이 그중 하나다. 땅에 꽃씨를 뿌리기도 하고, 함께 농작물을 가꾸기도 하고, 또 바이오 기술을 활용한 예술들은 마치 행위예술처럼, 예술을 비물질적으로 만들었다. 또 이러한 예술은 예술에 생명윤리의 문제들을 제기하게 만들었다. 바이오 기술을 중심으로 예술가와 생명공학자의 경계도 희미해졌다. 매체 예술의 초기 단계에서 예술가와 컴퓨터 프로그래머의 경계가 희미해졌듯이 말이다. 예술의 새로운 시대가 시작됐다. 물론 바이오 아트도 넓은 의미에서 보면, 매체 예술이다. 이 예술에서는 이미지에게 스스로 변화할 수 있는 기회를 부여했다. 이 경우 이미지들은 마치 '인공 생명'처럼 스스로 진화할 수 있는 기회를 가지기도 했다. 예술가들은 이미지에게 변화의 장만을 제공한다. 여기에 관객의 수행적 상호작용적 행위가 더해진다.

대표적인 예가 크리스타 좀머러(Christa Sommerer)와 로랑 미뇨노(Laurent Mignonneau)의 「에이-볼브」(A-Volve, 1994)라는 작품이다. 이 작가들은 조그마한 인공 풀장을 설치했다. 그리고 관객은 자신의 손으로 인공 풀장의 물을 만질 수 있었다. 관객의 이러한 촉각적 행위에 따라 인공 풀장 안에는 다양한 인공 생명체가 등장했다. 이렇게 등장한 인공 생명체들은 그 안에서 스스로 진화하기도 하고, 또 진화의 과정에서 돌연변이를 만들어 내기도 한다. W. J. T. 미첼(W. J. T. Mitchell)의 말처럼, '바이오사이버네틱 재생산'(biokybernetischen reproduzierbarkeit)도 가능해졌다.[27] 복제도 변형도 또 진화의 경계도 모호해졌다. 그의 주장처럼 이제 이미지는 독자적인 삶을 살아갈지 모른다. 그 후 이미지의 삶이 어떻게 진행될지는 모른다.

---

27) W. J. T. Mitchell, *Das Leben der Bilder. Eine Theorie der visuellen Kultur*, aus dem Englischen von Achim Eschbach, Anna-Viktoria Eschbach und Mark Halawa, München: Verlag C. H. Beck, 2008, S. 195.

2장. 매체 예술과 장소성

1. 탈장소화 또는 장소 특정적

1917년 현대미술의 시작을 알리는 중요한 사건이 일어났다. 그 사건의 주인공은 마르셀 뒤샹(Marcel Duchamp)이다. 그는 공장에서 생산된 남성용 소변기를 구입한 후, 그 소변기에 'R. MuTT 1917'이라고 서명하고, 이것을 독립미술가협회가 주관하는 전시에 출품하고자 했다. 협회의 회원이 약간의 참가비만 내면 작품을 출품할 수 있는 그런 전시였다. 그런데 그의 이 작품(?)은 전시되지 않았다. 거절되었기 때문이다. 이 작품이 그 유명한 「샘」(Fountain, 1917)이다. 거절의 이유는 단순하다. 소변기는 배관 설비이지, 예술작품이 아니라는 것이다.[1] 그 이후 「샘」을 둘러싸고 일련의 논쟁들이 일어났다. 논쟁이 일어난 후 이 작품은 복제본의 상태로 비로소 '미술관'에 전시될 수 있었다. 비로소 예술로 인정된 것이다. 이 사건은 예술을 천재적인 예술가의 '상상', '제작' 그리고 '완성'이라는 과정에서 해방했다. 예술가가 작품을 기획, 제작 그리고 완성하는 대신에 이미 만들어진 사물 중 특정 사물을 '선택'할 수 있으며, 선택된 이 사물을 미술관에 새롭게 설치할 수 있다는 새로

---

1) 아서 단토, 『무엇이 예술인가』, 김한영 옮김, 은행나무, 2013, 54~55쪽.

운 예술 세계를 연 것이다. 이 사건을 중심으로 뒤샹은 개념예술의 창시자가 되었다. 예술이 철학이 되었다.

뒤샹의 이러한 시도는 미술관이라는 장소가 갖는 문제를 제기했다고 볼 수 있다. 그는 많은 소변기 중에서 하나를 선택해서, 작가의 서명을 한 후, 다른 공간이 아니라 미술관이라는 장소에 전시되기를 원했다. 그는 미술관이라는 특정 장소에서 전시되어야만 '예술'로 인정받을 수 있다는 사실을 잘 알았고, 또 이러한 관행에 문제를 제기했다. 미술관은 단순한 장소가 아니다. 그것은 하나의 제도를 의미한다. 미술관에서의 전시는 미술이라는 제도 안에서 인정받을 수 있다는 것을 의미한다. 뒤샹은 자신이 직접 만든 사물이 아니라, 이미 만들어진 사물들을 미술관에 창의적으로 재구성하고자 했다. 아마도 그는 자신의 예술이 인정받지 못할 것이라고 생각했을 것이다. 그러나 그에게 제도권에서의 인정 여부는 중요하지 않았을 것이다. 그에게 좀 더 본질적인 문제는 예술의 기준과 인정 그리고 예술작품에 요구하는 '아름다움'에 대한 것이다. 그는 이 사건으로 예술과 비예술의 경계 문제와 예술 제도권에서의 인정에 관한 문제를 도발적으로 제기했다.

1984년 1월 1일 새벽 0시 또 다른 예술의 시작을 알리는 중요한 사건이 일어났다. 그 사건의 주인공은 백남준이다. 그는 조지 오웰(George Orwell)의 디스토피아적 소설 『1984』(1949)를 염두에 두고 「굿모닝 미스터 오웰」(Good Morning, Mr. Orwell)이라는 새로운 '예술'을 보여 주었다. 이 작품은 인공위성 중계로 동시에 여러 나라들로 송신되었다. 미국, 프랑스, 독일 그리고 한국 등등의 나라에서 이 '위성쇼'를 볼 수 있었다. 백남준이 감독 역할을 한 이 위성쇼에는 그 당시 세계적으로 유명한 많은 예술가가 등장했다. 존 케이지(John Cage), 요제프 보이스(Joseph Beuys), 머스 커닝햄(Merce Cunningham), 로리 앤더슨

(Laurie Anderson) 등등의 많은 예술가가 이 쇼에 합류했다. 이들은 이 쇼에서 음악을 연주하고, 춤을 추고, 퍼포먼스를 했다. 즐거운 축제가 벌어진 것이다. 백남준은 이 쇼를 통해 오웰의 소설에서 묘사하고 있는 매체에 의해 감시와 통제를 받는 『1984』와는 전혀 다른 대중매체의 세계를 보여 주었다.

이 위성쇼는 내용뿐만 아니라, 보여 주는 방식에서도 의미가 매우 크다. 오로지 텔레비전이라는 대중매체를 활용해서 실시간 중계를 하는 방식으로 진행되었다는 점에서 특히 그렇다. 각기 다른 장소에서 각기 다른 '쇼'들이 진행되었고, 이 '쇼'들은 실시간으로 편집된 채, 동시에 각기 다른 장소에서 시청이 가능한 위성중계라는 방식으로 '소개'되었다. 이 위성중계에서는 각각의 다른 나라에 있던 미술관도 별 의미가 없다. 쇼를 볼 수 있는 텔레비전만 있으면 되었다. 멀리 갈 필요도 없이 자기 집에서 텔레비전으로 백남준과 그리고 당대의 유명한 예술가들과 대중 예술가들이 협업한 '예술 쇼'를 볼 수 있었다. 백남준은 이 쇼에서 대중 예술과 고급 예술의 경계, 각 예술 장르 간의 경계, 각 국가 간의 경계 등을 해체했다. 그 당시 첨단 매체를 활용해 지금도 여전히 논의되는 '과학기술과 예술의 융합'의 좋은 사례를 보여 주었다.

예술이 방송이라는 새로운 형식으로 '미술관' 밖으로 나왔다. 예술은 전파를 타고 전송되었다. 그 결과 예술은 물질적인 작품 형식에서 벗어났다. 물론 예술을 물질에서 비물질적인 것으로 만들고 이를 수용하고자 하는 노력은 이미 있었다. '비디오 아트'도 그중 하나다. 그러나 기존의 비디오 아트와 이 위성쇼는 다르다. 비디오 아트는 제도적인 '미술관'이라는 장소에서 주로 '상영'되었고, 위성쇼는 각자의 집으로 '전송'되었기 때문이다. 전파라는 형식으로 중계된 예술이 등장한 것이다. 백남준의 이러한 작업은 지금의 인터넷 아트의 시작이라고 볼 수 있다. 이는 디지털 예술의 특징이라고 할 수 있는 탈장소와 비물질화를 가장 단순하고 극명하게 보여 준 '예술 사건'이다. 놀라운 사실은 이 위성쇼가 생각했던 것보다는 호응이 좋았다는 것이다. 최고 시청률은 7%까지 올랐다고 한다.[2] 새로운 예술 형식에 대한 대중의 반응은 생각보다 개방적이었다.

「굿모닝 미스터 오웰」은 매체 예술뿐만 아니라, 매체철학적 관점에서도 매우 중요한 사건이다. 이 작품을 통해 백남준은 일반적으로 매체의 발전이 곧 통제와 감시의 발전이라는 "조지 오웰의 유령"(George Orwell's Schreckbild)에 전면으로 도전했기 때문이다.[3] 1970년대 초 한스 마그누스 엔첸스베르거(Hans Magnus Enzensberger) 는 유럽의 68혁명 당시 대중매체에 대해 비판적인 자세를 취했던 지식인의 태도를 비판했다. 특히 좌파 지식인의 태도를 고답적이며 비관적이라고 비판했다. 부르주아적이고 엘리트적인 정치와 문화에 대해 반발하고 또 대중을 위한 정치와 문화를 지향하면서, 대중의 문화에 대해서는 선입견을 가지고 있다고 말이다. 그는 이러한 태도는 반변증법적이며 대중매체에 대한 관행적 이해에서 비롯되었다며 비판한다. 이러한 이해는 매체를 '조작'(Manipulation)으로 볼 뿐이다.[4] 그는 매체에 대한 이러한 이해를 반대하면서 전자매체가 가지는 평등적 성격을 강조한다. 그는 전자매체의 사용법에 따라 '억압적 매체'가 아니라, '해

---

2) 이와 관련된 좀 더 자세한 이야기는 다음의 책을 참조 바람: 에디트 데커, 『백남준: 비디오 예술의 미학과 기술을 찾아서』, 김정용 옮김, 궁리, 2001, 234~243쪽.

3) Hans Magnus Enzensberger, "Baukasten zu einer Theorie der Medien", in: Claus Pias, Joseph Vogl, Lorenz Engell (Hrsg.), *Kursbuch Medienkultur: Die maßgeblichen Theorien von Brecht bis Baudrillard*, Stuttgart: DVA, 2000, S. 266.

4) Ibid., S. 266.

III. 매체와 예술

방적 매체'가 될 수 있다고 한다.

엔첸스베르거에 따르면, 해방적 매체는 하나의 송신자와 다수의 수신자라는 체계를 따르지 않는다. 오히려 이 매체는 각각의 수신자가 '잠재적인 송신자'(ein potentieller Sender)가 될 수 있게끔 작동한다.[5] 해방적 매체는 수용자들 간의 상호작용을 무엇보다도 중시한다. 결국 매체가 하나의 열린 공간을 만들고, 그 공간에서 많은 사람이 상호작용하면서 놀이를 수행할 수 있게끔 한다. 감시와 통제, 일방향 그리고 수동적 소비와는 거리가 멀다. 엔첸스베르거의 해방적 매체는 지금의 '일인 매체' 시대를 미리 예견한 듯하다. 각각의 수신자가 송신자가 될 수 있다고 본 점이 특히 그렇다. 그러나 1970년에는 이러한 그의 주장이 전적으로 수용되기는 어려웠다. 대중매체는 권력을 가진 하나의 송신자와 불특정한 다수의 수신자를 전제하고 있었기 때문이다. 이러한 상황 속에서 백남준의 「굿모닝 미스터 오웰」은 매체를 해방적으로 사용한 적절한 예로 볼 수 있다. 1984년이 시작될 때, 백남준은 미스터 오웰에게 경쾌하게 인사를 건네면서 '오웰주의적 환상'과의 결별을 시도했다고 볼 수 있다.

이 두 사건 모두 기존의 예술계에 엄청난 충격을 준 사건이었다고 볼 수 있다. 두 사건 모두 현대미술의 지형도를 그린다면, 매우 중요한 장면으로 언급되어야만 한다. 게다가 이 두 사건 모두 예술에서의 '장소' 문제로 연결된다. 뒤샹은 이미 미술관이라는 장소에 진입을 시도함으로써, 당시 예술이 가지고 있었던 예술의 정의, 가치 그리고 제도 등의 문제를 도발적으로 제기했다. 백남준은 보란 듯이 미술관 밖에서 대중매체를 적극적으로 활용하면서, 예술이 미술관에서 '전시'

---

5) Ibid., S. 279.

되는 것만은 아니라는 사실을 보여 준다. 미술관 밖에서 '중계'와 '전송'으로서의 예술의 가능성을 보여 주었다. 중계와 전송으로서의 예술은 디지털 매체 예술에서 더 분명하게 볼 수 있다. '인터넷 아트' 또는 '넷 아트'라고 불리는 매체 예술이 바로 그것이다. 이러한 예술은 현실의 장소로부터 '탈장소화'된 채, 매체 공간에서 전시되고 상영된다.

이와 달리, 미술관 안으로 들어가 전시되거나 특정 장소에서 전시되는 디지털 매체 예술도 있다. 이러한 디지털 매체 예술은 '탈장소화'되기보다는 오히려 장소와 매우 긴밀한 관계를 갖는다. 이 경우 장소가 가진 의미를 작품을 통해 보여 주기도 한다. '장소 특정적'(site-specific) 특징을 드러내고 있다고 볼 수 있다. 사실 새로운 예술은 늘 인정받기 어려웠다. 예술로 인정하기 위해서 다시 예술의 본질, 가치, 역할 그리고 기능 등에 관해 근본적인 물음을 던질 수밖에 없기 때문이다. 특히, '예술이란 무엇인가?'라는 물음은 항상 등장한다. 예술의 죽음 그리고 새로운 예술의 등장과 더불어 말이다. 그런데 이 물음에 대한 정답은 없다. 어떤 경우에는 '물음을 위한 물음'이 되기도 한다. 보편적이며 절대적인 예술의 정의 대신 상대적이며 주관적인 정의가 등장한 지 이미 오래되었기 때문이다. 기능과 역할도 마찬가지다.

예술의 다원화로 인해 예술에 다양한 역할이 부여되었다. 따라서 '예술이란 무엇인가?'라는 물음은 이제 '무엇을 예술로 인정하는가?'라는 것으로 전환되었지만, 이에 관한 대답 또한 매우 어렵다. 예술로 인정하기 위해서는 다양한 요소들을 검토해야 하기 때문이다. 그 요소 중 하나가 '장소'와 '제도'다. 먼저 특정 장소에서 '전시'되는 것들을 일반적으로 예술로 인정할 수 있다. 미술관에서의 전시가 바로 그것이다. 그런데 미술관을 중심으로 한 장소의 문제도 단순하지 않다. 왜냐하면 미술관을 벗어나는 예술도 많아졌고, 또 반면에 미술관의 문턱도

낮아졌기 때문이다. 미술관을 벗어난 예술은 이제, 공공 영역에서 또는 특정 장소에서 전시된다. 예술과 장소의 문제도 이제 제도, 공공미술, 장소적 특징 그리고 장소에 남겨진 흔적 등등을 중심으로 논의될 수 있다. 특히 감성학적 관점에서 보면, 예술과 장소는 감성적 지각에 결정적인 계기가 될 수 있다. 특정 장소에 있는 예술작품의 분위기는 그 어떤 매체도 복제할 수 없다. 그곳에서만 느낄 수 있는 아우라가 분명 있다. 이제 장소는 예술 인정 문제뿐만 아니라, 수용에서도 결정적인 요소로 작용한다.

이미 앞에서 매체와 공간에서 보았듯이, 공간은 디지털 매체의 등장으로 인해 극적으로 변했다. 그 공간에서 살아가는 인간도 마찬가지다. 한 공간에 정주하면서 살아온 인간이 이제 디지털 매체를 중심으로 기꺼이 유목민적인 삶을 살고 있다. 탈장소적 삶을 살고 있다고 볼 수 있다. 디지털 유목민이 사는 디지털 공간은 이제 또 다른 놀이 공간이 되었다. 이 공간에서 게임, 공연, 전시 그리고 소통과 관계 맺기 모두가 가능하다. 이러한 변화는 예술의 성격도 변화시켰다. 디지털 매체 예술은 전시 방법에 따라 미술관 또는 매체 공간에서 전시되고 수용된다. 매체 공간에서의 전시는 미술관의 역할도 변화시킨다. 현대 미술관의 기능 중 놀이와 여가가 점점 더 강조된다. 미술관이 점점 더 '디즈니랜드' 같은 놀이 공간처럼 변하고 있다고 볼 수 있다.[6] 디지털 매체 예술과 장소의 문제도 단순하지 않다. 이 또한 혼종화되고 있다. 공간 자체가 혼종화되고 또 그 공간의 행위 주체들이 혼종화되는데, 하물며 예술이 혼종화되는 것은 너무나도 당연하다. 따라서 이 글에서는 먼저 매체 예술에서의 장소의 문제를 간략하게 살펴본 후, 디지털

---

6) Boris Groys, "Medienkunst im Museum", in: *Topologie der Kunst*, München: Carl Hanser Verlag, 2003, S. 59.

매체 공간에서의 인터넷 아트와 탈장소화된 매체 공간을 벗어나 특정 장소인 미술관 그리고 그 외의 공공 영역에서 설치되는 매체 예술을 살펴보고자 한다.

2. 매체 예술과 장소

많은 사람이 다양한 목적으로 다양한 방식으로 여행을 간다. 해외여행의 경우 여행의 목적은 훨씬 더 다양하다. 요즘에는 단순하게 유명한 장소를 방문하고자 하는 데서 벗어나 자신만의 취향과 목적을 위해 해외여행을 많이 한다. 여행을 한 많은 사람은 여행의 과정과 결과들을 매체 공간에 널리 알리며 공유하고 싶어 한다. 이는 일종의 '과시하기'이다. 과시하고자 하는 욕망은 누구나 가지고 있다. 다만 정도의 차이가 있을 뿐이다. 소스타인 베블런(Thorstein Veblen)의 주장처럼, 사람들은 '과시적 소비'를 하고 이를 통해 다른 사람과 다름을 강조하고 싶어 한다. 그는 과시적 소비를 두 단계로 나누어 설명한다. 첫 번째 단계는 비싼 상품들을 소비하는 것이다. 흔히 명품이라고 하는 사치품들과 예술작품들을 구입하고, 이를 과시하는 단계다. 두 번째 단계는 단순한 소비가 아니라, '시간적 여유'를 과시하는 것이다. 고가의 상품을 과시하는 것은 별 의미가 없다고 판단한 유한계급이 그들이 가지고 있는 여유를 과시했다.[7] 시간적 경제적 여유를 취향과 엮어서 과시했다. 이러한 과시적 소비의 대표적 예가 바로 여행, 그것도 해외여행이다.

베블런 시대에서는 이를 과시한 매체 공간은 없었지만, 지금의

---

7) 참조: 소스타인 베블런, 『유한계급론』, 김성균 옮김, 우물이있는집, 2014, 101~120쪽.

III. 매체와 예술

상황은 다르다. 여유를 과시하던 상황도 과거와는 달라졌다. 매체 공간에서 실시간으로 과시하기가 가능해졌기 때문이다. 이를 엿보는 것도 마찬가지다. '보기'의 대상으로 자기 자신을 드러내고, 또 모든 것을 보려고 하는 자도 등장했다. 시각의 과잉 시대가 열렸다 해도 과언이 아니다. 이러한 단계의 과시적 소비 중 하나가 예술과 관련 있다. 즉 박물관, 미술관 및 각종 공연을 보러 '그곳'에 직접 간다. 또 매체 공간에서 이미 많이 접한 '그곳'에 직접 가기도 한다. 이미지의 복제와 변형으로 인해 꼭 그곳에 가지 않고, 다양한 매체 공간에서 예술작품 및 공연들을 접할 수 있음에도 불구하고 그곳에 간다. 인터넷에서 검색만 하면, '그곳'에서보다 더 쉽고 편하게 많은 정보를 취할 수 있음에도 불구하고 굳이 '그곳'으로 간다. 그곳으로 가는 이유는 다양하다. 그중 가장 기본적인 것은 '매체적 현전'보다는 그곳에서 직접 현전함으로써 얻게 되는 예술적 체험 때문일 것이다. 그곳에 갔다는 과시적 욕망도 물론 있지만, 원본이 가지고 있는 아우라를 직접 경험하고자 하는 욕구도 있다.

발터 벤야민이 기술 재생산 시대에 예술 복제가 가져온 가장 큰 특징을 '아우라의 몰락'이라고 보았던 것과 달리, 아우라는 잔존하고 또 다양하게 변형되고 있다. 역설적으로 이러한 아우라 변형의 과정에 가장 큰 역할을 한 것은 바로 '이미지의 복제'이다. 벤야민은 이미지에 대한 접근 가능성의 확대를 매우 중요하게 생각했다. 접근 가능성의 확대가 결국 감성적 지각 작용에 영향을 미쳐 아우라의 몰락이 가능겼다고 본 것이다. 벤야민의 주장처럼, 재생산된 이미지들은 원본 그 자체뿐만 아니라, 이미지 수용과 활용에 큰 변화를 가져왔다. 원본과 복제의 구별이 없는 기술적 이미지들의 등장은 예술작품의 세속화 과정에 결정적인 역할을 했다. 예술작품은 보여지는 것보다 존재 그 자체가 더 중요했고, 또 존재하는 것만으로도 힘을 발휘했던 과거와는 달리 '전시 가치'를 갖게 되었다. 예술이 전시 가치를 갖게 되었다는 사실은 많은 것을 의미한다. '제의적 기능'에서 벗어나 학문적, 정치적, 교육적 그리고 오락적 기능을 갖게 되었다. 또 다른 중요한 변화는 기술적으로 재생산된 이미지들을 원본의 장소로부터 분리시킬 수 있었다. 미술관과 박물관 그리고 접근할 수 없는 장소에 있는 다양한 예술작품들이 재생산된 채, 다양한 장소에서 새롭게 배치되었다.

이미지뿐만 아니라, 음악도 마찬가지다. 특정 장소에 가야지만 들을 수 있던 음악이 이제는 기계적으로 기록되고 재생되기 때문에, 다양한 장소에서 음악을 듣고 활용할 수 있게 되었다. 기술 재생산 시대의 새로운 예술 형식인 영화 속에서 이미지, 음악 그리고 유명한 건축물들을 접할 수 있게 되었다는 점은 예술의 가치와 기능의 변화를 의미한다. 이러한 예술을 둘러싼 일련의 변화들은 단지 관찰의 기회만 확대한 것이 아니라, 소유의 기회도 확대했다. 소유가 가능해졌다는 것은 아주 사적인 장소에서 예술을 수용할 수 있게 되었다는 것을 의미한다. 원본 없는 기술적 이미지도 마찬가지다. 이 모든 변화가 벤야민이 말한 '아우라의 몰락'이다.[8] 그러나 상황은 또 다르게 변화했다. 예술작품이 매체에 의해 재생산되고 원본과 복제가 구별되지 않는 기술적 이미지의 등장으로 인해 아우라가 몰락하기보다는 오히려 아우라가 강화되고, 아우라에 대한 갈망도 커졌다. 재생산이 가능한 사진은 의도적으로 원본성과 일회성을 부활시키기도 했다. 그 어떤 가치와 기능보다도 '예술로서의 사진'을 강조하기도 했다. 사진은 이제 원본을 중심으로 한 또 다른 예술, 즉 '오리지널 프린트'로 미술관에 주로

---

8) 벤야민의 기술적 재생산과 아우라의 몰락에 관해서는 다음을 참조 바람: 심혜련, 『20세기의 매체철학: 아날로그에서 디지털로』, 56~67쪽.

III. 매체와 예술

전시된다.[9]

　　이렇듯 아우라는 다양한 방식으로 다시 등장했다. 많은 사람이 복제된 이미지로 예술을 접하게 되면서, 원본에 가까이 가고자 하는 욕구가 더욱 커졌다. 일종의 '매체 아우라'(Mediaaura)가 생겨난 것이다. '매체 아우라'는 멀리 있는 것을 가까이 가져옴으로써 아우라의 복원에 큰 역할을 했다. 특히 '거리감'과 '장소'와 연관해서 아우라적 경험을 확산한다. 쉽게 접할 수 없는 것들을 접할 수 있게 되면서, 원본에 가까이 가고자 하는 욕구가 생긴 것이다. '지금'과 '여기'에서 재생산된 이미지로만 또는 모니터에서만 볼 수 있었던 예술을 이제 '지금' '거기'로 가서 '일회적인 현존재'로 존재하는 원본을 직접 보고자 하는 욕구가 대중적으로 확대되었다. 재생산된 예술을 접하면서 원본에 대한 아우라가 더 크게 자리 잡게 되었다고 말할 수 있다. '거기'에만 있는 예술을 보러 갔다는 것 자체가 이미 아우라적 경험의 시작이다. 그러한 경험이 원본성에서 나오는 것만은 아니다. 오히려 '거기'라는 장소와 상호작용하는 예술이 그곳을 방문한 수용자에게 또 다른 예술 경험을 가능하게 한다고 볼 수 있다. 이렇듯 예술 수용에서 장소는 매우 중요한 요소로 작용한다.

　　물론 매체 예술에서만 '예술과 장소'가 문제가 되는 것은 아니다. 이미 오래전부터 예술과 장소는 논의의 대상이었다. 앞에서 이야기한 벤야민뿐만 아니라, 마르틴 하이데거도 '예술작품의 근원'(Ursprung des Kunstwerkes)을 이야기하면서, 장소의 문제를 언급한다. 벤야민이 주로 예술작품의 수용 과정에서 예술과 장소의 문제를 언급했다면, 이와 달리 하이데거는 예술의 본질을 중심으로 이 문제에 접근한다. 그는 어떤

9)　위베르 다미슈, 「서문: 사진적인 것에 의거하여」, 로절린드 크라우스, 『사진, 인덱스, 현대미술』, 최봉림 옮김, 궁리, 2003, 7~15쪽.

것의 근원에 대해 접근할 때, 무엇보다도 본질과 존재 방식에 관해 물어야 한다고 보았다.[10] 그는 예술작품이 본래 있었던 장소에 있어야만 자신의 존재를 잘 드러낼 수 있다고 본 것이다. 그는 박물관과 미술관에 전시된 고대 그리스 시대의 예술품들이 본래대로 존재하기는 하지만, 자신들이 고유하게 있어야 할 "본질 공간으로부터 이탈"되었다고 보았다.[11] 하이데거는 박물관과 미술관으로 예술작품을 옮긴다는 것은 그것들이 본래 가지고 있었던 자신의 세계로부터 빼내는 것을 의미한다고 보았다. 비록 장소 이동 덕분에, 그곳에서 잘 보존되고 또 학문적 가치를 인정받아 잘 해석된다 하더라도 말이다.

하이데거는 예술작품이 미술관이나 화랑 등에 전시되면, 이들은 예술작품 그 자체로 존재하기보다는 비평가의 비평을 위해, 개인적 애호가의 심미적 취향을 위해 더 나아가 화상들의 부를 위해 존재하게 된다고 보았다. 학문적으로 접근하는 것도 마찬가지라고 보았다. 즉 본질과 점점 더 멀어진다고 본 것이다.[12] 사실 이러한 하이데거의 주장은 무리가 많다. 그의 주장을 현대 예술에 적용하긴 어렵다. 그도 그 자리에 있는 예술품들의 본래적 의미도 이미 훼손당했다는 사실을 알았다. 그러나 분명한 것은 그는 예술에서의 장소를 지극히 '본질적인 곳'으로 파악했다는 사실이다. 그만큼 예술의 존재 방식에서 절대적인 것으로 파악했다는 것이다. 하이데거와는 달리 현대 미학자 보리스 그로이스(Boris Groys)는 예술의 수용과 관련해서 '장소', 특히 '미술관'을 강조한다. 그는 본래 있었던 장소를 떠나 미술관과 박물관 등에 전시

---

10) 마르틴 하이데거, 「예술작품의 근원」, 『숲길』, 신상희 옮김, 나남, 2010, 17쪽.
11) 같은 글, 52쪽.
12) 같은 글, 52쪽.

III. 매체와 예술

된 예술작품들 그리고 굳이 특정 장소에서 전시될 필요가 없음에도 불구하고, 그곳에서 전시되는 매체 예술을 중심으로 '예술의 장소'(Ort der Kunst)를 분석했다.

그로이스는 예술을 무엇보다도 예술이게 하는 것 그리고 예술에서 감성적 지각 등을 강하게 증폭시킬 수 있는 요소를 바로 '장소'에서 찾았다. 즉 예술을 예술이게끔 하는 요인과 예술을 예술로 받아들이게 할 수 있는 요인은 그 예술작품이 어디에 어떻게 '설치'(Installation)되어 있는가에 전적으로 의존하고 있다고 주장한다. 벤야민과는 달리 그는 무엇보다도 미술관에서의 예술작품의 전시와 수용이 아우라적 지각의 결정적 요인이 된다고 보았다. 왜냐하면 예술작품의 아우라는 원본 그 자체뿐만 아니라, 원본이 있는 장소에서 발생할 수 있다고 보았기 때문이다.[13] 특정 장소에서 가능한 장소 경험이 더해져 아우라적 지각이 확대된다고 본 것이다. 그로이스는 예술작품이 미술관에 전시될 때와 미술관 외부의 장소에 존재할 때, 이를 바라보는 감성적 지각이 달라진다고 본 것이다.[14] 물론 단지 그 장소에 있는 것만으로 감성적 지각에 영향을 미치지는 않는다. 여기서 설치와 전시가 더해질 때, 감성적 지각에 결정적으로 영향을 준다. 그만큼 미술관에서의 설치와 전시는 중요하다.

미술관에서 전시되는 예술작품 외에도 '특정 장소'에 설치된 예술도 있다. 이 경우 예술작품은 그 특정 장소와 불가분의 관계를 맺으며, 그 어떤 장소에 존재한다는 것만으로 감성적 지각에 영향을 미친다. '장소 특정적 예술'이 바로 그것이다. 말 그대로 장소 특정적 예술

---

13) Boris Groys, "Die Topologie der Aura", in: *Topologie der Kunst*, München: Carl Hanser Verlag, 2003, S. 46.

14) Ibid., S. 35~37.

에서 무엇보다도 중요한 것은 장소와 그곳에 내포된 의미다. 장소 특정적 예술은 그 의미를 예술을 통해 확장한다. 이때 예술이 반드시 '원본성'을 중심으로 한 '작품'일 필요는 없다. 행위 예술이어도 상관없다. 왜냐하면 장소 특정적 예술은 기본적으로 미술관을 중심으로 제도화된 예술에 대해 비판하면서, 미술관이 아닌 특정 장소를 중심으로 예술작품을 설치하거나 예술 행위를 하기 때문이다. 이제 매체 예술도 이러한 장소 특정적 예술과 혼종화된다. 재생산된 채, 본래 있었던 곳이 아닌 다른 곳에서 전시되는 것이 아니라, 하나의 장소를 특정해서 그곳에서 매체를 활용해 장소의 의미를 부각시키기도 한다. 특히 공공 영역에서 이러한 매체 예술을 접하기 쉽다.

3. 디지털 매체 공간에서 미술관으로[15]

앞에서 살펴보았듯이 디지털 매체 공간도 또 디지털 이미지도 혼종화되었다. 복제와 변형을 넘어 자기 생성 과정에 이르는 디지털 이미지는 원본성도 재맥락화했다. 이러한 혼종화의 결과는 디지털 매체 공간에서의 '인터넷 아트'에도 그대로 반영된다. 본래 디지털 매체 예술은 특정 장소에 얽매이지 않는 새로운 유형의 예술이다. 그렇다면 장소와 무관해야 한다. 그런데 상황은 그렇지 않다. 디지털 매체 예술도 장소의 의미 또는 장소의 경험과 밀접하게 연관되기도 한다. 그렇다면 이

---

15) 이 절의 일부 단락은 2019년 3월 12일~6월 9일에 있었던 서울시립북서울미술관 전시 「웹-레트로」의 도록에 실린 다음의 글을 수정·보완한 것임을 밝힌다. 심혜련, 「미술관에 온 인터넷 아트」, 『웹-레트로』, 서울시립미술관, 2019, 53~65쪽.

III. 매체와 예술

경우 예술과 장소의 관계는 과연 어떤 식으로 이해할 수 있을까? 특히 디지털 매체 예술 중 '인터넷 아트' 또는 '넷 아트'라고 불리는 디지털 매체 예술의 경우, 이들은 인터넷 또는 넷에서만 존재한다. 그런데 이런 예술이 미술관에 전시되기도 하고, 또 특정 장소를 중심으로 '미디어 설치'와 '미디어 파사드'라는 장르로 전시되기도 한다. 디지털 매체 공간의 탈장소적 특징이 점점 사라지고 있다. 엄밀하게 말하면, 이러한 예술은 인터넷 아트는 아니다.

인터넷 아트에서 '인터넷'의 의미는 단지 예술이 구현되는 공간만을 의미하지 않는다. 인터넷의 특징을 실행할 수 있어야 인터넷 아트라고 할 수 있다. 인터넷 공간의 특징은 한마디로 말해서, 언제 어디서나 그리고 누구든지 접근 가능하다는 데 있다. 인터넷 공간에 접속할 때 시간적·공간적 제약은 무의미하다. 한마디로 말해서, 유비쿼터스(ubiquitous)한 공간이라고 할 수 있다. 인터넷 아트는 이러한 공간적 특징을 잘 반영하고 있다. 예술도 유비쿼터스적 특징을 지니게 되었다.[16] 이러한 예술이야말로 디지털 매체의 특징에 부합하는 디지털 매체 예술이라고 할 수 있다. 왜냐하면 이러한 예술이야말로 디지털 형식으로 생산, 수용, 보관, 재현 그리고 전시되며 또 이를 기반으로 '상호작용'(interaction)과 '참여'(participation)를 이끌어 내기 때문이다.[17] 그러나 모든 디지털 매체 예술이 인터넷 아트인 것은 아니다. 이미지의 비물질성, 네트워크와 정보 등과 긴밀하게 연결되어 인터넷에서 이루어져야만 인터넷 아트라고 할 수 있다.

16)　Udo Thiedeke, "Wird Kunst ubiquitär? Anmerkungen zur gesellschaftlichen Funktion von Kunst im Kontext neuer Medien und Medienkompetenz", in: Peter Weibel (Hrsg.), *Vom Tafelbild zum globalen Datenraum. Neue Möglichkeiten der Bildproduktion und bildgebender Verfahren*, Karlsruhe: ZKM, 2001, S. 85.
17)　크리스티안 폴, 『디지털 아트』, 조충연 옮김, 시공아트, 2007, 8쪽.

인터넷 아트는 기본적으로 전통적인 의미에서의 예술작품을 생산하지 않는다. 인터넷 아트는 예술작품과 예술 행위 간의 경계에 서 있다. 행위에 따라 매번 다른 작품이 등장할 수 있다. 마치 1960년대 개념예술처럼 '작품 없는 예술'로 존재한다고 말할 수 있다. 즉 작품이라는 물질성을 토대로 예술이 지나치게 상품화되거나 또는 과도하게 예술의 자율성을 강조하는 것에서 벗어나고자 한다.[18] 이를 위해 인터넷 아트는 자신을 상호작용의 장으로 열어 둔다. 직접 이미지에 개입함으로써 직접 예술적 행위를 하고, 예술가가 되라고 말이다. 그 과정과 과정의 기록이 작품보다 더 중요해졌다.[19]

인터넷 아트가 가진 상호작용성은 전통적인 예술작품과 예술가 그리고 관객 사이에 존재하는 상호작용성과는 다르다. 전통적인 예술작품의 상호작용은 관객이 작품에 직접적으로 관여할 수 없다. 예술가는 완성된 작품을 전시한다. 이 경우 관객에 의한 작품의 변형은 '훼손'에 불과하다. 관조적 수용 과정에서 교감을 통한 상호작용을 인정한다 하더라도, 이 과정에서 관객에게 요구되는 행위는 작품에 너무 가까이 다가가면 안 되는 행위와 만지면 안 되는 행위뿐이다. 금지된 행위만이 존재했다. 그 결과, 예술가, 예술작품 그리고 관객 간에 현실적으로 존재하는 경계가 허물어지기도 했다. 탈장소화된 인터넷 아트가 본격적으로 등장한 것이다. 그러므로 이 공간에서의 예술 행위자든 수용자든 간에 이들은 장소가 아니라 관심을 공유하는 공동체가 된다.

18) 크리스티안 폴은 이런 점에서 인터넷 예술이 개념미술과 매우 밀접한 관계가 있다고 주장한다(참조: 같은 책, 12쪽).
19) 그로이스는 이를 '예술작품에서 예술 기록 문서화로'(vom Kunstwerk zur Kunstdokumantation)의 이행으로 파악했다(참조: Boris Groys, "Kunst im Zeitalter der Biopolitik: Vom Kunstwerk zur Kunstdokumentationen", in: *Topologie der Kunst*, München: Carl Hanser, 2003, S. 146).

III. 매체와 예술

이들은 디지털 매체 공간 안에서 연결된 관계망을 중심으로 상호작용하고, 체험을 공유한다.[20]

이러한 인터넷 아트의 대표적인 예로는 켄 골드버그(Ken Goldberg)의 「텔레-가든」(Tele-garden, 1995)을 들 수 있다. 이 작품은 인터넷 아트가 활성화되기 시작하던 초기에 그 특징을 잘 보여 주었다. 먼저 이 작품은 오스트리아 린츠라는 도시에 실제로 설치되었다. 조그만 정원과 그 정원에 물을 주는 로봇팔을 중심으로, 이것만 보면 이 작품은 일종의 '로봇 아트'처럼 보인다. 그런데 그 로봇팔을 작동해서 정원에 물을 주기 위해서는 반드시 인터넷에 접속해야 한다. 물을 주기 위해 접속한 이들은 원격현전으로 존재하며 원격 소통을 한다. 접속한 이들은 서로 커뮤니티를 만들어 소통하면서 멀리 떨어져 있는 곳에 존재하는 정원을 돌본다. 여기서 핵심이 되는 것은 '원격'과 '접속' 그리고 '상호작용'이다. 상호작용도 다양한 방식으로 가능하다. 작품과 수용자 간의 상호작용, 작품을 매개로 한 작가와 수용자 간의 상호작용 그리고 정원을 돌보기 위해 커뮤니티를 형성한 수용자들 간의 상호작용이 모두 가능해야만 한다.[21] 이러한 상호작용이 없으면, '텔레 가든'의 식물들은 자랄 수 없으며, 그렇다면 이 작품도 불가능해진다.

이렇듯 인터넷 공간을 중심으로 한 인터넷 아트의 가장 기본적인 특징은 '상호작용'이다. 디지털 매체가 새로운 매체로 등장하고, '새로움'에 대한 논의를 본격적으로 할 때, 가장 중요한 문제 또한 바로 '상호작용'이었다. 물론 이를 둘러싸고 논쟁들 또한 많았다. 뒤에서 좀 더 자세히 살펴볼 예정이지만, '상호작용'과 '수행성'의 문제는 디지

20) 스티븐 홀츠먼, 『디지털 모자이크』, 이재현 옮김, 커뮤니케이션북스, 2002, 16쪽.
21) 참조: 그린 레이첼, 『인터넷 아트』, 이수영 옮김, 시공아트, 4~97쪽.

털 매체 예술에서 늘 논란이 되곤 했다.[22] 「텔레-가든」과 다른 유형의 인터넷 아트에서도 상호작용은 필요충분조건이다. 즉 특정 장소에 설치되지 않고, 오직 인터넷에 접속해야만 가능한 인터넷 아트의 경우에도 상호작용과 수행성의 문제가 제기될 수 있다. 인터넷에서 비물질적이며 유동적인 이미지로 존재해야만 가능하다. 이러한 이미지의 변형에 많은 사람들이 참여해서 이미지를 자유롭게 변형시킨다. 따라서 많은 경우 이러한 인터넷 아트는 전략적인 목적을 중심으로 형성되기도 한다. 인종, 젠더, 정치 그리고 종교 등의 문제들을 제기하기 위해 프로젝트를 구성해서 인터넷 아트를 실천의 장으로 삼기도 한다.

인터넷 아트가 기본적으로 원격현전을 전제하기 때문에, 사실 전시되는 장소가 미술관이든 작가의 작업실이든 또는 관객의 사적인 공간이든 별 상관이 없는 것이다. 원격으로 작품을 수용하고 상호작용할 수 있기 때문이다. 지금이라는 현재적 시간은 이제 여기라는 공간에서 벗어나 저기라는 공간과 결합 가능하게 된 것이다. 인터넷 아트에서의 상호작용이 여기와 지금을 넘어서 거기와 지금으로 되었다는 것은 많은 것을 의미한다. 왜냐하면 인터넷 아트에서의 상호작용이 특정한 장소를 넘어서 탈장소화되었다는 것을 의미하기 때문이다. 인터넷 아트는 인터넷이 연결된 장소 어디서나 볼 수 있고, 참여할 수 있다. 딱히 한 장소에 머물러서 예술을 수용할 필요가 없는 것이다. 여기와 저기의 경계가 해체되고, 그리고 저기가 실시간으로 여기가 될 수 있는 사이버스페이스에서 예술의 수용은 물질적 공간을 의미 없게 만든다. 우리가 노트북과 스마트폰을 가지고 어디서든지 작업을 할 수 있다면, 인터넷 아트도 마찬가지다.

22) 이 논쟁에 관해서는 III부 4장 '매체 예술의 수용 방식'에서 좀 더 본격적으로 다룰 예정이다.

예술을 체험하기 위해 특정 장소에 갈 필요가 없다. 자기가 있는 바로 그곳이 미술관이 될 수 있다. 자기가 있는 곳이 미술관이 될 수 있을 뿐만 아니라, 인터넷과의 접속만 가능하면, 자신도 예술가가 될 수 있다. 누구에게나 전시의 기회를 제공하지 않는 미술관과 달리, 인터넷은 쉽게 작품을 전시하고 유통할 수 있다. 수용의 확대뿐만 아니라, 창작 기회와 작가로서의 인정 기회도 확대되었다. 이러한 변화의 과정은 예술의 본질과 역할에도 변화를 가져왔다. 예술은 해석과 이해의 대상만이 아니라, 놀이적 체험의 대상도 되었다. 이뿐만 아니라, 인터넷 아트는 정치적 논쟁의 장이 되기도 했다. 생산과 접근이 용이한 특성을 잘 살려 '예술의 정치화'를 실현하기도 했다. 이렇게 장소에서 벗어난 인터넷 아트는 예술 영역 전반에서 큰 변화를 가져왔다. 그랬던 인터넷 아트가 이제 미술관으로 갔다. 목적이 무엇이든 간에 미술관에 전시되기 시작했다.

사실 영화관이라는 특정 장소에서 상영되던 영화가 미술관에 들어온 지도 꽤 되었다. '화이트 큐브'(White Cube)로 상징되는 미술관은 '블랙박스'(Black Box)가 되어 전시 대신 영상들을 상영하기 시작했다.[23] 영화는 사진보다는 빨리, 그리고 인터넷 아트는 영화보다도 훨씬 더 빨리 미술관으로 들어왔다.[24] 새로운 기술적 장치들이 이미지 생산

---

23) Juliane Rebentisch, *Ästhetik der Installation*, Frankfurt am Main: Suhrkamp Verlag, 2003, S. 179

24) 이미 2001년 예술이 캔버스에서 디지털 매체 공간으로 이행하고 있음을 지적하고, 이를 중심으로 이미지 생산의 새로운 가능성, 이미지 교육과 전시를 강조한 논의가 시작되었다. 이는 다른 시각 기술을 활용한 예술과 비교하면, 인터넷 아트는 아주 짧은 시간에 제도화된 미술계에 진입했다고 볼 수 있다. 이와 관련해 페터 바이벨은 미술관에서의 전시 인력들에 대한 교육 과정에 디지털 매체 공간에서의 전시에 대한 교육 일반이 반드시 포함되어야 한다고 강조한다. 이와 관련해서는 다음의 문헌을 참조 바람:

에 개입할수록 새로운 이미지가 미술관으로 들어오는 시기 또한 점점 짧아지고 있다. 매체 공간으로 진입하는 예술 장르도 다양해지고 있다. 디지털 이미지뿐만 아니라, 다양한 공연예술도 매체 공간에서 접할 수 있다. 매체 공간과 현실의 전시 공간이 혼종화되기도 한다. 매체로 인한 공간의 혼종화는 필연적으로 예술의 변화에 영향을 미친다. 이들은 서로 불가분의 관계를 맺고 있다.

'미술관에서 전시되는 인터넷 아트' 또는 매체 예술은 미술관의 역할과 의미와 연결된다. 미술관에서의 전시는 수용 방식에도 영향을 준다. '정적인 이미지들'이 하얀 벽면에 전시되던 전통적인 방식과 다르게, 매체 예술은 미술관 안에 검은 상자처럼 설치된 공간에서 상영된다. '전시'에서 '상영'의 방식으로 전환된 것이다. 동영상이 상영된다면, 이는 영화의 수용 방식과 비교 가능하기도 하다. 인터넷 아트는 성격상 굳이 미술관으로 진입할 필요는 없다.[25] 그러나 미술관은 전시 외에 '수집', '보존', '기록' 그리고 '연구'의 작업도 수행한다. 인터넷을 떠난 인터넷 아트도 수집, 보존, 기록 그리고 연구되어야만 한다. 그런데 이제 디지털 매체 시대에서 미술관이 가지고 있는 본래의 의미와 기능이 축소되고 있다. 과거와는 달리 미술관이나 박물관이 심미적 또는 예술적 가치와 규범에 큰 영향을 주지 못한다. 이 역할은 이제 매체가 하고 있다.[26] 그럼에도 불구하고 매체 예술의 미술관으로의 진입은

Peter Weibel, "Neue Berufsfelder der Bildproduktion. Wissensmanagement vom künstlerischen Tafelbild zu den bildgebenden Verfahren der Wissenschaft", in: Peter Weibel (Hrsg.), *Vom Tafelbild zum globalen Datenraum. Neue Möglichkeiten der Bildproduktion und bildgebender Verfahren*, Karlsruhe: ZKM, 2001, S. 8~10.

25) 크리스티안 폴, 『디지털 아트』, 26~27쪽.

26) Boris Groys, "Das Museum im Zeitalter der Medien", in: *Topologie der Kunst*, München: Carl Hanser Verlag, 2003, S. 185.

계속되고 있다. 이러한 상황 속에서 인터넷 아트의 미술관 진입 여부를 두고 논쟁할 필요는 없다고 본다. 예술의 혼종화는 당연히 전시 공간의 혼종화를 가져올 수밖에 없기 때문이다.

4. 특정 장소에 설치된 매체 예술

예술 영역에 큰 변화를 가져온 인터넷 아트는 제도권의 주목을 받을 수밖에 없다. 제도권의 주목은 곧 전시 장소의 변화로 연결된다. 디지털 매체 공간에서 생산, 전시, 전송 그리고 수용되던 인터넷 아트는 미술관을 비롯한 다양한 디지털 매체 예술 연구 센터 등에서 전시되기 시작했다. 기본적인 특성상 미술관에서의 전시가 불필요했던 인터넷 아트도 미술관에서의 전시를 필요로 하게 되었다. 보관이 어렵고, 매 순간 변화가 가능한 인터넷 아트의 보존이 문제가 된 것이다. 매체 예술이 미술계에서 차지하는 위상도 달라졌기 때문에 이를 체계화할 필요가 제기되었다. 그렇다면 미술관에서 전시되는 디지털 매체 예술은 어떤 변화를 보여 주고 있는가? 사적인 공간을 벗어나 공적인 공간에 전시된다는 것은 어떤 변화를 의미하는가? 이는 '또 다른 상호작용'의 무대가 마련되었다고 볼 수 있다.

미술관으로 들어간 디지털 매체 예술의 모습은 다양하다. 여전히 디지털 공간으로의 접속이 전제된 인터넷 아트의 형식으로 전시되기도 하고, 장소에서의 설치(installation)라는 형식으로 전시되기도 한다. 일종의 '설치예술'이 된 것이다. 여전히 접속이 전제된 미술관에서의 인터넷 아트는 개인적 수용에서 벗어나 다자간의 상호작용이 가능하게 되었다. 또 상호작용의 과정을 지켜보는 관객의 자리가 마련되었다. 한국의 어느 미술관과 연결된 해외의 미술관에서 관객들이 작품 안에서 서로 만나기도 하고, 각각의 다른 장소에 있는 예술에 개입할 수 있게 되었다. 이러한 경우에는 다른 장소에서의 접근이 차단되기도 한다. 디지털 매체 공간이 가지는 특성과는 반대의 길을 가고 있다고도 볼 수 있다. 또 때로는 그 어떤 접속의 기회도 차단된 경우도 있다.

넷 아트로 분류되지만, 마치 움직이는 동영상처럼 미술관에 전시되는 경우도 있다. 이 경우에는 상호작용이라는 특징보다는 전달하고자 하는 메시지가 더 중요해진다. 정치적 이데올로기적 비판을 중심으로 한 설치 프로젝트가 된 것이다. 예를 들어 대표적인 넷 아티스트로 분류되지만, 미술관에서 전시하는 '장영혜중공업'의 작품들이 그 예가 될 수 있다. 미술관으로 간 인터넷 아트는 수집되고 소장됨으로써 본래의 특징을 잃어버렸다고도 볼 수 있다. 짧은 숏폼의 형식으로 다양한 메시지를 전달하는 장영혜중공업의 작품들은 텍스트를 중심으로 메시지를 전달하는 제니 홀저(Jenny Holzer)와 바버라 크루거(Barbara Kruger)의 개념미술적 작업과 유사하다. 물론 장영혜중공업은 미술관뿐만 아니라, 여전히 인터넷에서도 작품 활동을 계속한다. 그런데 문제는 상호작용이 불가능하다는 것이다. 장소만 달라졌을 뿐이다. 본래의 특징을 잃어버린 인터넷 아트를 계속 인터넷 아트라고 할 수 있는지의 문제는 아마도 계속 논쟁이 될 것이다. 혼종화 예술로 수용한다고 해도 말이다.

특정 장소에 설치예술 형식으로 전시된 매체 예술, 즉 미디어 설치도 상호작용적 문제가 발생한다. 왜냐하면 모든 미디어 설치가 상호작용적이지는 않기 때문이다. 미디어 설치는 크게 두 종류로 분류된다. 관객의 행위에 의한 상호작용이 가능한 '열린 예술작품'의 형식과 상호작용이 불가능한 폐쇄된 형식으로 구분된다. 폐쇄된 형식의 경우

III. 매체와 예술

에는 완성된 디지털 매체 예술이 미술관이라는 공간에서 상영되거나 설치된다. 관객이 이미지에 직접 개입할 수 있는 기회는 없다. 이는 일종의 '폐쇄 회로 설치'라고 볼 수 있다. 이 경우 관객의 수용 방식은 영화와 다를 바가 없으며, 상호작용 또한 마찬가지다. 달라진 것은 미술관에 설치된 모니터와 스크린을 통해 이미지들이 생산되고, 관객은 이를 감상한다는 사실이다. 일종의 '전자 설치예술'(electronic installation art)이 된 것이다.[27]

관객의 수용 방식은 다시 전통 예술작품 시대로 회귀하는 경향도 있다. 관조, 몰입, 이해 그리고 해석으로서의 수용 방식이 요구되었다. 그러나 이와는 다른 흐름도 등장했다. 기술적 장치를 작동하지도 않지만, 이해와 해석도 요구하지 않는 새로운 디지털 매체 예술이 등장했다. 이 새로운 형식의 예술은 반응적 환경도 상호작용적 환경도 아니다. 이러한 예술은 특정 장소에 설치된 다양한 기술적 장치들을 이용해 장소 그 자체를 '감각의 제국'으로 만든다. 장소를 감각들의 상호작용의 '장'으로 만든 것이다. 이미지와 사운드, 이미지와 설치, 이미지와 장소적 특징이 어울려 분위기 있는 이미지 공간을 만들어 내는 것이다.

이와는 달리 '열린 예술작품'이라는 형식으로 전시되는 디지털 매체 예술의 경우에는 마치 '반응하는 환경'처럼 설치된다.[28] 관객의 작은 몸짓들에도 반응하기 때문이다. 이러한 예술 분야의 선구자라고 할 수 있는 마이런 크루거(Myron Krueger)의 작품 「비디오플레이스」(Videoplace, 1970)는 반응적 환경으로서의 예를 적절하게 보여 주고

---

27) 제이 데이비드 볼터·리처드 그루신, 『재매개: 뉴미디어의 계보학』, 이재현 옮김, 커뮤니케이션북스, 2006, 174쪽.
28) Söke Dinkla, *Pioniere interaktiver Kunst. Von 1970 bis Heute*, Karlsruhe: ZKM, 1997, S. 36~40.

있다. 제프리 쇼(Jeffrey Shaw)의 「읽을 수 있는 도시」(The Legible City, 1989)는 좀 더 적극적인 상호작용을 요구한다. 몸짓에서 벗어나 '기술적 장치'를 상호작용의 매개체로 도입했기 때문이다. 관객은 기술적 장치를 작동함으로써 예술과 상호작용할 수 있다. 본격적인 '기술 장치적 상호작용'의 시대가 열린 것이다.

반응하는 환경은 기술적 장치들을 중심으로 '상호작용적 환경'(Interactive Environment)이 되었다. 상호작용적 환경으로 설치된 경우, 관객은 기술 장치적 상호작용성을 통해 이미지 공간 안으로 들어가기도 하며, 자신만의 이미지 공간을 만들 수도 있다. 그리고 이러한 공간에 깊숙이 몰입(immersion)한다. 이미지 공간은 관조의 대상이 아니다. 이미지 공간은 몰입을 통해 이미지를 체험해야 한다. 이미지 공간 안으로의 몰입 또한 새로운 체험이다. 그러나 그 이후 기술적 한계로 인해 이러한 상호작용에서 한계가 보이기 시작했다. 좀 더 나은 체험을 위해 사용한 기술적 장치들이 상호작용을 방해하는 경우도 생겼기 때문이다. 물론 지금의 상황은 초기와는 완전히 다르다. 좀 더 편하게 착용하고 쉽게 사용할 수 있는 장치들이 등장했고, 이미지 몰입 환경도 이전과 비교할 수 없을 만큼 좋아졌다.[29]

미술관 밖에서 특정 장소와 긴밀하게 연관된 매체 예술도 있다. '미디어 파사드'(Media facade)가 바로 그 예다. 최근 미디어 파사드는 미디어 퍼포먼스와 더불어 대중적 관심이 큰 매체 예술이 되었다. 미디어 파사드는 건물 외벽을 스크린 삼아 다양한 이미지들을 투영하기도 하고, 또 때로는 이미지와 사운드가 연결되어 다양한 체험을 가능하게 한다. 미디어 파사드의 경우 상업적 의도가 아닌 경우에는 주로

29) 이 문제는 매체 예술과 수행성 그리고 상호작용의 문제와 직접 연결된다. 따라서 이와 관련해서는 3장과 4장에서 좀 더 본격적으로 다룰 예정이다.

III. 매체와 예술

그 지역, 그 장소 또는 그 건물의 의미와 연결된 이미지들을 주로 투사한다. 일종의 공공미술로서의 역할을 수행한다고 볼 수 있다. 미디어 파사드는 이미지가 주는 화려함 때문에 상업적인 건물에서도 많이 전시된다. 이 또한 수용자와의 상호작용이 가능하기도 하다. 포스트 디지털 시대에서 단 하나만의 특징을 가진 매체 예술은 이제 존재하지 않는다고 해도 과언이 아니다. 매체 예술 또한 아주 빠른 속도로 혼종화되고 있다. 이들은 전시되기도 하고 또 전송되기도 한다. 전시되거나 전송되는 장소가 명확히 구별되지도 않는다. 때론 장소에서 벗어나기도 하고 또 때로는 특정 장소와 결합되기도 한다.

예술가와 수용자도 이러한 혼종화에 익숙해졌다. 이들은 장르도 특징도, 심지어는 생산과 소비도 명확히 구별하지 않는다. 이들은 그저 '혼종화된 주체'로 존재할 뿐이다. 이들은 예술과 비예술, 더 나아가 반예술을 구별하지 않는다. 때로는 진지하게 예술을 이해하고 해석하려 하고 또 때로는 예술을 가볍게 체험한다. 물론 매체 예술과 예술도 굳이 구별하지 않는다. 자신과 디지털 페르소나를 굳이 구별하지도 않는다. 원격현전 시대에서의 소통과 관계 맺기에 매우 익숙한 혼종화된 주체에게 장소의 의미도 달라졌다. 현실 공간의 특정 장소들은 이들에게 마치 '연극 무대'처럼 작용한다. 특정 장소를 무대의 배경으로 삼고, 자신을 마치 배우처럼 그곳에 세운다. 그리고 그 모습을 이미지로 남기고 매체 공간에 전시한다. 이들은 스스로 이미지 생산자이자 소비자가 된 것이다. 매체 공간은 그들에게 가장 재미있는 놀이 공간이 되었다.

3장. 매체 예술과 수행성[1]

1. 디지털 매체 기술과 퍼포먼스의 만남

디지털 매체와 예술의 만남 이후, 예술을 둘러싼 변화는 혁명적이었다. 이는 이미 예견된 것이었다. 물론 디지털 매체가 새로운 예술의 출현에 유일하게 결정적인 요인은 아니다. 기본적으로 예술은 사회적인 것과 자율적인 것이 서로 변증법적 관계를 맺으며 발전한다. 특히 사회적 또는 기술적 변혁을 작품에 적극 투영하는 과정에서 기존의 예술을 부정하며 새로운 예술로 탄생하기 때문이다. 그러나 디지털 매체와 예술의 결합으로 인해 등장한 예술은 그 이전의 새로운 예술과는 다르다. 예술에서 기술이 도구에 머무는 것이 아니라, 기술 그 자체가 예술이 될 수 있는 길을 열었다. 진정한 의미에서의 '테크네(technē)로의 귀환'이 시작되었다고 볼 수 있다. 1960년대 초반에 등장하기 시작한 컴퓨터 아트를 출발점으로 한 디지털 매체 예술은 제도권 예술의 변방에 머물러 있었다. 사진이 그러했듯이, 예술가의 손이 아닌 기술적 장치로 만들어지며, 또 원본성 대신에 복제와 변형을 전제로 한 이미지

---

1) 이 장의 1~3절은 다음의 논문을 수정·보완한 것임을 밝힌다. 심혜련, 「미디어 퍼포먼스에 대한 감성학적 연구」, 『시대와 철학』 제32권 2호, 한국철학사상연구회, 2021.

들은 예술계로 진입하기가 어려웠다. 그러나 디지털 매체가 매우 짧은 시간 안에 사회를 극적으로 변화시켰듯이, 이를 기본으로 한 디지털 매체 예술도 극적으로 발전하고 확장되었다.

사진은 폭발적인 영향력에도 불구하고 오랫동안 예술계에서 예술로서 평가받기 힘들었다. 사진의 등장 이후, 이를 둘러싼 주된 논쟁은 '사진이 기술인가, 예술인가?'에 관한 것이었다. 거의 100년이 지나서야 사진은 비로소 예술로서의 지위가 인정되어 미술관에서 전시되었지만, 그 후에도 '예술로서의 사진'은 오랫동안 논쟁의 대상이었다.[2] 이런 사진과 달리 디지털 매체 예술은 비교적 빠르게 예술 영역에서 제도화되었다.[3] 제도화된 디지털 매체 예술은 매우 빠른 속도로 다양해졌다. 굳이 '디지털 매체 예술'이라고 분류하는 것이 무색할 정도로, 거의 모든 매체 예술이 디지털화된 것이다. 이뿐만 아니라, 디지털 매체는 다른 예술 형식들과의 결합을 통해, 예술 간에 존재했던 경계들을 극적으로 해체했다. 장르의 경계 해체와 더불어 작가, 예술작품 그리고 관객 간의 경계도 해체되기 시작했다. 그 결과 상호작용성을 중심으로 한 상호작용적 예술(interactive art)이 디지털 매체 시대의 대표적인 새로운 예술이 되었다. 이 새로운 예술은 수용 방식에서의 변화를 중심으로 수용자의 예술 체험을 확장했다.[4] 또 경계가 해체된 예술들은 빠르게 '혼종화'되기 시작했다. 변종은 또 다른 변종을 낳았다. 이러한 현상은 계속되었다.

한마디로 말해서, 전방위적인 혼종화 현상이 디지털 매체 예술

---

2) 이와 관련된 자세한 논쟁의 역사는 다음의 글을 참조 바람: 제프리 배첸, 『사진의 고고학』, 김인 옮김, 이매진, 2006, 16~41쪽.

3) 크리스티안 폴, 『디지털 아트』, 조충연 옮김, 시공아트, 2007, 17~29쪽.

4) 상호작용성에 대한 논의는 4장 '매체 예술의 수용 방식'에서 좀 더 자세히 이야기하겠다.

III. 매체와 예술

을 둘러싸고 진행되고 있다. 회화, 판화, 영화, 애니메이션 그리고 설치 등등 디지털화되지 않는 영역은 거의 없다. 더 나아가 매체 예술과 결이 전혀 다른 예술 장르들과도 적극적으로 결합하고 있다. 이제 디지털 매체 예술, 아날로그 매체 예술, 로(low)테크놀로지를 활용한 예술, 하이테크놀로지를 활용한 예술 등등의 구별은 의미가 없다. 낡음과 새로움의 기준이 중요하지 않게 된 것이다. 심지어 진실과 허구도 매체에 의해 혼종화되고 있다. 이러한 혼종화 현상 중에서 특히 눈여겨봐야 할 예술은 '미디어 퍼포먼스'(media performance)다. 미디어 퍼포먼스는 첨단기술과의 결합을 통해 대표적인 '융합예술'이 되었기 때문이다. 특히 혼종화 현상과 관련해서 볼 때, 미디어 퍼포먼스야말로 정말 이종(異種)적인 것들의 결합이라 할 수 있다. 복제와 반복 그리고 변형을 가능하게 하는 '매체'와 지금과 여기에서의 '일회적인 사건'을 중심으로 한 '퍼포먼스'의 결합은 일종의 이종교배라고 할 수 있다. 1960년대 이후 퍼포먼스는 '일회적 행위'를 중심으로 예술에서 작품 개념을 해체했다. 1990년대 이후 디지털 매체 예술 역시 작품 중심의 예술에 반대하면서, 반복과 변형을 중심으로 한 이미지들을 생산하기 시작했다.

　퍼포먼스와 디지털 매체 예술이 추구하는 목적은 동일했으나, 취한 방법은 너무나도 이질적이었다. 이러한 두 예술 양식이 이제 서로 결합했다. 이러한 이유에서 미디어 퍼포먼스를 대표적인 혼종화 예술로 분석할 수 있는 것이다. 미디어 퍼포먼스를 주목해야 하는 또 다른 이유는 '대중적 확산'에 있다. 미디어 퍼포먼스는 미술, 음악 그리고 다양한 공연예술에서 사용될 뿐 아니라, 예술 영역을 넘어 광고와 홍보 등등 많은 영역에서 체험할 수 있는 것이 되었다. 미디어 퍼포먼스는 또한 특정 공연장과 전시장 외에도 거의 모든 공간에서 실행될 수 있다. 미디어 퍼포먼스는 사진에서 최근의 디지털 매체 기술에 이르기까지 다양한 첨단 과학기술들을 사용한다. 이를 활용하는 이유는 명확하다. 관객들에게 좀 더 스펙터클한 공연을 보여 주고 싶고, 그리고 하나의 공연을 통해 다양한 감각적 경험을 제공하고 싶기 때문이다. 다중감각을 활용한 스펙터클한 무대 안으로의 몰입, 이것이 바로 '미디어'와 '퍼포먼스'가 만난 이유이다.

미디어 퍼포먼스는 과거 리하르트 바그너(Richard Wagner)가 오페라를 중심으로 이야기한 '총체예술작품'(Gesamtkunstwerk)이 구현된 것이라고 볼 수 있다. 일찍이 바그너는 예술가는 "개별적으로 존재하는 모든 예술 영역을 하나의 총체적인 예술작품으로 완성시킴으로써 자기 자신을 만족"시킬 수 있다고 보았다.[5] 그리고 "예술의 궁극적 목적은 예술이라는 이름으로 개별적으로 존재하고 있는 각각의 예술을 하나로 통합"시키는 것이라고 주장했다.[6] 이런 예술이어야 관객들이 자신의 모든 감각을 통해 지각하고, 또 그 결과 마치 자신들이 무대 위에 있는 것처럼 느끼게 된다고 주장했다.[7] 관객은 자신이 앉아 있는 좌석이라는 물질적 한계에서 벗어나, 작품 안으로 온전히 몰입할 수 있게 된다. 이러한 몰입을 위해서는 무대가 다감각적이어야만 하고, 또 다감각적인 무대 장치를 위해서는 다양한 기술들이 활용되어야 한다. 디지털 매체 기술의 등장으로 인해 관객의 몰입을 위해 공연예술과 기술의 만남을 이야기했던 총체예술작품이 미디어 퍼포먼스라는 이름으로 현실화되었다. 미디어 퍼포먼스는 '디지털 총체예술작품'이라고

5) 리하르트 바그너, 「미래의 예술작품에 대한 개요」, 랜딜 패커·켄 조던 엮음, 『멀티미디어: 바그너에서 가상현실까지』, 아트센터 나비 학예연구실 옮김, 나비프레스, 2004, 53쪽.
6) 같은 글, 53쪽.
7) 같은 글, 54쪽.

III. 매체와 예술

할 수 있다.

물론 지금의 미디어 퍼포먼스가 등장하기 이전에도 바그너적인 의미에서 공연예술과 기술의 만남을 중요하게 여겼던 적이 있었다. 미래파(Futurism)와 바우하우스(Bauhaus) 등이 바로 그 예다. 이들은 다양한 기술을 활용해 공연예술을 다감각적 체험의 장으로 만들고자 했다. 엔리코 프람폴리니(Enrico Prampolini)는 「미래파의 무대 장치」(Futuristische Bühnebildnerei, 1915)라는 선언문에서 정적인 이미지로 그려진 무대 장치의 장면들을 없애고, 기계적이며 동적인 무대 장치로 전환해야 한다고 주장한 바 있다.[8] 그는 무대 장치는 움직여야만 하고, 또 다양한 조명 효과를 적극적으로 사용해야 한다고 주장했다.[9] 그래야만 생생한 무대가 될 수 있다는 것이다. 바우하우스도 무대 장치의 변화를 강력히 주장했다. 특히 라즐로 모홀리나기(Laszlo Moholy-Nagy)의 '총체성의 극장'(Theater der Totalität) 그리고 발터 그로피우스(Walter Gropius)의 '총체 연극'(Totaltheater)이 대표적인 예가 된다. 이들은 보기만 하는 대중이 적극적으로 활동할 수 있는 대중으로 변화할 수 있는 공연 무대가 되어야 한다고 강조했다.[10]

대중들은 다양한 지각 활동을 통해 공연을 수용해야 한다. 이를 위해서는 무엇보다도 무대 장치가 변화해야 한다고 보았다. 즉 다차원적이며, 상호작용이 가능한 무대 장치로 전환되어야만 한다는 것이다. 이들에게 매체는 단순한 도구를 의미하는 것은 아니었다. 그들은 일찍이 매체와 감각 간의 관계의 중요성을 인지했고, 다양한 매체를 통

---

8) Oliver Grau, *Virtuelle Kunst in Geschichte und Gegenwart. Visuelle Strategien*, Berlin: Reimer Verlag, 2002, S. 103~104.

9) *Ibid.*, S. 105.

10) 참조: *Ibid.*, S. 104~105.

한 감각의 확장을 추구했다. 마치 지금의 미디어 퍼포먼스처럼 말이다. 그럼에도 불구하고 공연예술, 특히 연극에서는 스펙터클한 체험은 늘 부차적인 것으로 취급되었다. 이 경우 중요한 것은 공연에서의 텍스트와 이를 수행하는 배우의 행위 그리고 해석을 통해 이를 수용하는 관객이었다. 이러한 공연예술에도 큰 변화가 일어났다. 1960년대부터 공연예술에서 텍스트보다는 행위를 중시하는 '퍼포먼스적 전회'(performative Wende)가 시작되었기 때문이다.[11]

그 이후 연극을 중심으로 한 공연예술은 텍스트에서 벗어나 행위 중심으로 재편되었다. 이러한 전환기를 경험한 공연예술은 또다시 변혁의 시기를 마주하게 되었다. 이러한 흐름은 공연예술의 흐름을 바꾸어 놓았다. 1990년대에 본격적으로 논의되었던 '포스트 드라마'에 대한 논의에서 무엇보다도 텍스트 중심의 연극에서 수행성과 공감각을 중심으로 한 연극으로의 이행을 강조했던 것만 봐도 알 수 있다. 포스트 드라마 이론에서는 배우의 행위보다는 퍼포머의 행위를, 완성된 작품보다는 무대에서 진행 중인 열린 형태의 작품 등에 주목했다. 열린 형태의 무대에서의 극적 효과를 높이기 위해 다양한 기술들이 활용되었고, 퍼포머의 행위를 도드라지게 보이기 위해서도 다양한 무대 기술들이 활용되었다. 미디어 퍼포먼스는 여기서 더 나아가 무대에서의 이러한 새로운 요소들을 더욱 극적으로 발전시키고, 무대에 대한 관객들의 몰입을 위해 기술을 적극적으로 도입한 것이다.[12]

11) 에리카 피셔-리히테, 『수행성의 미학』, 김정숙 옮김, 문학과지성사, 2017, 30쪽.
12) 이와 관련된 국내의 연구 경향들은 디지털 아트를 중심으로 한 미디어 퍼포먼스보다는 연극공연을 중심으로 한 수행성 연구들이 더 활발하게 진행되고 있다. 이는 아마도 '포스트 드라마'를 중심으로 한 수행성과 매체성 그리고 감성적 지각에 관한 연구들에서 많은 영향을 받았기 때문이라고 본다. 특

III. 매체와 예술

사실 공연예술에서의 이러한 변화는 1980년대 이후 등장한 '매체적 전회'와 밀접하게 연관되었다. 디지털 매체가 전면에 등장하면서 모든 것들을 급격하게 변화시키기 시작했으며, 공연예술도 예외는 아니었다. 연극의 '미디어 퍼포먼스'화가 급격히 진행된 것이다. 매체적 전회, 퍼포먼스적 전회 그리고 공간적 전회가 만나게 된 것이다. 매체 예술도 이미지와 장소 중심에서 벗어나, 점차 공연이라는 형식을 취하기 시작했다. 이제 미디어 퍼포먼스는 '매체 감성학'에서 그리고 '퍼포먼스 미학'(Ästhetik des Performativen)에서 논쟁적 분석의 대상이 된 것이다.[13] 매체 감성학과 퍼포먼스 미학 모두 감성적 지각을 강조하는 '감성학'의 영역에 속한다. 특히, 매체 감성학에서 말하는 '매체성'(Medialität)과 퍼포먼스 미학에서 말하는 '수행성'(Performativität) 모두 지각의 확장에 결정적으로 작용한다. 둘 다 '공현전'(Ko-Präsenz)의 토대로 작용한다. 단지 중요하게 생각하는 현전이 다를 뿐이다. 퍼포먼스 미학에서는 '신체적 공현전'을, 그리고 매체 감성학에서는 '매체적 현전'을 중심으로 한 현전 효과와 관객의 몰입과의 관계를 중요하게 여긴다. 그러나 미디어 퍼포먼스에서 이 둘의 구별은 무의미하다. 오히려 중요한 것은 어떤 방식의 현전이든 간에, 현전하는 공간의

히 '감성적 지각'(아이스테시스)을 중심으로 연극에서 수행성과 매체성 그리고 이들 간의 상호 매체성을 연구하곤 한다. 이와 관련해서는 다음의 글들을 참조 바람: 김형기, 『포스트드라마 연극의 지각방식과 관객의 역할: 수행적인 것의 미학의 성과와 한계』, 푸른사상, 2014, 24~35쪽; 심재민, 「지각화의 관점에서 본 연극에서의 수행성과 매체성」, 『순천향 인문과학논총』 제33권 3호, 순천향대학교 인문학연구소, 2014, 225~264쪽; 최승빈, 「수행성과 상호매체적 전환」, 『미학예술학연구』 46집, 한국미학예술학회, 2016, 186쪽.
13)　공연예술 이론에서 진행된 디지털 퍼포먼스에 관한 내용은 다음을 참조 바람: 주현식, 『호모 퍼포먼스: 담론의 시대에서 퍼포먼스의 시대로』, 연극과 인간, 2019, 410~414쪽.

지각과 그 공간으로의 관객의 몰입이다. 이를 위해 매체성과 수행성과 이를 토대로 한 매체적 현전과 신체적 현전이 이미지 공간의 지각 작용에 어떤 영향을 미치는지 살펴보고자 한다.

2. 매체성과 수행성

앞에서 이야기했듯이, 디지털 매체는 예술의 지형도를 극적으로 변화시켰다. 과거의 예술과는 전혀 다른 양상들이 등장하자, 감성학을 둘러싼 논쟁 또한 활기를 띠기 시작했다. 디지털 매체 예술뿐만 아니라, 동시대 예술은 다양한 과학기술과의 결합을 통해 이 둘 간의 경계를 없애기도 한다. 관객을 둘러싼 변화도 마찬가지다. 시각예술, 공연예술 그리고 음악들은 서로 융합하면서 탈장르화되었고, 관객들은 이러한 변화된 예술들을 이해하기도 하며, 또 감상하기도 하며, 또 때로는 아주 단순하게 체험하기도 한다. 이러한 상황 속에서 감성학의 등장은 필연적이다. 새로운 미학으로서의 감성학의 등장을 필연적인 것으로 여긴다는 공통점에도 불구하고, 감성학은 동일한 입장을 갖기는 어렵다.[14] 각자의 이론가들이 생각하는 감성, 지각, 감각 그리고 예술적 경험에 대한 이해가 다르기 때문이다. 특히 예술 경험을 둘러싼 논쟁들에서 매체 감성학과 퍼포먼스 미학은 서로 대립하기도 한다. 매체 감성학과 퍼포먼스 미학은 근본적인 차이에도 불구하고 전통 미학에 문제를 제기하면서 감성학을 주장한다는 점에서 공통점을 갖는다.

14) 감성학을 둘러싼 다양한 국내외 논의들은 다음의 책을 참조 바람: 심혜련, 『아우라의 진화: 현대 문화 예술에서 아우라의 지형도 그리기』, 이학사, 2017, 21~43쪽 그리고 246~251쪽.

III. 매체와 예술

전통 미학에서 중시하는 작품 개념 대신, 매체 감성학은 매체성과 반복성을 강조하고, 퍼포먼스 미학은 수행성과 일시성을 강조한다. 강조하고자 하는 것은 다르지만, 이 둘은 결국 관객의 '감성적 지각'과 그것의 확장에 주목하고 있다. 따라서 매체 감성학은 디지털 매체 기술이 초래한 예술 영역에서의 변화와 관련해서, 특히 '매체'와 '지각'에 주목한다. 그러나 퍼포먼스 미학은 물질적인 작품 개념을 부정함과 동시에 반복을 특징으로 하는 매체 예술에도 문제가 있다고 비판한다.[15] 복제되는 예술도 물질적 작품 개념에서 결코 자유롭지 못하다고 보기 때문이다. 매체 감성학과는 달리, 퍼포먼스 미학은 '수행성'과 '지각'을 중심으로 감성학을 전개한다. 예술도 마찬가지다. 관객의 지각 확장을 위해 매체 예술이 무엇보다도 먼저 선택한 전략이 매체를 중심으로 한 상호작용이라면, 퍼포먼스가 선택한 전략은 행위자들의 수행성이다. 이 둘 사이에는 '매체성'과 '수행성'이라는 이질적인 요소가 존재한다. 기술적 장치에 의한 '반복'을 전제로 한 매체성과 일회적 현전을 중심으로 '사건'이라는 특성을 갖는 수행성은 충돌할 수밖에 없다. 그러나 왜 매체성을 그리고 수행성을 강조했는지를 보면, 충돌 대신 공통의 관심사가 전면에 등장한다. 즉 '감각의 확장'과 '관객의 몰입' 그리고 이를 위한 '현전'에 이 둘 모두 집중했다고 볼 수 있기 때문이다. '매체', '지각' 그리고 '현전'이라는 공통의 문제가 등장한 것이다.

더 나아가 더 이상 자신만의 영역에 속하는 것이라고 할 수 없는 혼종화된 예술인 미디어 퍼포먼스가 등장한다. 이 둘은 만날 수밖에 없다. 이제 더 이상 매체성과 수행성을 대립 관계에서만 파악할 수는

---

15) Dieter Mersch, *Ereignis und Aura: Untersuchungen zu einer Ästhetik der Performativen*, Frankfurt am Main: Suhrkamp Verlag, 2002, S. 112.

없게 된 것이다. 미디어 퍼포먼스에서 매체성과 수행성은 필수조건일 뿐만 아니라, 서로 적극적으로 상호작용한다. 상호작용하는 목적은 같다. '감각의 확장'이 바로 그것이다. 관객들에게 좀 더 다양한 감각적 체험을 제공하기 위해 매체성과 수행성은 긴밀하게 만난다. 미술관과 공연장 그리고 일상적인 도시 공간의 곳곳에서 이 둘의 상호작용 결과들을 만날 수 있으며, 미디어 퍼포먼스에서는 어떤 공간에서 어떤 매체들을 활용해 행위자가 공연하는지에 따라서 다양한 감각적 체험이 가능하다. 또 때로는 행위자가 없는 미디어만의 미디어 퍼포먼스도 있다. 레이저, LED 또는 홀로그램 등과 테크노 음악의 결합만으로도 충분히 미디어 퍼포먼스가 가능하다. 이러한 공연은 몽환적인 분위기를 연출하면서 일종의 '감각의 제국'이 되기도 한다. 감각의 극대화, 이것이 바로 미디어 퍼포먼스를 둘러싼 논의에서 이야기할 수 있는 '감성적 지각화'(Aisthetisierung)인 것이다.

시빌레 크레머(Sybille Krämer) 역시 매체성과 수행성을 감성학적 입장에서 대립적인 것으로 보지 않고, 이 둘을 '감성적 지각화'라는 공통분모로 해석해야 한다고 주장한다. 그녀는 동시대 예술에서 이 둘을 대립적인 것으로 또는 수행성 중심으로 논의가 진행되는 것을 경계한다.[16] 그녀는 현재 논의되는 매체성과 수행성이라는 개념이 명확하게 정의되지 않은 채 사용되고 있음을 지적함과 동시에, 그

---

16) 수행성과 매체성을 둘러싼 논쟁에서 브래트 외너는 크레머의 문제 제기의 중요성을 인정함과 동시에, 그녀는 다른 퍼포먼스 미학을 주장하는 이론가들과는 달리 매체성을 중심으로 수행성과의 관계를 논의하고 있다고 지적하고 있다. 이와 관련해서는 다음의 글을 참조 바람: 브래트 외너, 「수행성과 매체성, 사건과 반복: 수행적 행위를 가능하게 하는 매체들」, 루츠 무스너·하이데마리 울 편, 『문화학과 퍼포먼스: 우리는 어떻게 행동하는가』, 문화학연구회 옮김, 유로, 2009, 105~106쪽.

럼에도 불구하고 수행성을 매체성과의 관련 속에서 해석해야 할 수밖에 없음을 강조한다.[17] 그녀는 이러한 전제 아래에서 '감성적 지각화'라는 개념을 다음과 같이 규정한다. '지각의 양극성'(Bipolarität des Wahrnehmens), '신체성'(Korporalität), '사건 성격'(Ereignischarakter), '위반성'(Transgressivität)으로 말이다.[18] 먼저 '지각의 양극성'은 말 그대로 전혀 다른 것들의 관계 속에서 발생하는 지각 작용을 의미한다. 예를 들면, "사건과 지각행위 간의 상호관계", "행위자와 관객 간의 상호관계" 그리고 "생산과 수용 간의 상호관계"에서 발생하는 지각 작용이다.[19] '신체성'은 지각의 양극성과 연결되는데, 행위자와 관객 그리고 생산과 수용의 상호관계를 가능하게 하는 기본 전제가 된다. '지각하는 몸'이 중심이 된다는 것이다.

'사건 성격'은 퍼포먼스 미학에서 핵심이 되는 개념이자 매체성과 가장 첨예하게 대립하는 개념이기도 하다. 기본적으로 사건은 일회적이며 반복 불가능하다. 한마디로 말해서, 사건 성격은 "현재성의 일회적 사건"(das einmalige Ereignis einer Gegenwärtigkeit)이 무대에서 일어난 것이다.[20] 마지막으로 '위반성' 또한 지각의 양극성과 연관된다. 양극에 놓인 것들이 경계를 넘어 본래 가지고 있던 특징을 위반한다는 것을 의미한다.[21] 이러한 네 가지 특징으로 감성적 지각을 규정하면, 반복을 중심으로 한 그리고 사건적 성격을 중심으로 한 매체

---

17) Sybille Krämer, "Was haben ›Performativität‹ und ›Medialität‹ miteinander zu tun? Plädoyer für eine in der ›Aisthetisierung‹ gründende Konzeption des Performativen", in: Sybille Krämer (Hrsg.), *Performativität und Medialität*, München: Wilhelm Fink Verlag, 2004, S. 13.

18) Ibid., S. 21.

19) Ibid., S. 21.

20) Ibid., S. 21.

21) Ibid., S. 21.

성과 수행성의 구별은 사실 무의미해진다. 매체성과 수행성이라는 양극성이 서로 위반되어, 무대에서 사건이 될 때, 몸을 통한 감각의 극대화를 가져올 수 있기 때문이다. 이뿐만 아니라, 지각의 양극성과 위반성은 예술의 혼종화 현상의 원인으로 작용한다고 볼 수 있다. 크레머가 이야기하는 지각의 양극성은 디지털 매체 예술에서의 '상호작용성'(Interaktivität)과 그 내용이 다르지 않다.

디지털 매체 예술을 둘러싼 논쟁에서 핵심은 매체성과 상호작용성이었다. 전통 예술과는 다르게, 디지털 매체 예술이 작품을 구현하는 매체 기술을 중심으로 작가와 관객, 그리고 관객과 작품 등이 어떻게 상호작용하는지, 그리고 이러한 상호작용은 이전의 상호작용과는 어떤 차이가 있는지에 대한 논의가 중심이었다. 그러므로 초기 디지털 매체 예술을 둘러싼 논쟁은 자연스럽게 매체를 중심으로 진행되었다. 매체로 인한 작가와 관객 간의 상호작용, 생산과 수용 간의 상호작용 등등 말이다. 이때 매체는 단지 작업 도구에 그치는 것이 아니라, 작품의 내용과 메시지를 전달하는 '전달자'(Bote)의 역할을 한다.[22] 크레머가 매체성을 중심으로 수행성을 감성적 지각 과정이라는 큰 틀에서 보고자 한 점도 바로 여기서 출발한다고 볼 수 있다.

물론 디지털 매체 예술에서는 이 과정에서 기술적 장치가 결정적인 역할을 한다. 프로그램으로 열린 채 주어진 매체 예술을 관객 또는 행위자가 장치를 움직임으로써 다른 관객이 만들어 낸 것과는 다른 이미지들을 생산해 낼 수 있는 것이다. 다음 절에서 좀 더 자세히 살펴보겠지만, 이때 장치를 움직이는 행위자의 행위를 퍼포먼스에서 말하는 수행성으로 볼 것인지, 또는 단순하게 장치를 작동시키는 것에 불과한

---

22) Sybille Krämer, *Medium, Bote, Übertragung. Kleine Metaphysik der Medialität*, Frankfurt am Main: Suhrkamp Verlag, 2008, S. 10.

III. 매체와 예술

행위인지를 둘러싼 논쟁이 가능하다. 더 나아가 매체에 의한 반복이 전제된 매체 예술이 일회적 사건으로 끝나는 퍼포먼스 예술이 주는 예술적 경험과 결코 동일할 수 없다는 반론도 가능하다. 모든 것이 재생산 가능하고 복제 가능한 지금, 일회적이라는 것이 주는 경험의 크기는 엄청날 수 있다는 것이다. 이 경험이야말로 감성학에서 이야기하는 '감성적 지각'의 근원이라는 주장도 있다. 모든 것들이 반복될 수 있는 지금, 일회적 순간에 사라지는 것들이 주는 아우라적 경험이 바로 감성적 지각의 근원이라는 것이다.

퍼포먼스 미학을 강조하는 디터 메르쉬(Dieter Mersch)와 에리카 피셔-리히테(Erika Fischer-Lichte)가 여기에 속하는 대표적인 이론가들이다. 피셔-리히테는 공연예술을 중심으로 텍스트에서 퍼포먼스로의 전환이 일어나고 있음을 강조한다.[23] '퍼포먼스로서의 문화'가 등장했으며, 이 문화에서 행위가 무엇보다도 중요한 요소가 된 것이다. 특히 행위자와 관객 간의 '공현전'을 통해 발생할 수 있는 행위, 흔적을 남기지 않는 일시적인 행위 그리고 행위의 진행 과정에서 변형되고 새롭게 만들어질 수 있는 행위들이 중요해졌다.[24] 이러한 행위들이 모여서 결국 퍼포먼스의 핵심이라고 할 수 있는 '사건' 개념이 형성된 것이다. 그녀에게 사건은 일회적이며 다시 반복할 수 없는 것이다. 그러므로 행위자와 관객 간에 동일한 사건은 결코 일어날 수 없으며, 관객의 반응에 따라 행위자와 또 다른 관객의 태도 또한 달라진다.[25]

피셔-리히테는 이러한 사건들이 관객과 행위자의 감성적 지각

---

23) 에리카 피셔-리히테, 「우리는 어떻게 행동하는가」, 『우리는 어떻게 행동하는가: 문화학과 퍼포먼스』, 20쪽.
24) 참조: 같은 글, 21~28쪽.
25) 같은 글, 28쪽.

의 근간이 되는 것이라고 보았다. 행위자로서의 예술가는 하나의 완결된 형태로 존재하는 예술작품이 아니라, 관객과의 공현전이 가능한 사건의 장을 만들어 내야 한다.[26] 그러기 위해서는 무엇보다도 "행위자와 관객이 특정 시간대에 특정 장소에 모여 함께 무언가"를 해야 하는 것이다.[27] 그렇다면 카메라 앞에서의 행위자의 행위는 관객과의 공현전이 불가능하다. 공현전이 불가능하기 때문에 관객과 우연히 만들어 내는 사건 또한 불가능해지는 것이다. 메르쉬 또한 피셔-리히테와 유사한 주장을 한다. 그는 퍼포먼스 미학을 "순간의 유일성"을 중심으로 구성된 '사건 미학'이라고 규정한다.[28] 그에게 중요한 것은 반복되지 않는 예술에 대한 일회적 경험이다. 그리고 이러한 경험이야말로 매체적 반복에 따라 사라진 또는 상품적 생산과 유통으로 인해 사라진, 진정한 예술적 경험이다.[29] 이 경험이 바로 '감성적 지각'이다. 결국 퍼포먼스 미학에서 강조하고자 하는 것은 '행위자와 관객의 일회적인 공현전'인 것이다. 그러므로 퍼포먼스 미학에 따르면, 반복을 전제로 하는 초기의 매체 예술들은 결국 진정한 감성적 지각의 계기가 될 수 없는 것이다.

감성학이라는 공통의 관심사에도 불구하고, 퍼포먼스 미학은 매체 예술을 '예술'로 그리고 매체 예술에서의 경험을 '진정한 예술적 경험'으로 받아들일 수 없게 된다. 그러나 매체 예술에 대한 퍼포먼스 미학의 비판은 또 다른 비판의 대상이 될 수 있다. 먼저 매체 예술에서

---

26)   에리카 피셔-리히테, 『수행성의 미학: 현대예술의 혁명적 전환과 새로운 퍼포먼스 미학』, 39쪽.
27)   같은 글, 63쪽.
28)   Dieter Mersch, *Ereignis und Aura: Untersuchungen zu einer Ästhetik der Performativen*, S. 9.
29)   *Ibid.*, S. 17.

도 행위자와 관객의 일회적인 공현전이 가능하기 때문이다. 비록 그 형태가 '매체화된 현전'에서 '매체화된 행동'일지라도 말이다. 매체화된 행동을 전제로 한 디지털 매체 예술은 상호작용성을 중심으로 단순한 반복에서 벗어났다. 상호작용성은 비록 '매체적 수행성'이긴 하지만, 수행성인 것은 분명하다. 상호작용적 매체 예술은 마치 퍼포먼스처럼 관객의 행위를 중심으로 매번 다른 이미지들이 생성되고 사라진다. 이제 매체 예술은 반복을 넘어 변형과 변이 그리고 창발의 차원에 이르렀다. 퍼포먼스 예술도 일회적 순간에서의 감각을 극대화하기 위해 그리고 행위자와 관객의 다양한 상호작용을 위해 매체적 장치를 적극적으로 활용한다. 수행성은 매체성에 의해 더욱 확장될 수 있는 것이다. 행위자와 관객의 공현전이 갖는 퍼포먼스 예술의 특수한 성격은 이제 매체에 의해 '매체화된 공현전'이 되었다.

3. 신체적 현전과 매체적 현전

공연예술에서 신체적 현전은 무엇보다도 중요한 요소다. 일단 신체적 현전이 전제되어야 행위자와 관객 간의 상호작용도 가능하기 때문이다. 신체적 현전은 공연예술에서 아우라의 근원이 될 수 있는 것이다. 퍼포먼스 미학에서 신체적 현전을 전제로 한 수행성을 강조하는 이유도 바로 여기에 있다. 행위자의 신체적 현전에 대한 논쟁은 최근에 제기되는 문제는 아니다. 일찍이 발터 벤야민이 영화와 연극을 비교하면서, 매체, 지각 그리고 매체적 현전과 신체적 현전의 문제를 제기한 바 있기 때문이다. 그리고 이러한 분석은 미디어 퍼포먼스를 분석할 때도 여전히 유효하다. 벤야민이 예술의 기술적 복제에서 무엇보다도 주목했던 것은 예술의 특정 장소에서의 '현전성의 해체'였다. 그에 따르면, 기술적 복제로 인해 비록 복제된 것이긴 하지만, 원작과는 전혀 다른 상황 속에 작품을 가져갈 수 있게 되었으며, 그것도 수용자가 원하는 상황에 가져갈 수 있게 된 것이다.[30] 작품의 '여기와 지금'을 둘러싼 변화가 일어난 것이다.

매체성을 중심으로 한 벤야민의 분석은 영화와 연극을 비교하면서 계속된다. 영화야말로 그에게는 기술 복제 시대의 새로운 예술형식이었기 때문이다. 연극은 기술 복제 시대가 전면에 등장하기 이전의 대표적인 공연예술이었다. 지금과 여기에서의 행위자와 관객의 신체적 공현전이 만들어 내는 특별한 경험은 무엇과도 바꿀 수 없는 것이었다. 특정한 장소를 점유하고 있는 원본으로서의 작품만큼 수용자의 경험에 절대적인 영향을 주는 것이었다. 그러나 영화의 등장 이후, 상황은 극적으로 변화했다. 영화는 기술이 매개된, 아니 기술에 의해 존재할 수밖에 없는 공연예술이다. 벤야민은 연극과 영화를 분석할 때, 무엇보다도 '현전' 개념에 주목했다. 여기와 지금이라는 시공간에서 관객의 눈앞에서 직접 드러나는 배우의 '신체적 현전'과 카메라 장치 앞에서 자기 자신의 모습을 드러낸 배우의 '매체적 현전'을 비교 분석한 것이다. 그것도 여전히 논쟁이 계속되고 있는 '아우라'와 '아우라의 몰락'으로 말이다.

벤야민은 전통 예술이 가지고 있는 아우라가 기술 복제 시대의 예술작품에서는 몰락했다고 보았다. 이때 아우라 유무의 근거가 되는 것은 '원본성', '일회성' 또는 시공간의 존재 방식인 '일회적 현존재' 등이다.[31] 이러한 분류가 가능한 것은 벤야민이 분석한 예술이 이른바

30) 발터 벤야민, 「기술복제시대의 예술작품」, 『발터 벤야민 선집 2』, 최성만 옮김, 도서출판 길, 2008, 46쪽.

'작품'(Werk)이기 때문이다. 그런데 '작품'이 아닌, 다른 형식으로 존재하는 예술의 경우 아우라의 유무는 어떻게 이야기될 수 있을까? 예를 들면, 연극과 같은 공연예술에서 원본성의 문제를 어떻게 제기할 수 있는지가 논의될 수 있는 것이다. 이를 벤야민은 '연기자의 현전성'에서 찾았다. 한마디로 말해서, 연기자가 공연장에서 관객 앞에서 직접 연기를 수행할 때 아우라가 생겨난다는 것이다. 그러나 연기자가 공연장이 아니라, 카메라 앞에서 연기하는 경우 아우라는 없다는 것이다. 관객 앞에서 연기하는 연기자의 주변에는 아우라가 감싸고 있다는 것이다. 그 아우라의 근원은 '지금'과 '여기'라는 현전에서 온다.[32] 단순하게 관객 앞 또는 카메라 앞에서의 연기가 아우라의 유무를 가르는 기준이 되는 것은 아니다. 이와 더불어 연극배우의 연기가 갖는 '지속성'과 영화에서 배우의 연기의 '편집성' 또한 아우라의 유무의 기준이 되기 때문이다.

아우라 몰락의 근원은 영화의 반복성이다. 시공간적 제약을 넘어 언제 어디서나 상영되는 영화는 일회적 사건으로 끝나는 기존의 공연예술에서 경험할 수 있는 아우라가 없는 것이다. 물론 연기자의 공연도 반복된다. 한 번의 공연으로 끝나는 경우는 거의 없기 때문이다. 그러나 반복되는 공연예술의 경우에도, 오늘의 공연과 내일의 공연은 다르다. 배우의 연기도 또 그 배우를 보는 관객도 그리고 이 둘의 상호작용에 의해 즉흥적으로 만들어진 공연의 분위기도 다른 것이다. 관객과 배우의 '공현전'과 이들의 상호작용이 수행성 그 자체이며, 이 수행성이 현전의 아우라의 토대가 되는 것이다. 이와 달리, 매체 예술에서는 '마치 진짜처럼' 보이게 하는 '현전 효과'가 중요하다. 앞서 매체 공간

31) 참조: 같은 글, 48~53쪽.
32) 참조: 같은 글, 67~72쪽.

과 환영의 관계에서 보았듯이, 영화가 등장하기 이전 초기 대중 예술이라고 할 수 있는 파노라마에서도 무엇보다도 중요하게 여겼던 것이 '진짜처럼 느끼게 하기'였다. 스펙터클한 체험을 중요하게 생각했던 파노라마였기 때문에, 초기의 중요한 파노라마는 주로 전쟁 또는 역사 또는 이국적인 풍경들이었다. 이러한 장면들이 진짜처럼 보이고 또 느끼게 만들기 위해 다양한 기법들을 사용하기도 했다.[33]

그 이후 영화, TV 그리고 1990년대 이후 본격적으로 논의되는 가상현실과 증강현실도 이와 다르지 않다. 진짜 그곳에 있지 않지만, '마치 그곳에 진짜 있는 것처럼 만들기'가 다양한 매체 공간들의 목적이었다. 환영 공간이 매체 공간의 진정한 존재 이유였다.[34] 매체 공간에서의 환영 효과가 극대화되기 위해서는 무엇보다도 현전하지는 않지만 현전 효과를 최대한 높여서 현전하는 것처럼 느끼게 하는 것이 가장 중요하다. 진짜 현전하는 것이 아니기 때문에, 원격현전은 현전 효과를 중심으로 한 일종의 '유사 현전'(pseudo-presence)이다. 이를 수용하는 관객도 이를 잘 인지한다. 진짜 공간이라고 생각해서 이 공간에 몰입하는 관객은 없을 것이다.

매체적 현전을 전제로 한 매체 예술은 현전 효과를 극대화하고자 한다. 원격현전을 중심으로 한 폴 서먼(Paul Sermon)의 작품 「텔레마틱 드리밍」(Telematic Dreaming, 1992)에서도 마찬가지다. 현전의 효과를 극대화하기 위해 촉각적 체험을 적극적으로 활용한다. 물론 이때 사용되는 촉각도 엄밀하게 말하면 '진짜' 촉각이 아니라, 시각을 중심으로 한 '유사 촉각'이다. 비록 유사 촉각이지만, 원격현전을 중심으로 한 매체 예술도 이제 '접촉이 가능한 예술'이 되었다고 볼 수 있다. 접촉

---

33) Oliver Grau, *Virtuelle Kunst in Geschichte und Gegenwart*, S. 56~61.

34) 이와 관련해서는 이 책의 I부 3장 '매체 공간의 혼종화'를 참조 바람.

이 가능한 예술은 관객들 간의 행위에서 비롯된다. 그러므로 이 또한 원격 공현전을 토대로 한 퍼포먼스 예술로 볼 수 있는 것이다.[35] 매체를 매개로 다른 공간에 있는 행위자들은 서로의 상호작용에 의해 또는 공현전에 의해 '매개된 사건'을 만들었다고 말이다. 여기서 매체성과 수행성을 굳이 구별할 필요가 없다. 이는 매체 예술에 기반을 둔 '미디어 퍼포먼스'이기 때문이다.

수행성을 중심으로 미디어 퍼포먼스에 대한 비판적 해석도 가능하다. 앞에서 '몸의 혼종화'를 이야기하면서 예로 들었던 스텔락의 「제3의 손」이 그 예가 될 수 있다. 제3의 손이라는 기계적 장치를 한 스텔락의 몸은 인간과 기계의 유기체이다. 그는 확장된 몸을 가진 것이다. 그런데 그는 확장된 몸을 네트워크와 연결했다. 멀리 있는 행위자가 원격현전을 통해 스텔락과 공현전하면서 그의 제3의 손을 움직이게 한 것이다. 이 또한 하나의 '사건'이다. 이렇게 '원격 공현전'을 중심으로 한 미디어 퍼포먼스에서 물리적인 몸의 현전은 중요하지 않다. 비록 멀리 떨어져 있지만, 이미지를 통한 상호작용을 통한 유사 촉각적 체험도 물리적인 몸의 현전이 주는 미적 체험 못지않게 관객의 감성적 지각의 근원으로 작용한다. 그러나 퍼포먼스 미학의 입장에서는, 이러한 원격현전은 진정한 의미에서의 '신체적 공현전'은 아니다.

스텔락은 멀리서 그의 손을 조종하고자 하는 이들에게 단지 몸

---

35) 연극에서도 이미 1990년대부터 이러한 변화에 주목하고, 이에 대한 적지 않은 담론과 논쟁들이 있었다. 디지털 매체와 공연의 결합을 중심으로 한 새로운 공연 방식을 '인터미디어 시노그래피'라고 규정하면서, 매체가 어떻게 공연을 확장했는지에 대해 논의했다. 즉 연극에서도 기본 전제가 되었던 라이브니스(liveness)에 대한 재검토가 시작된 것이다. 이와 관련해서는 다음의 글을 참조 바람: 이경미, 「인터미디어 시노그래피: 공간, 라이브니스, 현존에 대한 담론의 재구성」, 『드라마연구』 제47호, 한국드라마학회, 2015, 138~146쪽.

을 빌려주고, 멀리서 그의 손을 조정하고자 하는 이들에게 그는 일종의 아바타로 존재한다고 볼 수 있기 때문이다.[36] 또 다른 예를 보자. 루이-필립 데메르(Louis-Philippe Demers)의 「인페르노」(Inferno, 2017)라는 공연에서는 행위자들이 스텔락의 「제3의 손」보다 기술적으로 발전된 '장치'들을 겉옷처럼 입는다. 그 옷을 입은 행위자들은 공연장에서 장치에 자기 자신의 몸을 위임한다. 인간이 아니라 기계가 행위자가 된 것이다. 인간이 기계의 아바타가 된 것이다. 이 경우 그 어디에도 자유로운 개인들을 전제로 한 자유로운 상호작용이 존재하지 않는다고 볼 수 있다. 더 나아가 상호작용을 중심으로 한 매체 예술에서의 신체적 공현전이 일차원적으로 보일 수도 있다. 단순한 움직임과 소리 등등을 중심으로 한 상호작용은 재미있는 놀이에 그칠 수 있기 때문이라는 것이다.[37] 물론 이러한 비판은 타당하다. 사실 매체 예술에서의 상호작용이 장치를 작동하는 수준에 그치는 것도 많기 때문이다. 그렇다고 해서 미디어 퍼포먼스에서의 수행성과 매체적 현전을 낮게 평가할 수 있는 것은 아니다.

　　미디어 퍼포먼스에서 중요한 것은 실시간으로 작동하는 상호작용과 이를 가능하게 하는 매체적 현전이지, 같은 공간에서의 직접적인 신체적 공현전이 아니다. 공간에서의 신체적 현전보다는 여기와 저기를 실시간적으로 넘나드는 매체적 현전이 중요해진 것이다. 그러나 신체적 현전을 중심으로 하는 퍼포먼스 미학의 관점에서는 매체적 현전은 여전히 문제다. 왜냐하면 매체적 공현전은 진짜 '신체적 공현전'이 아니라, '유사 현전'이자 '현전 효과'에 불과하기 때문이다.[38] 사실 퍼

---

36)　김형기, 『포스트드라마 연극의 지각방식과 관객의 역할』, 82~86쪽.
37)　한스-티즈 레만, 『포스트드라마 연극』, 김기란 옮김, 현대미학사, 2013, 460쪽.

포먼스에서는 '공현전'보다는 '신체적'인 것이 더 중요하다. 퍼포먼스에서 신체는 단지 의미를 전달하는 매체가 아니기 때문이다. 신체 그 자체가 바로 의미이다.[39] 그 자체로 의미가 있는 행위자의 신체가 관객의 신체와 만나면서 비로소 상호작용적인 '공현전'이 발생하는 것이다. 이를 위해 공연예술은 적극적으로 매체를 활용할 수 있다. 이 경우는 문제가 되지 않는다. 그러나 미디어 퍼포먼스의 경우 행위자와 관객 간에 행위를 통한 직접적인 교류가 없기도 하다. 퍼포먼스 미학이 미디어 퍼포먼스를 비판하는 지점도 바로 여기다.

　　물론 디지털 매체 예술이 갖는 상호작용이 관객을 행위자가 아니라, 장치의 단순한 작동자에 머무르게 한다거나 또는 다양한 길이 제시된 프로그램을 진행하기 때문에 우연성이 배제될 수밖에 없고, 그러므로 진정한 의미에서의 '일회적 사건'이 일어나고 있지 않다는 비판은 가능하다. 그러나 그렇다고 해서 이를 바로 감성적 지각의 불가능성과 연결하는 것은 무리가 있다. 심미적 경험만이 감성적 지각에 속하는 것은 아니기 때문이다. 충격, 경악, 공포, 숭고 등등 이 모든 것이 감성적 지각에 속하기 때문이다. 오히려 미디어 퍼포먼스를 비판적으로 보고자 할 때, 중요한 것은 '매체적 현전' 그 자체다. '원격'이라는 거리 때문에, 그것도 매체화된 거리 때문에 발생할 수 있는 비의도적 오류와 의도적인 속임수가 가능해졌다. 단순한 오류가 의도적 속임으로 전개될 가능성도 충분히 있다. 현전 효과는 아무리 현전과 같은 효과를 준다 해도 현전은 아니다. 그러므로 감각의 오류가 발생할 수 있다. 매체에 의해 전달되는 모든 것들에 대한 의심은 타당하다.

　　원격현전과 구글맵을 활용한 시몬 벡케르트(Simon Weckert)의

---

38) 에리카 피셔-리히테, 『수행성의 미학』, 224~225쪽.
39) 한스-티즈 레만, 『포스트드라마 연극』, 177쪽.

「구글맵 해킹」(Google Maps Hacks, 2020)이라는 작업이 좋은 예가 될 수 있다. 벡케르트는 장난감 수레에 구글맵이 켜진 99대의 스마트폰을 싣고 거리를 배회하는 퍼포먼스를 진행했다. 그리고 이 퍼포먼스의 진행 과정과 구글맵을 동시에 실시간으로 유튜브에 공개했다. 그는 사람들이 거의 없는 베를린의 어떤 거리를 수레를 끌며 천천히 산책한다. 마치 19세기 파리의 산책자들이 거북이를 끌고 다니듯이 말이다. 이 퍼포먼스의 반전은 실제 작동되는 구글맵이다. 그 당시 구글맵에는 벡케르트가 배회하는 그 거리가 지체된 거리처럼 빨간색으로 등장했기 때문이다. 99개의 작동하는 구글맵 그리고 그것을 하나의 수레에 싣고 천천히 배회하는 산책자를 구글맵은 99대의 자동차가 지체되고 있는 것으로 인식한 것이다. 그리고 그 당시 그 거리를 향해 운전하던 사람 중 몇몇은 구글맵을 보고, 자동차의 방향을 돌렸다고 한다. 벡케르트는 매체적 현전이 가져올 수 있는 문제를 탁월하게 보여 준 것이다. 더 나아가 매체에 의해 전달되는 사실에 대한 믿음 그 자체에 대해 비판한 것이다.

1990년대 초 인터넷을 중심으로 원격현전이 본격적으로 가능해지기 시작했을 때, 서먼은 이를 우리가 가지고 있었던 꿈의 실현으로 보았다고 할 수 있다. 그의 작품 「텔레마틱 드리밍」이 의미하는 것이 바로 그것이다. 그러나 일상적인 삶 자체가 '텔레마틱 리얼리티'가 된 지금, 이에 대한 '순진한 꿈꾸기'는 불가능해졌다. 이미 우리의 현실은 텔레마틱 리얼리티 그 자체가 되었다. 머지않은 미래에 있을 것이라고 예상했던 초연결, 비대면 사회 그리고 매체에 의해 매개된 사회가 전면에 등장했다. 언제 어디서나 누구나 그리고 이에 더해 어떤 사물과도 연결이 가능한 사회에서 물질적 공간을 중심으로 지금과 여기라는 시공간적 제약은 무의미해졌다. 이러한 변화는 필연적이며 불가역적이다. 우

III. 매체와 예술

리가 맞이할 수밖에 없는 이러한 변화는 효과적인 측면에서 긍정성과 부정성을 동시에 가지고 있다. 원격현전은 쌍방향적인 대화와 감시를 동시에 가능하게 한다. 신체적 공현전과 별로 다르지 않다. 중요한 것은 쌍방향적인 현전 그 자체이지, 현전의 방법이 아니다. 신체적 현전이든 매체적 현전이든 간에 말이다. 이제 매체 예술 전반에서 중요한 것은 지각 주체가 현전하는 공간과 그 공간의 지각 방식이 되었다.

4. 공간에서의 현전과 분위기 지각[40]

기술적 장치에 의해 확장된 몸이 신체적 현전의 담지체가 된 지금, 신체적 현전과 매체적 현전을 중심으로 한 논쟁은 의미가 없어졌다고 해도 과언이 아니다. 이보다 중요한 것은 미디어 퍼포먼스가 실현되고 있는 공간이다. 공간에서 현전하는 방식이 굳이 그 공간에 직접 존재하는 신체적 현전이 아니어도 상관없다. 신체적 현전을 중심으로 공간을 해석하는 것은 공간에 대한 협소한 이해일 수 있다. 공간에서의 신체적 공현전이든 매체적 현전이든 간에, 중요한 것은 미디어 퍼포먼스가 실행되고 있는 그 공간의 분위기와 이에 대한 지각이다. 공간은 매체성과 수행성의 결합을 통해 그 자체가 분위기의 전달자가 되었다.[41]

---

40) 이 절은 다음의 글들의 일부를 재구성한 것임을 밝힌다: 심혜련, 「감성적 주체로서의 능동적 관찰자」, 『도시인문학연구』 제9권 1호, 서울시립대학교 도시인문학연구소, 2017, 117~141쪽; 심혜련, 「뵈메의 분위기 감성학과 디지털 매체 예술의 수용 방식에 관하여」, 『감성연구』 제19집, 전남대학교 호남학연구원, 2019, 5~29쪽.

41) Gernot Böhme, "Raum leiblicher Anwesenheit / Raum als Medium von Darstellung", in: Sybille Krämer (Hrsg.), *Performativität und Medialität*, München: Wilhelm Fink Verlag, 2004, S. 134.

공간의 분위기와 이에 대한 지각은 미디어 퍼포먼스에 대한 감성학적 접근에서 매우 중요한 문제다. 먼저 공간의 분위기는 행위자의 행위와 관객의 감정 상태와 직접 연결된다. 공간의 분위기가 고정된 것이 아니라, 퍼포먼스의 과정에서 행위자들과 공연의 여러 공감각적 요소들이 결합해서 일시적이며 유동적인 분위기가 형성된다. 관객은 공간에 침투해 들어가 먼저 그 공간의 분위기(Atmosphäre)를 지각하며, 공간과 상호작용한다. 공간의 분위기를 형성하는 그 모든 것들은 감성학의 대상이 된다.

　　이와 관련해서, 누구보다도 게르노트 뵈메(Gernot Böhme)의 감성학에 주목할 필요가 있다. 그는 자신의 감성학에서 그 무엇보다도 '분위기'를 강조한다.[42] 그는 감성적 지각에서 무엇보다도 일차적으로 지각하는 것이 무엇인지를 묻고, 그리고 그것을 분위기라고 본 것이다. 한마디로 말해서, '분위기의 지각', 이것이 바로 뵈메의 감성학의 핵심 주제이다. '공간의 분위기'와 '지각'을 강조하는 그의 이론은 디지털 매체 예술의 몰입적 상호작용을 이해하는 데 적절한 이론적 틀을 제공해 줄 수 있다. 매체 예술 자체가 분위기 있는 공간으로 설치되기도 하고, 또 미디어 퍼포먼스에서도 무엇보다도 공간의 분위기 지각이 강조되기 때문이다. 지각 주체인 수용자는 공간으로 진입해, 그 공간을 지각하기 때문이다. 그에 따르면, 감성적 지각과 관련해서 무엇보다도 중요한 것은 사물에 대한 지각이 아니라, "우리가 느끼는 분위기"(das, was man empfindet: die Atmosphäre) 그 자체이다.[43]

　　사물에 대한 지각에 앞서 그 사물이 놓여 있는 그리고 지각 주체

42)　Gernot Böhme, *Atmosphäre*, Frankfurt am Main: Suhrkamp Verlag, 1995, S. 21.

43)　*Ibid.*, S. 15.

가 현존하는 공간과 환경에 대한 분위기가 무엇보다도 먼저 지각된다. 예를 들어, 성당이라는 공간에 들어갔다고 가정해 보자. 그 공간에 들어선 지각 주체는 무엇보다도 그의 신체가 그 공간의 분위기에 공감각적으로 반응한다. 그다음 각각의 지각들이 각기 공간 안에 존재하는 것들에 관해 반응하기 시작한다. 분위기는 지각 대상이 가지고 있는 독특한 느낌이다. 그러나 분위기는 지각되는 대상과 환경에만 존재하는 것은 아니다. 지각 주체가 이를 지각해야만 분위기로 수용될 수 있다. 분위기는 지각 주체로부터 발생하기도 하며, 또 대상의 분위기일지라도 주체의 감정 상태에 따라 다르게 지각되기도 한다. 누군가에게 청명한 하늘이 기분 좋은 상태일 수도 있고, 또 다른 누군가에게는 눈물이 날 만큼 서글픈 상태로 지각될 수 있기 때문이다. 분위기는 지각 주체에 의존한다. 분위기는 지각 주체와 지각 대상 간의 상호작용적 관계에 따라 발생한다.[44] 또 분위기는 주체와 객체 사이의 틈새에 존재하기도 한다.[45] 이러한 틈새에서 주체와 객체의 상호작용을 통해 분위기가 만들어지기도 한다.

이렇듯 뵈메는 분위기를 주체에 속한 것 또는 객체에 속한 것으로 파악하지 않는다. 즉 객체가 가지고 있는 독특한 특성으로만 분위기가 형성되는 것도 아니며, 주체의 기분(Stimmung)에 따라 형성되는 것도 아니다. 우리는 분위기가 대상 또는 환경에서 산출되는 것인지, 아니면 지각 주체의 기분에 따라 감지되는 것인지 정확히 알 수 없다. 분위기의 존재 방식과 산출 방식은 기존의 "주체-객체 간의 이분법"에서 벗어난다.[46] 분위기는 지각 대상과 주체 사이에서 마치 안개처럼

---

44) *Ibid.*, S. 16.
45) *Ibid.*, S. 22.
46) *Ibid.*, S. 36.

공간을 채우고 있다.[47] 그렇다면 이제 뵈메가 분위기에서 가장 중요하게 여기는 것이 무엇인지를 살펴봐야 한다. 그가 분위기와 관련해서 무엇보다도 주목하는 것은 공간성(Räumlichkeit)이다. 공간의 분위기를 지각하기와 산출하기에서 그의 감성학은 전개된다. 지각, 신체, 환경, 자연 그리고 예술 그 모든 주제가 분위기의 공간성과 연결되기 때문이다. 그에게 있어서 '정조적 공간들'(gestimmte Räume)이야말로 분위기 그 자체로 여겨질 수 있기 때문이다.[48]

분위기는 공간으로부터 발산되며, 지각 주체도 공간 그 자체에서 발산되는 분위기를 지각한다. 지각 주체는 먼저 자신이 어떤 상태로 어떤 곳에 있는지를 지각한다. 즉 "나는 여기에 있고, 그리고 여기서 느끼고 그래서 분위기가 있다고 느낀다"라고 말할 수 있는 것이다.[49] 이를 위해 지각 주체는 먼저, 분위기 있는 공간으로 진입(Ingression)해야 한다. 진입한 공간의 분위기와 지각 주체의 감정이 일치할 수도 있고 그렇지 않을 수도 있다.[50] 누가 봐도 밝고 명랑한 분위기이지만, 지각 주체의 '감정 상태'(Gemütszustände)에 따라 매우 우울한 분위기로 지각될 수 있기 때문이다. 이 경우에는 무엇보다도 지각 주체가 중요하다. 뵈메는 분위기의 공간성과 더불어 이러한 분위기가 있는 공간에서 이를 지각하는 주체도 자신의 감성학의 주된 분석 대상으로 삼았다. 누가 어디에서 무엇을 어떻게 지각하며 수용하는가가 중요해진다. 한마디로 말해서, 주체의 '감성적 지각'이 제일 중요해진 것이다. 미디

47) *Ibid.*, S. 22.
48) Gernot Böhme, *Architektur und Atmosphäre*, München: Wilhelm Fink Verlag, 2006, S. 16.
49) Gernot Böhme, *Aisthetik. Vorlesungen über Ästhetik als allgemeine Wahrnehmungslehre*, S. 47.
50) *Ibid.*, S. 47.

어 퍼포먼스뿐만 아니라, 공감각적 체험의 장이 된 디지털 설치예술에서도 공간의 분위기를 지각하는 것은 매우 중요하다. 그런데 설치 작품의 경우, 수용자는 상호작용적 행위를 할 수도 있으며, 또는 이 공간을 지각하기만 할 수도 있다.

여기서 주의해야 할 점은 상호작용적 행위가 있는 경우는 수용자의 적극적 수용으로, 그 반대의 경우는 소극적인 경우로 해석하는 것이다. 행위가 관조보다 반드시 적극적인 것은 아니다. 더 나아가 최근에는 행위 또는 관조를 떠나 단지 감각 체험을 강조하는 경우도 있다. 지각 주체가 공감각적 공간에서 감각을 체험하는 것이다. 공감각적 공간은 일종의 '신체적 공간'(der leibliche Raum)이다. 뵈메는 신체적 공간의 특징을 "행위 공간"(Handlungsraum), "나의 신체적 현존의 공간"(der Raum meiner leiblichen Anwesenheit) 그리고 "지각 공간"(der Wahrnehmungsraum)으로 설명한다.[51] 이러한 특징을 가진 신체적 공간은 무엇보다도 음악, 소리 그리고 다양한 소음들에 둘러싸여 있는 청각적인 공간이다.[52] 공간에 대한 신체적 감지는 무엇보다도 소리를 통해 이루어진다고 본 것이다. 그다음이 이미지 지각이다. 소리와 결합한 이미지들은 지각 주체의 감정에 따라 다양하게 수용될 수 있다. 어떻게 지각되든 상관없는 것이다. 특정 공간의 분위기가 어떤 이에게는 유쾌하게, 또 다른 이에게는 슬프게 또 다른 이에게는 멜랑콜리하게 지각될 수 있는 것이다.[53]

매체 공간에서 예술은 전시, 전송 그리고 실행되며, 매체 공간에

---

51) Gernot Böhme, *Leib. Die Natur, die wir selbst sind*, Berlin: Suhrkamp Verlag, 2019, S. 54.

52) *Ibid.*, S. 55.

53) *Ibid.*, S. 53.

서 관객은 그 공간으로의 몰입을 통해 예술을 수용한다. 매체 공간에서 실시간으로 수행되는 많은 미디어 퍼포먼스의 경우에도 관객은 실제 공간에서 실행된 공연에서 느꼈던 몰입감과 감동을 요구하게 되며, 또 실제로 그러한 몰입감과 감동을 체험하기도 한다. 퍼포머와 관객은 매체를 매개로 공현전한다. 매체가 매개되었다고 해서 배우의 또는 공연의 아우라가 몰락하는 것은 아니다. 공연예술을 포함한 많은 예술은 감각을 확장하기 위해 매체를 적극적으로 활용했던 방식에서 벗어나, 이제는 '매체 공간'에서의 공연과 전시를 구상해야 하는 단계에 이르렀다. 이 경우 실제 공간에서의 공연을 단순히 녹화 또는 실시간 중계하는 방식으로는 안 된다. 이는 미디어 퍼포먼스라기보다는 매체로 기록된 또는 전송되는 공연예술이기 때문이다.

미디어 퍼포먼스에서 중요한 것은 관객의 몰입이다. 특히 미디어 퍼포먼스의 경우, 공간에서의 행위자들의 행위와 미디어의 다양한 요소들 그리고 관객의 반응들이 어우러져 분위기를 형성하며, 또 관객은 그 공연의 분위기에 몰입한다. 공연장에서의 분위기는 일회적이다. 반복 불가능하다. 퍼포먼스 미학에서 말하는 '사건'이 발생했다고 볼 수 있다. 이 사건이 발생하는 장소가 반드시 실제 공간이며, 그 공간에서 신체적 공현전이 전제되어야 할 필요는 없다. 미디어 퍼포먼스는 현전의 느낌을 극대화하기 위해서 다양한 장치들을 통해 오감을 자극하고, 이를 통해 관객의 몰입을 최대한 끌어올리고자 한다. 그러나 이러한 장치들이 반드시 상호작용적 행위를 전제로 할 필요는 없다. 공간에서의 현전감은 신체적 공현전이든 또는 매체적 공현전이든 간에 반드시 행위를 통한 공현전일 필요는 없기 때문이다. 공간의 분위기를 지각하는 것만으로도 몰입이 충분히 가능하기 때문이다.

미디어 퍼포먼스 외에도 공간의 분위기는 동시대 예술에서 중요

III. 매체와 예술

한 요소다. 예를 들어, '미디어 설치'(media installation)의 경우에도 공간의 분위기가 무엇보다도 중요하다. 그러나 이 경우, 행위자와 관객의 직접적인 상호작용 없이 공간의 분위기만 강조된다. 첨단 과학기술을 적극적으로 사용하는 미디어 설치는 기본적으로 상호작용을 전제하지 않는다. 과거의 미디어 설치와는 다르게 말이다.[54] 최근의 미디어 설치는 전통적인 조형예술의 양식을 모방하거나 전시 장소 안에 파노라마식 원형 탑과 영화관과 같은 검은 방을 설치한다. 그리고 그 공간들에서 관객은 공통의 행위자에서 다시 관찰자의 자리에 서게 되었다.[55] 물론 관찰자로서의 자리가 이전처럼 이미지 앞만은 아니다. 관찰자는 기술적 장치가 만들어 낸 이미지 공간 안으로 들어가 이를 '온몸'으로 체험한다. 공감각을 활용한 장치들이 만들어 낸 공간에서 관찰자가 된 관객은 '온몸 몰입'을 한다. 온몸으로 공간의 분위기를 지각하는 것이다. 공감각적 체험의 장이 된 디지털 설치예술은 그 자체가 하나의 분위기 있는 공간이 되었다. 설치 작품에 따라 이 공간에서 수용자는 상호작용적 행위를 할 수도 있으며, 또는 이 공간을 지각하기만 할 수도 있다.

올라퍼 엘리아슨(Ólafur Elíasson)의 「날씨 프로젝트」(Weather project, 2003)라는 작품이 바로 그런 예라고 할 수 있다. 엘리아슨은 런

---

54) 그 이전의 설치예술에서는 적극적으로 기술을 그리고 퍼포먼스적 성격을 결합한 많은 작품이 있었다. 대표적으로 대지예술(land art, earthworks), 해프닝(happening), 플럭서스(Fluxus), 보디 아트(body art) 등이 설치예술의 다양한 요소들과의 결합을 통해 혁명적인 변화를 가져왔다고 볼 수 있다. 참조: Annette Jael Lehmann, "Mediated Motion. Installationsräume und Performative Aisthetik am Beispiel von Olafur Eliasson", in: Sybille Krämer (Hrsg.), *Performativität und Medialität*, München: Wilhelm Fink Verlag, 2004, S. 347.

55) Juliane Rebentisch, *Ästhetik der Installation*, Frankfurt am Main: Suhrkamp Verlag, 2003, S. 179.

던 테이트모던 미술관에 태양과 안개를 인공적으로 만들어 미술관 공간 그 자체를 말 그대로 '분위기 있는 공간'으로 만들었다. 관객들은 그가 만들어 낸 공간과 그 공간의 분위기를 지각하고자 미술관에 온다. 미술관에 온 관객들은 자기 방식대로 그의 작품을 수용한다. 태양이 빛나고 있는 공간을 배회하기도 하고, 일광욕하듯이 누워 있기도 한다. 또 다른 관객들이 이 작품을 어떻게 감상하고 있는지를 구경한다. 장치와의 적극적 행위는 없다. 그러나 그 어떤 상호작용적 매체 예술보다도 관객들은 작품과 상호작용한다. 온몸으로 공간을 지각하면서 말이다.[56] 여기서 주의해야 할 점은 상호작용적 행위가 있는 경우는 수용자의 적극적 수용으로 해석하고, 그 반대의 경우는 소극적인 경우로 해석하는 것이다. 행위가 관조보다 반드시 적극적인 것은 아니다. 장치를 단순하게 작동하는 상호작용적 예술도 많다. 더 나아가 최근에는 행위 또는 관조를 떠나 단지 감각 체험을 강조하는 경우도 있다. 미술관 또는 공연장에서 만날 수 있는 미디어 설치의 경우, 공간 자체를 하나의 '감각의 제국'으로 만들어, 관객들은 아무것도 하지 않고 오로지 감각에만 집중할 것을 요구하기도 한다.

　　미디어 퍼포먼스와 포스트 테크노의 결합이라고 이야기되는 '키네틱 시청각적 설치 퍼포먼스'(kinetic audiovisuelle Installation Performance)의 경우가 바로 그 경우라고 할 수 있다. 크리스토퍼 바우더(Christopher Bauder)와 로베르트 헨케(Robert Henke)의 「디프웹」(Deep Web, 2016)이라는 작품은 수용 방식이 엘리아슨의 작품과 유사하다. 이들은 공연장 전체를 레이저를 활용해 이미지 공간으로 만든다. 그리고 공간을 다양한 전자음으로 가득 채운다. 공연장을 찾은 관객들은

---

56)　Annette Jael Lehmann, "Mediated Motion. Installationsräume und Performative Aisthetik am Beispiel von Olafur Eliasson", S. 363~367.

　　　　　　　　　　　　　　　　　　Ⅲ. 매체와 예술

엘리아슨의 관객과 마찬가지로 각자 원하는 자세로 이 공간의 분위기를 지각한다. 대략 한 시간 정도 진행되는 공연 시간 동안 관객들은 첨단 기계적 장치가 만들어 내는 전자적 이미지와 소리에 온몸을 맡긴다. 말 그대로 감각을 통한 '온몸 몰입'을 하는 것이다. 그들은 '전자적 감각의 제국'에 들어선 것이다. 공연만 변화한 것은 아니다. 이미 관객도 변화했다. 과거의 관객이 텍스트가 중심이 된 공연을 해석하려고 했다면, 현대의 관객은 공연을 지각한다. 빛, 소리 그리고 다양한 것들이 어우러져 만들어 내는 공간의 분위기를 지각하는 것이다.

현대의 공연예술은 무엇보다도 관객의 체험을 중요하게 여긴다. 관객이 공연을 하나의 예술로 여기면서 작가와 작품을 어떻게 해석할 것인가가 주된 문제가 아니라, 공연장에서의 현전감과 공연에 대한 지각 체험이 무엇보다도 중요하다. 매체적 현전을 중심으로 한 공연예술에서도 상황은 더욱 극적으로 변화한다. 매체적 현전과 신체적 현전을 굳이 구별하지 않기 때문이다. 매체성과 수행성도 마찬가지다. 신체적 현전이 어려운 상황에서는 이 둘은 적극적으로 결합할 수밖에 없다. 신체적 현전이 가능하다고 해도, 지각의 확장을 위해 신체와 매체는 직접적으로 결합한다. 과연 이러한 상황 속에서 예술은 또 어떤 모습으로 진화할지 그리고 이에 관해 수용자는 어떻게 반응할지도 매우 궁금하다. 더 나아가 인간이 아닌 기계가 만들어 낸 '예술'들을 어떻게 수용하고, 이에 대해 어떻게 반응할지도 진짜로 궁금하다.

4장. 매체 예술의 수용 방식

1. 관조에서 관여로

1896년은 매체 역사에서 결정적인 해이다. 뤼미에르 형제(Auguste and Louis Lumière)가 세계 최초의 영화 「열차의 도착」(L'arrivée d'un train en gare de La Ciotat)을 상영한 해이기 때문이다. 이 영화는 현대적 의미에서 보면, 사실 영화라기보다는 짧은 동영상, 즉 숏폼이다. 사실 이들보다 먼저 동영상을 만들었던 사람은 바로 에디슨(Thomas Edison)이다. 그는 1893년에 동영상을 만들었음에도, 뤼미에르 형제가 만든 동영상이 최초의 영화로 알려졌다. 그 이유는 뤼미에르 형제가 공개된 장소에서 입장료를 받고 동영상을 상영했기 때문이다. 생산보다는 수용에 초점을 두고 세계 최초의 영화로 인정했다는 사실이 흥미롭다. 그 당시 사람들은 입장료를 내고 영화가 상영되는 특정 장소에서 '움직이는 이미지'를 '구경'했다. 그런데 영화가 상영되는 동안 몇몇 관객들은 기차역으로 들어오는 움직이는 기차의 이미지를 보고 놀라 관람석에서 뛰쳐나갔다고 한다. 그들은 움직이는 이미지를 수용하기 위해 영화관에 입장했기 때문에, 자신들은 실제로 기차가 움직이는 것이 아니라, 단지 영상을 보고 있다는 사실을 너무나도 잘 알고 있었다.

그렇다면 몇몇 관객들은 왜 이렇게 반응한 것일까? 아마도 그 당시 관객들은 '움직이는 이미지'(moving image)의 지각 효과에 대해 전혀 예상하지 못했을 것이다. 아니, 예상했다 하더라도 그 효과가 그토록 클 것이라고는 예상하지 못했다. 그들은 움직이는 이미지의 지각 방식에 대한 사전 지식이 없었다. 그들은 놀라운 지각 체험을 했다. 이렇게 영화는 확장된 지각 체험을 가능하게 했다. 영화가 등장했던 무렵, 일상 공간으로 새롭게 등장한 대도시는 그 자체가 움직이는 이미지였다. 매우 역동적으로 움직이는 현실과는 달리, 이를 재현한 이미지는 정적이었다. 현실에 대한 지각과 이를 재현한 이미지 사이에 간극이 존재했다. 자신이 살고 있는 세상이 빠르게 움직이고 있기에, 이를 재현하고자 하는 노력은 이미 영화 이전에도 있었다. 인간의 눈으로는 지각할 수 없는 빠른 움직임들을 사진기의 도움으로 가시화하려는 노력이 있었다.

대표적으로 에드워드 마이브리지(Eadweard Muybridge)와 에티엔 쥘 마레(Étienne-Jules Marey)의 '키네오그래프'(kineograph) 작업이 그 예다. 이들은 움직임을 기술적으로 가시화했다. 그러나 이들의 작업은 움직임 그대로 가시화한 것이 아니라, 움직임을 분절시켜 하나의 부분, 즉 정적인 이미지들의 연속으로 만들었다. 이들의 작업은 '플립 북'(Flip Book)과 유사했다. 이러한 이미지들은 온전하게 움직이는 이미지를 재현한 영화와는 기본적으로 다르다. 움직이는 이미지는 정지된 이미지 그리고 정지된 이미지를 연속적으로 보여 줌으로써 움직임을 재현했던 연속 사진들의 수용 방식과는 다를 수밖에 없다. 새로운 이미지 형식은 새로운 수용 방식을 요구할 수밖에 없다. 앞에서 살펴보았듯이, 기술 발전은 이미지 존재 방식에 결정적인 요인으로 작용한다. 그러므로 이미지와 이미지 수용을 이해하기 위해서는 기술적 장치(Apparat)에 대한 이해도 요구될 수밖에 없다.[1] 인간의 눈이 아닌, 기술

적 장치가 지각하고 재현하는 이미지의 시대가 본격적으로 도래했기 때문이다.[2]

　　이미지 지각에 혁명적인 변화를 가져온 영화가 등장했을 때, 영화를 어떻게 수용해야 하는지에 대한 논의는 생각보다 많지 않았다. 이미 영화는 단순한 움직이는 이미지만을 보여 주던 매체에서 벗어나, 소리와 그 밖의 요소들과의 결합을 통해 총체예술작품과 유사한 효과를 보여 주고 있었음에도 불구하고 말이다. 그나마 있었던 몇몇 논의들 또한 '이미지의 수용 방식'보다는 '대중매체'인 영화의 내용을 중심으로 대중들에 대한 영향력에 주목했다. 어떻게 대중을 기만하고 선동하는지를 중심으로 영화를 단지 하급 문화로 취급하기도 했다. 이렇듯 처음에 비평가들은 새로운 매체 형식과 그것으로 만들어진 움직이는 이미지에 대해서는 별 관심이 없었다. 그러나 이러한 비평의 흐름도 변하기 시작했다.

　　앞에서 매체와 이미지 생산에서 살펴보았듯이, 매체는 이미지 생산에 결정적 역할을 하며, 그 역할에 따라 이미지가 기술적 재생산, 복제, 변형 그리고 다양한 생산 방식과 혼종화될 수밖에 없다. 생산에 이러한 변화가 일어나고 있다면, 당연히 이에 대한 수용에도 변화가 일어난다. 따라서 영화가 등장했던 초기에 내용이 아니라, 움직이는 이

1) Peter Weibel, "Transformation der Techno-Ästhetik", in: Florian Rötzer (Hrsg.), *Digitaler Schein. Ästhetik der elektronischen Medien*, Frankfurt am Main: Suhrkamp Verlag, 1991, S. 230.
2) 지가 베르토프(Dziga Vertov)의 '키노-아이'(Kino-Eye)는 바로 이러한 기술 장치를 지각의 관점에서 분석한 것이다. 키노-아이는 인간 시각의 확장이라기보다는 기계의 눈이다. 따라서 이 눈은 인간 시각의 관점이 아니라, 사물의 관점에서 세계를 지각하고 재현한다. 이제 '기계의 눈'의 세계가 열린 것이다. 이와 관련된 자세한 논의는 다음의 글을 참조 바람: 김호영, 『영화이미지학』, 문학동네, 2014, 111~121쪽.

미지를 중심으로 이에 대한 수용 방식에 대한 논의가 등장하기 시작했다. 그러나 이러한 논의조차도 영화를 하급 문화로 규정하고, 이를 비판했다. 특히 정적인 이미지 수용과 비교하면서, 영화의 움직이는 이미지와 그 밖의 요소들이 이미지에 대한 관조, 명상 그리고 몰입을 방해한다고 생각하기도 했다. 영화는 이러한 수용 방식과는 거리가 멀다고 보았다. 대표적으로 테오도어 아도르노가 그러했다. '고급 예술'이 아니라, '진정한 예술'에 대해 끊임없이 탐구했던 그에게 영화란 예술이 아니라, 예술인 척하는 유흥산업(amusement)일 뿐이었다. 그에게 영화란 현실의 고단함과 부조리로부터 일시적으로 도피할 수 있는 수단에 불과했다. 고통으로부터 일시적으로 도망할 수 있는 일종의 마취제에 불과한 것이었다.[3] 그는 영화의 내용과 형식이 모두 이런 역할을 한다고 비판했다.

그렇다면 왜 아도르노는 영화를 이렇게 평가할 수밖에 없었나? 그것은 바로 아도르노가 생각하고 있는 진정한 예술 그리고 이에 대한 수용과 영화가 정반대였기 때문이다. 물론 그는 나중에 영화에 대해 약간의 입장 전환을 보이면서, 영화를 예술로 또 미학의 대상으로 인정하기도 했다. 그러나 이 또한 전면적 인정은 아니었다.[4] 그가 이토록 영화를 예술로 인정하기 어려웠던 이유 중 하나는, 바로 수용 방식에 있다. 그에게 진정한 예술 그리고 이에 대한 수용은 예술작품으로 깊

3)   막스 호르크하이머·테오도어 아도르노, 『계몽의 변증법』, 김유동·주경식·이상훈 옮김, 문예출판사, 1995, 193~194쪽.

4)   그는 「영화의 자명성」(Transparencies on film)과 한스 아이슬러와 함께 쓴 『영화를 위한 작곡』에서 영화를 예술로 인정하고 미학의 분석 대상으로 인정하려는 시도를 보여 주기도 했지만, 이 또한 전면적 수용이라고 보기는 어렵다(참조: 테오도어 아도르노, 「영화의 자명성」, 『헐리우드/프랑크푸르트』, 김소영 편역, 시각과언어, 1994, 96쪽; Theodor W. Adorno, Hanns Eisler, *Komposition für den Film*, Hamburg: Europäische Verlagsanstalt, 1996, S. 13~15).

III. 매체와 예술

숙이 들어가는 침잠(Versenkung)과 같은 관조이다. 이러한 관조는 '미메시스'(Mimesis)에 의해서만 가능하다. 즉 예술과 합일을 이룰 수 있을 정도로 수용 과정에서 관조하고 몰입해야 한다. 그래야지만 수용자가 작품 속에서 소멸되어 작품과 하나가 될 수 있는 것이다.[5] 이게 바로 아도르노가 이야기하는 예술에 대한 '미메시스적 수용'이다. 아도르노가 보기에 영화는 이러한 수용과 거리가 멀다. 관조할 사이도 없이 이미지들이 흘러가기 때문이다.[6] 조용한 미술관에서 작품을 앞에 두고 작품 이미지 안으로 침잠하듯이 이미지를 수용해야 예술적 수용이 될 수 있다. 번잡스러운 영화관에서 다른 관객과 더불어 움직이는 이미지를 수용한다면, 이는 예술 수용으로 인정할 수 없다.

아도르노는 발터 벤야민의 영화를 둘러싼 지각 방식에 대한 이해를 받아들일 수 없었다. 영화관에서 취할 수 있는 관객의 태도 또한 비판적일 수 있다는 벤야민의 주장에 대해 그는 헛된 믿음일 뿐이라고 주장했다.[7] 영화 수용에 대한 이 둘의 결정적 차이가 바로 이 지점이다. 그런데 아도르노의 비판에는 문제가 많다. 일단 영화가 움직이는 이미지라는 것을 전혀 고려하지 않았기 때문이다. 아도르노는 벤야민과 달리 새로운 매체, 이에 기반한 새로운 예술 그리고 새로운 예술에 적합한 수용 방식에 대한 고려가 없었다.[8] 과거의 매체와 예술에 기반한 예술 수용 방식에 집착했다고 볼 수 있다. 새로운 매체는 새로운

5) 테오도어 아도르노, 『미학이론』, 홍승용 옮김, 문학과지성사, 1995, 30쪽.
6) Theodor W. Adorno, *Über Walter Benjamin*, Frankfurt am Main: Suhrkamp Verlag, 1990, S. 147.
7) *Ibid.*, S. 147.
8) 재미있게도 아도르노가 진정한 예술 수용으로 이해한 미메시스적 몰입이 디지털 매체 시대에 와서 또 다른 수용 방식으로 등장하고 있다. 이미지 공간의 분위기를 지각하고 그 분위기와 하나가 되도록 몰입하는 과정 또한 미메시스적 몰입이다.

예술을 가능하게 하며, 또 새로운 예술은 새로운 수용 방식을 요구한다. 이는 자명한 사실이다. 벤야민의 영화에 대한 분석도 바로 여기서 출발한다. 그는 영화의 등장 초기에 움직이는 이미지로 구성된 영화가 인간의 지각에 거의 혁명적인 변화를 가져올 것이라고 보았다.[9] 그가 현재 진행 중인 매체 담론들에서 주목받고 있는 이유도 바로 여기에 있다.

벤야민은 새로운 이미지를 기존의 이미지 수용 방식을 중심으로 분석하려는 입장을 단호히 거부했다. 그 결과 새로운 수용 방식으로서의 '정신 분산적 지각'을 언급했다. 정적인 이미지가 아니라, 움직이는 이미지를 수용하는 데 적합한 지각을 말이다. 움직이는 이미지라는 특징 외에도 영화는 다양한 카메라 효과와 편집 기술을 사용해서 새로운 지각 체험을 가능하게 했다. 시공간의 새로운 배치, 시각 주체와 대상 간의 '거리'의 임의적 배치 등도 분산적 지각의 대상이 되었다. 분산적 지각은 침잠, 집중 그리고 이를 중심으로 한 관조와는 다소 거리가 있다. 관조가 예술 애호가들을 중심으로 한 문화적 향유를 위한 수용 방식이라면, 분산적 지각은 대중을 위한 수용 방식이다. 지극히 오락적인 수용 방식이다. 그렇다면 이제 벤야민의 이론을 지금의 매체적 상황에 적용해 보자. 지금도 여전히 분산적 지각을 중심으로 이미지가 수용되는가? 아니다. 그러면 아도르노의 분석이 타당한가? 이 또한 아니다.

문제는 벤야민이 그 당시 새로운 매체를 중심으로 이미지 생산뿐만 아니라, 이미지 수용에 관심을 갖고, 이를 분석했다는 데 있다. 그의 이론이 지금도 힘을 가지기 위해서는 그의 문제의식이 중심이 되어

---

9) 영화를 중심으로 한 벤야민의 이미지 수용 방식에 대한 자세한 내용은 다음의 글을 참조 바람: 심혜련, 『20세기의 매체철학: 아날로그에서 디지털로』, 62~67쪽.

III. 매체와 예술

야 한다. 즉 새로운 매체가 생산하는 이미지 그리고 이를 수용하는 방식에 대한 접근이 되어야만 한다. 벤야민의 문제의식을 받아들인다면, 지금의 매체적 상황에서의 이미지의 생산 방식과 수용 방식에 관해 물어야 한다. 생산이 아니라, 수용 방식에 대한 접근은 '매체철학', '감성학' 또는 '매체 감성학'의 핵심이다. 기존의 담론이 생산을 중심으로 예술가와 생산 그리고 작품을 중심으로 진행되었다면, 지금 진행되고 있는 매체 감성학에서는 무엇보다도 수용자의 관점에서 매체가 매개된 예술이 어떻게 수용되는가를 집중적으로 다루어야 한다. 그래야만 매체 감성학의 본래의 취지에 맞게 매체 예술론이 진행된다고 볼 수 있다.

따라서 이 장에서는 매체 예술을 중심으로 수용 방식이 '관조'에서 '관여'로 변화했다는 전제 아래에서, 관여를 중심으로 상호작용적 수용을 크게 행위와 장치 중심의 상호작용으로 분류한 뒤, 이를 분석하고자 한다. 물론 장치를 작동하는 것도 행위다. 그러나 나는 단순한 행위와 장치에 대한 의존성이 높은 디지털 매체 예술을 구분해서 분석하고자 한다. 마지막으로 예술 수용의 주체인 감성적 주체의 능동적 활동으로서의 몰입적 수용을 강조하고자 한다. 인공지능을 예술가로 인정하느냐 마느냐의 문제를 논쟁하고 있는 지금, 무엇보다도 감성적 주체를 중심으로 한 예술의 수용 방식이 중요하기 때문이다. 예술을 수용할 때, 감성적 주체들 간의 공존과 공감이 그 어느 때보다 요구된다. 과연 상호작용이라는 것이 어떤 의미를 갖고, 또 어떻게 진행되어야 하며, 또 누구를 위한 상호작용인지를 좀 더 면밀하게 분석할 필요가 있다.

2. 행위를 통한 상호작용

한때 디지털 매체는 '새로운 매체'였다. 새로운 매체를 중심으로 제작된 예술은 당연히 '새로운 예술'이었다. 그런데 지금은 누구도 디지털 매체를 또 디지털 매체 예술을 새롭다고 여기지 않는다. 새로움이 새로움으로 더 이상 인식되지 않는다. 디지털 매체를 중심으로 한 매체 예술이 본격적으로 논의되기 시작한 초반에는 이 매체가 가진 새로움에 특히 주목했다. 디지털 매체 예술에서는 디지털 이미지의 변형, 비물질성, 상호작용성, 가상성 그리고 원격현전 등이 새로움을 평가할 수 있는 기준이 되었다. 이미지의 변형 가능성과 비물질성은 오랫동안 예술의 자율성을 지탱해 온 원본성을 해체했기 때문에 새로운 예술의 기초가 되었다고 여겨지기도 했고, 또 이를 토대로 디지털 매체 시대의 새로운 미학, 즉 기술 미학을 전개해야 한다는 주장도 있었다.[10] 물론 지금은 상황이 또 달라졌다. 복제와 변형을 기본으로 한 매체 예술이 원본성이라는 존재 방식과 혼종화되기도 하고 또 디지털 매체 예술만이 갖는 고유한 특징으로 논의되었던 상호작용성, 가상성 그리고 원격현전 등도 전통적인 예술 수용에서도 중요한 요소로 작용하기 때문이다. 혼종화된 예술은 혼종화된 방식으로 수용되는 것이 너무나도 당연하다.

　　디지털 매체 예술에서 이미지의 변형과 혼종화만큼 주목받은 것은 바로 '상호작용적 수용'이었다. 디지털 매체 예술의 수용 과정에서 상호작용성은 그 어떤 특징보다 '새로움'으로 인식되었다. 그러나 디지털 매체 예술 담론에서 상호작용성이 쉽게 받아들여지지는 않았다.

---

10)　Peter Weibel, "Transformation der Techno-Ästhetik", S. 205.

과연 상호작용성을 디지털 매체 예술의 수용 과정에서 발생하는 새로움으로 인정할 것인가를 둘러싼 논쟁도 있었고, 디지털 매체 예술의 수용 과정에서 과연 상호작용성이 가능한가라는 논쟁도 있었고, 디지털 매체 예술의 상호작용성의 기원을 1960년대 해프닝과 퍼포먼스에서 찾을 수 있는지를 둘러싼 논쟁도 있었다. 이러한 논쟁들은 얼핏 보면 매우 복잡해 보인다. 다양한 요인들이 중첩되고, 이 중첩된 요인들이 또 다른 상황의 요인으로 작용하기 때문이다. 그런데 논쟁의 핵심은 단 하나다. '매체에 의한 상호작용을 어떻게 이해하는가?'의 문제다. 이 문제는 결국 '매체와 예술의 문제'로 환원된다. 단지 예술의 제작과 수용 과정에서 매체의 역할이 매우 중요해졌기 때문이 아니라, 매체가 단순한 도구에 머무르지 않는다는 것이 핵심이다. 매체는 창작 과정의 주체로 등장하기에 이르렀다.[11]

창작 과정의 주체로 등장한 매체 덕분에, 작가는 천재라는 무거운 짐을 내려놓고, 다른 사람들과 협업할 수 있는 아이디어와 프로그램을 제공해 주는 새로운 역할을 부여받았고, 수용자는 '단순한 보기' 또는 '작품의 관조적 해석'이라는 어려운 과제로부터 해방될 수 있었다. 수용자에게 부여된 수용은 '관조'가 아니라, '관여'가 되었다. 그것도 작품 일부를 스스로 채워 넣을 수 있는 그런 관여가 허용된 것이다. 이러한 놀라운 변화를 중심으로 해서 다양한 상호작용이 등장했다. 매체와 매체 간의 상호작용, 작가와 매체 간의 상호작용, 수용자와 매체 간의 상호작용, 작가와 수용자 간의 상호작용, 수용자와 수용자 간의 상호작용 등등이 가능해졌다. 이러한 변화를 인정한다 해도, 여전히 상호작용성을 디지털 매체 예술의 '새로움'으로 인정할 수 없다고 보

---

11) Ibid., S. 224.

는 이론가들도 있었다. 작가, 작품 그리고 수용자 간의 상호작용은 디지털 매체 예술 이전에도 있었다는 것이다. 더 나아가 이들 간의 상호작용은 예술 경험의 가장 근본이 되는 것이기 때문에, 굳이 새로움으로 취급될 수 없다는 반론이 제기되곤 했다.[12] 한마디로 모든 예술이 매체 예술이라고 말할 수 있듯이, 모든 예술은 상호작용적이라고 말할 수 있다는 것이다.

예술가는 자신만을 위해 표현하지 않는다. 예술가는 기본적으로 관객과의 상호작용을 전제로 활동한다. 예술가는 전시나 공연을 통해 관객과의 만남을 원하고 또 인정받기를 원한다. 관객 그리고 비평가와의 만남은 예술가의 창작 행위에 결정적인 역할을 하는 원동력이다. 이 모든 것이 상호작용이다. 관객도 예술을 수용할 때, 적극적인 상호작용을 한다. 이미지 앞에서의 관조 또한 일종의 몰입이다. 음악도 건축도 마찬가지다. 관객과의 상호작용은 예술의 필요충분조건이다. 따라서 이러한 상호작용은 디지털 매체 예술에서의 상호작용과 관객의 범위, 역할 그리고 상호작용적 방법이 다를 뿐이다. 그러나 이러한 비판은 문제가 있다. 이는 디지털 매체 예술에서의 상호작용성을 지나치게 일반화했다고 볼 수 있다. 즉 지나치게 일반적 의미에서 상호작용성을 이야기했을 뿐, 디지털 매체 예술만이 가지고 있는 특별한 상호작용성에 대해서는 주목하지 않았기 때문이다. 그 특별함 때문에 새로움으로 이야

---

12) 대표적으로 마노비치(Lev Manovich)가 이러한 주장을 한다. 그는 기본적으로 상호작용성을 디지털 매체의 특징으로 보는 관점에 문제를 제기한다. 그에 따르면, 모든 매체, 더 나아가 모든 예술이 상호작용적이라고 볼 수 있다. 오히려 그는 디지털 매체의 새로움은 상호작용성이 아니라, 수적 재현, 모듈성, 자동화, 가변성, 부호 전환 등에서 찾아야 한다고 한다. 즉 그는 매체 그 자체를 중심으로 해서 새로움을 찾아야 한다고 주장한다(레프 마노비치, 『뉴미디어의 언어』, 서정신 옮김, 생각의나무, 2004, 103쪽).

기되고 있는 상황을 무시하고, 주된 논점으로부터 이탈한 것이다.

디지털 매체 예술을 중심으로 논의되는 상호작용은 전통적 예술 작품의 수용 과정에서 이야기하는 상호작용과는 다르다. 전통적인 예술에서의 상호작용은 작품 자체의 개입은 없었다. 단지 '감상'의 차원에서의 상호작용만이 있을 뿐이었다. 즉 관객이 작품을 관조, 감상 그리고 해석하는 차원에서 벗어나 작가와의 협업을 통해 작품에 관여하는 그러한 경험은 불가능하기 때문이다. 예를 들어, 로미 아키튜브 (Romy Achituv)와 카밀 우터백(Camille Utterback)의 상호작용적 설치작품인 「텍스트 레인」(Text Rain, 1999)을 보자. 이 작품은 디지털 상호작용적 예술의 고전이라고 할 수 있다. 관객은 미술관 벽에 설치된 스크린에서 자신의 움직임에 따라 만들어지는 글자들이 비처럼 내리는 것을 볼 수 있다. 관객은 자신의 사소한 움직임이 작품의 일부 이미지가 되어서 미술관의 벽면에 나타날 때, 이전과 전혀 다른 예술을 경험한다. 조용한 미술관에서 거리를 두고 그저 보기만 해야 하는 위대한 '예술작품'을 경험할 때와는 전혀 다른 상황이 펼쳐졌다. 이러한 상호작용적 예술의 경우, 작가는 작품을 완성하기보다는 주로 콘셉트를 제공하는 '메타-작가'(Meta-Autor)의 역할을 하고, 관객은 일종의 '인터-액터'(Interaktor)가 되어, 서로 협업하면서 작품을 완성한다.[13]

작품 앞에서 일정 정도 거리를 두고 조용히 보기만 했던 그런 수용에서 벗어나 적극적인 움직임으로 이미지를 만들고, 또 그 과정이 매우 즐거울 수 있다. 더 이상 미술관은 조용히 침묵해야 하는 그러한 공간이 아니라, 놀이공원이 되었다. 미술관 밖에서도 재미있는 변

---

13)   Claudia Giannetti, *Ästhetik des Digitalen. Ein intermediärer Beitrag zu Wissenschaft, Medien- und Kunstsystem*, Übersetzung von Michael Pfeiffer, Günter Cepek, Karlsruhe: ZKM, 2004, S. 105~106.

화가 일어났다. 이러한 상호작용 예술이 미술관이라는 장소를 벗어나 거리에서도 '설치'되기 시작했다. 라파엘 로사노-헤머(Rafael Lozano-Hemmer)의 「바디 무비스」(Body Movies, 2001)는 거리에 있는 건물 측면을 스크린 삼아 다양한 '몸 이미지'들이 투영되는 작품이다. 설치된 스크린에 '몸 이미지'들이 나타나기 위해서는 그곳에 있던 사람들은 걷고, 서로 접촉해야 한다. 그들의 움직임과 접촉이 커다란 스크린에 이미지를 만들어 낸다. 점차 이 과정에 익숙해진 거리의 사람들은 매우 능동적으로 즐기며 행위하고, 그 행위의 결과를 바로 그곳에서 이미지로 체험한다. 이미지를 만질 수도 있고, 또 자신의 행위로 작동되는 각종 장치가 만들어 내는 이미지, 소리 그리고 빛들이 뒤섞인 새로운 매체 예술이 등장했다. 이 경우 장치든 또는 자신의 행위든 간에 적극적으로 움직이지 않으면, 예술 체험이 불가능하다. 그 행위가 바로 상호작용이며, 작품에 대한 관여다.

모든 디지털 매체 예술이 이러한 상호작용을 전제로 하지는 않는다. 새로운 매체를 과거의 방식대로 그저 도구로만 사용하기도 한다. 사진이 등장했을 때, 사진이 갖는 매체적 특징을 중심으로 이미지를 제작하지 않고, 마치 그림처럼 보이기 위해 애썼던 초기 사진의 경우와 비슷한 상황이 또 일어났다. 또 이러한 경우가 문제되는 것도 아니다. 초기 사진과는 또 다르게 새로운 매체를 중심으로 새롭게 표현하고자 하는 시도도 등장했고, 또 이러한 시도는 너무나도 당연하다. 그 결과 기존의 회화와 사진처럼 정적인 이미지와 같은 디지털 이미지들도 등장했다. 정적인 이미지로 존재하는 경우, 사실 기존의 이미지 수용 방식과 별 차이 없다. 대부분 완결된 채 하나의 완성된 작품으로 모습을 드러내기 때문이다.

특히 특정 장소에 전시되거나 예술계라는 제도 안에 들어온 이미

III. 매체와 예술

지의 경우, 철저하게 원본성을 중심으로 평가받기 때문이다. 이 과정에서 매체의 속성을 잘 활용해서 복제와 변형을 원본성으로 만들기도 한다. 원본성의 해체가 아니라, 원본성의 확장이 이루어진 것이다. 이러한 작품들은 주로 미술관에 전시된다. 미술관에 전시된 이러한 작품들은 기존의 시각 예술과 마찬가지로 관객은 작품 앞에서 작품과 거리를 두면서 이를 수용한다. 이때 수용 행위는 관조, 명상 그리고 이해와 해석이 중심이다. 물론 이해와 해석의 방식은 달라졌을 수 있다. 종교, 권력, 이데올로기, 자본 그리고 개인의 경제적 상황, 예술적 취향 그리고 문화 자본 등등을 중심으로 혼종화된 해석과 이해가 가능해진 것이다. 그만큼 예술도 예술의 기능도 다원화된 것이다.

디지털 매체 예술의 상호작용은 이러한 닫힌 체계로 존재하는 작품이 중심이 아니라, 미완성된 '움직이는 이미지'를 봐야 한다. 즉 일종의 '열린 예술작품'으로 존재할 수 있는 그런 작품 말이다. 이러한 열린 예술작품들은 특정 공간에 '미디어 설치'로 등장할 뿐만 아니라, 컴퓨터 모니터에도 등장한다. 이 두 경우 모두 이미지 앞에서 이미지와 거리를 두고 이를 수용하는 것은 불가능하다. 관객의 행위가 작품의 이미지를 구성하기 때문이다. 관객이 움직이지 않으면, 작품은 완성되지 않는다. 비록 마우스 또는 조이스틱을 움직이는 단순한 행위일지라도, 이 행위에 의해서 작품이 완성된다. 미디어 설치의 경우도 마찬가지다. 이미지를 산출해서 작품을 완성하기 위해서는 관객의 적극적인 움직임이 있어야 한다. 이것이 바로 디지털 매체 예술에서의 상호작용성이며, 이러한 예술을 '상호작용적 예술'(Interactive Art)이라고 한다. 이때 관객의 행위는 단순하며 반복적이다.

따라서 디지털 매체 예술에서의 관객의 행위를 통한 상호작용은 새로움으로 수용되기 충분하다고 이야기할 수 있다. 그런데 이 주장 또한 반론이 가능하다. 왜냐하면 1960년대에 이미 관객의 행위에 근거한 상호작용적 예술이 존재했기 때문이다.[14] 그 당시 권력이 된 기존 예술에 대한 반발은 다양한 방식으로 분출되었다. 그때 등장한 퍼포먼스, 해프닝 그리고 행위예술 등도 일종의 반발이었다. 이러한 예술 흐름은 무엇보다도 물질성을 토대로 한 '예술작품'과 '작품의 원본성'을 부정했다. 물질성 대신 비물질성을, 작품 그 자체보다는 제작 과정과 행위를, 작품의 영원성 대신 순간성과 일시성을, 반복성보다는 반복 불가능성을 중심으로 한 새로운 예술 흐름은 기본적으로 다양한 상호작용을 전제로 하고 있다. '지금'과 '여기'에 현전하는 예술가와 관객의 공현전을 전제로 한 상호작용이야말로 새로운 예술의 핵심이 되기 때문이다. 이때 관객은 예술가의 행위에 반응하며, 관객의 행위에 따라 예술가의 행위도 매번 달라진다. 이뿐만 아니라, 관객과 관객 간의 상호작용도 일어난다. 이는 반복 불가능하다. 퍼포먼스가 끝나면 모든 것이 사라진다.

　　매체와 퍼포먼스가 만나면 상황은 달라진다. 앞에서 미디어 퍼포먼스를 통해서 보았던 것처럼, 이 둘의 혼종화를 통해 매체적이면서 퍼포먼스적인 상호작용이 가능할 수 있음을 보았다. 미디어 퍼포먼스뿐만 아니라, 퍼포먼스를 매체로 기록할 수도 있다. 또는 매체로 기록하기 위해서 퍼포먼스와 공연 등을 구성하기도 한다. '비디오 댄스'(Video Dance)와 '퍼포밍 필름'(Performing Film) 등이 그 좋은 예다. 그런데 이 경우 퍼포먼스보다는 매체 예술로 분류하는 것이 더 적합하다. 퍼포먼스를 매체로 기록하면, 그것은 '기록물로서의 퍼포먼스'이지, 예술은 아니다. 그 결과 퍼포먼스의 매 순간이 특별하며 유일한

---

14)　Söke Dinkla, *Pioniere Interaktiver Kunst*, Karlsruhe: Cantz Verlag, 1997, S. 27~30.

　　　　　　　　　　　　　　　　　　　　　　III. 매체와 예술

'사건'이 된다.[15] 이 경우 중요한 것은 '매체적 현전'이 아니라, 지금 여기에 함께 있는 '공현전'이다. 그렇기 때문에 디지털 매체 예술에서의 상호작용과 구별될 수 있다.

　　단순한 행위적 상호작용을 통한 작품에의 관여도 점차 '장치적 상호작용'으로 전환되기 시작했다. 그것도 아주 단순한 장치에서부터 첨단 과학기술 장치들을 활용한 상호작용으로 전환되기 시작했다. 이제 디지털 매체 예술은 이전과 다른 상호작용을 갖게 되었고, 바로 그 다름이 또 다른 비판을 가져왔다. 특히 디지털 매체 예술이 점점 장치 의존도가 커지면서 비판은 더욱 매서워졌다. 단순한 행위를 통한 관여 대신 다양한 기술적 장치와의 결합이 상호작용적 과정에 결정적 역할을 하기 시작했다. 그 과정에서 관객은 예술적 경험을 하는 것인지 또는 기술적 체험을 하는 것인지 점점 더 모호해지기도 했다. 사실 첨단 과학기술 장치들을 사용하면, 바로 그 분야의 예술이 된다. 바이오 아트, 로봇 아트, 나노 아트 그리고 최근의 인공지능 예술 등등이 그 예다. 반응적 환경처럼 구성된 초기의 디지털 매체 예술의 경우, 수용자의 단순한 행위만으로도 작품에 대한 관여가 가능했다. 「텍스트 레인」도 「바디 무비스」도 모두 그러했다. 그런데 그 후 디지털 매체 예술은 점차 기술적 장치에 의존하게 된다. 기술적 장치들은 도구로만 기능하는 것이 아니라, 예술을 가능하게 하는 결정적 요소가 된다.

15)　이와 관련해서는 3장 '매체 예술과 수행성'을 참조 바람.

3. 장치 작동에 의한 상호작용

디지털 매체 예술의 장치에 대한 의존도는 매우 크다. 장치 없이는 생산도 수용도 불가능하다. 작품에 대한 관객의 관여도 철저하게 장치를 중심으로 이루어진다. 그렇다면 이제 '장치'를 작동해야만 가능한 상호작용이 이전의 상호작용과 어떻게 구별되는지, 그리고 이러한 상호작용이 갖는 장단점은 무엇인지에 대한 논의가 필요하다. 디지털 매체 예술이 설치된 채, 자기 자신의 모습을 깊숙이 감추고, 수용자에게 지극히 일상적인 행위만을 요구하는 상호작용적 예술의 경우에는 문제가 안 된다. 문제는 장치를 작동해야만 하고 또 심지어 작동하기에 다소 버거운 상호작용적 예술의 경우에 있다. 장치를 작동해야만 하는 디지털 매체 예술에서 상호작용성에 대한 논의는 앞에서 이야기한 매체 예술에서의 수행성의 문제와 중첩되는 부분이 많다. 키보드와 마우스를 작동하든 또는 조이스틱을 작동하든 또는 행위를 중심으로 상호작용하든 간에 수행성과 매우 밀접하게 연결된다. 이 과정에서 디지털 매체 예술은 변형되기도 하고 실행되기도 한다. 이는 장치를 작동해야만 상호작용이 가능하다. 이 모든 것은 어쨌든 움직임이 필요하기에 '행위적 관여'라고 볼 수 있다.

그런데 행위라도 같은 의미를 갖진 않는다. 클릭과 키보드를 사용하거나 미술관에 설치된 상호작용적 예술 앞에 있는 각종 장치들을 사용하거나 움직이는 행위들의 전제는 '장치'다. 반드시 장치를 작동시켜야만 하고, 또 이미 마련된 프로그램에 따라 작동해야만 한다. 한마디로 말해서, 장치에 대한 의존도가 절대적이다. 그렇다면 이제 다음과 같은 물음, 즉 '장치에 대한 지나친 의존은 과연 상호작용에 어떤 영향을 미칠까?'가 가능하다. 이와 관련해서 매체 이론가 디터 다니엘스(Dieter Daniels)의 비판에 주목할 필요가 있다. 그는 일찍이 디지털 매체 예술의 상호작용성에 주목하면서, 이를 분석했다. 그는 디지털 매체 예술의 상호작용성에서 무엇과 무엇이 어떻게 상호작용하는가를 묻는다. 그는 지금의 디지털 매체 예술에서의 상호작용의 의의와 중요성을 충분히 인정하지만, 그럼에도 불구하고 문제가 있다고 보았다. 즉 그는 인간과 기계를 중심으로 진행되는 경향이 있다고 비판한다. 예술 경험으로서의 상호작용은 인간과 기계뿐만 아니라, 인간과 기술적 산물 그리고 인간과 인간의 상호작용을 포함해야 하는데 말이다.[16]

다니엘스는 장치의 작동을 중심으로 한 상호작용이 강조되면서, '공감' 또는 '교감'을 중심으로 한 상호작용이 실종되는 역설적인 상황이 발생했다고 보았다. 그는 복잡한 장치를 작동하거나 착용해야 하는 상호작용적 예술을 비판한다. 장치를 작동하기 위해서 또는 장치의 오작동으로 인해 오히려 상호작용이 방해받는 경우가 많다고 비판한다. 그래서 그는 디지털 매체 예술에서 매체와 수용자가 만나는 인터페이스(interface)가 무엇보다도 중요하다고 보았다. 그는 복잡한 장치에 의존한 디지털 상호작용적 예술보다, 수용자의 단순한 행위에 의해 관여할 수 있는 상호작용적 예술을 강조한다. 그는 행위에 의한 상호작용을 설명할 때 예로 들었던 작품 외에도 제프리 쇼(Jeffrey Shaw)의 자전거를 인터페이스로 활용한 작품과 울리케 가브리엘(Ulrike Gabriel)의 「숨」(Breath, 1992~1993)과 같은 작품에 주목한다.[17] 쇼의 작

---

16) Dieter Daniels, "Strategien der Interaktivität", in: Rudolf Frieling u. Dieter Daniels (Hrsg.), *Medien Kunst Interaktion*, Karlsruhe: ZKM, 2000, S. 144.
17) 참조: Ibid., S. 154~155. 여기서 디터 다니엘스는 위에서 언급한 작가들 외에도 간단한 장치의 작동을 통해 상호작용적 작품을 만들어 낸 작가들의 예를 들고 있다. 즉 페터 바이벨(Peter Weibel), 데이비드 로크비(David Rokeby) 등등의 작가들의 작품을 소개하고 있다.

품은 스크린에 이미지를 투영하고, 그 앞에 고정된 자전거를 두었다. 수용자가 자전거를 타고 페달을 돌리면, 스크린에 이미지들이 만들어 지고, 수용자는 그 이미지 안으로 들어가는 듯한 체험을 한다. 가브리 엘의 작품은 스크린 앞에서 숨을 쉬면 이미지가 만들어진다. 이토록 단 순한 행위에 의해 수용자가 작품의 일부 이미지를 만들어 낼 수 있다.

자연적 인터페이스와 최소한의 행위로 작동할 수 있는 상호작용 성을 강조했던 그는 디지털 매체 예술의 상호작용을 1960년대 퍼포먼 스와 해프닝 등과 연결해서 파악하려는 시도도 문제가 있다고 비판한 다.[18] 그 이유는 간단하다. 퍼포먼스와 해프닝을 중심으로 한 1960년 대 예술운동은 사회 비판적이었으나, 1990년대 디지털 매체 예술에서 등장한 상호작용성은 그러한 비판이 없다는 것이다.[19] 그는 1960년대 의 흐름은 자본과 권력에 저항하고자 기존의 예술을 부정하는 방법으 로 퍼포먼스와 해프닝을 선택했다면, 1990년대는 거대자본이 만들어 낸 각종 장치와 프로그램들을 활용하면서 비판보다는 '놀이'에 중심 을 두고 있다고 보았다. 기술에 대한 비판은 실종되고 기술에 대한 찬 양만이 남아 있다고 본 것이다. 따라서 그는 1960년대 퍼포먼스를 설 명하는 데 사용된 '열린 예술작품'이라는 개념을 1990년대에 그대로 적용할 수 없다고 주장했다.[20]

---

18) Frank Popper, "High Technology Art", in: Florian Rötzer (Hrsg.), *Digitaler Schein. Ästhetik der elektronischen Medien*, Frankfurt am Main: Suhrkamp Verlag, 1991, S. 249. 여기서 프랑크 포퍼는 디지털 매체 예술의 상호작용성의 기원을 1960년대 해프닝과 퍼포먼스에서 찾아야 한다고 강조한다.

19) 1960년대 퍼포먼스와 해프닝을 상호작용적 예술이라는 개념으로 접근 한 쇠케 딩클라 역시 이와 유사한 입장을 갖는다. 그 또한 1990년대 디지털 매 체 예술의 상호작용성은 기술과 장치에 지나치게 의존하고 있다고 비판한다 (참조: Söke Dinkla, *Pioniere Interaktiver Kunst*, S. 7).

20) 참조: Dieter Daniels, "Strategien der Interaktivität", S. 140~142.

다니엘스의 이러한 비판은 디지털 매체 예술에서 지나치게 상호 작용을 높이 평가하는 것에 대한 반작용과 테크노필리아적인 태도에 대한 반작용이라고 볼 수 있다. 디지털 매체 예술의 상호작용에서 비 판의 자리에 놀이와 순응이 등장했는데, 이를 1960년대의 상호작용적 퍼포먼스와 연결해서 비교 분석하는 것은 문제가 있다고 보았다. 이 러한 비교가 1960년대 치열한 문제의식에서 출발한 예술운동에 대한 '오해'와 '무례'로 보일 수 있다. 다니엘스의 이러한 비판은 전통적인 예술 이해에서 비롯된다고 볼 수 있다. 즉 예술은 진리와 비판의 계기 를 가지고 있어야 하며, 놀이나 유흥과는 구별되어야 한다는 그런 예 술 이해 말이다. 이미 매체 감성학 내부에서 기존 예술의 종말을 이야 기하면서, 새로운 예술의 등장을 선언했음에도 불구하고, 여전히 기존 예술에 대한 이해를 고집하고 있는 것이다. 이런 관점에서 보면, 많은 디지털 매체 예술은 예술로 규정될 수 없고, 일부만 예술로 '인정'될 수 있다.

이런 입장을 취할 경우, 예술을 게임처럼, 또 게임을 예술처럼 생 각하고 이를 생산하기도 하고, 또 수용하기도 하는 혼종화된 주체의 행위를 이해하기 어렵게 된다. 매체 예술은 처음부터 이런 혼종화된 경향을 강하게 가질 수밖에 없었다. 제도적으로 예술 교육을 받지 않 았던 사람들이 매체 예술이 등장할 때, 중요한 역할을 했기 때문이다. 컴퓨터 분야 관련 종사자들이 바로 그들이다. 기본적으로 장치에 많이 의존하는 매체 예술은 일종의 '반-예술'(Anti-Kunst)로 작용할 수 있 다.[21] 반-예술 또한 예술이기 때문에, 매체 예술을 둘러싼 예술의 새로 운 기능과 가치는 전혀 문제가 안 된다. 예술을 둘러싼 전체적인 상황

---

21) Peter Weibel, "Transformation der Techno-Ästhetik", S. 239.

이 혼종화되고 있는 지금, 과거의 예술 이해를 중심으로 현재 진행되고 있는 예술에 비판의 잣대를 들이댈 수는 없다. 전통 예술이야말로 예술이 상품화되는 과정에서 자본주의의 속성을 여지없이 드러내고 있는 지금, 이러한 비판은 별 의미가 없다.

오히려 비판의 초점은 점차 장치 중심이 되는 디지털 매체 예술의 상호작용과 상호작용의 내용이 되어야 한다. 다니엘스 또한 이를 언급했다. 그것은 바로 '장치'를 중심으로 한 상호작용이다. 디지털 매체 예술의 상호작용은 기술과 프로그램에 철저하게 의존하기 때문에, 지극히 '닫힌 체계'에서 이루어지고 있다고 볼 수도 있다. 다니엘스는 열린 작품 내에서 자유롭게 상호작용하고 있다고 생각하는 것은 이를 신화화하는 것이라고 강하게 비판한다.[22] 특정 거대 독점 자본이 만들어 낸 프로그램을 사용하면서 작품을 제작하고, 수용하는 사람들도 그 시스템을 벗어날 수 없고, 또 작가가 만들어 낸 프로그램을 단계별로 진행해야만 작동하는 상호작용은 열린 상호작용으로 볼 수 없다는 것이다. 처음부터 1단계에서 15단계까지 프로그래밍해 놓고, 사용자의 능력에 따라 1단계 또는 15단계에까지 이를 수 있다고 하는, 게임과 유사한 디지털 매체 예술의 상호작용성은 별 의미가 없다고 보았다. 물론 첨단 과학기술은 권력 및 자본과 매우 밀접한 관계를 맺고 있다. 따라서 이것을 활용한 예술 또한 권력 및 자본과 무관할 수 없다. 그러나 무관할 수 없다고 해서 비판할 수 없는 것은 아니다. 그 시스템 안에서도 그들이 만든 장치들을 주로 사용하면서도 그들을 비판할 수 있기 때문이다.

문제는 장치 그 자체에 있는 것이 아니라, 그것을 어떻게 사용하

---

22) Dieter Daniels, "Strategien der Interaktivität", S. 142~146.

는가에 달려 있다고 볼 수 있다. 1960년대에도 기술과 매우 밀접한 상호작용적 예술이 있었다. 예를 들어, 백남준의 「참여TV」(Paticiation TV, 1963~1966)가 바로 그것이다. 이 작품의 수용 과정은 앞에서 이야기한, 1990년대 행위를 강조한 상호작용적 예술과 거의 유사하다. 관객의 행위는 지극히 단순하다. 마이크 앞에서 소리를 내면, TV 화면에 불연속적인 이미지들이 등장한다. 즉흥적이며 우연적이다. 이러한 그의 시도는 퍼포먼스와 해프닝과 연결된다고 볼 수 있다. 이뿐만 아니라, 그의 「TV부처」(TV Budda, 1974)는 지극히 명상적이다. 백남준의 경우에서 알 수 있듯이, 기술의 사용이 문제가 아니다. 어떻게 사용하여 전달하고자 하는지 그 내용이 문제다. 이와 마찬가지로 1990년대 이후 상호작용적 디지털 매체 예술에서도 비판적 내용을 담은 예술들이 많다. 다만 비판의 방법과 내용이 달라졌다고 볼 수 있다. 따라서 다니엘스의 비판처럼, 디지털 매체 예술에서의 상호작용을 '새로운 매체'와 '새로운 매체 예술'의 특징으로 보는 관점은 '기술을 신화화'하는 것만은 아니다.

디지털 매체 예술의 상호작용성을 둘러싼 핵심 문제는 바로 상호작용성의 과정과 목표에 있다. 장치가 깊숙이 개입한 상호작용 과정에서 수용자가 어떤 상황에 놓여 있는지, 그리고 장치를 작동함으로써 수용자가 얻게 되는 체험은 무엇인지를 따져 봐야 한다. 즉 작가, 작품 그리고 장치가 초점이 아니라, 수용자에 초점을 둔 분석이 이루어져야 한다. 작가에게 장치가 어떤 의미를 갖는지, 그리고 장치적 상호작용에 의해 비로소 완성된 작품이 어떤 의미를 갖는지는 어느 정도 논의가 진행되었다. 그러나 사실 상호작용적 과정에서 장치를 작동해야 하는 수용자의 감성과 체험에 대해서는 별로 논의되지 않았다. 이는 무엇보다도 수용자의 지각을 중요하게 생각한 '매체 감성학'과도 모순

된다고 볼 수 있다.

장치를 작동함으로써 자신의 눈앞에서 작품이 완성되는 과정을 지켜본다는 것은 단순한 작품 감상과는 다른 예술 체험을 가능하게 한다. 이는 분명 매우 놀라운 체험이다. 그런데 이 과정에서 수용자는 장치에 의한 상호작용에 대해 이중적 태도를 가질 수 있다. 장치의 작동이 단순해도 또 복잡해도 상황은 마찬가지다. 단순할 경우, 앞서 이야기한 행위에 의한 상호작용과 별 차이점을 못 느낄 뿐만 아니라, 장치를 작동하는 것에 대해서도 별 흥미를 느끼지 못한다. 이 경우 상호작용은 단순한 장치의 작동이 되기 쉽다. 굳이 장치를 사용해야 하는지에 대한 의문이 생길 수 있다. 장치의 작동이 복잡할 경우, 문제는 좀더 심각해질 수 있다. 장치적 상호작용이 작가와 관객 사이에 놓여 있는 틈을 좁혀서 이들의 상호작용에 의해 작품이 생산될 것이라는 기대가 무너지는 경우가 발생하기 때문이다. 장치의 복잡함과 버거움은 관객을 다른 방식으로 수동적으로 만들 수 있다. 때로는 상호작용을 방해하기도 한다. 이렇게 되면, 수용자는 '능동적 작동자'(active operator) 대신 '수동적 작동자'(passive operator)가 될 수 있다. 수동적 작동자는 주로 장치가 주는 체험에 집중하며, 프로그램된 다양한 장치들을 움직인다. 그저 움직이기만 해도 된다.

바로 이러한 이유로 인해 수동적 작동자는 일종의 마리오네트와 다를 바 없다는 비판이 가능해진다. 그리고 이러한 작동자를 기본으로 하는 디지털 매체 예술의 상호작용은 전통적인 예술에서의 상호작용과 다를 바 없다는 비판도 가능하다.[23] 물론 능동적 작동자도 있다. 이들에게는 장치의 버거움도 복잡함도 별문제 아니다. 이들은 능동적으

---

23) Söke Dinkla, *Pioniere Interaktiver Kunst*, S. 7.

III. 매체와 예술

로 장치들을 작동해서 다양한 예술을 체험한다. 이들은 마치 기꺼이 무거운 잠수 장치들을 착용하고, 바다 깊은 곳을 탐험하는 스킨스쿠버들과 같다. 이들에게도 문제는 있다. 이들이 체험한 것이 예술이 아니라, 기술인 경우가 발생하기 때문이다. 장치를 작동시키는 것이 관객의 최종 목적이 아님에도 불구하고, 이에 그치는 경우가 발생한 것이다. 이뿐만 아니라, 수동적 작동자보다 더 수동적인 관객이 등장하기도 한다. 이들은 장치를 작동하지 않고, 다른 관객이 작동하는 것을 지켜보고, 그로 인해 생성된 예술을 체험한다. 이들은 '관객의 관객'이 되었다. 가상현실 체험을 중심으로 설치된 예술의 경우에도 관객을 수동적으로 만든다. 왜냐하면 많은 경우 한 명의 행위자를 중심으로 가상현실 이미지가 구현되기 때문이다. 나머지 사람들은 관객으로 남아 있을 뿐이다. 관객의 관객이 된 이들은 과거의 관객이 그러했듯이, 그저 '보기'만 한다.

이들이 '관객의 관객'이 된 이유 중 하나는 장치의 버거움이다. 상호작용을 위해 사용된 장치들 때문에 오히려 상호작용에 방해를 받게 된 것이다. 이러한 상황에도 불구하고 디지털 매체 예술에서는 장치에 의존하는 상호작용이 점점 더 확장되고 있다. 과학기술과 예술의 융합이 강조되면 될수록 더욱 그렇다. 매체 공간을 중심으로 한 디지털 매체 예술의 경우, 장치에 대한 의존도는 더욱 커지기도 한다. 현전이 아니라 원격현전이, 그리고 접촉이 아니라 접속을 중심으로 한 공간에서 실행되는 예술이기 때문에, 장치 없이는 체험이 불가능하다. 그런데 이런 문제들을 극복하기 위한 노력 또한 진행된다. 그중 하나는 장치의 버거움을 줄이는 것이다. 장치를 투명하게 만들어 전면에 드러나게 하지 않고, 뒤로 숨긴다. 매체의 투명성을 강조하는 것이다. 즉 장치와 만나는 지점인 인터페이스를 지극히 자연적으로 구성하고 있다. 이처럼 '자연적 인터페이스'(natural interface)를 추구하거나, "인터페이스 없는(interfaceless) 인터페이스"를 구성하기도 한다.[24]

자연적 인터페이스의 등장은 디지털 매체 예술의 접근 가능성과 실행 가능성을 쉽게 만들었다. 쉬워진 접근과 실행은 장치적 상호작용을 원활하게 한다. 또 디지털 매체 예술이 단지 새로운 기술 체험에 머무르지 않기 위해서 많은 노력도 한다. 디지털 매체 예술의 한쪽 모습만 보고 이를 비판하는 것은 더 이상 의미가 없다. 전통적인 예술도 마찬가지다. 수용자의 상호작용성만을 문제삼아도 상황은 마찬가지다. 이 모든 것들이 혼종되기 때문이다. 전통과 첨단의 구분을 중심으로 비교하기보다는 지금의 상황에서 더 필요한 상호작용이 무엇인지를 물어야 한다. 그러므로 디지털 매체 예술로 인해 촉발된 예술에서의 상호작용성을 둘러싼 논쟁은 이제 다른 방향으로 전환되어야 한다. 그 방향은 바로 수용자를 중심으로 한 상호작용성의 내용과 범위로 전환되어야 한다. 관객은 작동자임과 동시에 수용자(Rezipient)이기 때문에, 이 모든 것들이 상호작용성이란 이름으로 다루어져만 한다.

앞에서 보았듯이, 첨단기술 장치들을 중심으로 한 상호작용적 예술은 다시 상호작용에 대한 문제를 제기하기에 이르렀다. '보기'를 통한 작품의 수용만이 허락된 관객에게 행위와 장치의 작동을 통해 작품 일부를 완성하는 체험을 가능하게 한 상호작용적 매체 예술은 분명 놀라운 변화였다. 이러한 예술의 등장으로 인해 예술을 둘러싼 지형도가 변화했다. 닫힌 예술작품에서 열린 예술작품으로의 전환이 가시화되었다. 절대 만지지 말고 보기만 해야 되는 '예술작품'들에 개입해서 함께 '생산'했다는 점이 무엇보다도 중요했다. 이는 매우 중요한 변화다.

---

24) 제이 데이비드 볼터·리처드 그루신, 『재매개: 뉴미디어의 계보학』, 이재현 옮김, 커뮤니케이션북스, 2006, 24쪽.

III. 매체와 예술

관찰자의 역할에서 벗어나, 새로운 경험을 할 수 있다는 것은 예술에 대한 태도를 근본적으로 변화시킬 수 있다. 따라서 이러한 새로운 경험은 매우 중요하다.[25] 디지털 매체 예술의 상호작용성을 둘러싼 문제를 재고찰하고자 하더라도 이러한 중요성마저 일방적으로 폐기할 수는 없다. 이뿐만 아니라, 상호작용성을 둘러싼 논쟁은 상호작용성 그 자체에 관한 관심을 불러일으켰다는 점에서 의미가 있다. 비로소 수용자 중심의 상호작용성이 본격적으로 논의되기 시작한 것이다. 이와 더불어 다양한 측면에서 상호작용성을 이야기함으로써, 예술 주위를 감싸고 있던 자율성이라는 단단한 껍질에 충격을 가할 수 있게 되었다고 볼 수 있다.

그럼에도 불구하고 때로는 지나치게 장치에 의존하면서, 정작 수용자의 수용과 상호작용이 부차적인 것으로 취급된 것도 사실이다. 수용자들은 지나친 장치 중심적인 예술을 수용하는 것에 부담을 느끼기도 했다. 또 때로는 예술 체험이 아니라, 새로운 기술에 대한 체험을 '예술을 통해' 하는 듯하기도 했다. 예술 체험이 아니라 장치의 체험으로, 행위나 장치의 작동을 통한 적극적 상호작용이 아니라 수동적 작동자의 행위로 끝나는 경우들이 생겼다. 수용자는 단지 미리 주어진 프로그램들을 작동하는 지극히 수동적인 행위자가 되거나 프로그램에 따라 움직이는 자동 인형과 같은 역할을 하기도 한다. 이 모든 현상은 장치에 지나치게 의존한 결과다. 장치에 대한 지나친 관심과 의존은 장치 없이 단순하게 수용할 수 있는 예술과 관조적 수용 행위에 관한 관심을 불러일으켰다. 관여를 넘어 다시 관조하는 주체에 관한 관심이 생긴 것이다. 이러한 현상은 마치 지나친 지각의 매체화가 탈매

---

25) Dieter Daniels, "Strategien der Interaktivität", S. 158.

체화에 관한 관심을 불러일으킨 것과 마찬가지다. 과도하게 한쪽으로 쏠리면, 반대쪽으로 가고자 하는 욕구도 그만큼 커진다.

앞에서 지각의 매체화와 관련해서, 특정 지각과 연결된 매체로 인해 특정 감각이 확대되고, 그 외의 감각들이 축소되거나 매체에 의해 왜곡된 지각 현상에 관해 살펴보았다. 이러한 매체와 지각의 문제는 매체 예술의 수용, 즉 상호작용에도 그대로 반영된다. 특정 감각에 호소하는 장치가 매체의 역할을 하게 되면, 수용 과정에서 감각의 축소와 확장 그리고 왜곡이 발생한다. 또 탈매체적인 예술 체험에 대한 요구도 생긴다. 이런 상황에서 '이성'보다는 '감성'을, 그리고 무엇보다도 매체에 의한 지각에 관심을 갖고 분석하는 감성학과 매체감성학은 또 다른 변화에 직면했다. 이들은 이제 매체에 의해 매개된 지각만이 아니라, 비매개적 또는 탈매체적 지각에도 관심을 갖고 이를 분석해야 한다. 이뿐만 아니라, 관조에 대한 새로운 해석도 필요하다. 그래야만 진정한 의미에서의 감성학이 될 수 있다. 무엇보다도 지각 주체를 중심으로 이러한 분석이 진행될 필요가 있다. 디지털 매체 예술의 상호작용이 포기되거나 또는 저평가되어서도 안 된다. 문제는 있으나, 그것이 가져온 변화는 매우 의미 있기 때문이다. 따라서 지금이야말로 '감성적 주체'의 지각 작용을 중심으로 상호작용에 대한 재설정이 필요한 때다. 무엇을 위한 상호작용이고, 또 무엇을 위한 상호작용을 지향해야 하는지 말이다.

III. 매체와 예술

4. 감성적 주체의 지각 작용[26]

감성학의 출발은 감성적 주체다. 감성적 주체는 감성적 지각을 중심으로 외부와 상호작용한다. 감성적 지각에는 '감각'이나 '지각'뿐만 아니라, '감정', '느낌' 그리고 '공감' 등도 포함된다. 즉 신체적인 감각 활동뿐만 아니라, 정신적인 감성 활동도 포함되는 것이다. 그런데 디지털 매체 예술을 둘러싼 논쟁에서 간혹 이러한 기본적인 전제에서 벗어나곤 했다. 물리적 상호작용을 강조하기 위해 정신적 상호작용에 대한 평가와 분석을 다소 등한시한 것이다. 디지털 매체 예술의 물리적 상호작용의 궁극적 목적이 장치의 체험은 아니다. 오히려 이를 매개로 작가와 수용자가 경험을 공유하는 것이 목적이다. 작가와 수용자는 '장치'가 아니라, '작품'을 매개로 사적인 공감과 사회적 공감을 할 수 있다. 이러한 공감이 지향하고자 하는 바라면, 관조에 대한 재평가 또한 감성학 내부에서 진행되어야 한다.

사실 디지털 매체 예술이 본격적으로 등장했던 1990년대에 장치적 상호작용성에 대한 과도한 관심과 기대 그리고 평가가 있었다. 이는 예술가와 예술작품에 대한 '신화화'와 '관조적 수용 방식'에 대한 지나친 강조에 대한 반발이었다고 볼 수 있다. 이 과정에서 '보기'를 중심으로 한 관조와 관조를 중심으로 한 공감적인 상호작용이 저평가 받았던 것도 사실이다. 이를 다시 평가하고자 디지털 매체 예술의 상호작용을 또다시 저평가해서는 안 된다. 누구나 예술가로서 작품을 생산할 수 있고, 또 작가가 생산한 작품을 마치 놀이하듯 즐기면서 체험

---

26) 이 절의 일부 단락은 다음의 글을 수정·보완한 것임을 밝힌다. 심혜련, 「감성적 주체로서의 능동적 관찰자」, 『도시인문학연구』 제9권 1호, 서울시립대학교 도시인문학연구소, 2017, 117~141쪽.

할 수 있다는 것은 새로운 예술의 시작을 알리는 것이었다. 그렇게 되면 반성은 없고, 같은 실수가 반복되는 것이기 때문이다. 예술을 수용하는 과정에서 상호작용은 매우 다양하다. 장치와의 상호작용, 장치를 매개로 한 작가와 수용자 간의 상호작용, 또 수용자들 간의 상호작용이 가능하다. 이미지 앞에서 그 어떤 행위도 하지 않고, 장치를 작동하지 않는다고 해서 상호작용이 발생하지 않는 것은 아니다. 보는 것도 행위이다. 그것도 매우 능동적인 행위라고 볼 수 있다.

그렇다면 먼저 '보기'를 중심으로 한 관조적 수용에 대해 재평가해 보자. 이미지 앞에서 관조하는 수용자를 수동적으로 보는 것은 일종의 편견이다. 이와 관련해서 자크 랑시에르(Jacques Rancière)의 주장을 살펴볼 필요가 있다. 비록 그가 상호작용적 디지털 매체 예술이 아니라, 영화와 연극을 중심으로 수용자를 분석했지만 말이다. 감성학을 주장하는 다른 이론가들과 마찬가지로 그 또한 미학은 예술에 대한 이론이 아니라, 지각을 중심으로 한 감성임을 강조한다.[27] 앞에서도 이야기했듯이, 기본적으로 감성학을 이야기할 때, 무엇보다도 중요한 것은 감성적 주체다. 그는 주로 영화와 연극을 중심으로 감성적 주체를 분석하면서, '해방된 관객'(Le spectateur émancipé)을 주장한다. 그러므로 그는 보기와 수동성을 동일시할 수 있는지를 묻는다.[28] 이러한 동일시는 보는 행위를 인식과 거리가 먼 것으로 그리고 더 나아가 행위가 아닌 것으로 파악했기 때문이라고 한다.[29] 그는 이러한 분리 때문에 보는 주체인 관객이 부당하게도 아무것도 하지 않았다고 저평가받은 것이라고

---

27) 자크 랑시에르, 『감성의 분할: 미학과 정치』, 오윤성 옮김, 도서출판 b, 2008, 29~30쪽.

28) 자크 랑시에르, 『해방된 관객』, 양창렬 옮김, 현실문화, 2016, 23쪽.

29) 같은 책, 10쪽.

III. 매체와 예술

보았다.[30]

랑시에르는 보기와 인식 그리고 수동성과 능동성의 대립에 반대한다. 이러한 대립적 전제를 바탕으로 '부동의 관객' 또는 '수동적 관찰자'가 성립했다고 보았다. 그는 단순한 대립과 관객에 대한 표상을 근본적으로 비판한다. 그의 주장에 따르면, "관객은 관찰하고 선별하고 비교하고 해석"할 뿐만 아니라, "자신이 본 것을 그가 다른 무대에서, 다른 종류의 장소에서 보았던 다른 많은 것들과 연결"시키기도 한다. 이런 보기의 행위를 수행하는 관객은 "거리를 둔 구경꾼인 동시에 자신에게 제시되는 스펙터클에 대한 능동적 해석가"인 것이다.[31] 바로 이러한 '능동적 해석가'가 '해방된 관객'이다. 해방된 관객은 구경거리들을 그저 구경만 하는 데 그치지 않는다. 해방된 관객은 구경하며 개입한다. 또 즐기면서 관조한다. 해방된 관객은 자신을 둘러싼 이분법뿐만 아니라, 감각적으로 나누어진 것들을 재편성한다.[32] 해방된 관객은 능동적 관찰자다. 능동적 관찰자는 감성적 주체의 모습이다.

감성적 주체는 이분법적인 나눔으로부터 자유롭다. 그래서 이들은 지각하고 느끼고 그리고 동시에 사유하며 해석한다. 이들은 기꺼이 구경거리 속에 편입되어 스스로 구경거리가 되기도 하고, 또 구경거리를 구경하는 관찰자가 되기도 한다. 거리두기와 침입을 동시에 행한다. 구경거리들을 즐기면서 비판도 한다. 바로 이러한 점에서 능동적 관찰자는 벤야민이 말하고 있는 산책자의 모습과 중첩되기도 한다. 산책자는 보기와 걷기 그리고 사유하기를 동시에 한다. 능동적 관찰자는 동시에 하기 힘든 것 또는 동시에 할 수 없는 것들을 동시에 해낸다. 지

---

30) 같은 책, 24쪽.
31) 같은 책, 25쪽.
32) 같은 책, 32쪽.

각의 이종(異種)교배를 넘어 혼종화하기에 이르렀다. 이를 통해 능동적 관찰자는 '혼종주체'(heterosubject)로 그 모습을 드러낸다. 이러한 혼종주체가 바로 지금 요구되는 감성적 주체이다. 감성적 주체는 이질적인 다양한 주체의 요소를 가질 수밖에 없다. 지각적 측면에서도 마찬가지다. 단일한 지각이 아니라, 복합적인 지각체계 속에서 공감각적인 지각 경험을 하는 감성적 주체가 등장했기 때문이다. 따라서 이러한 주체를 중심으로 디지털 매체 시대에서의 상호작용성에 대한 비판을 넘어 또 다른 모습들에 대해 생각해 봐야 한다. 다른 감성적 주체와 상호작용하는 또 다른 감성적 주체를 생각해 봐야만 한다.

이제 감성학은 '공감'(sympathy)을 중심으로 한 걸음 더 나아가야 한다. 상호작용은 공감의 기본이다. 상호작용 없이는 공감은 불가능하다. 왜냐하면 공감은 지극히 관계적 감정이기 때문이다. 타인과의 관계적 감정 중 가장 기본적인 것은 타인에 대한 인정과 배려 그리고 타인의 고통에 대한 공감이다. 이러한 공감이 있어야 타인과의 공존도 가능하다. 그러나 현대 사회는 점점 더 공감과 멀어지고 있다. 공감은 커녕, 감성의 부재라고 할 수 있는 탈감정 사회가 되었다. 또는 지나치게 공감을 강요해서, 감정 과잉 시대가 되었다. 감정 과잉 시대에 결정적 역할을 한 것은 이미지다. 다양한 플랫폼에서 쏟아져 나오는 이미지들은 타인의 고통을 쉽게 이미지로 만들어 수용자에게 공감을 강요하기도 한다. 탈감정과 감정 과잉이 공존하는 시대가 된 것이다. 이러한 사회에서 그 무엇보다도 공감과 공감하는 주체라는 감성적 주체에 대한 요구가 커지고 있다. 따라서 감성학도 그리고 이미지와 지각을 중심으로 한 매체 감성학도 감성적 주체에 대해 언급해야 한다.

일찍이 이런 감성학과 관련해서 '미/윤리학'(aesth/etics)을 강조한 볼프강 벨슈(Wolfgang Welsch)의 제안을 생각할 필요가 있다. 그

III. 매체와 예술

는 미학이 본래 윤리학과 매우 밀접한 관계를 맺고 있었음을 다시 한 번 강조한다. 그는 예술이 탈신비화되면서 생활세계와 관련을 맺고 있는 것에 대해 지나치게 '아름답게 꾸미기'에 몰입하는 경향이 있다고 비판한다. 아름답게 꾸미기 등과 관련된 디자인과 스펙터클한 이미지와 관련된 지각과 매체를 중심으로 한 미학에서 벗어나, 미/윤리적 가치에 근거를 둔 미학이 그 어느 때보다도 필요하다는 것이다. 그가 말하는 이러한 미학이 바로 감성학이다. 그렇다면 예술의 경계선 안에 머무르지 않고, 생활세계와 관련되면서 미/윤리학적 가치를 포함하는 미/윤리학은 과연 어떤 모습일까? 그는 배제, 거부 그리고 타자성에 예민한 문화가 바로 미/윤리적 가치를 내포하고 있는 것이라고 주장한다.[33] 타자에 예민한 감성을 가진 감성적 주체의 능동적인 지각 활동이 무엇보다도 요청되는 것이다. 높은 문화예술적 수준을 가지고 있다고 해서, 또는 문화예술 영역에서 예술과 매우 능동적인 상호작용을 한다고 해서 감성적 주체로 인정받을 수 있는 것은 아니다.

　　감성적 주체의 지각 작용은 예민함을 중심으로 작동해야 한다. 문화, 도덕 그리고 정치적인 제 문제들에 관해 예민해야 한다. '심미적 인간'(Homo Aestheticus)의 예민함은 문화에 내재하고 있는 도덕적이며 정치적인 문제에 예민해야 한다. 도덕적이며 정치적인 문제에 예민하기 위해서는 무엇보다도 '공감'이 필요하다. 공감이 전제되어야만 '공존'이 가능하기 때문이다. 바로 이 지점에서 감성적 지각이 칼로카가티아(Kalokagathia)와 만날 수 있다. 공감과 공존은 기본적으로 '선'과 관련된다고 볼 수 있다. 잘 알려진 것처럼, 아름다움을 의미하는 칼로카가티아는 '미'(kalos)와 '선'(agathos)이 결합된 것이다. 말 그대로

---

33)　참조: 볼프강 벨슈, 『미학의 경계를 넘어』, 심혜련 옮김, 향연, 2005, 142~143쪽.

선함이 아름다움이고 아름다움은 선해야 한다. 감성학이 미학에서 소외된 감성적 지각을 복원하고자 하는 것이라면, 이 복원의 과정에는 칼로카가티아도 포함되어야 한다. 이제 감성학은 칼로카가티아를 중심으로 한 미/윤리학으로 다시 한번 확장되어야 한다.

예술 체험에서 아이스테시스와 칼로카가티아를 중심으로 공감과 공존을 이야기할 필요가 있다. 아이스테시스 또한 일종의 공감이다. 이는 일방향적인 지각 구조가 아니라, 상호작용을 전제로 한 지각 작용에 의해서 발생하는 감정이다. 대상이든 환경이든 또는 타자와의 관계이든 간에 상호 간에 교감이 있어야 존재할 수 있는 감정이다. 타자와 관계 맺기 위해서는 먼저 타자의 존재를 인정해야 한다. 존재를 인정한 후, 공존하기 위해서는 서로가 서로의 시선에 응답할 필요가 있다. 타인을 인정하고 배려하며 또 인정한 타인과 서로 시선을 주고받는 것이야말로 윤리적임과 동시에 감성적 지각 활동이다. 감성적 지각이 바탕이 된 문화는 "배제, 거부, 타자성에 예민한 문화"이다.[34] 감성적 지각은 타자에 대해 예민함(sensibility)을 가지고 있기 때문이다. 이 예민함은 다른 말로 공감이며, 또 공감이 있어야만 공존할 수 있다.

매체 감성학도 마찬가지다. 이러한 예민함과 공감에 대해 주목해야만 한다. 예민함과 공감에 주목하는 매체 감성학은 상호작용적 매체 예술에서 매체 장치와 지각 외에도 내용을 중심으로 공감과 공존을 위한 이미지가 무엇인지, 이미지에 대한 미/윤리학적 고찰을 다시 한번 요청해야 한다.[35] 진정한 상호작용을 위해서 말이다. 그렇다면 관

---

34) 같은 책, 142쪽.
35) 이와 관련해서 나는 이미 2018년 10월 22일 「아시아 애니메이션 포럼 (Asia Animation Forum) 2018: 순수의 귀환 — 애니메이션의 감성」에서 기조 강연을 하면서 '공감과 공존을 위한 미/윤리학'(aesth/ethics for Empathy and Coexistence)을 강조한 바 있다.

III. 매체와 예술

조 또는 관여가 되든 간에 별 상관없다. 행위에 의한 상호작용이든 작동에 의한 상호작용이든 이 또한 별로 중요하지 않다. 지금 디지털 매체 공간에서는 아주 다양한 이미지들이 차고 넘친다. 뛰어난 예술성을 가지고 있거나, 매우 유쾌한 이미지들도 많다. 이미 작가와 수용자가 혼종화된 지금, 누구나 다양한 플랫폼에 이미지들을 보여 줄 수 있다. 이러한 생산과 수용 그리고 전달의 민주적 접근 가능성은 또 다른 문제를 가져왔다. 그것은 바로 타인의 고통에 기생하는 이미지들이 대거 등장했다는 것이다. 때로는 타인의 고통을 희화화하기도 하며, 또 충격만을 염두에 둔 극단적인 형태로, 또 때로는 도저히 공감할 수 없는 이미지들이 무차별적으로 등장하고 있다. 진짜와 가짜를 구별할 수도 없다.

포스트 디지털 매체 시대에서 물론 진짜와 가짜의 구별은 별로 중요하지 않다. 그리고 이미 오래전부터 그러했다. 그런데 진짜와 가짜가 혼종되면서, 이 혼종된 이미지가 누군가를 괴롭히는 결과를 가져온다면 큰 문제다. 이러한 이미지들은 극소수의 배타적 수용자들 사이에서 수용된다. 아마도 이러한 이미지들을 수용하는 수용자들은 아마도 이러한 이미지를 서로 공감한다고 착각할 것이다. 타인의 고통을 배제한 공감은 공감이 아니다. 그들만의 왜곡된 감정의 공유 또는 감정이입일 뿐이다. 상호작용성을 중심으로 새로운 매체로 등장한 디지털 매체가 포스트 디지털 시대에 들어선 지금, 공감을 전제로 한 상호작용성은 점점 더 힘들어지고 있다. 날로 강해지는 '확증 편향성'(confirmation bias)으로 인해, 자신의 가치와 신념에 부합하는 이미지와 정보를 찾는다. 이것을 바탕으로 자기들끼리만 상호작용한다. 그리고 그 결과물들을 보편적이고 일반적이라고 주장한다. 이는 상호작용도 아니고, 감성적 주체의 지각 활동도 아니다. 공감을 위한 상호작용이 감성적 주체의 지각 활동이며, 예술에서의 상호작용도 이를 지향해야 할 것이다. 물론 모든 예술이 그럴 필요는 없다. 예술은 이미 다원화되었기 때문이다. 그럼에도 불구하고 "왜 매체 시대에 예술이 여전히 필요한가?"(Wozu noch Kunst im Medienzeitalter?)라고 물을 수 있고,[36] 또 이러한 물음이 타당하다면, 다원화된 예술 중에서도 특히 공감을 중심으로 한 체험의 중요성이 강조될 수밖에 없을 것이다.

인공지능의 활동이 갈수록 활발해지고 있다. 어디까지 발전할지 그 누구도 예측할 수 없다. 이런 상황 속에서 이제 인간은 '인공지능과의 공진화'를 고민해야 한다. 이 과정에서 공감을 중심으로 한 수용은 매우 중요한 역할을 할 것이다. 특히 인간이 인공지능과 상호작용할 수 있을지, 또는 상호작용한다면 어떤 방식으로 진행될 수 있을지에 대한 논의도 필요하다. 예술을 생산하는 과정에서 인공지능과 인간의 협력은 이미 진행되었다. 과거 사진이 등장했을 때, 몇몇 사람들만이 이미지 생산자가 될 수 있었다. 사진이 대중적인 이미지 장치로 발전하는 데 결정적인 역할을 한 것은 바로 코닥 사진기였다. 앞에서 매체와 이미지에서 이야기했듯이, 1888년에 코닥은 사진기를 만들고, 사람들에게 버튼만 누르면, 나머지는 다 자기네가 하겠다고 광고했다. 그런데 지금은 어떠한가?

과거 새로운 매체가 등장했을 때 제기되었던 문제들 또한 인공지능을 중심으로 재맥락화되고 있다. 인공지능은 우리에게 다음과 같이 말하고 있다고 볼 수 있다: '당신은 말만 하세요. 나머지는 우리가 합니다'라고 말이다. 정말 말만 하면 인공지능은 무엇이든 척척 만들어 낸다. 그렇다면 여기서 말한다는 것의 의미는 뭘까? 인공지능에게

---

36) Dieter Daniels, *Kunst als Sendung. Von der Telegrafie zum Internet*, München: C. H. Beck, 2002, S. 219.

III. 매체와 예술

제시어를 말하는 것 또한 일종의 상호작용이라고 볼 수 있을까? 아니면 단순하게 장치만을 작동시키는 행위일까? 이렇듯 제작 과정에서는 이미 상호작용이 진행되었고, 이 상호작용은 쉽다. 문제는 수용 과정에서의 상호작용이다. 공존은 진행 중인데, 공감은 아직 멀었다. 일방적 감동이 아니라, 공감 말이다. 아마도 앞으로 인공지능으로 인해 발생할 수 있는 많은 문제의 답을 구하고자 할 때, 핵심은 공감이 될 것이다. 그런데 인간들 간의 공감도 인간과 인공물과의 공감도 모두 어렵다. 심지어 갈수록 더 어려워지고 있다.

맺음말

이론이 공허한 미사여구에 그치지 않고, 현실적 힘을 가지기 위해서는 현실에 대한 이해가 있어야만 한다. 매체도 마찬가지다. 현재 진행되고 있는 매체에 대한 담론을 이야기하기 위해서는 먼저 지금의 매체 상황에 대한 이해가 있어야 한다. 나는 이 책에서 지금의 매체적 상황을 '포스트 디지털 매체'라고 규정하고, 이를 분석했다. 포스트 디지털 매체라고 규정한 이유는 새로운 매체로 논의되었던 디지털 매체를 둘러싼 상황에 변화가 생겼다고 판단했기 때문이다. 디지털 매체와 완전히 구별될 수 있는 '새로운 매체'가 아니라, 기존의 디지털 매체와 연속되면서도 또 다른 방향들로 나아가는 매체 상황이 되었다고 보았기 때문이다. 하나의 방향이 아니라, 탈중심적으로 여러 방향으로 나아가고 있다고 보았다. 물론 단지 매체 상황의 변화만으로 포스트 디지털 매체 시대라고 진단한 것은 아니다. 변화된 매체 상황과 인간에게도 큰 변화가 일어나서, 이전과는 다른 새로운 인간 주체가 등장했다고 보았기 때문이다. 미셸 세르의 말처럼, 머리를 손에 들고 다니며, 새로운 매체와 낡은 매체를 굳이 구별하지 않는 세대가 등장했다고 본 것이다.

　디지털 매체가 '새로운 매체'로 이야기된 지 꽤 오래되었다. 디지털 매체가 대중적으로 확산된 이후, 우리는 이 새로운 매체에 대해 우려의 눈길을 던지든 또는 환호를 보내든 간에, 이 매체가 새롭다는 것을 인정하고 이 새로움의 본질이 무엇인지 연구했다. 물론 이론가마다 자신의 관점에 따라 이 새로움을 다르게 규정하기도 했다. 또는 새로움이 없다고 이야기하기도 했다. 어쨌든 나는 디지털 매체가 이전의 매체와 다르게 '새로움'을 가지고 있다는 주장들에 동의했다. 그래서 나는 꽤 오랫동안 새로운 매체를 중심으로 새로운 철학과 미학을, 새로운 예술과 이에 상응하는 수용자와 수용 방법에 관해 이야기해야 한다고 주장했다. 그러나 이 책에서는 새로움을 강조했던 것과는 달리, '혼종화'를 강조했다. 이를 중심으로 21세기 매체철학에 대해 살펴보았다. 그런데 지금은 디지털은 물론이고 포스트 디지털로 이야기하기 어려운 상황이 되었다. 그 이유는 바로 인공지능 때문이다.

　인공지능이 모든 분야의 논제들을 집어삼키고 있다. 차마 잠식해 들어갔다고 표현할 수 없을 정도로 모든 논의가 인공지능으로 향하고 있다. 철학도 예외는 아니다. 불과 몇 년 사이에 일어난 변화다. 물론 그 이전에도 인공지능에 대한 인문학적 담론들이 많았지만, 이 정도는 아니었다. 너무나 빨리 인공지능의 독점 시대가 열린 것이다. 오랫동안 인간의 정신사에서 중요한 역할을 한 '문자의 독점'을 능가할 것이다. '인공지능과의 공진화' 시대가 본격적으로 열렸다. 인공지능이 정보를 제공해 주는 일을 넘어, 지식을 생산하고 제공해 주기에 이르렀다. 인간만이 가지고 있는 특징이라고 여겨졌던 예술 영역에서 이미 인공지능의 활약이 눈부시다. 사실 인공지능은 이미 오래전부터 우리의 삶에 깊숙이 개입해 있었다. 그때 인공지능은 '생각하는 도구'로 인식되었을 뿐이다. 기존의 도구와 달리 자율성을 가지고 '스스로' 판단하게끔 각종 장치가 만들어졌고, 이러한 장치들 앞에는 마치 접두사처럼 '인공지능적'이라는 표현이 첨가되곤 했다.

　　　　　　　　　　　　　　　　　　　　　　　　맺음말

디지털 매체가 등장했던 초기와 유사한 상황이었다. 그런데 인공지능은 디지털 매체와 출발이 좀 다르다. 디지털 매체를 둘러싼 논쟁은 그것의 '제작 도구'가 아닌 '사유 도구'로의 인정 여부로부터 출발했지만, 인공지능은 처음부터 자연스럽게 '사유 도구'로 인정되었기 때문이다. 따라서 문제는 인공지능이 스스로 생각할 수 있는지, 그리고 얼마나 자기 생성적으로 발전할 수 있는지에 집중되었다. 그러나 이러한 문제 또한 '생성형 인공지능'(generative artificial intelligence)이 등장하면서 새로운 국면을 맞이하게 되었다. 지금과 같은 상황이 오기까지는 두 번의 특이점이 있었다. 나는 2016년에 있었던 이세돌과 알파고의 바둑 대결과 2022년에 등장한 챗GPT가 바로 그 특이점이라고 본다.

이세돌은 알파고와의 다섯 차례 대결에서 단 한 번 이겼다. 이 승리는 인간이 인공지능과의 바둑 대결에서 거둔 유일한 승리가 될 것이다. 무수히 많은 경우의 수를 매우 '창의적'으로 '상상'해야만 하는 바둑에서 인공지능이 이겼다. 이는 인공지능이 이제 인간보다 훨씬 창의적으로 생각하고 상상할 수 있게 되었음을 의미한다. 탁월한 정보 수집 능력과 응용 능력을 바탕으로 알파고의 후예들은 갈수록 강력해지고 있다. 그런데 이들에게 결여된 것이 있다. 바로 바둑을 두는 '몸'이 없다. 나는 이세돌과 알파고의 대결에서 알파고의 승리보다 인간이 인공지능에게 몸을 빌려주고 있다는 사실에 주목했다. 알파고는 몸이 없다. 그렇기 때문에 대국 당시 알파고를 만든 구글 딥마인드에 소속된 아자 황(Aja Huang)이 알파고의 몸을 대신했다. 인간이 인공지능의 도구처럼 되어 버렸기 때문이다. 이런 상황을 과연 어떻게 분석할 수 있을까? 아마도 이와 관련된 논문도 챗GPT가 매우 빠르게 써 줄 수 있을 것이다. 말만 하면, 내가 원하는 것을 뭐든 척척 만들어 준다.

상황이 이렇게 되자, 예술 영역에서도 난리가 났다. 인간만이 할 수 있는 영역이라고 굳게 믿어 온 예술 영역에서 이들이 놀라운 활약을 보여 주고 있기 때문이다. 그 결과, 예술 영역에서 인공지능을 둘러싼 논쟁이 뜨거워졌다. 논쟁의 주된 내용은 '인공지능이 예술을 생산할 수 있을까?'에 초점이 맞추어져 있다. 이는 인공지능을 예술가로 인정하느냐의 문제다. 인공지능을 예술가로 인정하면, 문제는 간단하다. 이 간단한 문제에 대한 논의는 매우 복잡한 양상으로 진행된다. 예술가의 자질 문제를 이야기하면서, 창조성과 상상력 그리고 감성에 대한 논의가 진행되고, 예술작품을 중심으로 원본성은 물론이고, 예술의 가치와 기능 등등을 둘러싼 논쟁이 진행되고 있다. 문제의 핵심은 다시 '예술이란 무엇인가?'가 되었다. 아쉽게도 이 과정에서 오랫동안 매체를 둘러싸고 진행된 새로운 예술에 대한 논의들이 사라졌다. 왜 매체 철학이 또는 왜 매체 감성학이 제기되었는지 그리고 매체 감성학에서 기존의 미학과는 달리 어떤 점을 강조했는지 등등의 내용들이 사라졌다. 이런 상황에서 다시 한번 매체에 대한 사유가 필요하다.

문제는 수용자의 수용이다. 인공지능이 만든 산물을 수용자가 어떻게 수용하는지에 대한 논의가 무엇보다도 필요하다. '예술가로서의 인공지능' 또는 '예술로서의 인공지능의 제작물'로 집중되는 지금의 논쟁은 본질적인 문제의식을 놓치고 있다고 볼 수 있다. 감성적 지각 (aisthesis)에 기반을 둔 감성학과 매체에 의해 매개된 지각을 중심으로 하는 '매체 감성학'에서는 무엇보다도 '지각 주체', 즉 '수용자'의 지각을 중요하게 본다. 지각 주체가 공간을 어떻게 지각하는지, 그리고 지각 주체가 관객이 되어 예술을 어떻게 수용하는지가 핵심 주제다. 감성학과 매체 감성학의 주장대로라면, 예술가와 작품 중심의 담론이 아니라, 수용자를 중심으로 한 담론이 진행되어야 하는 것이다. 과거 사진과 영화가 등장했을 때, 그리고 디지털 매체 예술이 등장했을 때처럼 말이다.

매체의 역사에서 사진의 등장은 운명적 사건이었다. 아마도 사진이 등장했을 때, 그 당시 사람들이 느꼈던 충격은 지금보다 더 컸을 것이다. 기계가 이미지를 제작하고, 그렇게 제작된 이미지에 사람들의 모습이 담겨 있는 것을 보고도 그 당시 사람들은 믿지 않았다. 사기고 마술이라고 생각했다. 그 당시 사람들은 사진을 찍으면, 자신의 영혼의 일부가 사진에 담긴다고 생각했다고 한다. 그래서 아이들에게 사진을 찍지 말라고 했다고 한다. 사진의 등장은 이 정도로 충격이었다. 등장 자체를 불경스러운 것으로 파악했던 그 당시 사람들은 점차 사진을 인정하면서, 사진을 둘러싼 논쟁에 가담했다. 주된 논쟁은 '예술로서의 사진'이었다. 즉 '인간의 손이 아니라 기계가 만들어 낸 이미지들을 과연 예술로 인정할 수 있는가?'라는 문제를 중심으로 논쟁했다. 인공지능을 둘러싼 지금의 상황도 이와 유사하다. 물론 그 당시에도 사진을 둘러싼 이러한 논쟁에 문제를 제기하면서, '사진으로서의 예술'을 중심으로 사진이 가져온 예술계 또는 시각문화 전반에 대한 변화를 이야기해야 한다고 주장한 사람들도 있었다. 대표적으로 지젤 프로인트와 발터 벤야민이 그러했다. 나는 이들의 관점으로 지금의 인공지능의 문제를 봐야 한다고 생각한다. 인공지능의 등장 이후, 변화된 예술계의 상황뿐만 아니라, 전체적인 매체 상황에 대한 사유가 필요하다고 생각한다. 역설적으로 지금이야말로 다시 '매체'에 대한 근원적인 사유가 필요하다고 본다.

인공지능은 또 다른 매체다. 본래 인간도 매체였다. 그리고 이제 인간은 매체의 매체가 되었다. 그러므로 이제 매체철학의 핵심 주제도 인공지능과 인간이 되어야 한다. 새로운 매체적 관점에서 이 둘을 다루기 위해서는 역설적으로 이전의 매체와 인간 그리고 인공물에 대한 사유가 필요하다. 지금까지의 변화를 결코 낡음으로만 볼 수는 없다. 지금 인공지능 예술만 존재하는 것도 아니다. 새로움과 낡음, 매체와 비매체가 혼종되며, 그 경계가 모호해지고 있다. 모든 것이 뒤섞인 채 카오스로 존재한다. 매체철학의 주제도 마찬가지다. 인공지능까지 새로운 매체로 등장한 지금, 매체철학의 주제는 점점 더 넓어져야 한다. 하나의 분과로 이해되고 있는 '철학'에서 벗어나 오히려 융복합적인 '매체학'(Medienwissenschaft)으로서 확장되어야 한다. 융복합적인 매체학으로 확장하기 위해서는 다양한 영역의 사람들이 함께해야 한다. 매체철학, 매체 미학, 커뮤니케이션 이론, 문화 이론, 미술사 그리고 첨단 과학기술 분과의 연구자들과 이를 현장에서 접목해서 실행하는 전문가 집단과 예술가들과의 만남이 필요하다. 이 또한 일종의 혼종화다. 이러한 혼종화를 통해 하나의 통합적이며 융복합적인 '매체학'이 가능할 것이다. 이를 위해 먼저 기존 '매체 담론의 재맥락화'가 필요하다. 내가 이 책에서 시도한 것이 바로 이것이다.

이 통합적인 매체학은 매체학이라는 이름으로 모든 매체 연구를 일원화하자는 것이 아니다. 오히려 각각의 고유한 매체 연구를 기반으로 해서 매체학이라는 큰 우산 아래 모이자는 것이다. 서로 이질적인 것들을 강제적으로 또는 단지 필요성에 의해서 융합하자는 것이 아니다. 좀 다른 이야기이긴 하지만, 우리는 이제 이런 융합에 대해 다시 한번 비판적으로 생각해 볼 필요가 있다. 따라서 매체학이라는 큰 영역 안에서 각자 매체를 연구한다. 또 각각의 방법론을 기반으로 해서 다양한 매체 현상과 매체 예술을 분석할 필요가 있는 것이다. 사실 매체 기술의 놀라운 발전과 확산으로 인해 매체에 대한 이론적 접근이 다양해졌지만, 그럼에도 불구하고 주된 입장은 여전히 테크노피아적 관점 또는 디스토피아적 관점으로 양분되었다. 매체철학자 프랑크 하르트만의 지적처럼, 디스토피아적 관점을 갖는 사람들은 매체에 대해 우울한 경고를 내놓고 테크노피아적 관점을 갖는 이론가들은 상업화 근처에서 서성이고 있는지 모른다. 그는 매체에 대한 이러한 관점을 비판하면서, 그 어느 때보다 매체에 대한 비판적 담론의 필요성을 강조했다. 나는 그의 이러한 주장에 동의한다. 동의할 뿐만 아니라, 지금이야말로 매체 현상에 대한 비판을 할 수 있는 담론, 즉 매체 담론 또는 매체학이 필요하다고 생각한다. '비판적 매체학'(kritische Medienwissenschaft)이 필요한 때다. 때를 놓치기 전에, 미네르바의 올빼미가 날아올라야 할 것이다. 이미 지금도 많이 늦었지만 말이다.

이 책 첫 장에서 나는 미토스에서 로고스로의 전회를 언급하면서 이야기를 시작했다. 신화적 사유로부터 벗어난 철학적 사유가 갖는 의미를 이야기하면서 책을 시작했다. 철학적 사유는 물음과 비판에서 시작된다. 그런데 책을 마무리하면서 문득 생각이 들었다. '우리는 과연 신화적 사유로부터 벗어났는가?'라는 물음 말이다. 철학적 사유는 별것 아니지만, 중요하다. 존재하는 모든 것에 또는 발생하는 모든 상황에 물음을 던지고, 이에 대해 논리적으로 사유하고, 그 과정에서 나와 다르게 생각하는 사람들과 토론하고 합의하는 과정 그 자체가 철학적 사유의 실천이기 때문이다. 그런데 미토스에서 로고스로의 전회가 여전히 진행 중이라는 생각이 들었다. 다시 말해서 신화적 사유는 늘 존재했고, 또 지금도 존재한다는 것이다. 합의, 토론 그리고 비판 등의 과정에 대한 무시, 또 나만이 옳다고 생각하는 안하무인적 태도가 바로 신화적 사유다. 어쩌면 우리는 다시 신화적 시대로 돌아가고 있는 것이 아니라, 늘 신화적 시대에 살고 있었는지 모른다. 최승자 시인의 말처럼, 이젠 정말 그만 쓰고, 끝이라고 이야기해야 할 때다. 끝!

참고문헌

권첼, 슈테판, 「공간, 지형학, 위상학」, 슈테판 권첼 엮음, 『토폴로지: 문화학과 매체학
　　에서 공간 연구』, 이기흥 옮김, 서울: 에코리브르, 2010.

그로스, 엘리자베스, 『건축, 그 바깥에서』, 탈경계인문학연구단 공간팀 옮김, 서울: 그
　　린비, 2012.

길버트, 샌드라·수전 구바, 『다락방의 미친 여자』, 박오복 옮김, 서울: 북하우스, 2022.

김선희, 「자아 정체성과 다중자아의 문제」, 황경식 외 지음, 정보통신정책연구원 편,
　　『고도 과학기술사회의 철학적 전망』, 서울: 민음사, 2005.

김성도, 『도시 인간학』, 서울: 안그라픽스, 2014.

김애령, 「글쓰기 기계와 젠더: 키틀러의 '기록체계' 다시 읽기」, 『한국여성철학』 제
　　23권, 한국여성철학회, 2015.

김용찬, 「도시의 디지털화: 인공지능 기반 '디지털 도시'의 커뮤니케이션 이슈들」,
　　『언론정보연구』 57권 4호, 서울대학교 언론정보연구소, 2020.

김은령, 『포스트휴머니즘의 미학』, 서울: 그린비, 2014.

김지훈, 「매체를 넘어선 매체: 로잘린드 크라우스의 '포스트-매체' 담론」, 『미학』 제
　　82권 1호, 한국미학회, 2016.

김형기, 『포스트드라마 연극의 지각방식과 관객의 역할: 수행적인 것의 미학의 성과
　　와 한계』, 서울: 푸른사상, 2014.

김호영, 『영화이미지학』, 서울: 문학동네, 2014.

깁슨, 윌리엄, 『뉴로맨서』, 노혜경 옮김, 서울: 열음사, 1996.

네그로폰테, 니콜라스, 『디지털이다』, 백욱인 옮김, 서울: 커뮤니케이션북스, 2010.

노박, 마르코스, 「사이버스페이스에서의 유체 건축」, 랜덜 패커·켄 조던 엮음, 『멀티
　　미디어: 바그너에서 가상현실까지』, 아트센터 나비 학예연구실 옮김, 서울: 나
　　비프레스, 2004.

다미슈, 위베르, 「서문: 사진적인 것에 의거하여」, 로절린드 크라우스, 『사진, 인덱스,
　　현대미술』, 최봉림 옮김, 서울: 궁리, 2003.

단토, 아서, 『무엇이 예술인가』, 김한영 옮김, 서울: 은행나무, 2013.

데커, 에디트, 『백남준: 비디오 예술의 미학과 기술을 찾아서』, 김정용 옮김, 서울: 궁리, 2001.

도기숙, 「타자기와 여성해방: 키틀러의 매체이론에 나타난 기술과 여성의 문제」, 『독일어문학』 제43집, 독일어문학회, 2008.

되링, 외르크·트리스탄 틸만, 「서문: 우리는 공간에서 무엇을 읽는가? 공간적 전회와 지리학자들의 내밀한 지식」, 외르크 되링·트리스탄 틸만 엮음, 『공간적 전회』, 이기숙 옮김, 서울: 심산, 2008.

드라이스마, 다우어, 『은유로 본 기억의 역사: 플라톤의 밀랍판에서 컴퓨터까지』, 정준형 옮김, 서울: 에코리브르, 2015.

드레이퍼스, 휴버트, 『인터넷의 철학』, 최일만 옮김, 서울: 필로소픽, 2015.

드뢰게, 카이, 「사이버 공간에서의 낭만주의적 경영자」, 연구모임 사회비판과대안 편저, 『베스텐트 한국판』 2013/1, 서울: 사월의책, 2013.

드페르, 다니엘, 「『헤테로토피아』— 베니스, 베를린, 로스앤젤레스 사이, 어떤 개념의 행로」, 미셸 푸코, 『헤테로토피아』, 이상길 옮김, 서울: 문학과지성사, 2014.

랑시에르, 자크, 『감성의 분할: 미학과 정치』, 오윤성 옮김, 서울: 도서출판b, 2008.

_____, 『해방된 관객』, 양창렬 옮김, 서울: 현실문화, 2016.

러니어, 재런, 『가상현실의 탄생』, 노승영 옮김, 서울: 열린책들, 2018.

레만, 한스-티즈, 『포스트드라마 연극』, 김기란 옮김, 서울: 현대미학사, 2013.

레슬리, 에스터, 「발터 벤야민과 사진의 탄생」, 에스터 레슬리 엮음, 『발터 벤야민, 사진에 대하여』, 김정아 옮김, 서울: 위즈덤하우스, 2018.

르페브르, 앙리, 『공간의 생산』, 양영란 옮김, 서울: 에코리브르, 2011.

리오타르, 장 프랑수아, 『지식인의 종언』, 이현복 편역, 서울: 문예출판사, 2011.

마노비치, 레프, 「컴퓨터 스크린의 고고학을 향하여」, 토마스 엘새서·케이 호프만 엮음, 『디지털 시대의 영화』, 김성욱 외 옮김, 서울: 한나래, 2002.

_____, 『뉴미디어의 언어』, 서정신 옮김, 서울: 생각의나무, 2004.

마루타 하지메, 『'장소'론: 웹상의 리얼리즘과 지역의 로맨티시즘』, 박화리·윤상현 옮김, 서울: 심산, 2011.

맥루언, 마셜, 『미디어의 이해』, 김성기·이한우 옮김, 서울: 민음사, 2007.

메르쉬, 디터, 『매체이론』, 문화학연구회 옮김, 서울: 연세대학교출판부, 2009.

메리필드, 앤디, 『매혹의 도시, 맑스주의를 만나다』, 남청수·김성희·최남도 옮김, 서울: 시울, 2005.

메이로위츠, 조슈아,『장소감의 상실 II: 전자 미디어가 사회적 행동에 미치는 영향』, 김병선 옮김, 서울: 커뮤니케이션북스, 2018.

모라벡, 한스,『마음의 아이들: 로봇과 인공지능의 미래』, 박우석 옮김, 서울: 김영사, 2011.

미첼, 윌리엄,『e-토피아』, 강현수 옮김, 서울: 한울, 2001.

바그너, 리하르트,「미래의 예술작품에 대한 개요」, 랜덜 패커·켄 조던 엮음,『멀티미디어: 바그너에서 가상현실까지』, 아트센터 나비 학예연구실 옮김, 서울: 나비프레스, 2004.

바니콧, 존,『포스터의 역사』, 김숙 옮김, 서울: 시공사, 2000.

바우만, 지그문트,『고독을 잃어버린 시간』, 조은평·강지은 옮김, 서울: 동녘, 2014.

발사모, 앤 마리,『젠더화된 몸의 기술』, 김경례 옮김, 서울: 아르케, 2012.

배첸, 제프리,『사진의 고고학』, 김인 옮김, 서울: 이매진, 2006.

벅모스, 수전,『발터 벤야민과 아케이드 프로젝트』, 김정아 옮김, 서울: 문학동네, 2004.

베겐슈타인, 바르나데트,「몸」, W. J. T. 미첼·마크 B. N. 핸슨 편저,『미디어 비평용어 21: 미학과 테크놀로지, 사회에 대하여』, 정연심 외 옮김, 서울: 미진사, 2015.

베블런, 소스타인,『유한계급론』, 김성균 옮김, 서울: 우물이있는집, 2014.

벤야민, 발터,『아케이드 프로젝트 1』, 조형준 옮김, 서울: 새물결, 2006.

_____ ,『발터 벤야민 선집 1: 일방통행로/사유이미지』, 김영옥·윤미애·최성만 옮김, 서울: 도서출판 길, 2007.

_____ ,「1900년경 베를린의 유년시절」,『발터 벤야민 선집 3』, 윤미애 옮김, 서울: 도서출판 길, 2007.

_____ ,「기술복제시대의 예술작품」,『발터 벤야민 선집 2』, 최성만 옮김, 서울: 도서출판 길, 2008.

_____ ,「서평. 지젤 프로인트의『19세기 프랑스에서의 사진 —사회학적·미학적 에세이』」,『발터 벤야민 선집 2』, 최성만 옮김, 서울: 도서출판 길, 2008.

_____ ,「보들레르의 작품에 나타난 제2제정기의 파리」,『발터 벤야민 선집 4』, 김영옥·황현산 옮김, 서울: 도서출판 길, 2010.

_____ ,「생산자로서의 작가」,『발터 벤야민 선집 8: 브레히트와 유물론』, 윤미애·최성만 옮김, 서울: 도서출판 길, 2020.

벨슈, 볼프강,『미학의 경계를 넘어』, 심혜련 옮김, 서울: 향연, 2005.

_____, 『이성 1: 우리 시대의 이성 비판』, 조상식 옮김, 서울: 이학사, 2010.

보드리야르, 장, 『시뮬라시옹』, 하태환 옮김, 서울: 민음사, 1996.

볼노, 오토 프리드리히, 『인간과 공간』, 이기숙 옮김, 서울: 에코리브르, 2011.

볼츠, 노르베르트, 『컨트롤된 카오스: 휴머니즘에서 뉴미디어의 세계로』, 윤종석 옮김, 서울:문예출판사, 2000.

_____, 『세계를 만드는 커뮤니케이션: 세계사회와 네트워크의 사회적 영향』, 윤종석 옮김, 서울: 한울아카데미, 2009.

_____, 『미디어란 무엇인가』, 김태옥·이승협 옮김, 서울: 한울아카데미, 2011.

볼터, 제이 데이비드·리처드 그루신, 『재매개: 뉴미디어의 계보학』, 이재현 옮김, 서울: 커뮤니케이션북스, 2006.

부아롤, 올리비에, 「디지털 자아, 인정과 소외」, 연구모임 사회비판과대안 편저, 『베스텐트 한국판』 2013/1, 서울: 사월의책, 2013.

브라이도티, 로지, 『포스트휴먼』, 이경란 옮김, 서울: 아카넷, 2015.

비들로, 올리버, 『빌렘 플루서의 미디어철학』, 양우석 옮김, 서울: 커뮤니케이션북스, 2020.

비릴리오, 폴, 『소멸의 미학』, 김경은 옮김, 서울: 연세대학교출판부, 2004.

_____, 『속도와 정치』, 이재원 옮김, 서울: 그린비, 2004.

새비지, 마이크, 「발터 벤야민의 도시 사상: 비판적 분석」, 마이크 크랭·나이절 스리프트 엮음, 『공간적 사유』, 최병두 옮김, 서울: 에코리브르, 2013.

세르, 미셸, 『엄지세대, 두 개의 뇌로 만들 미래』, 양영란 옮김, 서울: 갈라파고스, 2014.

셸러, 미미, 「네크워크화된 어버니즘의 세계화」, 말렌 프로이덴달 페데르센·스벤 케셀링 편저, 『도시 모빌리티 네트워크』, 정상철 옮김, 서울: 앨피, 2020.

심재민, 「지각화의 관점에서 본 연극에서의 수행성과 매체성」, 『순천향 인문과학논총』 제33권 3호, 순천향대학교 인문학연구소, 2014.

심혜련, 「도시 공간과 흔적 그리고 산책자」, 『시대와 철학』 제19권 3호, 한국철학사상연구회, 2008.

_____, 「문화적 기억과 도시 공간 그리고 미적 체험」, 서울시립대학교 도시인문학연구소 엮음, 『도시적 삶과 도시문화』, 서울: 메이데이, 2009.

_____, 「사진에 대한 매체철학적 고찰」, 『미학』 제63집, 한국미학회, 2010.

_____, 「초현실주의적 도시와 도시 체험」, 『범한철학』 제56집, 범한철학회, 2010.

_____ , 『20세기의 매체철학: 아날로그에서 디지털로』, 서울: 그린비, 2012.

_____ , 「퍼포먼스 미학과 미적 경험으로서의 아우라의 귀환」, 『시대와 철학』 제 24권 4호, 한국철학사상연구회, 2013.

_____ , 「포스트 디지털 매체 시대의 미학의 특징: 경계 허물기」, 『실천문학』 제 123권, 2016 가을호.

_____ , 「감성적 주체로서의 능동적 관찰자」, 『도시인문학연구』 제9권 1호, 서울시 립대학교 도시인문학연구소, 2017.

_____ , 「매체공간의 혼종화와 지각의 확장에 관하여」, 『시대와 철학』 제28권 4호, 한국철학사상연구회, 2017.

_____ , 『아우라의 진화: 현대 문화 예술에서 아우라의 지형도 그리기』, 서울: 이학 사, 2017.

_____ , 「노르베르트 볼츠의 매체미학에 대한 비판적 고찰」, 『감성연구』 제17집, 전 남대학교 호남학연구원, 2018.

_____ , 「미술관에 온 인터넷 아트」, 『웹-레트로』, 서울시립미술관, 2019.

_____ , 「뵈메의 분위기 감성학과 디지털 매체 예술의 수용 방식에 관하여」, 『감성 연구』 제19집, 전남대학교 호남학연구원, 2019.

_____ , 「확장된 도시 읽기: 벤야민의 도시 인상학을 중심으로」, 『도시인문학연구』 제14권 1호, 서울시립대학교 도시인문학연구소, 2022.

_____ , 「매체공간, 확장된 현실 그리고 헤테로토피아」, 『Journal of Artificial Intelligence Humanities』 Vol. 11, Humanities Research Institut, 2022.

_____ , 「매체와 이미지 생산에 관하여」, 『철학연구』 제142집, 철학연구회. 2023.

아감벤, 조르조, 『얼굴 없는 인간: 팬데믹에 대한 인문적 사유』, 박문정 옮김, 서울: 효 형출판, 2021.

아도르노, 테오도어, 「영화의 자명성」, 『헐리우드/프랑크푸르트』, 김소영 편역, 서울: 시각과언어, 1994.

_____ , 『미학이론』, 홍승용 옮김, 서울: 문학과지성사, 1995.

_____ , 『한줌의 도덕』, 최문규 옮김, 서울: 솔, 2000.

아름스, 루돌프, 「집회소로서의 영화관」, 카르스텐 비테 엮음, 『매체로서의 영화』, 박 홍식·이준서 옮김, 서울: 이론과실천, 1996.

아이디, 돈, 『기술철학』, 김성동 옮김, 서울: 철학과현실사, 1998.

_____ , 『테크놀로지의 몸』, 이희은 옮김, 서울: 텍스트, 2013.

애즈, 돈, 『포토몽타주』, 이윤희 옮김, 서울: 시공사, 2003.

앨런, 존, 「게오르크 짐멜에 관해: 근접성, 거리, 이동」, 마이크 크랭·나이절 스리프트 엮음, 『공간적 사유』, 최병두 옮김, 서울: 에코리브르, 2013.

오제, 마르크, 『비장소: 초근대성의 인류학 입문』, 이상길·이윤영 옮김, 서울: 아카넷, 2017.

외너, 브래트, 「수행성과 매체성, 사건과 반복: 수행적 행위를 가능하게 하는 매체들」, 루츠 무스너·하이데마리 울 편, 『문화학과 퍼포먼스: 우리는 어떻게 행동하는가』, 문화학연구회 옮김, 서울: 유로, 2009.

워, 트레이시·아멜리아 존스, 『예술가의 몸』, 심철웅 옮김, 서울: 미메시스, 2007.

유현주, 「키틀러와 젠더: 담론의 채널에서 여성은 매체와 어떻게 결합하는가」, 『세계문학비교연구』 제66집, 세계문학비교학회, 2019.

윤미애, 『발터 벤야민과 도시산책자의 사유』, 서울: 문학동네, 2020.

이경미, 「인터미디어 시노그래피: 공간, 라이브니스, 현존에 대한 담론의 재구성」, 『드라마연구』 제47호, 한국드라마학회, 2015.

이광석, 『포스트디지털: 토픽과 지형』, 서울: 안그라픽스, 2021.

———, 『디지털 폭식 사회』, 서울: 인물과사상사, 2023.

이상길·이윤영, 「따로 또 같이, 비장소에서 살아가기」, 마르크 오제, 『비장소: 초근대성의 인류학 입문』, 이상길·이윤영 옮김, 서울: 아카넷, 2017.

이현재, 「디지털 도시화와 사이보그 페미니즘 정치 분석」, 『도시인문학연구』 제10권 2호, 서울시립대학교 도시인문학연구소, 2018.

전혜숙, 『포스트휴먼 시대의 미술』, 서울: 아카넷, 2015.

주현식, 『호모 퍼포먼스: 담론의 시대에서 퍼포먼스의 시대로』, 서울: 연극과인간, 2019.

질로크, 그램, 『발터 벤야민과 메트로폴리스』, 노명우 옮김, 서울: 효형출판, 2005.

짐멜, 게오르크, 「대도시와 정신적 삶」, 『짐멜의 모더니티 읽기』, 김덕영·윤미애 옮김, 서울: 새물결, 2005.

최승빈, 「수행성과 상호매체적 전환」, 『미학예술학연구』 46집, 한국미학예술학회, 2016.

카스텔, 마누엘·미레야 페르난데스-아르데볼·잭 린추안 추·아라바 세이, 『이동통신과 사회』, 김원용·성혜령 옮김, 서울: 커뮤니케이션북스, 2009.

카프, 에른스트, 『기술철학개요: 새로운 관점에서 본 문화 생성사』, 조창오 옮김, 서

울: 그린비, 2021.

컨, 스티븐, 『시간과 공간의 문화사 1880~1918』, 박성관 옮김, 서울: 휴머니스트, 2004.

쾌란타, 도메니코『뉴미디어 아트, 매체를 넘어서』, 주경란·김정연·주은정 옮김, 서울: 칼라박스, 2018.

쿤, 토머스 S., 『과학혁명의 구조』, 김명자·홍성욱 옮김, 서울: 까치, 2014.

크라카우어, 지크프리트, 「기분전환의 숭배: 베를린의 영화관들에 관하여」, 카르스텐 비테 엮음, 『매체로서의 영화』, 박홍식·이준서 옮김, 서울: 이론과실천, 1996.

키틀러, 프리드리히, 『기록시스템 1800·1900』, 윤원화 옮김, 서울: 문학동네, 2015.

_____, 『축음기, 영화, 타자기』, 유현주·김남시 옮김, 서울: 문학과지성사, 2019.

터클, 셰리, 「생각을 일으키는 대상으로서 컴퓨터 게임」, 연구모임 사회비판과대안 편저, 『베스텐트 한국판』 2013/1, 서울: 사월의책, 2013.

톨렌, 게오르크 크리스토프, 「열린 공간과 상상력의 헤테로토피아」, 슈테판 귄첼 엮음, 『토폴로지』, 이기흥 옮김, 서울: 에코리브르, 2010.

파르투슈, 마르크, 『뒤샹, 나를 말한다』, 김영호 옮김, 파주: 한길아트, 2007.

폴, 크리스티안, 『디지털 아트』, 조충연 옮김, 서울: 시공아트, 2007.

푸코, 미셸, 『헤테로토피아』, 이상길 옮김, 서울: 문학과지성사, 2014.

프로이트, 지크문트, 『문명 속의 불만』, 김석희 옮김, 서울: 열린책들, 1998.

_____, 「두려운 낯설음」, 『예술, 문학, 정신분석』, 정장진 옮김, 서울: 열린책들, 2004.

프로인트, 지젤, 『사진과 사회』, 성완경 옮김, 서울: 눈빛, 2001.

플루서, 빌렘, 『사진의 철학을 위하여』, 윤종석 옮김, 서울: 커뮤니케이션북스, 1999.

_____, 『코무니콜로기』, 김성재 옮김, 서울: 커뮤니케이션북스, 2001.

_____, 『그림의 혁명』, 김현진 옮김, 서울: 커뮤니케이션북스, 2004.

_____, 『피상성 예찬: 매체 현상학을 위하여』, 김성재 옮김, 서울: 커뮤니케이션북스, 2004.

피셔-리히테, 에리카, 「우리는 어떻게 행동하는가」, 루츠 무스너·하이데마리 울 편, 『문화학과 퍼포먼스: 우리는 어떻게 행동하는가』, 문화학연구회 옮김, 서울: 유로, 2009.

_____, 『수행성의 미학: 현대예술의 혁명적 전환과 새로운 퍼포먼스 미학』, 김정숙 옮김, 서울: 문학과지성사, 2017.

하르트만, 프랑크, 『미디어 철학』, 이상엽·강응경 옮김, 서울: 북코리아, 2008.

하비, 데이비드, 『모더니티의 수도, 파리』, 김병화 옮김, 서울: 생각의나무, 2007.

하이데거, 마르틴, 「예술작품의 근원」, 『숲길』, 신상희 옮김, 파주: 나남, 2010.

하일리그, 모턴, 「미래의 영화」, 랜덜 패커·켄 조던 엮음, 『멀티미디어: 바그너에서 가상현실까지』, 아트센터 나비 학예연구실 옮김, 서울: 나비프레스, 2004.

하임, 마이클, 『가상현실의 철학적 의미』, 여명숙 옮김, 서울: 책세상, 2001.

한병철, 『사물의 소멸: 우리는 오늘 어떤 세계에 살고 있나』, 전대호 옮김, 서울: 김영사, 2022.

해러웨이, 도나, 「사이보그 선언」, 『해러웨이 선언문』, 황희선 옮김, 서울: 책세상, 2019.

＿＿＿＿, 『종과 종이 만날 때』, 최유미 옮김, 서울: 갈무리, 2022.

헤일스, 캐서린, 『우리는 어떻게 포스트휴먼이 되었는가』, 허진 옮김, 서울: 플래닛, 2013.

호르크하이머, 막스·테오도어 W. 아도르노, 『계몽의 변증법』, 김유동·주경식·이상훈 옮김, 서울: 문예출판사, 1995.

홀츠먼, 스티븐, 『디지털 모자이크』, 이재현 옮김, 서울: 커뮤니케이션북스, 2002.

홍준기, 『라캉과 현대철학』, 서울: 문학과지성사, 2002.

Adorno, Theodor W., *Über Walter Benjamin*, Frankfurt am Main: Suhrkamp Verlag, 1990.

＿＿＿＿, "Über den Fetischcharakter in der Musik und die Regression des Hörens", in: *Dissonanzen, Musik in der verwalteten Welt*, Göttingen:Vandenhoeck & Ruprecht, 1991.

Adorno, Theodor W. und Hanns Eisler, *Komposition für den Film*, Hamburg: Europäische Verlagsanstalt, 1996.

Bachmann-Medick, Doris, *Cultural Turns: Neuorientierungen in den Kulturwissenschaften*, Hamburg: Rowohlt Taschenbuch Verlag, 2009.

Baumgarten, Alexander Gottlieb, *Theoretische Ästhetik: Die grundlegenden Abschnitte aus der "Aesthetica"(1750/58)*, Übersetzt und herausgegeben von Hans Rudolf Schweizer, Hamburg: Felix Meiner Verlag, 1988.

Belting, Hans, *Bild-Anthropologie*, München: Wilhelm Fink Verlag, 2011.

Benjamin, Walter, "Das Kunstwerk im Zeitalter seiner technischen Reproduzierbarkeit", in: Unter Mitw. von Theodor W. Adorno und Gershom Scholem, Hrsg. von Rolf Tiedemann und Hermann Schweppenhäuser, *Gesammelte Schriften I.2*, Frankfurt am Main: Suhrkamp, 1991.

_____ , "Über einige Motive bei Baudelaire", in: Unter Mitw. von Theodor W. Adorno und Gershom Scholem, Hrsg. von Rolf Tiedemann und Hermann Schweppenhäuser, *Gesammelte Schriften I.2*, Frankfurt am Main: Suhrkamp, 1991.

_____ , "Der Erzähler", in: Unter Mitwirkung von Theodor W. Adorno und Gershom Scholem, Hrsg. von Rolf Tiedemann und Hermann Schweppenhäuser, *Gesammelte Schriften Bd. II.2*, Frankfurt am Main: Suhrkamp Verlag, 1991.

_____ , "Neapel", in: Unter Mitwirkung von Theodor W. Adorno und Gershom Scholem, Hrsg. von Rolf Tiedemann und Hermann Schweppenhäuser, *Gesammelte Schriften Band IV.1*, Frankfurt am Main: Suhrkamp Verlag, 1991.

Bianchi, Paolo, "Was ist (Kunst)?", in: *Kunstforum* Bd. 152, Oktober–Dezember, 2000.

Blättler, Andy, Doris Gassert, Susanna Parikka-Hug, Miriam Ronsdorf, "Einleitung. Intermediale Inszenierungen im Zeitalter der Digitalisierung", in: Andy Blätter, Doris Gassert, Susanna Parikka-Hug, Miriam Ronsdorf (Hrsg.), *Intermediale Inszenierungen im Zeitalter der Digitalisierung. Medientheoretische Analysen und ästhetische Konzepte*, Bielefeld: transcript Verlag, 2010.

Böhme, Gernot, *Atmosphäre*, Frankfurt am Main: Suhrkamp Verlag, 1995.

_____ , *Theorie des Bildes*, München: Wilhelm Fink Verlag, 1999.

_____ , *Aisthetik. Vorlesungen über Ästhetik als allgemeine Wahrnehmungslehre*, München: Wilhelm Fink Verlag, 2001.

_____ , "Raum leiblicher Anwesenheit / Raum als Medium von Darstellung", in: Sybille Krämer (Hrsg.), *Performativität und Medialität*, München: Wilhelm Fink Verlag, 2004.

_____ , *Architektur und Atmosphäre*, München: Wilhelm Fink Verlag, 2006.

_____ , *Ästhetischer Kapitalismus*, Berlin: Suhrkamp Verlag, 2018.

_____ , *Leib. Die Natur, die wir selbst sind*, Berlin: Suhrkamp Verlag, 2019.

Bolz, Norbert, *Theorie der neuen Medien*, München: Wilhelm Fink Verlag, 1993.

_____ , "Die Fern-Ethik der Weltkommunikation", in: Jeannot Simmen (Hrsg.), *Telematik: Netz Moderne Navigatoren*, Köln: Buchhandlung Walther König, 2002.

Daniels, Dieter, "Strategien der Interaktivität", in: Rudolf Frieling u. Dieter Daniels (Hrsg.), *Medien Kunst Interaktion*, Karlsruhe: ZKM, 1997.

_____ , *Kunst als Sendung. Von der Telegrafie zum Internet*, München: Verlag C. H. Beck, 2002.

Debray, Régis, "Für eine Mediologie", in: Claus Pias, Joseph Vogl, Lorenz Engell, Oliver Fahle und Britta Neitzel (Hrsg.), *Kursbuch Medienkultur: Die maßgeblichen Theorien von Brecht bis Baudrillard*, Stuttgart: DVA, 2000.

Dinkla, Söke, *Pioniere Interaktiver Kunst. Von 1970 bis Heute*, Karlsruhe: ZKM, 1997.

Döring, Jörg, Thielmann, Tristan, "Was Lesen wir im Raume? Der Spatial Turn und das geheime Wissen der Geographen", in: Jörg Döring, Tristan Thielmann (Hrsg.), *Spatial Turn. Das Raumpardigma in den Kultur- und Sozialwissenschaften*, Bielefeld: transcript Verlag, 2008.

Ellrich, Lutz, "Die Realität virtueller Räume: Soziologische Überlegungen zur ›Verortung‹ des Cyberspace", in: Rudolf Maresch und Niels Werber (Hrsg.), *Raum Wissen Macht*, Frankfurt am Main: Suhrkamp Verlag, 2002.

Engell, Lorenz und Joseph Vogl, "Vorwort", in: Claus Pias, Joseph Vogl, Lorenz Engell, Oliver Fahle und Britta Neitzel (Hrsg.), *Kursbuch Medienkultur: Die maßgeblichen Theorien von Brecht bis Baudrillard*, Stuttgart: DVA, 2000.

Enzensberger, Hans Magnus, "Baukasten zu einer Theorie der Medien", in: Claus Pias, Joseph Vogl, Lorenz Engell (Hrsg.), *Kursbuch Medienkultur: Die maßgeblichen Theorien von Brecht bis Baudrillard*, Stuttgart: DVA, 2000.

Fahle, Oliver, "Zur Einführung", in: Claus Pias, Joseph Vogl, Lorenz Engell, Oliver Fahle und Britta Neitzel (Hrsg.), *Kursbuch Medienkultur: Die maßgeblichen Theorien von Brecht bis Baudrillard*, Stuttgart: DVA, 2000.

Felix, Jürgen, "Im Zeitalter der Reproduktion. Revision nach der Moderne", in: *Medien an der Epochenschwelle?, Ästhetik & Kommunikation* Heft 88, Berlin, 1995.

Fetscher, Justus, "Paris — die namenlose Stadt: Literarisierungen des urbanen Raums in Rilkes *Aufzeichnungen des Malte Laurids Brigge* (1910) und Apollinaires »Zone« (1912)", in: Robert Stockhammer (Hrsg.), *TopoGraphien der Moderne: Medien zur Repräsentation und Konstruktion von Räumen*, München: Wilhelm Fink Verlag, 2005.

Flusser, Vilém, *Kommunikologie*, Mannheim: Bollmann Verlag, 1996.

Giannetti, Claudia, *Ästhetik des Digitalen. Ein intermediärer Beitrag zu Wissenschaft, Medien- und Kunstsystem*, Übersetzung von Michael Pfeiffer und Günter Cepek, Karlsruhe: ZKM, 2004.

Grau, Oliver, *Virtuelle Kunst in Geschichte und Gegenwart: Visuelle Strategien*, Berlin: Reimer Verlag, 2002.

Gross, Peter, "Wrack und Barke", in: Ursula Keller (Hrsg.), *Perspektiven metropolitaner Kultur*, Frankfurt am Main: Suhrkamp Verlag, 2000.

Groys, Boris, "Das Museum im Zeitalter der Medien", in: *Topologie der Kunst*, München: Carl Hanser Verlag, 2003.

_____ , "Die Topologie der Aura", in: *Topologie der Kunst*, München: Carl Hanser Verlag, 2003.

_____ , "Einführung: Kunstwerk und Ware", in: *Topologie der Kunst*, München: Carl Hanser Verlag, 2003.

_____ , "Kunst im Zeitalter der Biopolitik: Vom Kunstwerk zur Kunstdokumentationen", in: *Topologie der Kunst*, München: Carl Hanser Verlag, 2003.

Günzel, Stephan, "Einleitung", in: Stephan Günzel (Hrsg.), *Raumwissenschaft*, Frankfurt am Main: Suhrkamp Verlag, 2009.

Hansen, Mark, *Body in Code: Interfaces with Digital Media*, New York: Routledge, 2006.

Hartmann, Frank, *Mediologie: Ansätze einer Medientheorie der Kulturwissenschaften*, Wien: Facultas Verlags- und Buchhandels AG, 2003.

_____ , *Medienmoderne: Philosophie und Ästhetik*, Wiesbaden: Springer VS, 2018.

Horkheimer, Max und Theodor W. Adorno, *Dialektik der Aufklärung*, Frankfurt am Main: S. Fischer Verlag, 1988.

Jongen, Marc, "Philosophie des Raum", in Marc Jongen (Hrsg.), *Philosophie des Raumes: Standortbestimmungen ästhetischer und politischer Theorie*, München: Wilhelm Fink Verlag, 2010.

_____ , *Philosophie des Raumes: Standortbestimmungen ästhetischer und politischer Theorie*, München: Wilhelm Fink Verlag, 2010.

Kittler, Friedrich, *Grammophon, Film, Typewriter*, Berlin: Brinkmann & Bose, 1986.

Kleiner, Marcus S., *Medien-Heterotopien. Diskursräume einer gesellschaftskritischen Medientheorie*, Bielefeld: transcript Verlag, 2006.

Klotz, Heinrich, "Für ein mediales Gesamtkunstwerk", in: Florian Rötzer, *Digitaler Schein Ästhetik der elektronischen Medien*, Frankfurt am Main: Suhrkamp Verlag, 1991.

Krämer, Sybille, "Verschwindet der Körper? Ein Kommentar zu computererzeugten Räumen", in: Rudolf Maresch und Niels Werber (Hrsg.), *Raum Wissen Macht*, Frankfurt am Main: Suhrkamp Verlag, 2002.

_____ , "Was haben ›Performativität‹ und ›Medialität‹ miteinander zu tun? Plädoyer für eine in der ›Aisthetisierung‹ gründende Konzeption des Performativen", in: Sybille Krämer (Hrsg.), *Performativität und Medialität*, München: Wilhelm Fink Verlag, 2004.

_____ , *Medium, Bote, Übertragung. Kleine Metaphysik der Medialität*, Frankfurt am Main: Suhrkamp Verlag, 2008.

Lehmann, Annette Jael, "Mediated Motion. Installationsräume und Performative Aisthetik am Beispiel von Olafur Eliasson", in: Sybille Krämer (Hrsg.), *Performativität und Medialität*, München: Wilhelm Fink Verlag, 2004.

Maresch, Rudolf und Niels Werber, "Permanenzen des Raums", in: Rudolf Maresch und Niels Werber (Hrsg.), *Raum Wissen Macht*, Frankfurt am Main: Suhrkamp Verlag, 2002.

Mersch, Dieter, *Ereignis und Aura: Untersuchungen zu einer Ästhetik der Performativen*, Frankfurt am Main: Suhrkamp Verlag, 2002.

Mitchell, W. J. T., *Das Leben der Bilder. Eine Theorie der visuellen Kultur*, aus dem Englischen von Achim Eschbach, Anna-Viktoria Eschbach und Mark Halawa, München: Verlag C. H. Beck, 2008.

Müller Farguell, Roger W., "Städtebilder, Reisebilder, Denkbilder", in: Burkhardt Lindner, *Benjamin Handbuch. Leben-Werk-Wirkung*, Stuttgart·Weimar: Verlag J. B. Metzler, 2011.

Münker, Stefan, "After The Medial Turn: Sieben Thesen zur Medienphiosophie", in: Stefan Münker, Alexander Roesler, Mike Sandbothe (Hrsg.), *Medienphilosophie. Beiträge zur Klärung eines Begriffs*, Frankfurt am Main: Fischer Taschenbuch Verlag, 2003.

Ong, Walter, "Oralität und Literalität", in: Lorens Engell (Hrsg.), *Kursbuch Medienkultur*, Stuttgart: DVA, 2000.

Platon, "Phaidros", in: *Sämtliche Werke Bd. 2*, Übersetzt von Friedrich Schleiermacher, Hamburg: Reinbek Verlag, 1994.

Plumpe, Gerhard, *Der tote Blick. Zum Diskurs der Photographie in der Zeit des Realismus*, München: Wilhelm Fink Verlag, 1990.

Popper, Frank, "High Technology Art", in: Florian Rötzer (Hrsg.), *Digitaler Schein. Ästhetik der elektronischen Medien*, Frankfurt am Main: Suhrkamp Verlag, 1991.

Rebentisch, Juliane, *Ästhetik der Installation*, Frankfurt am Main: Suhrkamp Verlag, 2003.

Reck, Hans Ulrich, "Zwischen Bild und Medium. Zur Ausbildung der Künstler in der

Epoche der Techno-Ästhetik", in: Peter Weibel (Hrsg.), *Vom Tafelbild zum globalen Datenraum*, Karlsruhe: ZKM, 2001.

_____ , *Mythos Medienkunst*, Köln: Verlag der Buchhandlung Walther König, 2002.

_____ , *Kunst als Medientheorie*, München: Wilhelm Fink Verlag, 2003.

Roesler, Alexander, "Medienphilosophie und Zeichentheorie", in: Stefan Münker, Alexander Roesler, Mike Sandbothe (Hrsg.), *Medienphilosophie: Beiträge zur Klärung eines Begriffs*, Frankfurt am Main: Fischer Taschenbuch Verlag, 2003.

Rötzer, Florian, *Die Telepolis. Urbanität im digitalen Zeitalter*, Berlin: Bollmann Verlag, 1997.

Rötzer, Florian, "Telepolis: Abschied von der Stadt", Ursula Keller (Hrsg.), *Perspektiven metropolitaner Kultur*, Frankfurt am Main: Suhrkamp Verlag, 2000.

Sennett, Richard, "Gesellschaftliche Körper. Das multikulturelle New York", aus dem Amerikanischen von Linda Meissner, in: Ursula Keller (Hrsg.), *Perspektiven metropolitaner Kultur*, Frankfurt am Main: Suhrkamp Verlag, 2000.

Thiedeke, Udo, "Wird Kunst ubiquitär? Anmerkungen zur gesellschaftlichen Funktion von Kunst im Kontext neuer Medien und Medienkompetenz", in: Peter Weibel (Hrsg.), *Vom Tafelbild zum globalen Datenraum. Neue Möglichkeiten der Bildproduktion und bildgebender Verfahren*, Karlsruhe: ZKM, 2001, S. 85.

Virilio, Paul, "Die Sehmaschine", *Die Sehmaschine*, übersetzt von Gabbriele Ricke und Roland Voullié, Berlin: Merve, cop., 1989.

Vogel, Matthias, "Medien als Voraussetzungen für Gedanken", in: Stefan Münker, Alexander Roesler, Mike Sandbothe (Hrsg.), *Medienphilosophie. Beiträge zur Klärung eines Begriffs*, Frankfurt am Main: Fischer Taschenbuch Verlag, 2003.

Weibel, Peter, "Transformation der Techno-Ästhetik", in: Florian Rötzer (Hrsg.), *Digitaler Schein. Ästhetik der elektronischen Medien*, Frankfurt am Main: Suhrkamp Verlag, 1991.

_____ , "Neue Berufsfelder der Bildproduktion. Wissensmanagement vom künstlerischen Tafelbild zu den bildgebenden Verfahren der Wissenschaft", in: Peter Weibel (Hrsg.), *Vom Tafelbild zum globalen Datenraum. Neue Möglichkeiten der Bildproduktion und bildgebender Verfahren*, Karlsruhe: ZKM, 2001.

찾아보기

개념어 찾아보기

인명 찾아보기

철학의 정원 69

21세기의 매체철학 —디지털에서 포스트 디지털로

초판1쇄 펴냄 2024년 10월 4일

지은이 심혜련
펴낸이 유재건
펴낸곳 (주)그린비출판사
주소 서울시 마포구 와우산로 180, 4층
대표전화 02-702-2717 | **팩스** 02-703-0272
홈페이지 www.greenbee.co.kr
원고투고 및 문의 editor@greenbee.co.kr

편집 이진희, 구세주, 민승환, 성채현 | **디자인** 이은솔, 박예은
물류유통 류경희 | **경영관리** 이선희

독자의 학문사변행學問思辨行을 돕는 든든한 가이드 _(주)그린비출판사

이 저서는 2021년 정부(교육부)의 재원으로 한국연구재단의 지원을 받아 수행된 연구입니다(NRF-2021S1A6A4049260).